ŻYDZI 2

Tego autora polecamy również

PAKT PIŁSUDSKI–LENIN
PAKT RIBBENTROP–BECK
SKAZY NA PANCERZACH
OBŁĘD '44
OPCJA NIEMIECKA
ŻYDZI
SOWIECI
NIEMCY

PIOTR ZYCHOWICZ

ŻYDZI 2

Opowieści niepoprawne politycznie IV

DOM WYDAWNICZY REBIS

Copyright © by Piotr Zychowicz 2018

Copyright © for the Polish edition by REBIS Publishing House Ltd.,
Poznań 2018

Redaktor
Grzegorz Dziamski

Projekt i opracowanie graficzne okładki
Zbigniew Mielnik

Fotografia na okładce
© AKG-images/BE&W

Wydawca podjął wszelkie starania w celu ustalenia właścicieli praw autorskich reprodukcji zamieszczonych w książce.
W wypadku jakichkolwiek uwag czy niedopatrzeń prosimy o kontakt z wydawnictwem.

prawolubni♥

Książka, którą nabyłeś, jest dziełem twórcy i wydawcy. Prosimy, abyś przestrzegał praw, jakie im przysługują. Jej zawartość możesz udostępnić nieodpłatnie osobom bliskim lub osobiście znanym. Ale nie publikuj jej w internecie. Jeśli cytujesz jej fragmenty, nie zmieniaj ich treści i koniecznie zaznacz, czyje to dzieło. A kopiując ją, rób to jedynie na użytek osobisty.
Szanujmy cudzą własność i prawo!
Polska Izba Książki
Więcej o prawie autorskim na www.legalnakultura.pl

Wydanie I
Poznań 2018

ISBN 978-83-8062-315-6

Dom Wydawniczy REBIS Sp. z o.o.
ul. Żmigrodzka 41/49, 60-171 Poznań
tel. 61-867-47-08, 61-867-81-40; fax 61-867-37-74
e-mail: rebis@rebis.com.pl
www.rebis.com.pl
DTP: *Akapit*, Poznań, 61-879-38-88

Spis treści

Wstęp 11

Część I. Rozmowy o Żydach 15

1. Czystka etniczna 1948 17
   Rozmowa z prof. Ilanem Pappé

2. Żydowskie ofiary Stalina 26
   Rozmowa z prof. Jonathanem Brentem

3. Armia Krajowa i Żydzi 38
   Rozmowa z prof. Joshuą D. Zimmermanem

4. Żydzi nie mordują cywilów 48
   Rozmowa z gen. Awigdorem „Januszem" Ben-Galem

5. Wstyd mi za Izrael 59
   Rozmowa z Hedy Epstein

6. Polowanie na Wallenberga 69
   Rozmowa z Gellértem Kovácsem

7. Bombardowanie Auschwitz 77
   Rozmowa z Davidem S. Wymanem

8. Moralne dylematy egzekutorów 85
   Rozmowa z Michaelem Bar-Zoharem

9. Antysemitka, która ratowała Żydów 95
   Rozmowa z prof. Carlą Tonini

10. Czy Izrael porwał jemeńskie dzieci? 103
    Rozmowa z prof. Esther Meir-Glitzenstein

11. Lista posła Ładosia 113
    Rozmowa z dr. Jakubem Kumochem

Część II. Wrogowie Żydów 125

1. Niewolnice pułkownika Kaddafiego 129
   Rozmowa z Annick Cojean

2. Potwór Idi Amin 138
   Rozmowa z prof. Saulem Davidem

Część III. Krew nie zmywa win 149

1. Dziewczynka w zielonym płaszczyku 151
2. Silni wśród słabych 154
3. Ali Baba i czterdziestu rozbójników 164
4. W matni Zagłady 169
5. Czy ja jestem mordercą? 181
6. Historia pewnego boksera 187
7. Ofiary czy sprawcy? 194

Część IV. Człowiek to świnia 203

1. To, co najważniejsze 205
2. Pacyfikacja gett 209
3. Chłopi i Żydzi 214

4. Sprawiedliwi wśród Narodów Świata 218
5. Trzy kwestie sporne 223
6. 200 tysięcy ofiar Polaków? 228
7. Co ty byś zrobił na ich miejscu? 233

Część V. Władca getta w Litzmannstadt 237
1. Śmierć w Auschwitz 239
2. Pakt z diabłem 241
3. Żydowskie państewko 246
4. Przemoc i łapówki 252
5. Dwa oblicza Prezesa 258
6. Wielka Szpera 263
7. Łzy dyktatora 270

Część VI. Zdrajcy czy patrioci? 275
1. Dobry i zły policjant 277
2. Mniejsze zło 280
3. Demoralizacja i konspiracja 286
4. Granatowi a Holokaust 292
5. Polowanie na Żydów 298
6. „Synu! Synu! Synu!" 304

Część VII. Zagłada, Izrael, komunizm 309
1. Holokaust i pornografia 311
2. Kibole, bastion izraelskiej prawicy 320
3. Japończycy strzelają w Izraelu 330
4. Afera Hotelu Polskiego 339
5. To jest, proszę pana, dżihad 349
6. Piękna Stefa z Gestapo 358
7. Wpadki zabójców z Mosadu 369
8. Ponary – ludzka rzeźnia 382
9. Izraelskie lobby w USA, czyli jak ogon kręci psem 392

10. Ten ksiądz jest Żydem! 404
11. Żydokomuna czy chamokomuna? 417

Część VIII. Niewolnicy w fabryce śmierci 429

1. Ofiary, a nie sprawcy 431
   Rozmowa z prof. Gideonem Greifem
2. Ocalali z piekła mówią 442

Część IX. Terroryści z gwiazdą Dawida 453

1. Zabójstwo hrabiego Bernadotte'a 455
2. Gang Sterna 460
3. Bomba w hotelu King David 465
4. Afera sierżantów 468
5. Masakra w Dajr Jasin 473
6. Żydowska wojna domowa 478

Indeks 481

Nie sposób wymagać od ludzi, by byli aniołami.
żydowski policjant

Wstęp

Na całej Ziemi nie ma dwóch narodów tak do siebie podobnych jak Polacy i Żydzi. Obie te nacje do swojej historii podchodzą niezwykle emocjonalnie. Jest to oczywiście w pełni zrozumiałe, biorąc pod uwagę straszliwe cierpienia, jakie stały się udziałem Polaków i Żydów w XX wieku.

W obu narodach nadreprezentowani są jednak zwolennicy „idealizmu plemiennego". Czyli przekonania, że członkowie naszej własnej wspólnoty etnicznej stoją moralnie wyżej od przedstawicieli wszystkich innych wspólnot. A co za tym idzie, nigdy nie dopuścili się żadnych niegodnych czynów.

Niestety przekonaniu temu towarzyszy często agresja wobec każdego, kto ośmieli się mieć inne zdanie. Zwolennicy „idealizmu plemiennego" – zarówno Polacy, jak Żydzi – reagują świętym oburzeniem na tak zwane oczernianie narodu. I niezwykle łatwo szafują oskarżeniami o antysemityzm i antypolonizm.

Choć – a raczej ponieważ – wspomniane polskie i żydowskie środowiska stanowią swoje lustrzane odbicie, są skazane na konflikt. Mogliśmy się o tym przekonać podczas niedawnej gorszącej awantury wokół nowelizacji ustawy o Instytucie Pamięci Narodowej. Radykałowie z obu stron skoczyli sobie wściekle do oczu, miotali oskarżeniami i epitetami.

W wir awantury wciągnięte zostały oba rządy, politycy, historycy, dziennikarze, artyści, a przede wszystkim całe rzesze internautów. Zwykłych Polaków i Żydów. Polami bitew stały się salony dyplomatyczne, gabinety uniwersyteckie, a przede wszystkim popularne media społecznościowe.

Pomysł na *Żydów 2* narodził się w apogeum tej wielkiej kłótni. Myślę, że teraz – gdy opadł już kurz bitewny – warto przedstawić nieco inne spojrzenie na trudne tematy z dziejów relacji polsko-żydowskich. Spojrzenie chłodne i obiektywne, a nie emocjonalne i propagandowe.

W książce tej poruszam niemal wszystkie tematy, które wypłynęły podczas wspomnianej debaty. A więc z jednej strony – żydowska policja w gettach, Judenraty, obozowe Sonderkommanda i „żydokomuna". A z drugiej – działalność granatowej policji, polskie donosy, zabójstwa i antysemityzm. Trudny problem stosunku Polskiego Państwa Podziemnego i oddziałów partyzanckich do Holokaustu i Żydów.

Jaki wniosek wypływa z bezstronnej analizy wszystkich tych spraw? Że „idealizm plemienny" jest mrzonką, konstrukcją myślową oderwaną od faktów. Nie ma bowiem dobrych lub złych narodów. Są tylko dobrzy lub źli ludzie. W obu nacjach – polskiej i żydowskiej – występował cały wachlarz postaw. Byli w nich wielcy bohaterowie, były niezliczone rzesze niewinnych ofiar, ale były też postaci, których postępowania po latach nie można usprawiedliwić.

Dzięki tej książce polski czytelnik będzie mógł spojrzeć na tragiczny okres II wojny światowej z perspektywy Żydów. Przekonać się, przed jakimi piekielnymi dylematami stali żydowscy policjanci z gett i urzędnicy Judenratów. Nie mówiąc już o członkach Sonderkommand, których zmuszono do udziału w masowej zagładzie własnych rodaków. Staram się w niej również ukazać, dlaczego ideologia komunistyczna była atrakcyjna dla wielu Żydów.

Z kolei czytelnik żydowski będzie mógł się przekonać, że naród polski wcale nie był krwiożerczą masą prymitywnych antysemitów, szmalcowników i pogromszczyków. Oczywiście byli również ludzie takiego pokroju i nie ma powodu, żeby o tym nie mówić. Była jednak i druga strona medalu – Polacy, którzy w godzinie próby nie odwrócili się od żydowskich bliźnich. Mimo że pomaganie Żydom w okupowanej Polsce wymagało wielkich poświęceń i heroizmu.

Warto to wszystko wiedzieć, nim zacznie się wydawać sądy i ferować wyroki. Warto postarać się zrozumieć motywy ludzkich wyborów i działań.

Historia bowiem – wbrew temu, co twierdzą polscy i żydowscy badacze piszący z pozycji nacjonalistycznych – nie jest czarno-biała. Nie jest zero-jedynkowa. Jest złożona, skomplikowana i często niejednoznaczna. Tak jak złożony i skomplikowany jest człowiek.

Żydzi 2 to kolejny – czwarty już – tom cyklu „Opowieści niepoprawne politycznie". W przeciwieństwie do poprzednich trzech części: *Żydów*, *Sowietów* i *Niemców*, lwia część tej książki to materiał nigdy nie publikowany. Premierowy.

W *Żydach 2* wiele jest drastycznych i szokujących faktów rozwiewających utarte, schematyczne wyobrażenia. Nie pasujących do wersji historii wykładanej w szkołach, prezentowanej w mediach i podczas patriotycznych uroczystości. Nie napisałem jednak tej książki, by dolać oliwy do ognia polsko-żydowskiej „wojny o historię".

Przeciwnie. Książka ta jest zaproszeniem do spokojnej, merytorycznej debaty. Debaty, w której adwersarz nie jest śmiertelnym wrogiem, którego należy wdeptać w ziemię, lecz partnerem do dyskusji.

Piotr Zychowicz

Część I

Rozmowy o Żydach

1

Czystka etniczna 1948

Rozmowa z profesorem ILANEM PAPPÉ, *izraelskim historykiem, autorem książki* Czystki etniczne w Palestynie

„Ziemia bez ludzi dla ludzi bez ziemi" – to było główne syjonistyczne hasło na przełomie XIX i XX wieku. Czy w Palestynie naprawdę nie było wówczas ludzi?

Nie, to był mit. Ta ziemia nie była pusta. Kiedy pod koniec XIX wieku do Palestyny zaczęli przybywać pierwsi syjoniści, mieszkało tam pół miliona Palestyńczyków. Żyli mniej więcej w tysiącu wsi i dwunastu miastach.

Jakie plany mieli syjoniści wobec tych ludzi?

Od samego powstania ruchu syjonistycznego obecność Palestyńczyków w Palestynie stanowiła poważny problem dla wyznawców tej ideologii. Marzyli oni bowiem o stworzeniu żydowskiego państwa narodowego. Tylko dla Żydów. A co za tym idzie, szukali sposobów na usunięcie, pozbycie się arabskiej ludności.

Jak to sobie wyobrażali?

Początkowo, gdy Palestyna była pod brytyjskim mandatem (1918–1948), syjoniści mieli nadzieję, że Brytyjczycy zrobią to za nich. Czyli deportują Palestyńczyków do innych krajów arabskich. Gdy tak się nie stało, syjoniści postanowili wziąć sprawy w swoje ręce i rozwiązać „problem palestyński" własnymi rękoma. W 1948 roku dokonali w Palestynie masowej czystki etnicznej, której ofiarą padła połowa palestyńskiej populacji.

Dlaczego syjoniści tak bardzo chcieli się pozbyć Arabów? Nie mogliby po prostu zamieszkać obok nich?

Bo syjonizm jest kolonialnym ruchem osadniczym. Został wymyślony przez Europejczyków, którzy nie chcieli już żyć w Europie, ale chcieli odtworzyć Europę na nowym terenie. Lecz bez rdzennych mieszkańców. Czyli chcieli powielić schemat, który został zrealizowany wcześniej w Ameryce czy Australii. Ideologia syjonistyczna zakładała, że cały projekt powiedzie się tylko i wyłącznie wtedy, gdy Żydzi pozostaną jedynymi mieszkańcami Palestyny. A przynajmniej będą stanowić przytłaczającą większość. Sytuacja demograficzna była zaś taka, że cel ten można było osiągnąć tylko siłą.

Jak wyglądała ta sytuacja demograficzna?

Była dla syjonistów niezwykle niekorzystna. Ponad dwie trzecie mieszkańców Palestyny było bowiem Arabami. Jeżeli zaś chodzi o ziemię, to z chwilą wygaśnięcia mandatu do Żydów w Palestynie należało… 5,8 procent gruntów.

W 1947 roku Brytyjczycy ogłosili, że zrezygnują z mandatu nad Palestyną. ONZ zaproponowała wówczas podzielenie Palestyny na dwa państwa – żydowskie i arabskie. Arabowie jednak odrzucili ten plan. Dlaczego?

Palestyńczycy i cały świat arabski uważali syjonizm za ruch kolonialny. Nie widzieli żadnego powodu, by oddać połowę swej ojczyzny osadnikom z odległych krajów. Szczególnie że większość z nich przybyła do Palestyny trzy lata wcześniej, po zakończeniu II wojny światowej. Czy może pan sobie wyobrazić, że Polacy zgodziliby się na oddanie połowy swego kraju jakimś przybyszom?

Rzeczywiście trudno to sobie wyobrazić.

Odmowa podziału Palestyny przez Palestyńczyków była więc w pełni uzasadniona.

W marcu 1948 roku syjonistyczni przywódcy zatwierdzili plan „Dalet". Co się kryło pod tym kryptonimem?

Był to główny plan syjonistów szykowany na czas, gdy wygaśnie brytyjski mandat. Zakładał on, że kiedy Brytyjczycy wycofają się z Palestyny, Żydzi natychmiast wkroczą do akcji. Siłą opanują kraj i wyrzucą z niego jak najwięcej Arabów. Chodziło o urzeczywistnienie ideologicznej wizji Palestyny bez Palestyńczyków.

Czy ten plan został zrealizowany?

Niestety tak. Podczas dziewięciu miesięcy 1948 roku prawie wszystkie miasta Palestyny (oprócz dzisiejszego Zachodniego Brzegu Jordanu i Strefy Gazy) zostały opróżnione z arabskich mieszkańców. A połowę z tysiąca wiosek zniszczyły izraelskie siły zbrojne. Ich ludność została wypędzona. Towarzyszyły temu grabieże, akty przemocy, a nawet masakry ludności cywilnej. Dla Palestyńczyków była to wielka ludzka tragedia.

Jak odbywały się takie wypędzenia?

W planie „Dalet" zawarto szczegółowe wytyczne. Żydzi otaczali wieś z trzech stron, a czwartą pozostawiali ludziom do ucieczki. W nocy lub nad ranem wkraczali do wioski i brutalnie wyrzucali mieszkańców z domów. Czasami, aby ułatwić wypędzenie, rozstrzeliwali niektórych młodych mężczyzn. Przeznaczonych do egzekucji wskazywali arabscy agenci, którzy na czas deportacji, aby ich nie rozpoznano, wkładali kaptury – płócienne worki z otworami na oczy. Na koniec budynki były wysadzane w powietrze dynamitem, podpalane lub równane z ziemią buldożerami. Tak, aby ludzie nie mieli do czego wracać.

Wspomniał pan o masakrach...

Do najbardziej znanej doszło 9 kwietnia 1948 roku w wiosce Dajr Jasin. Ta położona w pobliżu Jerozolimy arabska miejscowość zawarła z siłami żydowskimi porozumienie o nieagresji. Ale Dajr Jasin miała zostać zlikwidowana w ramach planu „Dalet" i porozumienie nie uchroniło jej mieszkańców przed tragedią. Gdy odmówili opuszczenia swoich domów, izraelscy żołnierze wpadli w amok. W kilka godzin zamordowali dziesiątki mężczyzn, kobiet i dzieci.

W Czystkach etnicznych w Palestynie *przedstawił pan również mrożące krew w żyłach sceny, które rozegrały się w miastach.*

Weźmy na przykład Hajfę. Najważniejszy port na północy Palestyny. Początkowo w arabską ludność wymierzono kampanię terroru i nękania. Żydowscy żołnierze wylewali na ulice ropę i ją podpalali. Gdy przerażeni ludzie wybiegali na zewnątrz, Izraelczycy zasypywali ich gradem kul. W końcu, w kwietniu 1948 roku, arabska ludność cywilna zgodziła się na opuszczenie miasta. Gdy szykowała się w porcie do ewakuacji, Izraelczycy zajmujący pozycje na zboczu góry Karmel zaczęli ją ostrzeliwać z moździerzy. Wywołało to straszliwe spustoszenie, ludzie wpadli w panikę, wielu z nich utonęło w morzu. Z 75 tysięcy arabskich mieszkańców Hajfy w mieście zostało zaledwie kilka tysięcy! „Zabijać każdego napotkanego Araba" – rozkazywał jeden z oficerów, Mordechaj Maklef – „podpalać wszystko, co łatwopalne, i otwierać sobie drzwi dynamitem".

Część izraelskich historyków twierdzi, że Palestyńczycy uciekali z domów dobrowolnie. Że wezwali ich do tego arabscy przywódcy. Chodziło o oczyszczenie pola walki przed rozprawą z Żydami.

To nieprawda. Nikt na świecie nie opuszcza dobrowolnie swojego domu. Palestyńczycy nie byli tu żadnym wyjątkiem. Oni nie chcieli wyjeżdżać – zostali do tego zmuszeni. Wspomniane przez pana wezwanie do wyjazdu nigdy nie zostało przez arabskich przywódców wydane. To izraelska propaganda. Sprawdzałem to ja, sprawdzał to inny izraelski historyk, Benny Morris, i sprawdzał to irlandzki dziennikarz Erskine Childers. Żaden z nas nie znalazł w archiwach najmniejszego śladu takiego apelu.

Według oficjalnej izraelskiej wersji historii Żydzi w 1948 roku walczyli o przeżycie, groził im bowiem „drugi Holokaust". Tym razem nie mieli go dokonać Niemcy, ale Arabowie.

Nie, to przesada. Oczywiście państwo żydowskie w maju 1948 roku było zagrożone. Rządy krajów arabskich wysłały wówczas wojsko na pomoc Palestyńczykom i gdyby te oddziały zwyciężyły, zapobiegłyby ustanowieniu państwa żydowskiego. Problem polegał na tym, że ich szanse na sukces militarny były znikome. Siły izraelskie bowiem, znacznie lepiej uzbrojone i wyćwiczone, pod każdym względem miały nad nimi przewagę. Bez trudu pokonały Arabów. Było więc odwrotnie, niż twierdzili syjonistyczni przywódcy – to nie Żydzi w 1948 roku znaleźli się w śmiertelnym niebezpieczeństwie, ale Palestyńczycy.

Czy plan „Dalet" się powiódł?

Powiódł się w tym sensie, że z terenów, które w maju 1948 roku weszły w skład państwa Izrael, zniknęło 90 procent Palestyńczyków. Reszta Palestyny, czyli obecny Zachodni Brzeg Jordanu, przypadła Jordanii. W sumie Izraelczycy wypędzili z domów połowę palestyńskiego narodu! 750 tysięcy z 1,3 miliona ludzi. Skala tej czystki etnicznej była więc olbrzymia.

Ilu ludzi w niej zginęło?

Nie znamy dokładnej liczby ofiar śmiertelnych, ale szacuje się, że około 15 tysięcy.

W Czystkach etnicznych *pisze pan, że mózgiem operacji „Dalet" był Dawid Ben Gurion. Legendarny ojciec założyciel i pierwszy premier Izraela. To może być szokujące dla wielu czytelników.*

Tak, ludzie uważają Ben Guriona za szlachetnego człowieka, ale to on zaplanował czystki etniczne w Palestynie. A później narzucił surowy wojskowy reżim tym nielicznym Palestyńczykom, którzy uniknęli wypędzenia i pozostali w Izraelu.

Dlaczego w 1948 roku świat zachodni milczał? Czy było to związane z wyrzutami sumienia za Holokaust?

Pod wieloma względami tak. W efekcie doszło do zdumiewającej sytuacji. Pozwolono, aby syjonistyczni przywódcy stali się reprezentantami 6 milionów zgładzonych Żydów i jednocześnie kolonizatorami Palestyny.

Zgoda Zachodu na ujarzmienie Palestyny miała być moralną rekompensatą za horror Zagłady. Nikt na Zachodzie nie chciał też mówić o żydowskich zbrodniach tak krótko po Holokauście. W efekcie Nakba – mimo swojej kolosalnej skali i brutalności – została wymazana, wyrugowana ze zbiorowej pamięci ludzkości. Zapanowała w jej sprawie zmowa milczenia.

Czyli za zbrodnie Niemców cenę zapłacili Palestyńczycy. Swoją książkę zatytułował pan Czystki etniczne w Palestynie. *Czy to jednak nie przesada?*

Wystarczy sprawdzić definicję czystki etnicznej ustanowioną przez ONZ, amerykański Departamentu Stanu czy czołowych ekspertów w tej dziedzinie. To, co się wydarzyło w 1948 roku, idealnie się w tę definicję wpisuje. Sprawa jest prosta. Kiedy jedna grupa etniczna usuwa drugą grupę etniczną z mieszanego etnicznie obszaru – mamy do czynienia z czystką etniczną. To, co się działo w 1948 roku, było systematyczną kampanią przemocy, realizowaną wedle ułożonego wcześniej planu.

Czy jakikolwiek izraelski żołnierz lub polityk był kiedykolwiek sądzony za zbrodnie wojenne popełnione w 1948 roku?

Nie, żaden z nich nie stanął przed sądem.

Co się stało z ruinami arabskich wsi?

Na części z nich Izrael posadził drzewa, sprowadzone z Europy sosny. Chodziło nie tylko o to, by las zakrył gruzy palestyńskich miejscowości, ale też o zmianę krajobrazu – na bardziej europejski. Na pozostałościach innych wiosek zbudowane zostały osady żydowskie. Ich nazwy zhebraizowano. Na przykład arabska Lubia stała się żydowską Lawią. Chodziło o to, by pokazać, że nie mamy do czynienia z okupacją, lecz z odzyskaniem starożytnych miejsc biblijnych. Chodziło o wymazanie wszelkich śladów historii kultury jednego narodu i zastąpienie jej fikcją na temat innego narodu.

A co się stało ze świątyniami?

Arabskie kościoły chrześcijańskie w większości pozostały nietknięte, ale meczety niszczono lub przebudowywano na restauracje.

Krytycy oskarżają pana o jednostronność. Zarzucają, że pomija pan zbrodnie popełnione przez Arabów na Żydach. Na przykład masakrę w Hebronie z 1929 roku, której ofiarą padło blisko siedemdziesiąt osób.

Przede wszystkim piszę również o atakach na Żydów. Uważam jednak, że działania Izraelczyków w Palestynie to działania kolonialne. Zupełnie inaczej – choć nie bez krytycyzmu – należy oceniać przemoc „antykolonialną", która jest przecież częścią walki wyzwoleńczej. Po drugie, w mediach głównego nurtu i na zachodnich uniwersytetach obraz wydarzeń na Bliskim Wschodzie jest wyjątkowo nieobiektywny. Oczywiście nieobiektywny na korzyść Izraela. Moja książka ma równoważyć te stronnicze głosy.

Palestyńczycy wypędzenia roku 1948 nazywają Nakbą. Czyli katastrofą. A jak państwo Izrael – po siedemdziesięciu latach – odnosi się do tych wydarzeń?

Izraelski rząd neguje Nakbę. W kraju obowiązuje specjalne prawo, które zakazuje przedstawiania wydarzeń 1948 roku jako katastrofy. Jeżeli jakaś organizacja pozarządowa będzie chciała upamiętnić Nakbę – natychmiast straci prawo do wszelkich funduszy publicznych. Mimo to działa pozarządowa organizacja Zochrot, która stara się edukować społeczeństwo na temat Nakby. Na razie jej wpływ na opinię Izraelczyków jest jednak znikomy.

Jakie są według pana długoterminowe konsekwencje wypędzeń z 1948 roku?

Głównym problemem jest to, że czystki etniczne – które były esencją izraelskich działań – wcale nie ustały w 1948 roku. One przecież trwają do dziś na terenach okupowanych – na Zachodnim Brzegu Jordanu i w Strefie Gazy! Palestyńczycy wciąż cierpią, a Izraelczycy wciąż kolonizują palestyńską ziemię. Główną konsekwencją wypędzeń z 1948 roku jest jednak oczywiście problem uchodźców palestyńskich. Ludzie wypędzeni przez Izraelczyków i ich potomkowie żyją do dziś w obozach na terenie Autonomii Palestyńskiej i sąsiednich krajów arabskich. Jest ich obecnie pięć milionów. Ci uchodźcy mają prawo do powrotu do swoich domów i wiosek. Dopóki to prawo nie zostanie uszanowane – na Bliskim Wschodzie nie będzie pokoju i pojednania.

Izrael robi jednak wszystko, żeby wyłączyć prawo do powrotu z procesu pokojowego. Dlaczego?

Z dwóch powodów. Po pierwsze – byłoby to równoznaczne z przyznaniem się do popełnienia zbrodni na Palestyńczykach w 1948 roku. A Izrael nie ma na to najmniejszej ochoty. Po drugie – napływ arabskich uchodźców radykalnie zmieniłby demografię państwa żydowskiego na korzyść Arabów. Według syjonistów byłoby to samobójstwo.

Obawiam się, że mają sporo racji. Gdyby Żydzi stali się mniejszością w państwie żydowskim – oznaczałoby to koniec Izraela. Co więcej, setki tysięcy Żydów musiałyby zwrócić ziemię i domy powracającym Arabom. Czy „prawo do powrotu" jest więc realistycznym postulatem?

Całe życie mieszkałem z moimi palestyńskimi braćmi i siostrami oraz moimi żydowskimi braćmi i siostrami. Dzielimy ten kraj i chcemy go dzielić w przyszłości. Martwi nas jednak perspektywa, że większości jego mieszkańców nie będą stanowili Żydzi czy Arabowie, lecz fanatycy. „Prawo do powrotu" jest więc postulatem realistycznym. Mieszane, arabsko-żydowskie terytoria przecież istnieją. Choćby tu, gdzie mieszkam – w Hajfie i w Galilei. Oczywiście to, o czym mówię, nie zdarzy się z dnia na dzień. Ale jak pokazuje przykład RPA, gdzie upadł apartheid, to jest możliwe.

Naprawdę wierzy pan, że po tym wszystkim, co się wydarzyło, Palestyńczycy i Izraelczycy mogliby żyć w pokoju w jednym państwie?

Oczywiście, że w to wierzę. W wielu miejscach na świecie narody robiły sobie znacznie gorsze rzeczy, a teraz żyją w przyjaźni i harmonii.

Czy miał pan problemy w Izraelu z powodu swoich poglądów?

Niestety tak. Straciłem pracę na uniwersytecie i nie mogę pracować w izraelskim środowisku akademickim. Ale mogę występować publicznie i przekonywać ludzi do swoich racji.

Jeżeli Izrael został zbudowany na krwi i łzach palestyńskich kobiet i dzieci, to być może cały projekt syjonistyczny był od początku niemoralny i niepotrzebny?

To bardzo złożona kwestia. Ruch syjonistyczny uratował wielu Żydów, ale dokonał tego kosztem rodzimej ludności Palestyny. Moim zdaniem mogło to być zrobione inaczej. Żydzi mogli przybyć do Palestyny jako imigranci, a nie osadnicy i kolonizatorzy. Ważne jest teraz zbudowanie nowego państwa opartego na równości wszystkich obywateli – Żydów i Arabów. Należy naprawić krzywdy przeszłości. Zgodzić się na powrót uchodźców, wypłacić im odszkodowanie za utraconą własność i pozwolić swobodnie czerpać z zasobów tego cudownego i pięknego kraju.

Prof. ILAN PAPPÉ (rocznik 1954) jest izraelskim historykiem. Wykłada na Uniwersytecie w Exeter. Należy do głośnej grupy Nowych Historyków, którzy rzucili wyzwanie oficjalnej, propagandowej wersji dziejów państwa żydowskiego. Napisał m.in. Britain and the Arab-Israeli Conflict, 1948–1951 *oraz* Out of the Frame: The Struggle for Academic Freedom in Israel. *W Polsce ukazała się niedawno jego najgłośniejsza książka* Czystki etniczne w Palestynie *(Instytut Wydawniczy Książka i Prasa).*

Wywiad wcześniej nie publikowany

2

Żydowskie ofiary Stalina

Rozmowa z profesorem Jonathanem Brentem, *amerykańskim historykiem i sowietologiem*

Dlaczego Stalin po wojnie prześladował Żydów?

Pierwsze represje spadły na Żydów jeszcze przed wojną. Wystarczy wspomnieć sądowy mord na pisarzu Izaaku Bablu, który w 1940 roku został zastrzelony na Łubiance. Rok wcześniej Stalin odwołał Maksima Litwinowa ze stanowiska szefa sowieckiej dyplomacji.

Jaki był cel tych działań?

Po pierwsze, Stalin był zawsze podejrzliwy wobec Żydów. A po drugie, działo się to w okresie, kiedy Związek Sowiecki zawarł pakt z Trzecią Rzeszą. To był wyraźny ukłon w stronę Hitlera. Popatrz, ja też mogę się rozprawić z Żydami!

Prawdziwa antyżydowska czystka zaczęła się jednak po wojnie.

Wtedy prześladowania przyjęły formę zorganizowaną. Na pierwszy ogień poszedł założony w 1942 roku w ZSRS Żydowski Komitet Antyfaszystowski.

Po co Stalinowi był ten komitet?

Miał on otworzyć mu drogę do Ameryki. Stalin wiedział, że w Stanach Zjednoczonych żyje wielu Żydów pochodzących z byłego Imperium Rosyjskiego. Za pomocą komitetu chciał na nich wpłynąć, aby naciskali na amerykański rząd w sprawie utworzenia drugiego frontu i udzielania większej pomocy Armii Czerwonej.

W 1943 roku Sowieci zorganizowali nawet specjalny wyjazd członków tego komitetu do Ameryki. To dość nietypowe, gdyż bolszewicy rzadko wypuszczali swoich obywateli za granicę.

Stalinowi tak bardzo zależało na dotarciu do amerykańskiej opinii publicznej, że gotów był zaryzykować. I miał rację. Podróż po Ameryce i innych państwach Zachodu trwała kilka miesięcy, a członkowie komitetu zebrali miliony dolarów. Organizowali też olbrzymie prosowieckie wiece, w których brało udział po kilkadziesiąt tysięcy ludzi. Między innymi w słynnej hali Madison Square Garden w Nowym Jorku, która była zapchana do ostatniego miejsca.

Kto stał na czele tej delegacji?

Przewodniczący komitetu, wielki aktor i reżyser Solomon Michoels. Spotkał się on z Albertem Einsteinem i innymi sławnymi postaciami. Amerykańskie gazety pisały o przybyszach ze Związku Sowieckiego na pierwszych stronach. Ta podróż ogromnie poprawiła wizerunek Stalina i Sowietów w Ameryce.

Czyli Żydowski Komitet Antyfaszystowski był użytecznym narzędziem, które po wojnie przestało być potrzebne.

Właśnie. Stalin już go nie potrzebował. Tymczasem Michoels uważał, że jego pozycja jest bardzo mocna. Wierzył, że uda mu się załatwić coś u Stalina dla sowieckich Żydów, dla rozbitej, rozproszonej społeczności ocalałych z Holokaustu. Chciał, żeby Żydzi poczuli się znowu narodem. Zjednoczyli się.

Członkowie komitetu wpadli na pomysł, żeby utworzyć autonomiczną republikę żydowską na Krymie.

To nie był nowy pomysł. Mówiono o tym już w latach trzydziestych. Zapowiedziano wówczas sowieckim Żydom, że mogą się tam osiedlać. Uprawiać ziemię, tworzyć żydowską społeczność. I tysiące Żydów rzeczywiście przeniosły się na Krym. Wydawało się to lepszym pomysłem niż tworzenie żydowskiej republiki w odległym, egzotycznym Birobidżanie.

Czyli po wojnie po prostu odkurzono ten pomysł.

Tak. Wspierało go podobno dwóch wpływowych członków politbiura, Wiaczesław Mołotow i Gieorgij Malenkow.

Tyle że to nie oni decydowali. Co na to powiedział Stalin?

„Czego ci pieprzeni Żydzi ode mnie chcą?! Własne państwo na Krymie?! Oni chyba powariowali!" Proszę pamiętać, że to wszystko działo się, gdy powstawało państwo Izrael. Stalin obawiał się – i miał trochę racji – że w Związku Sowieckim dojdzie do żydowskiego ożywienia narodowego.

Dlaczego miał trochę racji?

W 1948 roku do Moskwy przyjechała izraelska ambasador Golda Meir. Wygłosiła mowę w nabitej ludźmi synagodze. Została przyjęta niezwykle entuzjastycznie, Żydzi dosłownie nosili ją na rękach. Żona Mołotowa, znana działaczka komunistyczna Polina Żemczużyna, powiedziała jej w uniesieniu w języku jidysz: *„Ich bin jidysze tochter"*. Jestem córką żydowskiego narodu.

To nie skończyło się dla niej najlepiej.

Ktoś to usłyszał i przekazał Stalinowi. Dyktator uznał, że Żydzi, nawet na najwyższych stanowiskach partyjnych, nie są lojalnymi obywatelami. Stwierdził, że stali się patriotami Izraela, a co za tym idzie – nie można im ufać. W 1949 roku Żemczużyna została aresztowana. Oskarżono ją o kontakty z „kołami syjonistycznymi" i „żydowski nacjonalizm".

Jednocześnie sowiecki aparat propagandowy rozpoczął nagonkę na Żydów, których nazwał kosmopolitami. Jak rozumieć to słowo?

Stalin wziął to od Hitlera. Oznaczało to, że Żydzi są ludźmi bez prawdziwej ojczyzny. A skoro tak, to nie są lojalni wobec krajów, w których mieszkają. Są lojalni tylko wobec siebie nawzajem. Słowo „kosmopolita" stało się nie tylko synonimem zepsutego Żyda, ale zaczęło być również łączone z antyamerykanizmem.

No tak, zaczynała się przecież zimna wojna.

Stalin – jak wspomniałem – chciał wyrugować żydowski patriotyzm. Ale to nie był największy problem, jaki miał po wojnie. Przede wszystkim Związek Sowiecki nie potrafił wyżywić swojego narodu. Mimo wielkich zwycięstw pod Stalingradem i Berlinem gospodarka znajdowała się w fatalnym stanie.

To był permanentny stan sowieckiej gospodarki.

Tak, ale po wojnie było to szczególnie widoczne. Sowieci zmiażdżyli Hitlera, podbili pół Europy – a mimo to nie mogli zaspokoić najbardziej podstawowych potrzeb swoich obywateli. Pan jako Polak rozumie to znakomicie, ale dla ludzi na Zachodzie to jest niewyobrażalne. Po wojnie Zachód zaczął się odbudowywać, gospodarka się rozkręcała. Wielkie inwestycje, wielkie budowy. Plan Marshalla. A w Sowietach panował głód. Wie pan, kim był Karol Kurylak?

Tak, ambasadorem PRL w Austrii.

Jego córka, Ewa, opowiadała mi, jak pewnego dnia jej ojciec postanowił się przespacerować po Wiedniu. Wrócił niezwykle przygnębiony, odmówił zjedzenia kolacji.
– Karol, co się dzieje, źle się czujesz? – zapytała go żona.
– Nie, nie o to chodzi – odparł. – Myślałem, że to my wygraliśmy wojnę...
Wiedeń kwitł, pełne kawiarnie, pełne półki sklepowe. Prosperity. W kraju, który był częścią Trzeciej Rzeszy! Kraju pokonanym. A w zwycięskim Związku Sowieckim i komunistycznej Polsce – głód, bieda i beznadzieja.

Dla Sowietów to był wielki problem. Obnażało to bowiem niewydolność komunistycznej utopii. I sprawność kapitalizmu.

Właśnie dlatego setki tysięcy sowieckich jeńców, którzy przeżyli piekło niemieckich obozów, po „wyzwoleniu" powędrowały do łagrów. Dla Stalina to byli ludzie podejrzani. Bo byli za granicą. Stalin robił wszystko, aby ludzie nie dowiedzieli się, że Związek Sowiecki nie jest krajem mlekiem i miodem płynącym, jak twierdziła czerwona propaganda.

Sowiety parły zarazem do konfliktu z Zachodem.

Po pobiciu Niemiec Stalin zdał sobie sprawę, że jego nowym wrogiem nie stała się wcale Wielka Brytania, której imperium obracało się w gruzy. I na pewno nie Francja. Na wroga numer jeden wyrosły Stany Zjednoczone. Ale jednocześnie ludzie sowieccy kochali Amerykę! Wszyscy wiedzieli o dostawach Lend-Lease. O tym, że Ameryka dała Sowietom traktory, ciężarówki, buty i konserwy z mielonką. Mało tego, w 1945 roku wielu sowieckich żołnierzy poznało Amerykanów. Pili z nimi wódkę, fraternizowali się, prowadzili handel wymienny. Przekonali się, że Amerykanie nie są żadnymi diabłami, lecz bardzo miłymi ludźmi.

Domyślam się, że Stalinowi wszystko to bardzo się nie podobało.

[*śmiech*] Ma pan rację. Stalin uznał więc, że musi zohydzić Amerykę w oczach społeczeństwa. A skoro Żydzi już raz pomogli mu w jego polityce wobec Stanów Zjednoczonych, to mogą mu „pomóc" jeszcze raz. Stalin ogłosił, że cały Związek Sowiecki został opleciony lepką siecią żydowskiego spisku, za którym stoi Ameryka.

Kto konkretnie miał być tą amerykańską agenturą?

Oczywiście Żydzi z Komitetu Antyfaszystowskiego. W 1948 roku został on z polecenia Stalina rozwiązany, a rok później aresztowano jego członków. Ogłoszono, że są „szowinistami" i „szpiegami". W śledztwie byli bici, dręczeni. Zmuszano ich do składania samooskarżycielskich zeznań. Dwunastu spośród trzynastu aresztowanych członków komitetu zostało zamordowanych.

Żydowskie ofiary Stalina

Co się stało z jego szefem, Solomonem Michoelsem?

Zginął pierwszy. W styczniu 1948 roku kazano mu pojechać do Mińska, gdzie miał odbyć jakieś spotkanie. Tam czekali już na niego zabójcy z MGB. Według jednej z wersji wydarzeń staranowali go na ulicy samochodem. Według drugiej – uprowadzili, zamordowali, a następnie rozjechali ciężarówką jego ciało, żeby upozorować wypadek. Egzekutorzy ci wykonywali osobisty rozkaz Stalina.

Zupełnie jak mafia.

Najbardziej obrzydliwe w całej sprawie było to, że szczątki Michoelsa zostały przetransportowane samolotem do Moskwy i urządzono mu tam uroczysty partyjny pogrzeb.

To była pierwsza faza czystki.

Rozprawa z komitetem okazała się niewystarczająca. Nikt nie uwierzył, że grupka intelektualistów zagrażała bezpieczeństwu Związku Sowieckiego. Kto miał być tym groźnym amerykańskim agentem? Stary działacz bolszewicki Solomon Łozowski, który został komunistą, gdy jeszcze nosił pieluszki? Aktor i poeta Solomon Michoels? Bądźmy poważni. Stalin potrzebował czegoś mocniejszego. Dostarczyła mu tego tajna policja.

Co to było?

Lekarze! Żydowscy lekarze! W 1950 roku aresztowany został znany doktor Jakow Etinger, który był luźno powiązany z Żydowskim Komitetem Antykomunistycznym. Jego sprawą zajmował się młody, ambitny oficer MGB Michaił Riumin. Wymyślił on iście diabelską intrygę – oskarżył Etingera o otrucie dwóch prominentnych sowieckich aparatczyków, Aleksandra Szczerbakowa i Andrieja Żdanowa. Etinger był lekarzem Szczerbakowa i konsultantem lekarzy, którzy opiekowali się Żdanowem. Riumin postanowił to wykorzystać do spreparowania rzekomego spisku. Ówczesny szef MGB Wiktor Abakumow był jednak do tej sprawy nastawiony bardzo sceptycznie.

Co zrobił Riumin?

Zaczął sadystycznie znęcać się nad Etingerem. Robił wszystko, by wycisnąć z niego przyznanie się do winy. Przesłuchiwał go non stop kilkadziesiąt dni i nocy. Pozbawiał go snu. Kazał mu godzinami stać na baczność. Etinger miał tymczasem sześćdziesiąt cztery lata, czyli jak na warunki sowieckie był starszym panem. W efekcie Riumin „przedobrzył". W marcu 1951 roku Etinger wrócił z przesłuchania do celi i upadł na ziemię. Serce nie wytrzymało. Umarł. Dla Riumina była to prawdziwa tragedia.

Dlaczego?

Bo nie udało mu się wycisnąć z Etingera przyznania się do winy! Stawiało go to w fatalnej sytuacji. Wychodziło bowiem na to, że Abakumow miał rację. Sprawa była dęta i Riuminowi groziły poważne konsekwencje. Młody funkcjonariusz postanowił działać po sowiecku. Czyli zamiast się bronić – zaatakował. Wysłał do Stalina list, w którym skłamał, że Etinger przyznał się do winy, a Abakumow krył żydowskich spiskowców!

Stalin mu uwierzył?

Ta sprawa spadła mu jak z nieba. Zwołał nadzwyczajne posiedzenie Komitetu Centralnego i odczytał na nim *siekrietne pis'mo*. Ujawnił w nim cały schemat rzekomego spisku lekarzy. Na terenie całego Związku Sowieckiego żydowscy lekarze planowali otruć działaczy partyjnych i dowódców Armii Czerwonej. Chcieli wymordować całe sowieckie kierownictwo! Według Stalina ci wredni lekarze mogli swobodnie knuć i spiskować, bo parasol ochronny rozpiął nad nimi Wiktor Abakumow i kierownictwo MGB.

I rozpoczęła się czystka.

To była prawdziwa histeria, podsycana przez agresywną sowiecką propagandę. Dochodziło do tego, że matki bały się przyprowadzać dzieci do żydowskich lekarzy. Nie przepisywano opracowanych przez nich leków, zabroniono korzystania z podręczników medycznych ich autorstwa. Żydów wyrzucano z pracy. Nie tylko lekarzy, ale również dziennikarzy, naukowców, inżynierów. Rozpoczęły się aresztowania.

Wróćmy do spisku lekarzy kremlowskich. Ilu z nich trafiło za kraty?

Czterdziestu trzech. To byli najsłynniejsi, najwybitniejsi lekarze Związku Sowieckiego. A co ciekawe, w grupie tej znaleźli się nie tylko Żydzi. Aresztowani zostali Jegorow, Wasilienko, Majorow, Winogradow. Ten ostatni był osobistym lekarzem Stalina, który popełnił poważny błąd. Po wojnie powiedział dyktatorowi, żeby wziął wolne i pojechał na długie wakacje. Stalin, jako paranoik, zwietrzył w tym spisek mający na celu odebranie mu władzy. I nigdy mu tego nie zapomniał.

Jak lekarze byli traktowani w śledztwie?

MGB starało się – wszystkimi znanymi sobie metodami – zmusić ich, by przyznali się do współpracy z amerykańskim wywiadem. Do zamordowania szefa Kominternu Georgiego Dimitrowa i pisarza Maksyma Gorkiego. Na liście przyszłych ofiar spiskowców znajdował się wedle MGB sam towarzysz Stalin. Śledczy twierdzili, że celem spisku było obalenie partii komunistycznej.

Co się tymczasem działo na szczytach MGB?

Dotychczasowy szef bezpieki, Abakumow, i jego najbliżsi współpracownicy zostali zdymisjonowani i aresztowani. Do więzień wtrącono także żydowskich oficerów MGB. Podczas brutalnych przesłuchań kazano im się przyznać, że są żydowskimi szowinistami. Że uważają, iż rasa żydowska jest inteligentniejsza niż inne rasy. A co za tym idzie – że Żydzi powinni rządzić Związkiem Sowieckim i światem, a Rosjanie i inni Słowianie winni im służyć jako niewolnicy.

A co się działo z Riuminem?

Stalin oczywiście docenił jego wysiłki. Riumin piął się po szczeblach kariery.

Jak w zamyśle Stalina miała się zakończyć sprawa lekarzy?

Wielkim procesem pokazowym, na wzór procesów z lat trzydziestych. Cały świat miał się dowiedzieć o podłych knowaniach Żydów i Amerykanów. Wszyscy winni mieli być oczywiście straceni. Do czego są zdolni bolszewicy, pokazała tak zwana noc rozstrzelanych poetów. 12 sierpnia 1952 roku MGB jednej nocy potajemnie straciło na Łubiance trzynastu żydowskich literatów.

Na kiedy planowano ten wielki proces?

Początkowo miał się odbyć w roku 1951, ale śledczym nie udało się przygotować całego materiału „dowodowego". Wówczas Stalin przełożył go na rok 1952, ale MGB znowu nie dotrzymało terminu. Ostatecznie datę procesu ustalono na wiosnę 1953 roku. Ale 5 marca zmarł Stalin.

Całe szczęście!

A wiedział pan, że dyktator skonał w samo święto Purim?

Nie, nie wiedziałem. Ale to nie mógł być przypadek!

[*śmiech*] Tak, to na pewno nie był zbieg okoliczności. Śmierć dyktatora uratowała życie kremlowskim lekarzom i wszystkim Żydom, którzy w sowieckich więzieniach czekali na procesy.

Cud.

Nie, to nie był cud. Ci wszyscy ludzie zawdzięczają ocalenie konkretnej osobie. Nazywała się ona Sofia Karpai. Była technikiem medycznym, obsługiwała elektrokardiograf. Gdy MGB zaczęło preparować sprawę lekarzy kremlowskich, została aresztowana. Dla oficerów śledczych, którzy montowali schemat rzekomego spisku, ta skromna kobieta miała ogromne znaczenie. Była kluczowym elementem całej tej skomplikowanej układanki.

Dlaczego?

Bo była jedyną osobą żydowskiego pochodzenia, która rzeczywiście brała udział w nieudanej terapii Andrieja Żdanowa! Zmuszenie jej, żeby przyznała się do udziału w spisku, było więc niezbędne, aby cała układanka się domknęła. Tymczasem Sofia Karpai jedyna spośród wszystkich aresztowanych nie dała się złamać! Wszyscy mężczyźni aresztowani w ramach sprawy lekarzy skapitulowali i podpisali to, czego żądało MGB. I tylko ona konsekwentnie odmawiała!

Domyślam się, że śledczy robili wszystko, by ją nakłonić do zmiany zdania.

Oczywiście, była strasznie torturowana! Ku frustracji MGB wciąż jednak się trzymała. Co spowalniało całą czystkę. To dzięki uporowi tej jednej Żydówki sowieckie władze musiały odraczać termin wielkiego procesu pokazowego!

W końcu Beria się zniecierpliwił i napisał do Stalina: „Myślę, że trzeba ją rozstrzelać!". Stalin jednak kategorycznie odmówił: „Nie wolno jej rozstrzelać, ona musi mówić".

Ale Sofia Karpai nie chciała mówić. I ocaliła tym wszystkich! Niestety Karpai została niemal całkowicie zapomniana. Dziś nikt o niej nie pamięta. A rola, jaką odegrała, była gigantyczna.

Czyli to prawda, że kobiety są jednak twardsze od mężczyzn.

[*śmiech*] Tak, to prawda. Musi pan to koniecznie powiedzieć w Polsce.

Słyszę to codziennie od żony.

[*śmiech*] To proszę opowiedzieć jej historię Sofii Karpai. To potwierdzi jej teorię.

Zakończenie tej historii jest typowo sowieckie.

Tak, po śmierci Stalina wszystkich oskarżonych zwolniono z więzienia. Sprawa została uznana za niebyłą. A nowa gwiazda w MGB zgasła tak szybko jak zabłysła. Michaił Riumin został rozstrzelany za... wymuszanie fałszywych zeznań. Zlikwidowano również wszystkie inne osoby, które były zamieszane w fabrykowanie spisku.

Czy to prawda, że sprawa kremlowskich lekarzy miała być początkiem kolejnej wielkiej czystki?

Tak, to prawda. Proszę pamiętać, że wojna wywarła wielki wpływ na Stalina. Kolosalna presja i stres w czasie konfrontacji z Hitlerem odcisnęły na nim piętno. Zestarzał się, posiwiał, przygarbił. I w rezultacie poczuł się zagrożony. Obawiał się, że inni czołowi działacze oraz rzesze młodych, ambitnych aparatczyków odsuną go od władzy. Postanowił uprzedzić ich atak. Sprawa spisku lekarzy miała być wstępem do olbrzymiej czystki w partii, tajnych służbach i wojsku. To miała być kolejna totalna jatka, na wzór straszliwych rzezi lat 1937–1938. Powtórka z Wielkiego Terroru.

Ta czystka nawet się chyba zaczęła.

Ma pan zapewne na myśli tak zwaną sprawę leningradzką. Na przełomie lat czterdziestych i pięćdziesiątych MGB wymordowało cały aparat partyjny w tym mieście. Następnie Stalin chciał się zabrać za swój „wewnętrzny krąg". Dokonać kolejnej masakry najwyższych rangą aparatczyków. Zlikwidować Mołotowa, Mikojana, a przede wszystkim swojego głównego rywala – Ławrientija Berię.

Czy to prawda, że Stalin planował też masowe deportacje Żydów?

Władimir Naumow – z którym napisałem książkę o spisku lekarzy – znalazł w archiwum KGB intrygujące dokumenty. Zatwierdzone w styczniu i lutym 1953 roku plany stworzenia czterech wielkich kompleksów łagrowych na sowieckim Dalekim Wschodzie. Oficjalnie obozy te miały być przeznaczone dla „wyjątkowo groźnych" niemieckich zbrodniarzy wojennych. Więźniów tych miało być 19 600. Problem polegał na tym, że w 1953 roku w sowieckich rękach nie znajdowało się już tylu „niemieckich zbrodniarzy".

Poza tym cztery wielkie kompleksy łagrowe to chyba trochę za dużo dla 20 tysięcy ludzi.

Naumow, który w latach pięćdziesiątych był młodym człowiekiem, powiedział mi, że mówiono wtedy, iż te obozy były przeznaczone dla Żydów. Niestety nie zachowały się żadne dokumenty, które mogłyby to potwierdzić na sto procent. Oczywiście Stalin nie planował „ostatecznego rozwiązania" w wersji sowieckiej. Chodziło raczej o odseparowanie i zniszczenie żydowskiej elity. To był znany, sprawdzony sposób Stalina. To samo zrobił z Polakami i innymi narodami, które ujarzmił.

Czy Stalin był antysemitą?

Nie, to złe postawienie sprawy. Stalin nienawidził wszystkich. Nienawidził wszystkich narodów. Gruzinów, Żydów, Ukraińców, Francuzów, Brytyjczyków, Polaków. Polaków pewnie nienawidził nawet bardziej niż Żydów.

Czyli motywem jego działań nie był antysemityzm, lecz nienawiść do ludzi.

Na tym właśnie polegał fenomen bolszewizmu. Stalin był wrogo nastawiony do ludzi. Sowiecki system był wrogo nastawiony do ludzi. Sowieckie państwo było wrogo nastawione do ludzi. Jego ofiarą mógł paść każdy człowiek – niezależnie od rasy, narodowości i wyznania. Każdy mógł zostać przez nie pożarty.

Prof. JONATHAN BRENT *(rocznik 1949) jest amerykańskim historykiem i sowietologiem, dyrektorem YIVO Institute for Jewish Research w Nowym Jorku. Specjalizuje się w dziejach sowieckich Żydów. Napisał m.in.* Inside the Stalin Archives *i* Silence of Isaac Babel *oraz (z Władimirem Naumowem)* Stalin's Last Crime: The Plot Against the Jewish Doctors, 1948–1953.

3

Armia Krajowa i Żydzi

Rozmowa z profesorem Joshuą D. Zimmermanem, *amerykańskim historykiem specjalizującym się w dziejach Żydów Europy Środkowo-Wschodniej*

Są dwie narracje w sprawie stosunku Polskiego Państwa Podziemnego wobec Żydów. Czarna i biała. Która z nich jest prawdziwa?

Obie są nieprawdziwe. Obie zawierają półprawdy i uproszczenia.

Skąd taki rozdźwięk?

Wypływa to w dużej mierze z tego, że przez czterdzieści kilka lat obie te narracje były prowadzone oddzielnie. Nie było żadnego dialogu. Gdy wiele lat temu zacząłem interesować się historią polskich Żydów, od razu zetknąłem się z tymi dwoma legendami. Na Zachodzie, szczególnie od Żydów, słyszałem, że Armia Krajowa była organizacją antysemicką. Z kolei Polacy i Amerykanie polskiego pochodzenia mówili mi, że Armia Krajowa była bohaterską formacją, która pomagała Żydom.

Ten pierwszy pogląd dla Polaków jest bardzo bolesny.

Sam się o tym przekonałem. Po raz pierwszy przyjechałem do Polski latem roku 1987. Byłem świeżo po kursie historii Holokaustu ukończonym na jednym z amerykańskich uniwersytetów. Gdy pytałem Polaków o stereotyp mówiący o AK jako formacji niechętnej Żydom – byli zszokowani i zdumieni. Ich opinia na ten temat była diametralnie inna. Wtedy też po raz pierwszy spotkałem się z polskim punktem widzenia, z patrzeniem na wojnę z perspektywy polskich cierpień.

Skoro ani czarna, ani biała legenda nie są prawdziwe, to jaka jest prawda?

Prawda jest taka, że Polskie Państwo Podziemne było kolosalnym organizmem. Należały do niego setki tysięcy ludzi reprezentujących niemal wszelkie poglądy i frakcje występujące w polskim narodzie. A co za tym idzie, w Polskim Państwie Podziemnym byli zarówno przyjaciele Żydów, jak i antysemici.

To jasne. W każdej grupie znajdą się źli ludzie. Decydujące było jednak chyba nastawienie instytucji.

Oczywiście. Dlatego w książce *Polskie Państwo Podziemne i Żydzi w czasie II wojny światowej* staram się udowodnić anglojęzycznym czytelnikom, że polskie władze podczas tej wojny nie wyrażały antysemickich poglądów. Taki obraz w niej przedstawiłem.

Zacznijmy może od rządu londyńskiego.

Polski rząd był nastawiony niezwykle przychylnie wobec Żydów. Premier Władysław Sikorski kilkakrotnie zapowiadał, że Polska po wojnie będzie demokratycznym krajem, w którym Żydzi będą pełnoprawnymi obywatelami i nie będą poddawani żadnej dyskryminacji. Sikorski alarmował świat w sprawie Holokaustu. Polacy nie tylko przekazali na Zachód informacje o prześladowaniach Żydów, ale też wzywali społeczność międzynarodową do działania.

A jak było w okupowanym kraju?

Tu sytuacja była bardziej skomplikowana. O ile prasa Związku Walki Zbrojnej wyrażała współczucie wobec Żydów, część polskiego społeczeństwa z satysfakcją przyjmowała niemieckie szykany spadające na żydowskich sąsiadów. Wiemy o tym choćby z raportu Jana Karskiego z początku 1940 roku. Słynny kurier o podjętym przez Niemców „rozwiązaniu kwestii żydowskiej" pisał tak: „Naród nienawidzi swego śmiertelnego wroga, ale ta kwestia stwarza jednak coś w rodzaju wąskiej kładki, na której spotykają się zgodnie Niemcy i duża część polskiego społeczeństwa".

Pytanie tylko, skąd takie nastawienie się wzięło. Generał Stefan Grot-Rowecki w radiogramie wysłanym do generała Sikorskiego 25 września 1941 roku pisał, że „przygniatająca większość kraju nastawiona jest antysemicko". Według niego w dużej mierze wywołane to było jednak kolaboracją sporej części Żydów pod okupacją sowiecką.

Polacy mieli dwóch równorzędnych wrogów – Niemców i Sowietów. Żydzi mieli zaś dwóch nierównorzędnych wrogów. Dla nich Hitler, z oczywistych przyczyn, był znacznie większym zagrożeniem niż Stalin. Dlatego trudno się dziwić, że czuli ulgę, gdy do ich miasteczek wkraczali żołnierze Armii Czerwonej, a nie Wehrmachtu.

Część Żydów cieszyła się jednak z upadku państwa polskiego.

Być może wynikało to z tego, że nie czuli się w nim dobrze. Po śmierci Józefa Piłsudskiego polscy Żydzi traktowani byli jak obywatele drugiej kategorii. Spadały na nich rozmaite szykany, dotykały ich akty przemocy. Ograniczano liczbę Żydów na uniwersytetach, wprowadzano bojkot żydowskich sklepów. To są wszystko dobrze znane sprawy. Jeżeli zaś chodzi o stereotyp „żydokomuny", to dużo mówią o nim przedwojenne preferencje wyborcze polskich Żydów. Wie pan, ilu z nich głosowało na komunistów?

Nie mam pojęcia.

6 procent. 94 procent Żydów poparło inne ugrupowania.

Wielu Żydów w latach 1939–1941 podjęło jednak współpracę z czerwonym okupantem.

Jeden z historyków przebadał skład etniczny sowieckiej administracji we wschodniej Polsce. Okazało się, że 54 procent urzędników było etnicznymi Polakami! Żydzi, Białorusini, Ukraińcy stanowili mniejszość w sowieckim aparacie. Jednocześnie wielu Żydów zginęło w Katyniu, zostało wywiezionych na Syberię i padło ofiarą innych sowieckich zbrodni. Powszechna opinia, że Żydzi masowo popierali bolszewików, była więc nieprawdziwa. Oparto ją na szeregu indywidualnych przypadków.

Jak ta powszechna opinia przekładała się na stosunek Polskiego Państwa Podziemnego wobec Żydów? Wielkie kontrowersje narosły choćby wokół powstania w getcie warszawskim.

Część żydowskich historyków oskarżała polskie podziemie o obojętność, odmowę udzielenia pomocy walczącym. Z drugiej strony raport Bundu z 22 czerwca 1943 roku mówi coś przeciwnego – że Polacy wspierali powstanie. W czasie walk w getcie Armia Krajowa dokonała siedmiu zbrojnych akcji „solidarnościowych" na obrzeżach dzielnicy zamkniętej. Przeszkoliła też żydowskich bojowników, dostarczyła im broń, amunicję i materiały wybuchowe. Około 10 procent arsenału ŻOB pochodziło z dostaw AK. W swojej książce starałem się pokazać, jak olbrzymiej odwagi w okupowanej Warszawie wymagało przeszmuglowanie broni do getta.

Część historyków z Zachodu uważa, że pomoc ta była niewystarczająca. Że Polacy w geście solidarności z Żydami powinni byli w kwietniu 1943 roku wywołać powszechne powstanie.

Polacy działali zgodnie z instrukcjami generała Sikorskiego z 26 kwietnia 1943 roku. „Walka" – pisał premier – „nie może się żadną miarą przerzucić na Kraj i nie może być hasłem do spontanicznego powstania. Wszelka pomoc Żydom jest dopuszczalna, lecz nie powinna wykraczać poza te ramy". Z oceną tą generał Rowecki w pełni się zgadzał.

Nie wypływało to jednak z antysemityzmu.

Oczywiście, że nie. Ludzie w Ameryce często patrzą na sprawy w wąskiej perspektywie. Powstanie w getcie postrzegają tylko w kontekście Holokaustu. Tymczasem należy spojrzeć szerzej. W kwietniu 1943 roku front wschodni znajdował się setki kilometrów od Warszawy, a alianci zachodni w ogóle nie utworzyli drugiego frontu. Pozycja Niemców była niezwykle silna. Tymczasem przygotowany przez Roweckiego plan powstania powszechnego zakładał, że może ono zostać wywołane, dopiero gdy Wehrmacht się załamie. Gdyby AK wywołała powstanie w 1943 roku, nie miałoby ono najmniejszych szans na powodzenie, skończyłoby się masakrą. Po prostu było na nie za wcześnie.

30 czerwca 1943 roku doszło do nieszczęścia. Generał Rowecki został aresztowany przez Niemców i na stanowisku komendanta AK zastąpił go generał Tadeusz Bór-Komorowski. Dla Polski zmiana ta miała katastrofalne konsekwencje. A jakie konsekwencje miała dla polskich Żydów?

To były dwie zupełnie inne osobowości. Stefan Grot-Rowecki nie miał żadnych uprzedzeń wobec Żydów. Przyznał to nawet Jan Tomasz Gross w książce *Strach*. Rowecki był lojalnym oficerem, który wykonywał wszystkie rozkazy naczelnego wodza. W efekcie Polskie Państwo Podziemne starało się pomagać Żydom. To za Roweckiego powstała „Żegota". Rowecki przekazywał na Zachód wstrząsające raporty wywiadowcze na temat Holokaustu. Był osobiście poruszony i oburzony niemieckimi mordami na Żydach. Starał się dostarczać broń żydowskim bojownikom.

A Komorowski?

To zupełnie inna historia. Generał „Bór" był sympatykiem endecji, a więc ugrupowania niechętnego Żydom. Jego nastawienie widać w jego rozkazach. Nowy dowódca AK odmówił wykonania instrukcji naczelnego wodza i zapowiedział, że nie będzie dostarczał broni żydowskim bojownikom chcącym walczyć z Niemcami w gettach i lasach. Tym samym złamał rozkaz. Zasłonił się przy tym „opinią społeczeństwa", które rzekomo nie zaakceptowałoby przekazywania cennej broni Żydom. To zdumiewające, bo przecież to dowódcy wojskowi powinni narzucać swoją wolę podwładnym, a nie odwrotnie.

To było typowe dla tego oficera. Winę za swoją fatalną decyzję o wywołaniu powstania warszawskiego Komorowski również zrzucał na społeczeństwo. Naród rwał się do boju – przekonywał – więc musiałem wydać ten rozkaz.

Jeżeli chodzi o Żydów, to Komorowski poinformował Londyn, że przekaże im broń, dopiero gdy w Polsce wybuchnie powstanie powszechne.

Ale wtedy nie byłoby przecież komu przekazać broni.

I to jest właśnie w tej sprawie najbardziej szokujące. Komorowski doskonale wiedział, co się dzieje z Żydami. Wiedział, że getta są pacyfikowane, a ich mieszkańcy są eksterminowani w komorach gazowych. Broń potrzebna była natychmiast! Zdecydowana większość polskich Żydów nie dożyłaby wybuchu powstania powszechnego.

Jestem bardzo krytyczny wobec generała Komorowskiego, ale muszę wystąpić w jego obronie. Niechęć do przekazywania Żydom broni nie musiała się brać z antysemityzmu. Komorowski bał się, że ta broń wpadnie w ręce Sowietów. Wielu Żydów, którzy uciekli do lasów, dołączyło bowiem do bolszewickich oddziałów partyzanckich.

Żydzi, którzy wstępowali do partyzantki sowieckiej, robili to dlatego, że nie chciano ich w partyzantce polskiej. A dlaczego nie chciano ich w partyzantce polskiej? Bo w przekonaniu polskich partyzantów Żydzi byli prosowieccy. Mieliśmy więc do czynienia z błędnym kołem, samospełniającą się przepowiednią. Żydzi, którzy chcieli przeżyć, nie mieli wyboru – musieli dołączyć do Sowietów. Tu nie chodziło o sympatię do ideologii komunistycznej, ale o chęć przeżycia. Oskarżanie tych ludzi o antypolonizm i prosowieckość było niesprawiedliwe. Komorowski dał tymczasem podwładnym przyzwolenie na nieprzyjmowanie Żydów do szeregów – jako elementu niepewnego. Mało tego, w rozkazach AK z 1943 roku mowa jest o likwidacji „band żydowsko-komunistycznych".

Generał był też jednak zwolennikiem udzielania pomocy żydowskim cywilom ukrywającym się po aryjskiej stronie muru. Zagrożenie widział więc nie we wszystkich Żydach, tylko w tych, którzy dołączyli do sowieckich oddziałów partyzanckich. A więc zasilili szeregi wroga.

Rzeczywiście to Komorowski kazał karać szmalcowników śmiercią, strzelać do ludzi, którzy denuncjowali Żydów na Gestapo. W swojej książce mocno to podkreślam. Z drugiej strony jednak trudno zrozumieć, dlaczego oczekiwał od wszystkich Żydów Europy Wschodniej lojalności wobec państwa polskiego. Cały problem sprowadzał się do zasadniczej różnicy między nastawieniem obu społeczności do nadciągających Sowietów. Polacy widzieli w nich nowego okupanta, który rości sobie prawa do połowy polskiego terytorium. Dla Żydów nadejście Sowietów oznaczało zakończenie koszmaru Holokaustu. Fizyczne ocalenie. Tego właśnie nie potrafił zrozumieć generał Komorowski.

W swojej książce pisze pan między innymi, jak polscy partyzanci zabijali partyzantów żydowskich. Były jednak i sytuacje odwrotne, gdy żydowscy partyzanci zabijali Polaków. Wystarczy wymienić masakry w Nalibokach czy Koniuchach.

Nie przebadałem tych spraw, ale oczywiście mnie to nie dziwi. Na ziemiach północno-wschodnich trwał zacięty konflikt między polską a sowiecką partyzantką. To była wojna. Skoro Żydzi znajdowali się w szeregach sowieckiej partyzantki – brali udział w tym krwawym konflikcie.

Największe wrażenie zrobiła na mnie ta część książki, w której pisze pan o postawach poszczególnych Polaków. Jeden rozdział poświęca pan żołnierzom AK, którzy zabijali Żydów. A kolejny żołnierzom AK, którzy z narażeniem życia ich ratowali.

Historia AK była bowiem historią setek tysięcy ludzi. Różnych ludzi. Modelowym przykładem może być Okręg Kielce. Na terenie tym był oddział AK, który tropił i mordował Żydów. Dowodził nim Marian Sołtysiak „Barabasz". A jednocześnie były oddziały do Żydów nastawione niezwykle przyjaźnie, które chroniły ich przed Niemcami.

Czyli wszystko zależało od człowieka.

Otóż to. Opisuję na przykład oficera warszawskiego Kedywu Józefa Rybińskiego, wrażliwego intelektualistę, doktora filologii klasycznej. On ratował Żydów, przyjmował ich do swojej elitarnej formacji. Przedstawiam sprawę Jana i Antoniny Żabińskich, którzy z narażeniem życia ukrywali Żydów na terenie warszawskiego zoo. A także bohaterskie czyny Ireny Sendlerowej i innych członków „Żegoty".

Bardzo ciekawy jest przypadek Żydów z Hanaczowa.

Miejscowość ta znajdowała się na terenie Okręgu Lwów. Miejscowy oddział AK chronił tam 250 żydowskich uciekinierów. W lutym 1944 roku w Hanaczowie doszło nawet do bitwy między AK a połączonymi siłami ukraińskiej policji i UPA. Ukraińcy chcieli zabić Żydów, ale Polacy im na to nie pozwolili. W walce tej po stronie AK wziął udział żydowski pluton. W swojej książce opisuję jednak również sytuacje, w których partyzanci AK walczyli przeciwko Żydom i Żydów mordowali.

Jakie były motywy takich akowców?

Na ziemiach północno-wschodnich – na przykład w Okręgu Nowogródek – działania te wpisywały się w konflikt między polskim a sowieckim podziemiem. Z kolei na innych terenach, na przykład w okręgach Kielce czy Radom, zabójcami Żydów kierowała chęć grabieży czy pospolity antysemityzm.

Czyli były to akty niesubordynacji.

Tak. Wszyscy dowódcy AK, którzy zabijali Żydów – poza dwoma wyjątkami, które stanowiły okręgi Nowogródek i Białystok – nie mieli zgody przełożonych na takie działania. To była ich własna inicjatywa. Dowódców tych można nazwać renegatami.

A jak to wyglądało podczas powstania warszawskiego?

Gdy wybuchło powstanie, wszyscy obywatele Warszawy poczuli się wolni. Także Żydzi, którym udzielił się powszechny entuzjazm. Opuszczali kryjówki i często włączali się do walk z Niemcami. Żołnierze Armii Krajowej wyzwolili żydowskich więźniów na Umschlagplatzu i w obozie Gęsiówka. W sumie historycy oceniają, że AK podczas powstania uratowała 398 Żydów. Ale powstańcy zamordowali też około 30 Żydów.

W 1994 roku napisał o tym Michał Cichy w „Gazecie Wyborczej"...

Tak, wiem, jaki szok wywołał w Polsce ten artykuł. Pamiętajmy jednak, że sprawa dotyczy właściwie tylko jednego oddziału, dowodzonego przez kapitana Wacława Stykowskiego „Hala". To jego ludzie dopuścili się przytłaczającej większości aktów przemocy. Między innymi morderstwa całej grupy Żydów – w tym kobiet i dzieci – na ulicy Prostej 4 i Twardej 30.

W tej sprawie do dziś toczy się w Polsce zażarta dyskusja. Syn kapitana „Hala" napisał niedawno książkę, według której jego ojciec nie miał z tymi zbrodniami nic wspólnego.

Nie znam tej książki, ale oczywiście chętnie ją przeczytam. Sprawa jest jednak tak dobrze udokumentowana i zbadana przez historyków, że trudno mi sobie wyobrazić, jak można wybronić kapitana „Hala". Domyślam się, jak wielkie emocje musi wzbudzać w Polsce ta sprawa. Wiem, że powstanie warszawskie dla Polaków jest świętością. Nikt jednak nie wysuwa zarzutów wobec wszystkich powstańców. Chodzi tylko o niewielką grupkę żołnierzy.

Jeżeli już rozmawiamy o powstaniu warszawskim, to warto przypomnieć, że ŻOB w powstaniu nie walczył u boku AK, lecz AL. To by potwierdzało niektóre obawy generała Komorowskiego.

Oddziałek ŻOB-u walczący w powstaniu warszawskim liczył niewiele ponad dwudziestu żołnierzy. Znacznie więcej Żydów walczyło w oddziałach Armii Krajowej. Żeby wymienić tylko słynnego żołnierza Kedywu Stanisława Aronsona. Dowódca ŻOB Icchak Cukierman wspominał po wojnie, że podczas powstania żydowscy bojownicy zostali przyjęci przez AK chłodno. W AL przyjęto ich zaś z otwartymi ramionami. Znowu nie chodziło więc o sympatie prokomunistyczne, ale o konieczność.

Kiedy przygotowywałem się do tego wywiadu, zamierzałem zapytać pana, czy możliwe jest przełamanie czarnej i białej legendy i obiektywne spojrzenie na relacje między podziemiem a Żydami. Pytanie to chyba nie ma jednak sensu. Pańska książka jest najlepszym przykładem, że takie spojrzenie jest możliwe.

Taki właśnie przyświecał mi cel. Chciałem przerzucić most między zwolennikami obu tych sprzecznych narracji. Chciałem, żeby Polacy spróbowali spojrzeć na wojnę z perspektywy Żydów, a Żydzi spróbowali spojrzeć na wojnę z perspektywy Polaków. Prawda była bowiem znacznie bardziej złożona niż legendy. Nie chodziło mi również o wydawanie werdyktu. To nie moje zadanie – ja tylko przedstawiłem fakty. Ocena należy do czytelników.

JOSHUA D. ZIMMERMAN *(rocznik 1966) jest profesorem Yeshiva University w Nowym Jorku. Specjalizuje się w dziejach Żydów Europy Środkowo-Wschodniej. Napisał m.in.* Contested Memories: Poles and Jews during the Holocaust and its Aftermath *(red.),* Poles, Jews and the Politics of Nationality *oraz* The Jews of Italy under Fascist and Nazi Rule. *W Polsce ukazała się właśnie jego najnowsza praca* Polskie Państwo Podziemne i Żydzi w czasie II wojny światowej *(PWN).*

Źródło: „Historia Do Rzeczy" 10/2018

4

Żydzi nie mordują cywilów

Rozmowa z generałem Awigdorem „Januszem" Ben-Galem, *legendą izraelskiej armii*

Spotykamy się, gdy Izrael po raz kolejny bombarduje stanowiska Hamasu w Gazie. Jak pan ocenia tę operację?

Pozytywnie, ale wszystko to idzie jakoś za wolno. Oczywiście ta operacja nie jest prosta, bo tak naprawdę są dwa miasta Gaza. Jedno nad ziemią, drugie pod ziemią. Nasz przeciwnik, który nie jest umundurowany i często – dosłownie – ukrywa się w kanałach, jest trudny do uchwycenia. Tak samo jednak było w Berlinie, w Stalingradzie, Sajgonie czy w Warszawie w 1944 roku. Historia wojen zna podobne kampanie.

Izraelskie działania wyglądają jednak słabo. Wasz rząd postawił sobie za cel powstrzymanie ostrzału rakietowego Hamasu. Tymczasem mimo ton bomb, które sypią się na Strefę Gazy, palestyńskie pociski wciąż dolatują do Izraela.

W tej sprawie moje zdanie diametralnie różni się od zdania mojego rządu. Według mnie naszym celem nie powinno być powstrzymanie Hamasu od ostrzału. To jest bowiem środek doraźny, który nie przynosi długotrwałego skutku. Co pewien czas Hamas się uspokaja, mija parę miesięcy i wszystko zaczyna się od nowa: znowu na głowy Izraelczyków spadają palestyńskie rakiety domowej roboty, znowu dochodzi do zamachów.

Co więc powinien zrobić Izrael?

Wprowadzić rozwiązanie permanentne. Czyli obalić reżim Hamasu w Strefie Gazy. Dać tej organizacji tak mocno w szczękę, żeby już się nie podniosła.

Aby to jednak zrobić, trzeba zająć miasto Gaza. Blisko dwumilionowego molocha z plątaniną tysięcy wąskich uliczek. Izrael na taką bitwę nie ma najmniejszej ochoty.

Ma pan rację. Nie ma. Ale jeśli nie zdobędzie Gazy, wojny z Hamasem nie wygra. Uważam, że mamy wystarczającą siłę i doświadczenie, aby otoczyć, podbić i zająć wielkie arabskie miasto. Już raz zrobiliśmy to w 1982 roku z Bejrutem. Brałem udział w tamtej operacji i wiem, jak się załatwia takie sprawy. Trzeba uderzyć z całą mocą. Polityczni i wojskowi przywódcy Hamasu powinni zostać zabici albo zmuszeni do ewakuacji morzem.

Tak jak Organizacja Wyzwolenia Palestyny musiała w 1982 roku uciekać z Bejrutu do Tunezji?

Tak jest. Wiem, o czym mówię, bo brałem udział w tamtej operacji. Otoczyliśmy Bejrut i wkroczyliśmy do niego ze wszystkich stron. Dzielnica po dzielnicy wypieraliśmy z niego palestyńskich bojowników. Wreszcie Arafat i jego towarzysze z OWP znaleźli się pod ścianą. Załadowali się na promy i odpłynęli z Libanu. Wierzę, że to samo możemy zrobić z Hamasem. Przepędzić go do Tunezji, Turcji, Francji czy jakiegokolwiek innego kraju, który uważa, że ma prawo nas pouczać, mówić nam, co nam wolno, a czego nie. Musimy okazać siłę i zdecydowanie.

Są jednak dwa sposoby zdobywania miasta. Walka o każdy budynek i każdą ulicę albo zrównanie go z ziemią i zajęcie ruin. Tę ostatnią taktykę zastosowali Amerykanie w kilku miastach Iraku. Gdyby to pan miał zdobywać Gazę, który wariant by pan zastosował?

Oczywiście chciałbym zrobić to, co Amerykanie. Ale Amerykanie to jedyne supermocarstwo na świecie i oni mogą sobie robić wszystko, co zechcą. Nawet utopić miasto we krwi. My jesteśmy Żydami i gdybyśmy coś takiego zrobili, świat nigdy by nam tego nie wybaczył. W pewnym sensie to zrozumiałe. Gdy bowiem pies ugryzie człowieka, nikogo to nie dziwi. Ale gdy człowiek ugryzie psa, to jest to jednak sensacja. A przecież w historii wielokrotnie to ludzie gryźli psa. Żeby daleko nie szukać – zbombardowanie Drezna w 1945 roku przez aliantów.

Czyli Gaza powinna zostać zniszczona jak Drezno?

Nie. Hamas to nie Wehrmacht. To luźno zorganizowane bandy amatorów, a nie wojsko z prawdziwego zdarzenia. Oni nie będą walczyć do ostatniego pocisku jak Niemcy w Berlinie. Czy pan wie, że Sowieci stracili 400 tysięcy żołnierzy, żeby zająć stolicę Trzeciej Rzeszy? Ja jestem spokojny – my w Gazie nie poniesiemy takich strat. Nie musimy niszczyć każdego budynku, walczyć o każdą ulicę. Hamasowcy sami uciekną, gdy się zorientują, że na poważnie dobraliśmy się im do tyłków. Nie, nie musimy niszczyć Gazy, musimy jednak przekonać Hamas, że mamy zamiar to zrobić. Oni muszą poczuć, że zbliża się tsunami. Izraelskie tsunami.

Jak to zrobić?

Rozpoczynając to tsunami. Trzeba zacząć wszystko niszczyć. Wszystko rozwalać. Z pełnym impetem, z całą naszą siłą wkroczyć do miasta i zmiatać wszystko, co pojawi nam się na drodze. Do akcji muszą zostać rzucone nasze F-16, czołgi, transportery opancerzone. Musi się rozpocząć piekielny ostrzał artyleryjski. Moździerze, działa, haubice. A w ślad za nimi szturm muszą przypuścić fale naszej piechoty.

Przecież zginą tysiące ludzi!

Nie, to nie potrwa długo. Bojownicy Hamasu, gdy tylko zobaczą, co się dzieje, natychmiast uciekną. Proszę mi uwierzyć, ja doskonale znam

Arabów. Toczyłem przeciwko nim wiele wojen. Walczę z nimi od 1956 roku. Pół wieku! To nie są odważni ludzie. Tak jak powiedziałem – nie będą walczyć do ostatniej kropli krwi oparci plecami o swoje szańce. Aby wygrać tę wojnę, musimy ich przekonać, że jesteśmy zdeterminowani. Musimy ich przestraszyć. Wziąć ich na huk.

No cóż, na razie nie wydają się jednak przestraszeni.

Oczywiście, że nie! Bo widzą, że to Izrael się boi. Widzą w naszych oczach strach. Nasi politycy trzęsą łydkami na samą myśl, że mieliby wydać rozkaz wkroczenia do Gazy. Naszym żołnierzom mogłaby się tam przecież stać krzywda! Dużo bezpieczniej ostrzeliwać Gazę z bezpiecznej odległości i błagać Hamas o kolejny rozejm. Ech!

Widzę, że bardzo to pana irytuje.

Tak, bo za moich czasów takie rzeczy się robiło inaczej. My mieliśmy jaja! A ludzie, którzy obecnie rządzą Izraelem, nie rozumieją, na czym polega wojna. Oni zwycięstwo czy porażkę mierzą liczbą poległych żołnierzy. Jeżeli jest ich mało, to znaczy, że wygraliśmy, a jeżeli dużo – przegraliśmy. Tymczasem na prawdziwej wojnie tak już jest, że giną ludzie. Trzeba stanąć naprzeciwko wroga, a wróg ma to do siebie, że zabija naszych żołnierzy. Kraj, który chce przetrwać – a my chcemy przetrwać – i ma tylu wrogów, nie może bać się strat. Żeby osiągnąć wielkie cele, trzeba poświęceń.

Ostatnio izraelskie gazety pisały o matkach żołnierzy, które podczas bitwy zadzwoniły na telefon komórkowy ich dowódcy i zrobiły mu dziką awanturę, że naraża ich dzieci na niebezpieczeństwo.

Daj pan spokój! [*machnięcie ręką*] Nie mogę tego słuchać. Co to za pokolenie? To nas ośmiesza.

Czy wrogowie Izraela zdają sobie sprawę z panujących w Izraelu nastrojów?

Oczywiście. A jak pan myśli, dlaczego Hamas jest taki pewny siebie? My świetnie znamy ich, ale oni świetnie znają nas. Oglądają naszą telewizję, czytają nasze gazety, śledzą debatę publiczną. Doskonale wiedzą, co myślimy. Co myślą nasi politycy, dziennikarze i zwykli ludzie. Przywódcy Hamasu wiedzą o wszystkich wahaniach naszych generałów i liderów. Właśnie to daje im siłę do walki. To jest ich paliwo. Niestety jesteśmy krajem demokratycznym...

Izraelowi łatwiej byłoby przetrwać na Bliskim Wschodzie, gdyby nie był demokracją?

Nikt jeszcze nie przedstawił twardych dowodów na to, że demokracja to najlepszy system na świecie. Większość krajów na tej planecie wcale nie jest demokratyczna. System parlamentarny to wytwór cywilizacji Zachodu. W innych częściach świata, na czele z Bliskim Wschodem, demokracja nie jest wcale najlepszym rozwiązaniem. Aby to zrozumieć, wystarczy przeczytać jedną książkę – *Zderzenie cywilizacji* Samuela Huntingtona. To był mój profesor w czasach, gdy studiowałem na Harvardzie. Silne państwa Bliskiego Wschodu nie są demokratyczne. Weźmy jedyne dwa kraje regionu, które zawarły z nami pokój – Egipt i Jordanię. Nie zmienia to faktu, że Izrael jest i będzie demokratyczny. Demokracja ma jednak swoje słabe punkty i Arabowie to wykorzystują.

Nikt w Izraelu nie myśli o zmianie tego stanu rzeczy?

Nie. To by zresztą było niewykonalne. Gdyby jakiś generał zdecydował się na dokonanie zamachu stanu i wydał swoim ludziom rozkaz: „Jedziemy do Jerozolimy, aby zająć budynek parlamentu!", to żołnierze by go po prostu nie posłuchali. Stuknęliby się w głowę i uznali go za niepoczytalnego. Coś takiego jest w Izraelu nie do pomyślenia. Nasza armia to armia obywatelska. Chcę powiedzieć po prostu, że toczymy nierówną walkę. Nasi sąsiedzi mogą sobie pozwolić na rzeczy, których my nigdy nie moglibyśmy zrobić. To tak, jakby stanęło naprzeciw siebie dwóch tenisistów. Jeden gra zgodnie z międzynarodowymi zasadami, a drugi sam wyznacza sobie przepisy. Jeden gra uczciwie, a drugi to szuler.

Panie generale, ale gdy pan służył w armii, Izrael też był państwem demokratycznym walczącym z dyktaturami. A jakoś pańskie pokolenie potrafiło zwyciężać. Co się zmieniło?

Staliśmy się słabi. Zapomnieliśmy, jak wygrywa się wojny. Osłabło nasze społeczeństwo, osłabła nasza klasa polityczna. Izrael przegrywa, odkąd w 1994 roku zawarł porozumienie pokojowe w Oslo. Ludzie mają dość wojen i ustawicznej walki. Chcą wreszcie normalnie żyć. Przestać być Spartanami i stać się Ateńczykami. Dlatego uwierzyli, że można zawrzeć pokój z Palestyńczykami. Dzięki porozumieniu w Oslo powstała Autonomia Palestyńska na Zachodnim Brzegu Jordanu i w Strefie Gazy. I jak to się skończyło...?

Hamas w 2006 roku przejął władzę w Autonomii Palestyńskiej.

A wie pan, dlaczego tak się stało? Bo ci zwariowani Amerykanie postanowili zorganizować demokratyczne wybory wśród Palestyńczyków. Wyobraża pan sobie coś równie głupiego?!

To samo zrobili w Iraku.

Właśnie. I tym samym oddali ten kraj na zawsze szyitom, a więc Iranowi. To przecież mogło przewidzieć nawet dziecko. Skoro szyici stanowią w Iraku przytłaczającą większość, z góry było wiadomo, że wygrają wybory i będą próbowali wziąć za pysk sunnitów i Kurdów. Ech, ci Amerykanie! Oni są tacy śmieszni i naiwni. To ich forsowanie w każdej części świata demokracji to wielka naiwność. Demokracja na Bliskim Wschodzie... [*śmiech*] Oni naprawdę nic nie rozumieją z otaczającego ich świata.

Wróćmy do Izraela, Palestyńczyków i Strefy Gazy. Jak to się wszystko skończy?

Rozejm, zawieszenie broni czy jakiekolwiek rozwiązanie tego rodzaju będzie naszą klęską. Tymczasem tej wojny nie wolno nam przegrać. Po prostu nie możemy sobie pozwolić na kolejną porażkę z terroryzmem, tak jak podczas kampanii libańskiej w 2006 roku. Jedyna różnica między libańskim Hezbollahem, z którym wtedy walczyliśmy, a palestyńskim Hamasem, z którym walczymy teraz, jest taka, że Hezbollah to szyici, a Hamas to sunnici.

No, nie jedyna. Hamas jest znacznie słabszy.

To prawda. Tym bardziej musimy wygrać. Marzę o tym, by dożyć chwili, w której zobaczę, jak Hamas wywiesza białą flagę nad miastem Gaza i jak bierzemy jego przywódców do niewoli. Jako były generał, który walczył w niemal wszystkich wojnach Izraela, nie zaakceptuję żadnego innego rozwiązania. Żadne ONZ-ety, Unie Europejskie ani Ameryki nie mogą nam narzucić innego rozwiązania. Zachód musi zrozumieć, że tę wojnę toczymy nie tylko za siebie, ale również za niego. To wojna cywilizacji, wojna z terrorem i międzynarodówką islamskiego fundamentalizmu. Izrael jest na pierwszej linii, jako bastion cywilizacji zachodniej na Bliskim Wschodzie. Nikt nie ma prawa nas krytykować. A już szczególnie Amerykanie i Europejczycy, których wojska w Iraku i Afganistanie zabijają niewinnych cywilów.

Izrael też zabija cywilów.

Ale to nie jest celem naszej wojny! To Hamas używa palestyńskich cywilów jako żywych tarcz, a co za tym idzie, ponosi odpowiedzialność za ich śmierć. Zapewniam pana, że jesteśmy najbardziej humanitarną armią na świecie! Codziennie ogłaszamy jednostronne trzygodzinne wstrzymanie ognia i przesyłamy Palestyńczykom do Strefy Gazy setki ton pomocy humanitarnej. Wyobraża pan to sobie? To ewenement w historii wojskowości. Dostarczać wrogowi zapasy żywności...

Skoro Izraelczycy są tacy humanitarni, to dlaczego ginie tyle kobiet i dzieci? Dlaczego bombardujecie cele cywilne?

Taka jest niestety logika walk miejskich z formacjami nieregularnymi. Gdy wybuchła wojna, nawet oddziały służb bezpieczeństwa Hamasu zdjęły mundury. Strzelają do nas ubrani w cywilną odzież. Chcą nas zmylić i niestety często im się to udaje. Jako stanowisk strzeleckich używają budynków mieszkalnych, meczetów, szkół, a nawet szpitali. Stamtąd odpalają swoje rakiety *Kasam*. W tej sytuacji nie ma sposobu, aby nikomu nie stała się krzywda. Staramy się jednak ograniczać ofiary wśród cywilów...

Wychodzi to średnio.

Powtarzam: to wina Hamasu. Jeżeli oni zajmują stanowisko ogniowe na dachu budynku mieszkalnego – nie możemy nie odpowiedzieć ogniem. Przed bombardowaniem zrzucamy na teren planowanego ostrzału ulotki z ostrzeżeniem albo dzwonimy do wszystkich ludzi, którzy tam mieszkają. Ostrzegamy ich, że mają godzinę na opuszczenie domów. Wprowadziliśmy też specjalną technikę – „puknięcie w dach". Jeżeli chcemy zbombardować jakiś budynek, najpierw zrzucamy na niego bombę bez zapalnika. Ona uderza z hukiem w dach – to sygnał dla cywilów, że trzeba uciekać. Oczywiście mimo tych wszystkich zabezpieczeń nam również zdarza się popełniać błędy. Izrael nie jest jednak krajem, który rozmyślnie zabija cywilów. My jesteśmy Żydami, to nie w naszym stylu.

Jeżeli nie wierzy pan w rozwiązanie pokojowe, to jak pan sobie wyobraża rozwiązanie konfliktu z Palestyńczykami?

Wiem, że po tym, co powiem, nazwie mnie pan pesymistą. Ale ja wolę określenie „realista". Niestety, nie mam nadziei na jakieś konstruktywne rozwiązanie w najbliższym czasie. Oni nas nienawidzą. A my, nie ma się co oszukiwać, również ich nie kochamy. Niestety jednak jesteśmy na siebie skazani. Pozostało nam więc tylko czekać i walczyć. Tylko tyle możemy robić w tym nieciekawym miejscu, jakim jest Bliski Wschód. Swoją drogą, czasami się zastanawiam, dlaczego Mojżesz nie mógł nas zaprowadzić na przykład do Kanady…

Pozostało wam czekać? Ale na co?

Być może Palestyńczycy muszą się zmienić. Proszę spojrzeć na Zachodni Brzeg Jordanu. Na terenach tych nie panuje demokracja, ale obecnie przeżywają one rozkwit gospodarczy. Ludziom żyje się tam coraz lepiej. USA, Europa i Arabia Saudyjska pompują tam miliony dolarów. Być może musimy teraz zniszczyć Gazę, żeby stworzyć nową Gazę. Siła Hamasu polega bowiem na tym, że ta organizacja gnębi ludzi, a od czasu do czasu daje im bochenek chleba i pół butelki mleka. Hamasowi nie zależy na tym, żeby Gaza stała się silniejsza gospodarczo, a ludzie się wzbogacili. Bo to z biedy i frustracji czerpie swą siłę ta radykalna organizacja. Być może więc, aby przybliżyć pokój, musimy pomóc tym ludziom gospodarczo. Biedni chcą się bić, bo nie mają nic do stracenia.

Bogaci dwa razy się zastanowią. Jak mawiamy w wojsku: „Bójcie się pułkowników, a nie generałów".

Skoro już jesteśmy przy generałach... Jest pan uznawany za jednego z najwybitniejszych dowódców w dziejach państwa żydowskiego.

No cóż, powiem nieskromnie, że straciłem w wojsku sporo krwi i potu. Biłem się z Arabami w wojnach 1956, 1967, 1973 i 1982 roku. Do tego uczestniczyłem w tuzinie mniejszych operacji. Trochę się tego zebrało [*śmiech*].

Przeszedł pan jednak do historii z powodu dokonań w czasie wojny Jom Kipur, gdy na czele 7. Brygady Pancernej zatrzymał pan całą syryjską armię.

To był czarny dzień w historii Izraela. 6 października 1973 roku jednocześnie zaatakowali nas znienacka Syryjczycy i Egipcjanie. Pierwsi od północy, drudzy od południa. Wzięli nas w kleszcze. Dla naszych polityków było to wielkim zaskoczeniem. Szokiem. Ale ja przeczuwałem, że coś się święci. Stacjonowałem wtedy na Wzgórzach Golan, na pograniczu izraelsko-syryjskim. Postawiłem swoją brygadę w stan gotowości i czekałem na nadejście wroga.

Starcie, które przeszło do historii jako bitwa w Dolinie Łez, było chyba największą bitwą pancerną w dziejach Izraela.

Trudno opisać to, co się wtedy działo. Najpierw Syryjczycy zalali nas morzem ognia. A potem ruszyli do szturmu. Fala za falą. Ocean nieprzyjacielskich czołgów. Huk eksplozji i ryk silników, czarne słupy dymu unoszące się nad rozbitymi maszynami, smród paliwa i krwi. Syryjczycy mieli gigantyczną przewagę liczebną. Rozbijaliśmy ich kolejne czołgi, ale oni cały czas słali nowe. Dziesiątki, setki. Nad głowami z zawrotną prędkością przelatywały nam nieprzyjacielskie myśliwce, zrzucając bomby. Piekło.

Poniósł pan duże straty.

Duże? Proszę pana, pierwszego dnia bitwy miałem ponad sto czołgów. Ostatniego dnia zostało mi siedem. Resztę zamieniły w stertę złomu nieprzyjacielskie pociski. W pewnym momencie byłem pewny, że to koniec. Zwątpiłem. Skończyła nam się amunicja i paliwo. Niemal wszyscy moi oficerowie polegli albo byli ranni. Żołnierze dosłownie słaniali się na nogach. Chciałem dać rozkaz do odwrotu. Ale wiedziałem, że jeżeli się wycofamy, to Syryjczycy zaleją północny Izrael...

Co by się wtedy stało?

To byłaby katastrofa o skali apokaliptycznej! Arabowie urządziliby nam rzeź, drugi Holokaust. Moje państwo przestałoby istnieć. Świadomość tego dodała mi sił. Mimo gigantycznych strat udało mi się utrzymać pozycje. W końcu Syryjczycy dali za wygraną i zaczęli się wycofywać. Nie wiedzieli, że byli o włos od zwycięstwa. Gdyby uderzyli raz jeszcze, musiałbym powstrzymywać ich czołgi gołymi rękami. Bitwa trwała w sumie cztery dni. Cztery dni w walce, pod ustawicznym ostrzałem... Po bitwie minister obrony Mosze Dajan powiedział mi krótko: „Uratowałeś Izrael". Nie zrobiłem tego jednak sam. Zrobiłem to ze swoimi żołnierzami. Jestem dumny, że mogłem dowodzić takimi ludźmi.

Czym różnią się żołnierze z pana czasów od żołnierzy współczesnych?

My mieliśmy to [*generał wskazuje serce*], a oni mają to [*pokazuje telefon komórkowy*]. Kiedyś izraelscy żołnierze bili się jak lwy. Teraz bojowego ducha zastąpiła elektronika. Żołnierze zamienili się w cyborgi. Na głowie mają anteny, na oczach kamery, w zegarkach komputery. Rozkazy przekazują sobie za pośrednictwem e-maili.

To chyba dobrze, że izraelska armia jest nowoczesna?

No nie wiem. Na co przyda się żołnierzowi cały ten złom, gdy Arab wpakuje w niego pół magazynka z kałasznikowa?

Na koniec chciałbym zapytać, skąd się wziął pański przydomek – „Janusz".

Ja się tak po prostu kiedyś nazywałem. Urodziłem się przed wojną w Łodzi jako Janusz Goldlust.

Jak pan trafił do Palestyny?

To długa historia. W 1939 roku znaleźliśmy się – ja, moja siostra i rodzice – na terenach zajętych przez bolszewików. Miałem wtedy trzy lata. Stamtąd moja rodzina została wywieziona w głąb Związku Sowieckiego. Na własnej skórze mogłem się przekonać, na czym polegają „dobrodziejstwa" komunizmu. To była jedna wielka ruina!

Tam wydarzyła się rodzinna tragedia.

Zostaliśmy rozdzieleni z rodzicami. Razem z siostrą trafiłem do sierocińca. Z tego koszmaru wyrwałem się dzięki generałowi Władysławowi Andersowi. Udało mi się dostać do obozowiska polskiej armii. W 1942 roku razem z nią opuściłem Związek Sowiecki.

Czyli jest pan jednym z „dzieci Teheranu"?

Tak jest. W Iranie kilkaset żydowskich sierot uratowanych ze Związku Sowieckiego zostało oddzielonych od polskich dzieci. Skierowano nas do obozu przejściowego w Teheranie założonego przez Agencję Żydowską. Stamtąd w 1943 roku zostaliśmy przetransportowani do Palestyny. Trafiłem do rodziny zastępczej, do kibucu. Po wojnie odnalazłem ojca. Przeżył. Ale mama niestety pozostała w Związku Sowieckim na zawsze.

Dlaczego zdecydował się pan na karierę wojskową?

To nie była żadna przemyślana decyzja. Gdy osiągnąłem wiek poborowy, dostałem wezwanie do wojska. Poszedłem i już tam zostałem. Na kilkadziesiąt lat. Tak naprawdę jednak zawsze chciałem zostać lekarzem.

Gen. Awigdor Ben-Gal (1936–2016) uznawany był za jednego z najzdolniejszych oficerów w historii żydowskiej armii. Pochodził z Łodzi, do końca życia był blisko związany z Polską. Po 1989 roku starał się o odzyskanie skonfiskowanych przez komunistów rodzinnych nieruchomości.

Pełna wersja wywiadu, który ukazał się w „Rzeczpospolitej" 16 stycznia 2009 roku

5

Wstyd mi za Izrael

Rozmowa z Hedy Epstein, *ocalałą z Holokaustu, działaczką pokojową*

Jak to się stało, że ocalała z Holokaustu jest jedną z organizatorek Flotylli Wolności – konwoju statków, na których znaleźli się islamscy radykałowie chcący zamordować izraelskich komandosów?

Powtarza pan tezy izraelskiej propagandy. Jacy islamscy radykałowie? To byli tureccy aktywiści pokojowi, którzy płynęli do Strefy Gazy z pomocą humanitarną. Izraelczycy objęli to terytorium blokadą i jego mieszkańcy znaleźli się w dramatycznej sytuacji. Brakuje im wody, leków, jedzenia. Flotylla Wolności była gestem solidarności wobec tych biednych ludzi. Chcieliśmy zwrócić uwagę świata na ich cierpienia. Oczywiście dla Izraela, który te cierpienia spowodował, było to wielce niepożądane. Najlepiej przedstawić aktywistów pokojowych jako terrorystów i wystrzelać ich jak kaczki.

Kaczki? Przecież to owi „aktywiści" zaatakowali komandosów kijami i nożami.

To nie aktywiści dokonali szturmu na izraelskie śmigłowce wypakowane komandosami, tylko odwrotnie. To uzbrojeni Izraelczycy wdarli się na nasze statki. Mało tego, działo się to na wodach międzynarodowych, wbrew wszelkim przepisom i konwencjom. Był to więc akt piractwa. Mówienie, że to Izraelczycy zostali zaatakowani, jest więc odwracaniem kota ogonem. To sprzeczne z logiką i zdrowym rozsądkiem.

Ale czy gdy izraelscy komandosi spuścili się po linach na pokład, rzeczywiście trzeba ich było okładać prętami i dźgać nożami?

Tej tragicznej nocy byłam w siedzibie Ruchu Wolnej Gazy na Cyprze, skąd koordynowaliśmy działania Flotylli Wolności. Razem z kolegami i koleżankami oglądaliśmy obraz z kamer umieszczonych na statku *Mavi Marmara*. Widziałam, jak Izraelczycy spuszczają się po linach. W tym samym momencie, gdy postawili nogi na pokładzie, otworzyli ogień do ludzi. Strzelali bez ostrzeżenia i bez powodu. Wcale się nie bronili, bo nie mieli przed kim.

Na filmach zrobionych podczas zajść widać coś innego. Żołnierze opuszczają się na linach i natychmiast zaczyna ich tłuc agresywny tłum.

Te filmy zostały spreparowane przez Izraelczyków. Nie ma na nich początku, o którym mówiłam. Rzeczywiście, gdy Izraelczycy na pokładzie *Mavi Marmara* zaczęli krwawą masakrę, część zdesperowanych pasażerów złapała, co miała pod ręką, i próbowała się bronić. Desperacko walczyła o życie. Prawda jest więc taka, że to pokojowi aktywiści bronili się przez uzbrojonymi Izraelczykami, a nie odwrotnie.

Podobno młodzi Turcy, którzy walczyli z żołnierzami i zginęli, byli powiązani z islamską organizacją IHH ze Stambułu, która z kolei jest powiązana z Al-Kaidą.

Kolejna bzdura. Powtarzam: to byli pokojowi aktywiści. Dla Izraela każdy, kto sprzyja Palestyńczykom, to terrorysta. Gdyby ci ludzie rzeczywiście szykowali się do bitwy morskiej z komandosami, na pewno byliby lepiej uzbrojeni niż w pręty i plastikowe krzesła. Izraelska propaganda nie zagłuszy faktów. Zginęło dziewięciu aktywistów pokojowych, a nie dziewięciu izraelskich komandosów. To chyba najlepiej świadczy, która strona dopuściła się zbrodni. Dochodzą do nas wiadomości, że również na lądzie aresztowani przez Izraelczyków aktywiści byli bici przez przesłuchujących ich śledczych. To haniebne.

Podobno pani też miała być na pokładzie.

Tak. Ale ze względu na kiepski stan mojego zdrowia uznaliśmy, że lepiej przydam się tu, na Cyprze. Trochę szkoda, bo specjalnie przed tym rejsem nauczyłam się pływać, aby w razie kłopotów poradzić sobie w morzu. Był to nie lada wyczyn, bo mam w końcu osiemdziesiąt cztery lata.

Słyszała pani kiedyś wypowiedziane pod swoim adresem słowo „zdrajczyni"?

O tak, wielokrotnie. Słyszałam nawet gorsze rzeczy. Raz nazwano mnie nawet terrorystką.

Panią?

Tak, mnie – ocalałą z Holokaustu. A działo się to po jednej z moich wizyt na palestyńskim Zachodnim Brzegu Jordanu. Wracałam przez izraelskie lotnisko Ben Guriona i tam służby bezpieczeństwa, które wiedziały, że byłam z misją humanitarną na terytoriach palestyńskich, poddały mnie niezwykle szczegółowej kontroli osobistej.

To bardzo przykre doświadczenie.

To było po prostu straszne! Ci ludzie zamknęli mnie w pokoju i kazali mi się rozebrać. Następnie dokonali bardzo szczegółowej kontroli, także intymnej... To było oczywiste, że osiemdziesięcioletnia kobieta nie przemyca w swoim ciele bomby ani narkotyków. O co więc chodziło? O upokorzenie mnie. O danie mi nauczki. Zastraszenie. Badanie przeprowadzała młoda Izraelka. Miała dwadzieścia, góra dwadzieścia trzy lata. Była bardzo nieprzyjemna. Gdy zapytałam, dlaczego mi to robi, odparła opryskliwie: „Bo jesteś terrorystką".

Jak pani zareagowała?

Na początku się rozkleiłam. Miotały mną sprzeczne uczucia. Z jednej strony czułam się zbrukana, z drugiej – byłam wściekła. Kiedy wracałam samolotem do Ameryki, wzięłam gazetę i zaczęłam na niej pisać: „Jestem ocalałą z Holokaustu i już nigdy nie wrócę do Izraela!". I tak wiele razy. Pisałam tak mocno, że długopisem rozdzierałam strony. Obiecałam sobie, że moja noga już nigdy nie postanie w tym kraju! Kiedy ochłonęłam, zrozumiałam, że właśnie o to im chodziło. Chcieli mnie odstraszyć od kolejnych wizyt. Zamknąć mi usta. Wzięłam się w garść i już po kilku miesiącach pojechałam znowu.

Dziwna historia, Izrael bowiem uważa ocalałych z Holokaustu za swoich największych bohaterów. Traktuje ich niemal jak świętych.

Tylko tych, którzy mu pasują. Tylko tych, którzy są syjonistami i popierają jego politykę wobec Palestyńczyków. Ponieważ ja zajmuję diametralnie inne stanowisko, traktują mnie jak wszystkich swoich przeciwników. Być może nawet jeszcze gorzej, bo – tak jak pan wspomniał – uważają mnie za renegatkę. Izrael uważa, że jest na wojnie. A na wojnie nie ma miejsca na sentymenty.

Podobno została pani napadnięta.

Tak. To było rok temu – w przeddzień planowanego wyjazdu do Strefy Gazy. Szłam ulicą w Saint Louis w Missouri, gdzie mieszkam, gdy nagle ktoś z całej siły popchnął mnie obydwoma rękami na chodnik. Potwornie się poobijałam. Na twarzy miałam głęboką ranę, którą trzeba było zszywać, całe kolana sine.

Kim był napastnik?

Nie wiem. Widziałam tylko plecy uciekającego mężczyzny. Ten człowiek nic mi nie zabrał, nie był to więc napad rabunkowy. Nieco wcześniej po moim występie w amerykańskiej telewizji dostałam wiele pogróżek. Między innymi z Nowego Jorku. „Przyjedziemy do tego twojego Saint Louis i się tobą zajmiemy" – powiedział mi przez telefon jeden z grożących mi mężczyzn. Niestety wszelka krytyka Izraela wśród części Żydów wywołuje bardzo silne negatywne emocje.

Szczególnie gdy pada z ust Żydówki.

Ale przecież na świecie mieszka 13 milionów Żydów, z czego zaledwie 5 milionów w Izraelu. Słowo Żyd i Izraelczyk to nie są synonimy. Wbrew temu, co twierdzą syjoniści, na świecie poza Izraelem jest miejsce dla Żydów. Żydzi nie muszą być wcale patriotami Izraela. Mogą być patriotami Stanów Zjednoczonych, Wielkiej Brytanii czy Polski. Już moi rodzice, którzy byli całkowicie zasymilowanymi niemieckimi Żydami (mówili po niemiecku, a nie w jidysz), powtarzali mi, że idea syjonistyczna to szaleństwo. Nigdy nie chcieli wyjechać do Palestyny. Nawet po dojściu do władzy Adolfa Hitlera.

Dlaczego?

Bo uważali, że skoro w Palestynie od setek lat mieszkają Palestyńczycy, to Żydzi nie mają prawa zwalać im się na głowę i odbierać im ich ziemi.

Gdzie w Niemczech państwo mieszkali?

W małym miasteczku Kippenheim pod Fryburgiem. Urodziłam się w 1924 roku jako Hedwig Wachenheimer. Mój ojciec prowadził rodzinną firmę zajmującą się handlem tekstyliami. Doskonale pamiętam, co się działo w Trzeciej Rzeszy. Nacjonalizm, narastanie rasowej nienawiści, zbirów w brunatnych koszulach szalejących na ulicach. Jako Żydówkę wyrzucono mnie ze szkoły. A nasz dom został zdemolowany w 1938 roku podczas „nocy kryształowej". Ojciec na miesiąc trafił do Dachau. Hitlerowcy robili mu tam straszne rzeczy.

Co się stało z pani rodzicami?

Zginęli w Auschwitz. Tak samo jak wszyscy inni członkowie mojej rodziny. W 1940 roku deportowano ich do obozu w Gurs na terenie państwa Vichy, a potem prosto do Auschwitz, gdzie zgładzono ich w komorze gazowej. Na krótko przed deportacją mama wysłała mi z obozu kartkę pocztową. „To moje ostatnie pożegnanie" – napisała. Z całej rodziny tylko ja się uratowałam.

Jak?

Rodzicom udało się mnie wywieźć z Rzeszy. Przez kilka lat starali się o wspólny wyjazd. Władze niemieckie nie miały nic przeciwko temu, ale niestety nikt nas nie chciał przyjąć. Rozmaite kraje mnożyły rozmaite restrykcje wizowe. Ostatecznie rodzice zdecydowali się rozdzielić rodzinę. Uratować choćby mnie. Umieścili mnie w tak zwanym *Kindertransport*. Słyszał pan o tym przedsięwzięciu?

Nie.

Na krótko przed wojną brytyjskie władze pod presją organizacji żydowskich zgodziły się przyjąć dzieci z Niemiec. Żydowskie dzieci, które były zagrożone antysemickimi prześladowaniami. Rodzice umieścili mnie w transporcie 500 dzieci, który wyruszył 18 maja 1939 roku. Pożegnałam się z nimi na dworcu i wyjechałam z Niemiec. Nigdy więcej nie zobaczyłam już rodziców.

Ostatecznie zamieszkała pani w Stanach Zjednoczonych.

Tak, przyjechałam tam w maju 1948 roku, a więc dokładnie wtedy, gdy powstało państwo Izrael. Na początku przyjęłam to wydarzenie z mieszanymi uczuciami. Z jednej strony pamiętałam, co mi mówili rodzice o syjonizmie. Pomysł budowy własnego kraju na ziemi zamieszkanej przez innych ludzi wydawał mi się co najmniej dyskusyjny. Z drugiej strony jednak po tym, co stało się podczas wojny, uważałam, że własny kraj dla Żydów może być dobrym rozwiązaniem. Muszę jednak przyznać, że przez wiele lat niezbyt interesowałam się Izraelem. Aż do 1982 roku, gdy usłyszałam o masakrach palestyńskich uchodźców w Libanie. Wtedy zdałam sobie sprawę, że coś z Izraelem jest nie tak.

Co się stało w Libanie?

Izraelczycy wkroczyli do Bejrutu i otoczyli obozy palestyńskich uchodźców – Sabrę i Szatilę. Następnie wpuścili na ich teren libańskich bojówkarzy z Falangi. Przy pełnym przyzwoleniu, na oczach izraelskich żołnierzy, falangiści dokonali straszliwej masakry cywilów. Krwawego pogromu. Zgładzili kilka tysięcy ludzi. Odpowiedzialny był za to Ariel Szaron, późniejszy premier Izraela. Kiedy zobaczyłam w gazetach zdjęcia ciał leżących na ulicach – zmasakrowanych kobiet i dzieci – byłam zszokowana. Wtedy właśnie zainteresowałam się konfliktem na Bliskim Wschodzie i zaczęłam działać.

Jak pani działa?

Od 2003 roku regularnie przyjeżdżam na Bliski Wschód. Jeżdżę do palestyńskich wiosek położonych w cieniu okropnego muru, który zbudowali Izraelczycy. Biorę tam udział w demonstracjach przeciwko izraelskiej okupacji. W obronie palestyńskich dzieci i ich biednych matek. Niestety Izraelczycy nie witają mnie z otwartymi rękami. Podczas jednej z demonstracji zostałam potraktowana gazem. A wybuch granatu hukowego uszkodził mi słuch. Nie uda im się jednak mnie zastraszyć. Będę dalej walczyć o prawa Palestyńczyków.

Dlaczego pani to robi?

Bo uważam, że przyzwoity człowiek nie powinien milczeć, nie powinien być bierny, kiedy bliźnim dzieje się krzywda. Ten, kto milczy w obliczu niesprawiedliwości – jest w pewnym sensie za nią współodpowiedzialny.

Jaką niesprawiedliwość ma pani na myśli?

Był pan kiedyś na Zachodnim Brzegu lub w Strefie Gazy?

Byłem, wielokrotnie.

W takim razie wie pan, jak wygląda codzienne życie Palestyńczyków. Izraelczycy na każdym kroku szargają godność osobistą tych ludzi. Ustawiczne blokady drogowe, przeszukania i aresztowania. Agresywny, pogardliwy stosunek żołnierzy i policjantów. Mur, który uniemożliwił Palestyńczykom swobodne poruszanie się po własnym kraju. Buldożery rozwalające ich domy i całe wioski. Ale to jeszcze nie jest najgorsze.

A co jest?

Grabież ziemi! Palestyńczykom wciąż odbierana jest ziemia. Władze Izraela – mimo protestów ONZ i społeczności międzynarodowej – cały czas sprowadzają na Zachodni Brzeg kolejnych osadników, którzy mają „judaizować" Palestynę. To kolonializm w czystej formie. Izraelczycy zbudowali niestety agresywne, nacjonalistyczne państwo. Traktują Arabów jak ludzi drugiej kategorii. Mało kto wie, że izraelska okupacja Palestyny jest najdłuższą okupacją w dziejach świata. W efekcie Izraelczycy żyją na wysokim poziomie, jak Amerykanie i Europejczycy, a ich palestyńscy sąsiedzi są w skrajnej nędzy. Nie mają pracy, pieniędzy, możliwości. Izraelczycy zamienili Palestynę w wielkie więzienie.

Jak pani ocenia politykę swojego kraju wobec Izraela?

Jest skandaliczna i niemoralna. Ameryka pompuje w Izrael miliardy dolarów, za które Izraelczycy kupują bomby. Te bomby zrzucają zaś na głowy palestyńskich kobiet i dzieci. Na szpitale i szkoły. To niedopuszczalne. Stany Zjednoczone nie powinny przekazywać tych olbrzymich pieniędzy na izraelskie zbrojenia, ale na pomoc humanitarną dla biednych Palestyńczyków. To by było godne i sprawiedliwe. Niestety amerykańska opinia publiczna ma całkowicie mylny, wypaczony obraz tego konfliktu.

Dlaczego?

Bo nasze media nie przedstawiają prawdy na jego temat. Są skrajnie nieobiektywne i stronnicze. Tak jak nasi politycy, patrzą na wszystko przez izraelskie okulary. Forsują narrację, według której dobrzy Izraelczycy walczą ze złymi palestyńskimi terrorystami. W rzeczywistości to biedni Palestyńczycy są uciskani i gnębieni przez izraelskich okupantów.

Chwileczkę, palestyńscy terroryści istnieją naprawdę. I zabijają ludzi.

Nikt przy zdrowych zmysłach nie pochwala zamachów terrorystycznych, zabijania niewinnych cywilów. Ofiarom zamachów należy się szacunek i współczucie. Ale bądźmy fair i pamiętajmy, co było najpierw. Terror jest reakcją na okupację. A nie odwrotnie.

Jak w Stanach Zjednoczonych przyjmowana jest pani krytyka Izraela?

Różnie. W Ameryce jest mnóstwo dobrych, wrażliwych ludzi, którzy są przerażeni skalą, na jaką w Palestynie łamane są prawa człowieka. Z ich strony zawsze otrzymywałam wsparcie i zrozumienie. Niestety w Stanach Zjednoczonych działa również niezwykle silna grupa ludzi wspierających Izrael. Jest ona bardzo agresywna i zacietrzewiona. Nie dopuszcza argumentów drugiej strony. Aby zamknąć usta adwersarzom, ludzie ci stosują moralny szantaż. Wielokrotnie miałam z nimi kłopoty.

Na przykład?

Choćby w 2004 roku, gdy zostałam zaproszona przez studentów na Uniwersytet Stanforda. Miałam wygłosić wykład. Niestety przybyli na miejsce proizraelscy aktywiści, głównie młodzi Żydzi, nie dali mi mówić. Buczeli, przerywali mi, wyzywali od „faszystek". Zachowywali się po prostu strasznie. Starali się zrobić wszystko, żeby studenci nie usłyszeli, co mam do powiedzenia. Doszło do tego, że na salę musiała wkroczyć ochrona, żeby bronić mnie przed agresją tych ludzi. Liga przeciwko Zniesławieniom oskarżyła mnie wówczas o… antysemityzm. Mnie, ocalałą z Holokaustu! Wyobraża pan sobie coś podobnego? Jeden z tych proizraelskich aktywistów powiedział mi, że jestem „nielojalna". Ale ja jestem obywatelką Stanów Zjednoczonych! Dlaczego miałabym być lojalna wobec obcego państwa, jakim jest Izrael?

Z tego, co wiem, w pani wystąpieniach doszukano się zrównania działań Izraela wobec Palestyńczyków z Holokaustem.

To nieprawda. Wielu ludzi rzeczywiście porównuje Izraelczyków do Niemców, ale ja nigdy tego nie robię. Byłam na Zachodnim Brzegu Jordanu, wiem, jak ciężko żyje się tam Palestyńczykom, wiem, jak okropnie są traktowani. Ale nigdy nie sięgnęłabym po analogię z Holokaustem. Palestyńczyków przecież nikt nie morduje w komorach gazowych.

Ale…

Ale uważam, że pewien związek pomiędzy Zagładą a tym, co się dzieje w Palestynie, istnieje. Żydzi po straszliwych prześladowaniach, którym poddano ich rodaków podczas II wojny światowej, powinni bowiem być wyjątkowo wyczuleni na ludzką krzywdę. Naród ofiar nie powinien gnębić innych narodów, nie powinien mordować cywilów. Żydom po prostu nie przystoi dopuszczać się takich rzeczy jak bombardowanie cywilów w Strefie Gazy czy krwawy atak na Flotyllę Wolności. Wstyd mi za nich. Wstyd mi za Izrael.

HEDY EPSTEIN *(1924–2016) była amerykańską działaczką na rzecz praw człowieka. W latach sześćdziesiątych sprzeciwiała się wojnie w Wietnamie, a później wojnie w Iraku. Na krótko przed śmiercią brała udział w protestach przeciwko brutalności policji wobec amerykańskich Murzynów. Podczas jednego z nich została aresztowana.*

Pełna wersja wywiadu, który w skróconej formie ukazał się w „Rzeczpospolitej" 7 czerwca 2010 roku

6

Polowanie na Wallenberga

Rozmowa z Gellértem Kovácsem, *węgierskim historykiem, biografem Raoula Wallenberga*

Co się stało z Raoulem Wallenbergiem?
Zniknął 17 stycznia 1945 roku. W Budapeszcie trwały jeszcze walki między bolszewikami a Niemcami i Węgrami. Było jednak jasne, że całkowity upadek stolicy jest kwestią czasu. Tego dnia szwedzki dyplomata pojechał do Debreczyna. Według jednej wersji chciał się zobaczyć z sowieckim marszałkiem Rodionem Malinowskim, według innej – z przedstawicielami nowego węgierskiego rządu.

Jechał samochodem?
Tak. Sowieci przydzielili mu „ochronę" żołnierzy Armii Czerwonej. Powiedzieli, że w mieście roi się od niemieckich snajperów. Wallenberg powiedział wówczas: „Nie jestem pewien, czy ci żołnierze rzeczywiście mają mnie bronić, czy pilnować". Po drodze został aresztowany przez funkcjonariuszy Smierszu.

Co się z nim stało?
Został wywieziony do Rumunii, gdzie poddano go wstępnym przesłuchaniom. W marcu 1945 roku był już w Moskwie na Łubiance.

Jak na porwanie swego dyplomaty zareagował szwedzki rząd?

Ta reakcja nie przynosi mu specjalnej chwały. Do dzisiaj jest to przedmiotem ostrej krytyki w Szwecji. W takich sytuacjach należy poruszyć każdy kamień, aby uwolnić swojego człowieka. Tymczasem Szwedzi zachowali się dość powściągliwie. Nie chcieli się narażać potężnym Sowietom. Kiedy matka Wallenberga chciała się spotkać z byłym ambasadorem Szwecji w Budapeszcie, dyplomata ów stanowczo odmówił.

Sowieci początkowo twierdzili, że nie mieli nic wspólnego ze zniknięciem Wallenberga.

Przyznali się dopiero w 1956 roku, a więc jedenaście lat po jego uprowadzeniu. Moskwa ogłosiła, że Szwed zmarł na Łubiance 16 lipca 1947 roku. Przyczyną zgonu był ponoć zawał serca.

Wierzy pan w to?

Problem polega na tym, że wiemy tylko to, co przekazali nam Sowieci. Nie ma żadnych dowodów na to, że Wallenberg żył po lipcu 1947 roku. Możemy więc założyć, że rzeczywiście zmarł – lub został zamordowany – mniej więcej w tym czasie.

Ale ten „zawał serca"... Wallenberg był zdrowym trzydziestopięcioletnim mężczyzną.

Po dwóch latach na Łubiance każdy mógł umrzeć na zawał serca. Nawet mistrz olimpijski. Więźniowie opuszczali to miejsce jako strzępy ludzkie. Dokumenty, które zawierają prawdę o śmierci Wallenberga, są zamknięte na cztery spusty w rosyjskich archiwach. Są historycy, którzy starają się wydobyć od Rosjan te papiery, ale wątpię, żeby im się udało.

A jakie jest pana zdanie w tej sprawie?

Uważam, że Wallenberg żył tak długo, jak przedstawiał dla Sowietów jakąś wartość. Dopóki nie wyciśnięto z niego na przesłuchaniach całej wiedzy. Przez pewien czas Stalin mógł mieć nadzieję, że za jego zwolnienie może uzyskać coś od Szwedów. Gdy jednak Sztokholm nie wykazywał większego zainteresowania – Wallenberg stał się niepotrzebny. Zapewne wtedy zapadła decyzja o jego eliminacji.

Wysoki rangą oficer sowieckich służb Paweł Sudopłatow napisał w swoich wspomnieniach, że Wallenberg został otruty. Według innej wersji został zastrzelony strzałem w tył głowy.

Metoda nie ma znaczenia. Ważne jest to, że został nielegalnie, niesłusznie aresztowany przez bolszewików. I zginął w ich niewoli. Gdyby go nie aresztowali w 1945 roku, do tej tragedii by nie doszło. Moskwa ponosi więc pełną odpowiedzialność za śmierć dzielnego Szweda.

Są jednak dziesiątki relacji, według których Wallenberg żył po 1947 roku. Widziano go w 1987 roku w workuckim łagrze. Podobno był trzymany w psychuszce albo – jako więzień numer 040812 – w tajnym ośrodku naukowo-badawczym na wschód od Bajkału.

No cóż, to bardzo delikatna sprawa. Otóż rodzina Wallenbergów była bardzo zamożna. O zniknięciu Raoula pisały gazety na całym świecie. W efekcie wielu oszustów zwietrzyło okazję do zarobienia pieniędzy. Zgłaszali się do bliskich dyplomaty i opowiadali niestworzone historie. Że mają „pewne" informacje o miejscu jego pobytu. Potrzebują tylko kilku tysięcy dolarów, żeby je „uściślić". Działalność tych ludzi stała się prawdziwą plagą. Zatruwali życie biednej rodziny, a obecnie ich wymysły krążą jako „alternatywne wersje" losu Wallenberga.

Dlaczego Stalin kazał aresztować Raoula Wallenberga?

Bo podejrzewał, że w Budapeszcie oprócz działalności humanitarnej – czyli ratowania Żydów – ten szwedzki dyplomata odgrywał również rolę polityczną. Celem działań Wallenberga miało być uratowanie Węgier przed sowietyzacją, ocalenie ich dla zachodniego świata.

Stalin miał rację?

Podejrzenia Sowietów były oparte na solidnych przesłankach. Wallenberg rzeczywiście był politycznie powiązany z Amerykanami.

Politycznie czy wywiadowczo?

W jednym z waszyngtońskich archiwów znalazłem dokumenty wskazujące, że Wallenberg miał kontakty z OSS, czyli poprzedniczką CIA. Ale za pośrednictwem szwedzkich służb specjalnych. Węgry dla Stanów Zjednoczonych były państwem wrogim i OSS nie mogła swobodnie działać na ich terenie. Szwedzi zaoferowali pomoc. W 1944 roku w Sztokholmie zdawano sobie sprawę, że wojna skończy się triumfem aliantów. Chciano więc jakoś zmazać pamięć o pierwszych latach wojny, gdy Szwecja sprzyjała Trzeciej Rzeszy.

Jest jeszcze „polska wersja" aresztowania Wallenberga. Według niej szwedzki dyplomata otrzymał kompromitującą Moskwę dokumentację katyńską od doktora Ferenca Orsósa, szefa węgierskiej izby lekarskiej, który brał udział w ekshumacjach polskich oficerów.

Nie znalazłem żadnych dokumentów świadczących o kontaktach Wallenberga z doktorem Orsósem. To był antysemita powiązany ze strzałokrzyżowcami. Kiedy członkowie tego ruchu zabrali się w Budapeszcie do wyrzynania Żydów, Orsós mówił, żeby ciała wrzucić do Dunaju, aby nie śmierdziały na ulicach. To nie był ktoś, z kim Wallenberg mógłby utrzymywać kontakty. Nie oznacza to, że „ślad katyński" jest zupełnie nieprawdopodobny. Wallenberg mógł pozyskać informacje na temat tej bolszewickiej zbrodni. Ale nie przez doktora Orsósa, tylko przez komórkę polskiego ruchu oporu działającą w Budapeszcie. Wiemy, że przekazała ona dokumenty katyńskie węgierskiemu ruchowi oporu.

Co się z nimi stało?

Przywódca ruchu oporu, węgierski oficer lotnictwa Zoltán Mikó umieścił je w sejfie należącym do ambasady Szwecji w Budapeszcie. Wiemy, że sejf ten był oddany do dyspozycji Wallenberga i znajdował się w siedzibie Hazai Banku. To potężny budynek o niezwykle grubych ścianach odpornych na uderzenia bomb i pocisków artyleryjskich. Dlatego właśnie Szwedzi i ruch oporu wybrali go do swoich celów.

Do Budapesztu zbliżała się Armia Czerwona – spodziewano się walk ulicznych, ostrzału miasta. Wallenberg zajął budynek, wywiesił na nim flagę i ogłosił, że jest to „konsulat szwedzki". W budynku ukryto kilkuset Żydów, kosztowności i dokumenty. Między innymi dotyczące Katynia.

Strzałokrzyżowcy nie próbowali się tam dostać?

Nie, bo Mikó obsadził budynek swoimi ludźmi, uzbrojonymi w broń maszynową żołnierzami, którzy byli jednocześnie zaprzysiężeni w ruchu oporu. Hazai Bank został zamieniony w małą twierdzę. Dopiero w połowie lutego, gdy Budapeszt skapitulował i został zajęty przez Armię Czerwoną, do budynku wkroczyli bolszewicy. Nie przejmowali się eksterytorialnością szwedzkiej placówki. Załatwili to po swojemu – bank splądrowali, a drzwi sejfu wysadzili za pomocą trotylu. Zabrali wszystko, co było w środku. Kosztowności, dolary, ale przede wszystkim dokumenty katyńskie.

Ilu Żydów uratował Wallenberg?

Nie ma prostej odpowiedzi na to pytanie. W Budapeszcie uratowano dziesiątki tysięcy Żydów, ale nie było to dziełem jednego człowieka. Na tym polu świetną robotę wykonywali Szwajcarzy, Watykan i Czerwony Krzyż. Gdy Wallenberg przybył do Budapesztu w lipcu 1944 roku, wielu ludzi już pomagało Żydom.

Jak wyglądała wtedy sytuacja węgierskich Żydów?

Zacznijmy od tego, że węgierski przywódca regent Mikóls Horthy długo opierał się niemieckim żądaniom wydania Żydów. Niestety w marcu 1944 roku Niemcy dowiedzieli się o jego planach przejścia na stronę aliantów i zajęli Budapeszt. Wymusili na nim zmianę rządu na uległy wobec Rzeszy. Wtedy ruszyły deportacje Żydów do Auschwitz – w sumie wywieziono ponad 400 tysięcy ludzi. W lipcu Horthy stanął jednak na nogi, jego pozycja się wzmocniła. Wydał rozkaz, żeby wstrzymać wywózki. Adolf Eichmann szalał z wściekłości.

Czyli Wallenberg przybył do Budapesztu, gdy największe zagrożenie już minęło?

Rzeczywiście wydawało się, że Żydom już nic poważnego nie grozi. Wallenberg w pierwszych tygodniach robił więc to, co każdy nowo przybyły dyplomata. Składał wizyty, chodził na rauty, poznawał nowy kraj i nowe miasto. Umawiał się na randki z dwoma dziewczynami. Potem nadszedł październik 1945 roku. Horthy po raz kolejny próbował zerwać z Osią i Niemcy znowu interweniowali. Doprowadzili do puczu, w wyniku którego władzę przejęli strzałokrzyżowcy. Faszystowska, antysemicka organizacja wzorowana na NSDAP.

Co to oznaczało dla Żydów?

Kłopoty. Znowu zaczęły się deportacje. Choć tym razem nie do Auschwitz, bolszewicy byli bowiem już zbyt blisko tego obozu. Żydów przepędzono więc do obozów pracy na terenie Austrii. Na ulicach rozpoczęły się polowania na Żydów.

Wtedy Wallenberg wkroczył do akcji.

Tak. Zaczął od metod legalnych. Czyli wydawał Żydom szwedzkie paszporty, które chroniły ich przez deportacją. W sumie 4,5 tysiąca. Potem starał się przekupywać niemieckich i węgierskich urzędników. Czasami ich straszył, że jeśli mu nie pomogą, to po wojnie staną przed sądem jako zbrodniarze wojenni.

Czy to prawda, że przekupił samego Eichmanna?

Historycy się w tej sprawie spierają. Nie ma jednak niezbitych dowodów na to, że ci dwaj mężczyźni się spotkali.

Wróćmy więc do działań Wallenberga.

To był niesamowity organizator, człowiek o niespożytej energii. Stworzył olbrzymią siatkę pomocy, do której wciągnął kilkaset osób. Wynajął lub kupił kilkadziesiąt budynków. Powiesił na nich szwedzkie flagi i ogłosił, że to terytorium neutralnego państwa. Nadawał im rozmaite nazwy: Biblioteka Szwedzka, Instytut Szwedzki i tym podobne. Oczywiście były to schronienia dla Żydów.

Szwedzka flaga gwarantowała nietykalność?

Na początku tak. Niemcy szybko się jednak zorientowali, co robi ten młody dyplomata. I pod koniec wojny wiele budynków Wallenberga zaatakowali esesmani i strzałokrzyżowcy. Doszło do zaciętych starć, oblężeń, szwedzkie budynki bowiem chronili węgierscy żołnierze zaprzysiężeni w ruchu oporu. Do jednej z najsłynniejszych bitew doszło w hotelu, w którym Wallenberg umieścił żydowskie dzieci. Szturm strzałokrzyżowców udało się odeprzeć.

Węgierski ruchu oporu? To w Polsce rzecz mało znana…

Węgry, pod wodzą regenta Horthyego, walczyły z bolszewizmem u boku Trzeciej Rzeszy. Byli jednak ludzie, którym ten kurs nie odpowiadał. Założyli oni podziemną organizację, która orientowała się na aliantów zachodnich. Nie była oczywiście tak silna jak Armia Krajowa, nie cieszyła się takim poparciem. W szeregach tej konspiracji zaprzysiężonych było jednak sporo oficerów węgierskich sił zbrojnych.

Między innymi wspomniany przez pana Zoltán Mikó.

Tak. Mikó nie tylko przydzielił swoich ludzi do obrony szwedzkich budynków, ale też zapewnił Wallenbergowi ochronę osobistą. Żołnierze związani z ruchem oporu towarzyszyli mu dzień i noc. Jeździli obwieszeni bronią maszynową na stopniach jego limuzyny. W ostatnich tygodniach przed wkroczeniem Sowietów na ulicach zrobiło się naprawdę groźnie. Strzałokrzyżowcy wprowadzili rządy terroru.

Czy rzeczywiście życie Wallenberga było zagrożone?

O, tak. Został na niego wydany wyrok. Strzałokrzyżowcy stworzyli nawet specjalne komando egzekutorów, które jeździło po mieście ciężarówką. Ludzie ci mieli zdjęcie Wallenberga. Gdyby go zobaczyli – mieli strzelać bez ostrzeżenia. W efekcie musiał co noc spać w innym mieszkaniu. To było dla niego bardzo stresujące. Był wyczerpany psychicznie.

Jego metody zawsze działały?

Oczywiście nie wszystkich Żydów udało mu się uratować. Strzałokrzyżowcy i Niemcy byli bardzo bezwzględni. Jest taka głośna sprawa, która akurat skończyła się szczęśliwie. Otóż strzałokrzyżowcy wtargnęli do jednego z budynków i porwali 100 Żydów znajdujących się pod opieką Szweda. Zaprowadzili ich nad Dunaj, żeby ich rozstrzelać. W ostatniej chwili na miejsce przybyli jednak sojusznicy Wallenberga – funkcjonariusze budapeszteńskiej policji. Udało im się odbić Żydów. Strzałokrzyżowcy wycofali się, gdy zobaczyli, że policjanci są lepiej uzbrojeni.

Sytuacja w Budapeszcie przypominała Dziki Zachód. Górą był ten, kto miał większą spluwę.

Istotnie. Dla Żydów to było piekło na ziemi. Zresztą nie tylko dla Żydów. Strzałokrzyżowcy rzucali się również na młodych Węgrów. Zarzucali im tchórzostwo, dezercję. Pytali, dlaczego nie są na froncie. Budapeszt był otoczony przez Sowietów. Strzałokrzyżowcy wiedzieli, że są skończeni, i wpadli w amok. Postanowili przed śmiercią zabić tylu wrogów, ilu się da. Na domiar złego gangi bandytów plądrowały sklepy, demolowały miasto. Całe szczęście w Budapeszcie byli tacy ludzie jak Wallenberg, którzy starali się pomóc najbardziej zagrożonym. Ironią losu jest to, że ostatecznie nie został zamordowany przez Niemców, ale przez sowieckich „wyzwolicieli".

GELLÉRT KOVÁCS *jest węgierskim historykiem pracującym w Szwecji. Napisał między innymi książkę na temat heroicznych działań Raoula Wallenberga* Skymning över Budapest. *Monografia ta ukazała się w Szwecji i na Węgrzech.*

Źródło: „Historia Do Rzeczy" 8/2016

7

Bombardowanie Auschwitz

Rozmowa z Davidem S. Wymanem, *amerykańskim historykiem, szefem Instytutu Studiów nad Holokaustem Davida S. Wymana w Waszyngtonie*

Były prezydent George W. Bush podczas wizyty w instytucie Yad Vashem powiedział, że lotnictwo Stanów Zjednoczonych powinno było zbombardować Auschwitz. Czy pański kraj jest współodpowiedzialny za Holokaust?

Wyobraźmy sobie, że kogoś zarzynają na naszych oczach na ulicy. Jesteśmy tam, możemy coś zrobić. Ale zamiast tego tylko się przyglądamy i wzruszamy ramionami. Nie czyni to z nas morderców. Ale przez to, że nie zapobiegliśmy tragedii, ponosimy za nią część odpowiedzialności. Właśnie taką rolę, obojętnego gapia, odegrał świat podczas Holokaustu. A w szczególności te kraje, które były najpotężniejsze i miały środki, żeby działać. Czyli Stany Zjednoczone i Wielka Brytania, dwie największe demokracje ówczesnego świata. Sprzeniewierzyliśmy się wówczas naszym najważniejszym wartościom, temu, o co zawsze walczyliśmy. Zawiedliśmy w godzinie próby.

Może jednak Waszyngton nie do końca wiedział, co się działo w obozach?

Wiedział. I mamy co do tego stuprocentową pewność. Nasz rząd co najmniej od sierpnia 1942 roku doskonale zdawał sobie sprawę, że w obozach realizowany jest program systematycznej eksterminacji setek tysięcy ludzi. Czyli to, co dziś nazywamy ludobójstwem. Zapewne na początku te informacje nie były zbyt precyzyjne. Rząd nie miał na przykład pewności, gdzie dokładnie są komory gazowe, a gdzie uśmierca się ludzi w inny sposób. Z czasem jednak dostawał coraz dokładniejsze dane.

Od kogo?

Wielką zasługę ma w tej sprawie polski ruch oporu, który przekazywał aliantom informacje o tym, co wyprawiają Niemcy na terenie okupowanej Polski. Warto wymienić choćby Jana Karskiego, kuriera polskiego rządu, który dotarł do Roosevelta. W lipcu 1944 roku, gdy Sowieci zajęli obóz w Majdanku koło Lublina, wszystko już było jasne. Amerykanie dowiedzieli się od swoich sojuszników, że Żydów nie eksterminuje się tylko przez wycieńczającą pracę, ale że są zabijani gazem. W amerykańskiej prasie, między innymi w „New York Timesie", ukazały się nawet wówczas artykuły na ten temat. Jeżeli więc wiedzieli o tym czytelnicy dzienników, wiedział też – i to dużo wcześniej – Franklin Delano Roosevelt.

O sprawie informowali chyba również żydowscy uciekinierzy z Auschwitz.

Owszem. W kwietniu 1944 roku uciekło stamtąd dwóch więźniów, Rudolf Vrba i Alfred Wetzler. Jeden z nich pracował w biurze, gdzie miał dostęp do wielu ważnych i tajnych informacji. Dowiedział się, że niedługo mają przybyć do obozu olbrzymie transporty węgierskich Żydów. Setki tysięcy ludzi prosto do gazu. Właśnie wtedy razem z innym więźniem zdecydował się na ucieczkę. Chcieli zaalarmować świat. Wierzyli, że świat coś zrobi. Uciekając, wiedzieli, że prawdopodobieństwo, iż nie zostaną złapani i zabici, jest niezwykle małe. Szanse na to, że przeżyją w obozie, były zaś niezwykle wysokie, bo mieli dobrą pracę. Niewątpliwie był to czyn heroiczny.

Co się z nimi stało?

Udało im się przedostać na Słowację, gdzie nawiązali kontakt ze słowackim podziemiem. Tam przygotowali raport nazwany od ich nazwisk raportem Vrby–Wetzlera. Bardzo szczegółowo opisali, co się działo w Auschwitz-Birkenau i jakie straszliwe zamiary mieli Niemcy wobec węgierskich Żydów. Raport przez Szwajcarię dotarł szybko do Stanów Zjednoczonych. Jego wiarygodność była niepodważalna, a zawarty w nim apel dramatyczny: Jesteśmy zarzynani, pomóżcie!

Tymczasem pod koniec kwietnia rozpoczęła się deportacja węgierskich Żydów. Silną presję na węgierski rząd, żeby wstrzymał transporty, wywierał wówczas papież Pius XII, a także król Szwecji. Robiły to więc państwa neutralne, a nie alianci. I pociągi rzeczywiście zatrzymano. Mimo to połowa Żydów, 400–500 tysięcy, została już wywieziona. Dziewięciu na dziesięciu z nich było uśmiercanych od razu po przybyciu do Auschwitz.

Amerykanie wiedzieli więc, co się dzieje w Auschwitz. Czy mogli pomóc?

Oczywiście! Od wiosny 1944 roku mieli już całkowitą przewagę w powietrzu. Luftwaffe właściwie przestała się liczyć nad Europą. W sierpniu 1944 roku 120 amerykańskich ciężkich bombowców zbombardowało fabrykę syntetycznej benzyny położoną niedaleko miejsca, gdzie znajdowały się komory gazowe. Mniej niż pięć mil na wschód od Auschwitz! We wrześniu 1944 roku 96 ciężkich bombowców dokonało kolejnego nalotu. Jednocześnie w pobliżu leciały tysiące innych ciężkich bombowców. Ich trasa przebiegała około czterdziestu mil od Auschwitz. W powietrzu to żaden dystans. Kwestia minut. Amerykanie mieli więc możliwości, żeby pomóc. Ale Departament Wojny zdecydowanie odrzucił możliwość zajęcia się tą sprawą. Ważniejsze od uratowania życia dziesiątkom tysięcy osób okazało się zniszczenie zakładów produkujących benzynę do niemieckich czołgów.

Rozmawiał pan z wieloma amerykańskimi pilotami, którzy latali wówczas nad okupowaną Polską...

...i zawsze mówili to samo: „Gdybyśmy tylko wiedzieli! Gdyby tylko dali nam taki rozkaz, poradzilibyśmy sobie z tym bez problemu. Zmietlibyśmy te przeklęte komory z powierzchni ziemi". Personel baz we Włoszech, skąd latały samoloty bombardujące tę część Europy, nie został jednak poinformowany o tym, co się dzieje w Auschwitz. Waszyngton nie przekazał im tych wiadomości, bo prawdopodobnie nie chciał, żeby zrodziła się jakaś oddolna inicjatywa. Były przecież zrobione bardzo dokładne zdjęcia lotnicze całego terenu, na podstawie których opracowywano w bazach plany bombardowań. Ale żołnierze, którzy to robili, nie przyglądali się specjalnie zdjęciom Auschwitz, bo nie mieli pojęcia o mordowaniu Żydów. Gdyby je powiększyli – co zrobiono po latach – zobaczyliby pociągi, tor doprowadzony w pobliże komór, a nawet tłumy ludzi wyciąganych z wagonów bydlęcych i pędzonych na śmierć. Wszystko uwiecznione na kliszy, która była w zasięgu ręki. Wystarczyłoby, żeby Departament Wojny powiedział tym ludziom: „Słuchajcie, wiemy, że tam dzieje się coś niedobrego, przyjrzyjcie się temu".

Czy w Waszyngtonie w ogóle zastanawiano się nad zbombardowaniem Auschwitz?

Tak. Wszystkie dokumenty Departamentu Wojny dotyczące tego pomysłu mają stemple z datami. Dokładnie wiemy więc, kiedy pokazano je grupie najważniejszych urzędników i kiedy od nich wróciły. Okazuje się, że decyzja, żeby nic nie zrobić, została podjęta w dwadzieścia cztery godziny. Czy można to nazwać poważnym rozważeniem sprawy? Ci ludzie z góry odrzucili taką ewentualność.

Dlaczego?

Taka była polityka Departamentu Wojny. Nie chciał on angażować się w żadne działania natury niewojskowej. Nie chciał organizować operacji ratunkowych – a właśnie tak zakwalifikowano ewentualny nalot na obóz – żeby „nie zaszkodzić interesowi wojny". Departament tłumaczył, że bombowce są niezbędne na froncie i nie można rozpraszać sił. Ale przecież to była kwestia pięciu mil i kilku niewielkich celów! Nikt nie wymagał, żeby wysłano tam sto bombowców! Jeżeli samoloty i tak latały nad obozem, to dlaczego nie mogły tam zrzucić kilku bomb?

Może każda bomba była ważna? Amerykanie chcieli jak najszybciej pokonać Trzecią Rzeszę i w ten sposób zatrzymać Holokaust. Każdy dzień wojny kosztował życie wielu Żydów.

Opowiem panu o pewnej ówczesnej praktyce naszego lotnictwa. Gdy bombowce z jakiejś przyczyny nie mogły wykonać zadania – na przykład z powodu wyjątkowo złej pogody bombardierzy nie mogli namierzyć celu – zrzucały bomby gdzie popadnie. Ewentualnie lotnicy szukali tak zwanego celu okazyjnego (*target of opportunity*). Czyli czegoś, co wedle ich oceny warto było zbombardować, a mieli to w zasięgu ręki. Chodziło o to, że lądowanie z bombami na pokładzie mogło być bardzo niebezpieczne. Poza tym obciążone samoloty były dużo wolniejsze i podatniejsze na ewentualny atak. Zdarzało się to bardzo często. Wystarczyło więc wtedy wydać instrukcję: Jeżeli nie możesz trafić w wyznaczony cel, wal w komory gazowe w Auschwitz.

Ale atak ciężkich bombowców na komory mógłby spowodować śmierć wielu więźniów. Trudno byłoby chyba dokonać precyzyjnego, punktowego uderzenia. Wiele bomb spadłoby na baraki.

To argument najczęściej powtarzany przez obrońców decyzji podjętych wówczas przez amerykański rząd. Oczywiście, że byłyby ofiary wśród więźniów. Ale co się niby miało z nimi stać? Niemcy nie zamierzali ich przecież wysłać na wakacje w tropiki. I tak chcieli wszystkich zamordować. Całkowicie zdrowy i sprawny fizycznie młody człowiek przeżywał w Auschwitz – gdzie brakowało jedzenia, opieki medycznej i szerzyły się choroby – średnio trzy miesiące. Zaniechanie zbombardowania Auschwitz tak naprawdę więc nikogo nie ratowało. Ludzie, którzy domagali się nalotów, doskonale to rozumieli. Zdawali sobie sprawę, że trzeba ponieść pewne ofiary, żeby uratować znacznie więcej osób. Na jednym z moich wykładów w Stanach Zjednoczonych poznałem dwie kobiety, które więziono w Birkenau. Jedna z nich podczas dyskusji, która wywiązała się po moim wystąpieniu, zalała się łzami.

„Wiedzieli, że tam byliśmy, wiedzieli, co się działo, i nie kiwnęli palcem" – powiedziała. Po wykładzie podszedłem do tych kobiet i z nimi rozmawiałem. To były siostry. Opowiadały, jak w 1944 roku obserwowały na niebie alianckie samoloty, które przelatywały w pobliżu obozu.

„Wiedziałyśmy, że jeżeli zbombardują komory gazowe, prawdopodobnie umrzemy. Ale mimo to modliłyśmy się codziennie, żeby te bomby spadły" – powiedziała jedna z nich. Są oczywiście ludzie, którzy pięćdziesiąt–sześćdziesiąt lat później, siedząc bezpiecznie w wygodnych fotelach, w klimatyzowanych biurach, wymyślali takie „racjonalne" argumenty: „Interweniując w Auschwitz, moglibyśmy zrobić komuś krzywdę". Co za absurd! Na marginesie warto dodać, że komory te były całkiem spore i myślę jednak, że można by w nie trafić tak, by zginęło jak najmniej więźniów.

Nawet jeżeli zrównano by z ziemią wszystkie komory gazowe, to SS prawdopodobnie kontynuowałoby Holokaust innymi metodami. Żydzi zapewne i tak by zginęli, można by ich było chociażby rozstrzelać.

Gdyby tak łatwo było zastrzelić setki tysięcy ludzi, to po co zbudowano komory gazowe? Wątpię, czy SS miało wtedy dość kadr, które mogłyby to zrobić w tak krótkim czasie. Pamiętajmy, że to był już niemal koniec wojny. Sowieci zajęli Auschwitz w styczniu 1945 roku. Liczyła się wówczas każda chwila. Każde opóźnienie mogło uratować wielu ludzi.

A jak pan ocenia pomysły zbombardowania tras i węzłów kolejowych, którymi do Auschwitz przyjeżdżały kolejne transporty Żydów?

To było możliwe, ale znacznie trudniejsze do zrealizowania od zniszczenia komór. Linie kolejowe można bowiem bardzo szybko naprawić. Oczywiście prawdopodobnie obciążyłoby to nieco machinę wojenną Trzeciej Rzeszy – Auschwitz znajdowało się już niemal w strefie przyfrontowej – ale pewnie Niemcy poradziliby sobie ze zniszczeniami. Wiemy to, przyglądając się błyskawicznym pracom naprawczym mostów i wojskowych tras komunikacyjnych niszczonych wówczas przez nasze bombowce. Z drugiej strony, tak jak już powiedziałem, to była walka z czasem. Każde opóźnienie było na wagę ludzkiego życia.

William vanden Heuvel, prezes Instytutu Roosevelta w Nowym Jorku, przekonuje jednak, że nie wolno obwiniać ówczesnego prezydenta o to zaniechanie, bo zbombardowania Auschwitz nie chcieli sami Żydzi. Powołuje się on na opinię przedstawicieli ich społeczności w Stanach Zjednoczonych.

Vanden Heuvel nigdy nie prowadził na ten temat żadnych badań. To nie jest historyk, tylko prawnik. Ten człowiek nie chce wiedzieć, jak było naprawdę. Prawda go nie obchodzi. Ma swoją opinię i tendencyjnie dobiera fakty, aby ją uprawdopodobnić. On zawodowo zajmuje się wybielaniem prezydenta Roosevelta. Walczy o jego reputację z bardzo niskich pobudek. Moja książka *The Abandonment of the Jews: America and the Holocaust, 1941–1945* wywarła bowiem wielki wpływ na żydowską społeczność w Stanach Zjednoczonych i natychmiast po jej wydaniu datki przekazywane na Instytut i Bibliotekę Roosevelta drastycznie spadły.

Od tego czasu vanden Heuvel zaciekle mnie zwalcza. Jestem jego wrogiem numer jeden. Nie dlatego, że rzekomo nienawidzę Roosevelta, ale dlatego, że mówię o nim prawdę. To był wielki przywódca, dobry prezydent, który sprawdził się podczas wielkiej wojny. Popełnił jednak wiele poważnych błędów. Wsadził Amerykanów pochodzenia japońskiego do obozów koncentracyjnych, nie kiwnął palcem w sprawie przyznania praw Murzynom i zawiódł w sprawie Holokaustu.

Ale co z samym argumentem, że to amerykańscy Żydzi nie chcieli bombardowania Auschwitz?

To nonsens. Po raz pierwszy wysunął go inny fałszywy historyk, były inżynier zajmujący się energią nuklearną, Richard Levy. Gdy przeszedł na emeryturę, zaczął się podszywać pod badacza dziejów i odpowiednio manipulując źródłami, wysnuł tezę, że żydowscy przywódcy w Palestynie, Stanach Zjednoczonych, Wielkiej Brytanii i innych miejscach na świecie nie chcieli, żeby alianci zbombardowali komory gazowe.

Mój kolega, świetny młody badacz Rafael Medoff, przeprowadził jednak bardzo porządne badania w tej sprawie. Sprawdził, jakie stanowisko rzeczywiście zajmowali czołowi przedstawiciele żydowskich społeczności w tych krajach. I okazało się, że dwudziestu jeden z nich wzywało do bombardowania komór. Na czele z dwoma najważniejszymi w tamtym czasie – Chaimem Weizmannem i Mosze Szertokiem, późniejszym ministrem spraw zagranicznych i premierem Izraela. Udało się znaleźć tylko jednego przywódcę, który myślał inaczej. Proporcja wynosi więc 21:1.

Debata dotycząca tego problemu jest chyba dlatego tak fascynująca, że pokazuje, iż historia nie jest wcale czarno-biała. Że Stany Zjednoczone podczas wojny nie były wcale krystalicznie czystym „imperium dobra", tak jak to jest przedstawiane choćby w amerykańskiej kulturze masowej.

To prawda. Wyjątkowo trudno mi o tym mówić, bo jestem Amerykaninem i kocham swoją ojczyznę. I choć podczas wojny byłem w szkole średniej i nie miałem o niczym pojęcia, jest mi wstyd. Mój kraj zawiódł. Oczywiście znacznie gorzej bym się czuł, gdybym był Niemcem, ale niesmak pozostaje. Gdy odkrywałem prawdę o stanowisku naszego rządu wobec Holokaustu, wyjątkowo ciężko to przeżywałem. To był dla mnie, jako patrioty, bolesny cios. Powiem teraz coś bardzo osobistego. Pisząc książkę na ten temat, płakałem.

DAVID S. WYMAN *(rocznik 1929) jest najbardziej znanym amerykańskim historykiem zajmującym się planami zbombardowania komór gazowych w Auschwitz przez aliantów. Przez 25 lat wykładał na Uniwersytecie Massachusetts w Amherst, a obecnie kieruje Instytutem Studiów nad Holokaustem Davida S. Wymana w Waszyngtonie. Napisał m.in.* Paper Walls: America and the Refugee Crisis, 1938–1941 *(1968),* The Abandonment of the Jews: America and the Holocaust, 1941–1945 *(1984), wydał trzynastotomowy zbiór dokumentów* America and the Holocaust *(1990) oraz* The World Reacts to the Holocaust *(1996).*

Źródło: Wywiad ten ukazał się w aneksie do limitowanego wydania pierwszej części *Żydów* w twardej oprawie. Uznałem, że jest na tyle ciekawy, iż warto zaprezentować go większej liczbie czytelników.

8

Moralne dylematy egzekutorów

Rozmowa z Michaelem Bar-Zoharem, *izraelskim politykiem i dziennikarzem, autorem książek poświęconych służbom i siłom specjalnym*

Wszystko chyba zaczęło się od autobusu?

Tak. Na przełomie lat pięćdziesiątych i sześćdziesiątych na pustyni Negew zbudowaliśmy supertajny ośrodek badań nuklearnych Dimona. Tak tajny, że nikt nie mógł się do niego zbliżyć. Pracujący tam ludzie dowożeni byli autobusami z miasta Beer Szewa. Jeden z nich nazywany był „autobusem matek".

Dlaczego?

Bo jeździły nim niemal same kobiety. Asystentki, sekretarki i inne pracowniczki. 7 marca 1988 roku autobus został zatrzymany po drodze przez trzech mężczyzn w mundurach. Napastnicy – uzbrojeni w karabinki Kałasznikowa i granaty – wdarli się do środka. Pasażerowie wpadli w panikę i zaczęli wyskakiwać na zewnątrz. Części udało się uciec, ale jedenaście osób dostało się do niewoli. Dziesięć kobiet i jeden mężczyzna.

Kim byli napastnicy?

Palestyńskimi bojownikami z Organizacji Wyzwolenia Palestyny. Unieruchomiony autobus został tymczasem otoczony przez policję. Rozpoczęły się negocjacje, terroryści postawili żądania i zagrozili, że jeżeli nie zostaną spełnione, co pół godziny będą mordować po jednym Izraelczyku.

Dotrzymali słowa?

Niestety tak. Pierwszy zginął mężczyzna – nazywał się Wiktor Ram. Gdy dowódca antyterrorystycznego oddziału policyjnego Jamam usłyszał strzały, uznał, że nie ma co dłużej czekać. Podjął decyzję o szturmie. Snajperzy zaczęli strzelać, a inni policjanci wybijać szyby i wyciągać na zewnątrz przerażonych pasażerów. Wszyscy Palestyńczycy zginęli, ale zdążyli wcześniej zabić jeszcze dwie kobiety. Podczas akcji krzyczeli: „Przysłał nas Abu Dżihad!".

Kto to był?

Prawa ręka Jasira Arafata. Szef zbrojnego skrzydła OWP. Człowiek odpowiedzialny za wiele zamachów na Izraelczyków. Jego ludzie podkładali bomby, rozstrzeliwali zakładników. Abu Dżihad miał na rękach mnóstwo żydowskiej krwi. Po zamachu na „autobus matek" władze Izraela uznały jednak, że miarka się przebrała. Zapadła decyzja, że Abu Dżihad musi zostać zlikwidowany.

W Polsce mamy powiedzenie o kropli, która przelała czarę goryczy.

My w Izraelu mówimy: ostatnia słomka, która złamała grzbiet wielbłąda. Chodzi o to samo. Planując atak na „autobus matek", Abu Dżihad podpisał na siebie wyrok. Dopadnięcie tego człowieka było jednak zadaniem niebywale trudnym. Właściwie niemożliwym.

Dlaczego?

Dlatego, że Abu Dżihad – tak jak całe kierownictwo OWP – mieszkał w Tunezji, 2,5 tysiąca kilometrów od Izraela. Mimo to nasze służby zaczęły planować operację. Mieliśmy w Tunisie agentów, którzy szybko ustalili miejsce jego pobytu. Jedna z agentek pod fałszywym pretekstem dostała się nawet do willi terrorysty i dostarczyła nam jej szczegółowy plan.

Czy to prawda, że w Izraelu została zbudowana replika tej willi?

W Ministerstwie Obrony Izraela jest specjalny wydział budujący dokładne repliki budynków, w których mają się odbyć akcje antyterrorystyczne. Następnie komandosi wielokrotnie ćwiczą na nich operacje.

Palestyńczycy nie spodziewali się odwetu za atak na pustyni Negew?

W Tunezji czuli się bezpiecznie. Uważali, że tak daleko nasze ręce nie sięgają. Całej operacji jednak omal nie zdekonspirowali Francuzi, którzy ostrzegli OWP, że Izraelczycy coś kombinują.

Chwileczkę, Francuzi ostrzegli terrorystów?

Dziś, kiedy na ulicach Paryża islamscy radykałowie dokonują krwawych zamachów, wydaje się to zdumiewające. Ale w latach osiemdziesiątych sytuacja wyglądała nieco inaczej. Francuzi uznawali Tunezję za swoją strefę wpływów. Nie chcieli, żeby ktokolwiek im tam bruździł. Po drugie, francuskie służby utrzymywały dobre kontakty z OWP. Obie strony zawarły niepisany układ: my wam nie będziemy przeszkadzać, a wy nie będziecie dokonywać zamachów na naszym terytorium. Pamiętam taką historię – na lotnisku w Marsylii wylądował groźny terrorysta. Policja od razu go zidentyfikowała, ale sam minister spraw wewnętrznych Francji zabronił go aresztować. O relacjach palestyńsko--francuskich dużo mówi również to, że Jasir Arafat w 2004 roku swoje ostatnie chwile spędził w szpitalu wojskowym Percy w Clamart pod Paryżem.

Wróćmy do akcji w Tunezji. Jak Izraelczycy planowali przerzucić tam swoich żołnierzy?

To była najtrudniejsza część operacji. Do Tunezji posłano kilka okrętów, w tym okręt podwodny. Na jednym z nich znajdowało się stanowisko dowodzenia – akcją kierował Ehud Barak – a na innym sala operacyjna z personelem. W powietrzu unosiły się zaś dwa boeingi 707. Jeden wyposażony w sprzęt przechwytujący rozmowy radiowe prowadzone przez tunezyjskie służby, drugi – latająca cysterna. W odwodzie czekała eskadra śmigłowców, która w razie kłopotów miała zabrać naszych ludzi z gorącego terenu. A także uzbrojone samoloty bojowe.

A te ostatnie po co?

Były przygotowane na wypadek, gdyby do całej afery wmieszała się tunezyjska armia. To byłaby jednak ostateczność. Wszyscy mieli nadzieję, że do takiej eskalacji nie dojdzie.

Przejdźmy do samej operacji.

W nocy z 15 na 16 kwietnia 1988 roku komandosi z legendarnej jednostki Sajeret Matkal dotarli na tunezyjską plażę na łodziach pneumatycznych typu Zodiac. Wylądowali w pobliżu ruin Kartaginy. Czekały tam na nich trzy minibusy wynajęte przez naszych agentów. Powodzenie tej gigantycznej operacji zależało jednak od jednej drobnej sprawy: czy tej nocy Abu Dżihad będzie w domu. Gdyby zdecydował się nocować na mieście – akcję trzeba by było odwołać. Wyobraża pan to sobie? Wszystkie te okręty i samoloty musiałyby wrócić do Izraela.

Był u siebie?

Nie! Gdy nasi komandosi wylądowali w Tunezji, z przerażeniem dowiedzieli się, że Abu Dżihad odbywa nocną rozmowę z innym przywódcą OWP. Sytuacja była niezwykle nerwowa. Kilkudziesięciu izraelskich żołnierzy siedziało na środku tunezyjskiej plaży. W każdej chwili ktoś mógł ich zauważyć, podnieść alarm. Po półtorej godziny pełnego napięcia oczekiwania otrzymali jednak informację, że spotkanie się skończyło. Abu Dżihad ruszył w stronę swojej willi.

Co zrobili?

Wsiedli do busów i popędzili w stronę Tunisu. Wkrótce znaleźli się na miejscu.

Kto zginął pierwszy?

Ochroniarz, który siedział w samochodzie zaparkowanym przed willą. Podszedł do niego jeden z naszych komandosów przebrany za kobietę. W rękach miał pudełko czekoladek, które zasłaniało pistolet z tłumikiem. Facet dostał kilka kul z bliskiej odległości.

Potem weszli do domu.

Tak. Wyglądało to jak na filmie sensacyjnym. Komandosi mieli na sobie kamizelki kuloodporne i maski chirurgiczne na twarzach. Na głowach słuchawki i mikrofony krótkofalówek. Za pomocą specjalnych narzędzi bezszelestnie wyważyli drzwi i dostali się do środka. Wiedzieli, że w domu jest jeszcze jeden ochroniarz. Dopadli go w piwnicy. Wraz z nim zastrzelili przypadkowego człowieka.

Kto to był?

Ogrodnik, który znalazł się w złym miejscu o złej porze.

Gdzie wtedy był Abu Dżihad?

W sypialni na górze, z żoną Umm Dżihad. Siedział przy biurku i pisał list. Gdy nasi żołnierze otworzyli drzwi, był całkowicie zaskoczony. Jego żona zaczęła krzyczeć: „Verdun! Verdun!".

O co chodziło?

W 1973 roku izraelscy komandosi wdarli się do apartamentowca przy rue Verdun w Bejrucie. Mieszkało tam trzech przywódców organizacji „Czarny Wrzesień". Wszyscy zostali zabici w swoich mieszkaniach. Umm Dżihad miała więc na myśli tamto wydarzenie. Próbowała podać mężowi pistolet, ale było za późno. Dostał pierwszą kulę, a potem kolejne. W sumie w jego ciele znaleziono później pięćdziesiąt dwa pociski. Izraelscy komandosi chcieli mieć pewność, że Abu Dżihad nie żyje.

Co się stało z rodziną Palestyńczyka?

Nic. Jego żonie, córce i małemu synkowi nie spadł włos z głowy. Jeden z żołnierzy puścił tylko serię w sufit nad łóżkiem chłopca. Gdy

Abu Dżihad leżał w kałuży krwi, obie kobiety dopadły do jego ciała. Umm Dżihad miała powiedzieć: „Dosyć już! Wystarczy!". Komandosi wycofali się, a ona wybiegła na balkon. Widziała ich odprawę, policzyła ich. Wyszło jej, że w akcji brało udział dwudziestu czterech ludzi. O wszystkim opowiadała później w wywiadach udzielanych izraelskim gazetom. Relację złożyła również jej córka Hanan. Gdy wbiegła do pokoju ojca, egzekucja już trwała. Nagle do sypialni wszedł kolejny komandos, jedyny bez maski. Spojrzał na nią, a potem strzelił jej ojcu w głowę. Hanan powiedziała, że do końca życia nie zapomni jego twarzy.

Egzekutorom udało się uciec?

Po całej akcji agenci Mosadu zadzwonili na policję i powiedzieli, że Izraelczycy uciekają w stronę centrum miasta. W efekcie Tunezyjczycy ustawili blokady w złym miejscu. Gdy zorientowali się, że zostali wystrychnięci na dudka, było zbyt późno. Komandosi siedzieli już w pontonach. Operacja skończyła się pełnym sukcesem.

Wspomniał pan o akcji na rue Verdun. Oprócz trzech liderów „Czarnego Września" zginęły wówczas dwie niewinne kobiety: żona jednego z Palestyńczyków i przypadkowa Włoszka. W 1979 roku w wybuchu bomby pułapki wraz z terrorystą Alim Hasanem Salamą śmierć poniosło czworo przypadkowych przechodniów. W 1973 roku agenci Mosadu zamordowali w Norwegii niewinnego kelnera, bo pomylili go z palestyńskim radykałem. Przykłady takie można mnożyć. Nie uważa pan, że takie operacje, skoro giną w nich niewinni ludzie, są niewłaściwe?

Proszę mi podać przepis na perfekcyjną operację likwidacyjną, w której nie zginie nikt przypadkowy.

Takiego przepisu oczywiście nie ma.

No właśnie! Podczas takiej akcji zawsze może się wydarzyć coś nieprzewidzianego, zawsze może się pojawić przypadkowy przechodzień. I zginąć. To wielka tragedia, ale nie sposób tego uniknąć. Zapewniam pana, że izraelskie służby robią wszystko, aby nie krzywdzić niewinnych.

No cóż, chyba różnie z tym bywa.

Dam panu przykład. Jest taki facet – nazywa się Mohammad Deif i jest legendarnym przywódcą Hamasu. Niebywale inteligentny, bezwzględny, niebezpieczny. Próbowaliśmy go zabić pięć razy. W jednym ataku stracił nogi. W kolejnym stracił ręce. A w kolejnym jedno oko. Mimo to cały czas planuje kolejne ataki terrorystyczne. Pewnego dnia nasze służby zabiły jego przyjaciela, innego przywódcę Hamasu. Deif wpakował jego ciało do swojego pikapa i zaczął je wieźć przez całą Strefę Gazy. Z północy na południe. Ówczesny szef tajnych służb Karmi Gilon natychmiast zadzwonił do premiera Szimona Peresa. „Po raz pierwszy od lat mam Deifa w zasięgu. Trzymamy go na muszce. Mogę go zabić w każdej chwili. Wydaj tylko rozkaz, a odpalimy rakietę" – powiedział. Peres jednak kategorycznie odmówił. Pikap Deifa jechał bowiem główną publiczną drogą Gazy, na której znajdowało się mnóstwo cywilnych pojazdów. Idealna okazja przeszła koło nosa. Peres uznał, że cena jego likwidacji byłaby zbyt wysoka.

Mohammad Deif to chyba nie najlepszy przykład. W 2014 roku izraelski pocisk, który trafił w jego dom, zabił jego żonę, siedmioletniego syna, trzyletnią córkę. Do tego jeszcze trzech cywilów.

Ale nikt przecież nie chciał ich śmierci! Celem był Deif. My walczymy z terrorystami, a nie z kobietami i dziećmi. Pewnego dnia nasz wywiad uzyskał od swoich agentów w Strefie Gazy to, co nazywamy „złotą informacją". W jednym z budynków odbywa się narada wszystkich przywódców Hamasu. Cóż za wspaniała okazja! – możemy pozbyć się ich wszystkich. Wystarczy jedna bomba. Premierem był wówczas Ariel Szaron, a więc polityk, którego trudno uznać za mięczaka. Gdy jednak dowiedział się, że wojsko chce zrzucić na ten blok pięćsettonową bombę, zaprotestował. Eksplozja byłaby tak potężna, że cały budynek zamieniłby się w stertę gruzów i zginęłoby mnóstwo cywilów. W efekcie wojskowi wybłagali, żeby Szaron pozwolił im zrzucić chociaż bombę ćwierćtonową. Pocisk uderzył w budynek, ale przebił się tylko do drugiego piętra. Zebranie hamasowców odbywało się zaś na parterze.

Żaden nie został nawet draśnięty. Izrael naprawdę robi wszystko, by zapobiec stratom wśród ludności cywilnej.

Podaje pan takie przykłady, ale znalazłyby się i przeciwne. Może takie akcje likwidacyjne – skoro jest choćby najmniejsze ryzyko niewinnych ofiar – są z gruntu niemoralne? Może w ogóle nie powinno się ich przeprowadzać?

Ale przecież one ratują życie olbrzymiej liczbie cywilów! Czy byłoby moralne, gdybyśmy zaniechali zabijania terrorystów? I pozwolili im przez to na dokonywanie kolejnych zamachów? Przecież zapłaciliby za to niewinni ludzie. Wbrew temu, jak przedstawił to w filmie *Monachium* Steven Spielberg, nasze akcje wymierzone w terrorystów nie są aktami zemsty. My likwidujemy tych facetów, żeby zapobiec kolejnym tragediom.

Ale co z niewinnymi ludźmi, którzy przy tym giną? Ich życie jest mniej cenne od życia ofiar terroru?

Byłem na czterech wojnach. I wiem, że na wojnie często nie ma czasu na zastanowienie. Wszystko rozgrywa się bardzo szybko, ma się ułamki sekundy na podjęcie decyzji. Niestety w efekcie czasami ginie niewinny człowiek. My z terroryzmem prowadzimy wojnę. Niedawno na ulicach izraelskich miast mieliśmy do czynienia z plagą zamachów terrorystów nożowników. W dwóch wypadkach policja przypadkowo zastrzeliła izraelskich cywilów, którzy próbowali pomóc w powstrzymaniu napastników. Takie rzeczy się zdarzają.

Powołał się pan na przykład terrorystów. A likwidacje naukowców pracujących nad irańskim programem atomowym?

To także były działania prewencyjne. Teheran otwarcie mówi, że chce zbudować bombę atomową, aby „zmieść Izrael z mapy świata". Cóż więc mieliśmy robić? Biernie się przyglądać, jak Irańczycy szykują nam zagładę? Opóźnienie lub zablokowanie tego projektu to dla Izraela sprawa życia i śmierci.

Izrael jednak również ma broń atomową. Dlaczego więc nie mogą jej mieć Irańczycy?

Broń jądrową mamy od pół wieku i do tej pory nigdy jej nie użyliśmy. Nikomu nią nie groziliśmy. Jak można więc porównywać nas z szalonym reżimem, który zapowiada zniszczenie innego państwa? Gdyby Szwajcaria ogłosiła, że chce zbudować sobie bombę atomową, zapewniam pana, że nie staralibyśmy się jej powstrzymać. Agenci Mosadu nie strzelaliby do szwajcarskich naukowców. Bo Szwajcaria to normalny, demokratyczny kraj, który nikomu nie zagraża. Iran to inna bajka.

Porozmawiajmy teraz o kosztach psychicznych takich operacji. Młodzi egzekutorzy z AK, którzy podczas II wojny likwidowali konfidentów Gestapo, borykali się z poważną traumą. Nocami wracały do nich obrazy zabijanych ludzi. Czy podobnie jest z egzekutorami z Mosadu?

Poznałem wielu z nich i żaden nigdy nie powiedział, że żałuje tego, co robił. Żaden nigdy nie przyznał, że boryka się z poczuciem winy czy jakimikolwiek problemami psychicznymi. Ci ludzie są przekonani, że wykonali dobrą robotę dla swojego kraju. Że zapobiegli zamachom i uratowali wielu swoich rodaków. Mają poczucie dobrze spełnionego obowiązku.

Ale przecież są tylko ludźmi. Może są to sprawy, o których nie chcą mówić publicznie?

W Mosadzie pracują najwięksi izraelscy patrioci. Nikt nie zaciąga się do niego dla przygody ani dla pieniędzy. Płace w naszych tajnych służbach są bowiem niskie. To nie jest zabawa w Jamesa Bonda. Jeżeli nasi agenci zostaną złapani na terytorium wroga, nie dojdzie do wymiany szpiegów na jakimś zamglonym moście w Berlinie. Nasi ludzie będą bestialsko torturowani i zginą w męczarniach. Dlaczego więc w ogóle zgłaszają się do tej pracy? Bo mają silną motywację. Są absolutnie przekonani, że to, co robią, jest słuszne.

Podobne przekonanie mają też palestyńscy terroryści samobójcy. To także silnie zmotywowani ludzie.

No cóż, akurat ich nie rozumiem. Wysadzają się w powietrze, bo ktoś im wmówił, że w niebie czeka na nich nagroda w postaci siedemdziesięciu dwóch dziewic. Gdybym ja musiał przez całą wieczność zadowalać siedemdziesiąt dwie niewyżyte dziewice, to uznałbym to za najgorszą karę. Przecież one by mnie wykończyły!

MICHAEL BAR-ZOHAR *jest byłym izraelskim żołnierzem i byłym deputowanym do Knesetu. Sprawował funkcję doradcy Mosze Dajana. Obecnie publikuje książki na temat izraelskich służb specjalnych. W Polsce ukazały się dwie z nich:* Mossad. Najważniejsze misje izraelskich tajnych służb *i* Nie ma zadań niewykonalnych. Brawurowe operacje izraelskich sił specjalnych *(Dom Wydawniczy REBIS).*

Źródło: „Historia Do Rzeczy" 10/2016

9

Antysemitka, która ratowała Żydów

Rozmowa z profesor Carlą Tonini, *historyk z Uniwersytetu Bolońskiego, autorką biografii Zofii Kossak-Szczuckiej*

Zofia Kossak cieszy się w Polsce wyjątkowym szacunkiem. Katolicka pisarka, autorytet moralny, była więźniarka Auschwitz, bohaterka. Tymczasem pani w swojej książce – i to już w podtytule – określa ją mianem antysemitki. To może szokować.

Nie powinno. Zofia Kossak była antysemitką. Wystarczy zajrzeć do dowolnego słownika, polskiego, francuskiego czy włoskiego. To, co pisała Kossak – zarówno przed wojną, jak i w czasie wojny – mieści się w definicji antysemityzmu.

To był chyba jednak łagodny antysemityzm.

No cóż, w 1936 roku Kossak napisała artykuł *Najpilniejsza sprawa*. Wyraziła w nim pogląd, że konflikt Polaków z Żydami nie jest już konfliktem religijnym, lecz rasowym. „Żydzi są nam tak straszliwie obcy, obcy i niemili, bo są innej rasy. Drażnią nas i rażą wszystkie ich cechy.

Wschodnia zapalczywość, kłótliwość, specyficzny rodzaj umysłu, oprawa oczu, kształt uszu, zmrużenie powiek, linia warg, wszystko. W rodzinach mieszanych węszymy podejrzliwie ślady tych cech do trzeciego, czwartego pokolenia i dalej. [...] Toteż nazywanie sprawy żydowskiej problemem religijnym jest grzechem". Kossak uległa wówczas fali nacjonalistycznej antysemickiej radykalizacji. Żeby być fair, dodajmy, że fala ta w latach trzydziestych zalała nie tylko Polskę, ale również wiele innych państw Europy. Także we Włoszech wielu katolików zbliżyło się wówczas do skrajnych szowinistów.

Czy z jednego tekstu można wyciągać tak ostre wnioski?

Nie rozumiem pańskiego pytania. Czy Zofia Kossak nie wiedziała, co pisze? Nie panowała nad tym, co myśli? Nad tym, co wychodzi spod jej pióra? To prawda, że była kobietą zapalczywą. Bardzo często działała pod wpływem emocji, kierowana nagłym impulsem, namiętnością. Ale była przecież bardzo znaną pisarką. Autorytetem, a nie pierwszym lepszym człowiekiem z ulicy, który nagle dostaje szału i wygraża pięścią przechodzącym Żydom. Wiedziała, że jest dla wielu ludzi wyrocznią, że jest uważnie czytana. Na jej barkach spoczywała duża odpowiedzialność.

Później jej antyżydowskie stanowisko jednak osłabło.

To prawda. Duży wpływ miała na to papieska encyklika, w której potępiono wszelkie formy rasizmu. Zgadzam się, że wtedy Kossak, podobnie jak wielu innych katolików, odeszła od antysemityzmu rasowego i wróciła do tradycyjnego katolickiego antyjudaizmu. W swoim kolejnym tekście poświęconym sprawie żydowskiej Kossak napisała już, że Kościół nigdy nie nienawidził nikogo za jego pochodzenie. Że Żydzi, którzy nawrócą się na katolicyzm, są w porządku. Mogą być równoprawnymi obywatelami i dobrymi Polakami.

Przeciwstawia pani antysemityzm rasowy katolickiemu antyjudaizmowi. W Polsce występowało jeszcze trzecie zjawisko: polsko-żydowska walka ekonomiczna, rywalizacja handlowa. Czy to również miało wpływ na światopogląd Zofii Kossak?

Chwileczkę. Narodowi socjaliści także zaczęli od bojkotu żydowskich sklepów. Potem z czasem zaczęli je demolować, wybijać szyby, bić ludzi i wprowadzać antysemickie rozwiązania prawne. Aż wreszcie pojawił się pomysł, żeby się Żydów pozbyć. Fizycznie. Tak więc walka ekonomiczna, o której pan mówi, to często tylko pierwsza faza dalszych prześladowań.

Ale przecież ta antysemitka – jak określa pani Zofię Kossak – nie nawoływała do mordowania Żydów, lecz do ich ratowania. Czy Zofia Kossak, zakładając w 1942 roku podziemną Radę Pomocy Żydom „Żegota", wciąż była antysemitką?

Była! I to właśnie czyni tę postać tak intrygującą. Kossak była bowiem naocznym świadkiem straszliwych prześladowań, jakie spadły na Żydów. Patrzyła, jak Niemcy wpakowali ich do gett, jak ich ograbili, a wreszcie zaczęli mordować. A mimo to na łamach podziemnej prasy pisała, że Żydzi są wrogami narodu polskiego. Wiem, że trudno w to uwierzyć, ale to prawda.

Czy może pani podać jakiś przykład?

Oczywiście. „Niemcom nie uda się wciągnąć Polaków w politykę antyżydowską, ponieważ jest to sprawa nasza, którą rozwiążemy sami" albo „W odbudowanym wolnym domu ojczystym nie będzie miejsca i dla tych okupantów. Potrafimy uwolnić się od nich. Nie będziemy jednak nigdy uciekać się do niemieckiego systemu okrucieństw i grabieży. Walczyć jak ludzie, nie jak zbrodniarze. Precz z metodami niemieckimi". To fragmenty artykułów Zofii Kossak z prasy podziemnej pisanych w 1940 roku.

Dwa lata później powstała słynna ulotka Protest.

Tak, i znowu ta sama sprzeczność. Z jednej strony piękne, ludzkie wezwania do ratowania Żydów, słowa potępienia dla brutalnych niemieckich metod. I krytyka bierności. „Milczą i Polacy" – pisze Zofia Kossak. – „Tego milczenia dłużej tolerować nie można. Jakiekolwiek są jego pobudki – jest ono nikczemne. Kto milczy w obliczu mordu –

staje się wspólnikiem mordercy. Kto nie potępia – ten przyzwala". Już się wydaje, że Zofia Kossak się przełamie, napisze to, co Miłosz, że wszyscy jesteśmy Żydami Nowego Testamentu.

Ale...

Ale ona w tym samym tekście potrafi napisać: „Zabieramy przeto głos my, katolicy-Polacy. Uczucia nasze względem żydów [pisownia oryg.] nie uległy zmianie. Nie przestajemy uważać ich za politycznych, gospodarczych i ideowych wrogów Polski. Co więcej, zdajemy sobie sprawę z tego, iż nienawidzą nas oni więcej niż Niemców, że czynią nas odpowiedzialnymi za swoje nieszczęście. Dlaczego, na jakiej podstawie – to pozostanie tajemnicą duszy żydowskiej".

Co pan na to?

Hm... może Zofia Kossak była po prostu człowiekiem swoich czasów. Mówiła i pisała językiem epoki.

Zgoda, ale to wszystko nie tłumaczy tych słów. Byli przecież wtedy ludzie, przedstawiciele jej pokolenia, którzy mówili na temat Żydów i Holokaustu językiem, który dzisiaj jest w pełni do zaakceptowania. Bez cienia uprzedzeń, rasizmu, nienawiści. Za to z empatią, współczuciem i miłością wobec bliźniego.

Wspomniana ulotka Protest była jednak apelem do ludzi, którzy mogli wziąć udział w denuncjowaniu i mordowaniu Żydów. Może Zofia Kossak chciała odwieść antysemitów od tych niecnych czynów, mówiąc do nich ich własnym językiem.

Mimo wszystko tak pisać po prostu nie przystoi! Używanie takich argumentów przez osobę o takim autorytecie jak Zofia Kossak to moralna klęska. W całym tym tekście widać zresztą wyraźnie nacjonalizm pisarki.

Dlaczego?

Zofia Kossak jest zdruzgotana samą myślą, że mogliby się znaleźć Polacy, którzy pomagaliby Niemcom w mordowaniu Żydów. Wbrew jej wyidealizowanemu wyobrażeniu – które widać bardzo wyraźnie w jej twórczości – nie każdy Polak był nieskazitelnym bohaterem. Nie każdy był aniołem. A takie jest przecież oczekiwanie nacjonalisty – każdy przedstawiciel mojej nacji musi być kimś lepszym tylko dlatego, że jest przedstawicielem mojej nacji.

Domyślam się, że zderzenie z rzeczywistością musiało być dla niej bolesne.

To mało powiedziane. Na tym polegał cały wojenny dramat Zofii Kossak – Polacy okazali się takim samym narodem jak każdy inny. Podczas okupacji byli dobrzy Polacy, byli obojętni Polacy i byli źli Polacy. Dla kogoś, kto zna życie, nie było to oczywiście nic zaskakującego. W każdej społeczności znajdą się przecież ludzie, którzy się dostosowują do sytuacji. I w każdej znajdą się ludzie zdolni do niecnych postępków. Nie wszyscy obywatele idą przecież na barykady. Dla Zofii Kossak było to jednak szokiem.

Czy właśnie dlatego tak bardzo zaangażowała się w ratowanie Żydów?

Myślę, że tak. Ona, ratując fizycznie Żydów, ratowała duchowo Polaków. Ratowała ich honor. Nie wiem, co by było, gdyby wśród Polaków zabrakło ludzi pokroju Zofii Kossak.

To chyba jednak nie tylko nacjonalizm skłonił Kossak do ratowania Żydów. Pisała przecież o imperatywie moralnym, o tym, że nie mogła patrzeć na ludzkie cierpienie.

Zofia Kossak rzeczywiście dostrzegła w Żydach ludzi. To już nie był mityczny Żyd bolszewik czy Żyd oszust z propagandowego plakatu. To było dziecko, któremu grozi śmiertelne niebezpieczeństwo. Dziecko, które przecież nie ma nic wspólnego z propagowaniem komunizmu. Uważała, że trzeba to dziecko ratować za wszelką cenę. Doszło nawet do tego, że narażała życie własnych dzieci, które na jej polecenie przeprowadzały żydowskie dzieci przez okupowane miasto.

A jaką rolę w jej wojennej postawie odegrał Bóg? W książce udowadnia pani, że antysemityzm Kossak był konsekwencją katolickiego antyjudaizmu. Ale czy przypadkiem ten sam katolicyzm nie skłonił jej do ratowania Żydów?

Oczywiście to było bardzo ważne. Kossak pisała zresztą, że w pewnym sensie wszystko, co się dzieje, jest naszą winą. Nie uratowaliśmy Żydów duchowo, nawracając ich na katolicyzm, to chociaż teraz ratujmy ich fizycznie. To są nasi bliźni, którzy znaleźli się w potrzebie. Jeżeli chcemy o sobie mówić, że jesteśmy dobrymi katolikami – to nie możemy nie wyciągnąć do nich ręki.

To chyba postawa dość charakterystyczna dla wielu przedwojennych polskich nacjonalistów. Choćby Jan Dobraczyński. On również przed wojną nie przepadał za Żydami, a podczas okupacji ratował żydowskie dzieci. W innych okupowanych krajach Europy wyglądało to na ogół inaczej. Tam wielu nacjonalistów współpracowało z Niemcami.

W dużej mierze było to właśnie zasługą religii katolickiej, która sprzeciwiała się wszelkim prześladowaniom i głosiła potrzebę miłości bliźniego. Polscy nacjonaliści na ogół byli jednocześnie wierzącymi katolikami. Nie zapominajmy również o tradycyjnej antyniemieckości endecji, bardzo widocznej w publicystyce i prozie Zofii Kossak. To, co pisała podziemna prasa narodowa, sprowadzało się do hasła: „Niech ci cholerni Niemcy zostawią w spokoju naszych Żydów!".

Hierarchia wrogów?

Bez wątpienia. Niemcy znajdowali się w niej na pierwszym miejscu. Uprzedzenia wobec Żydów były wciąż obecne, ale zeszły na plan dalszy.

Poza tym ten katolicki antysemityzm nie przekraczał chyba pewnej bariery.

To prawda, gdyby wszyscy ci ludzie mieli poglądy rasistowskie, gdyby byli pozbawieni tego katolickiego fundamentu – na pewno nie kiwnęliby palcem w obronie Żydów. Nie znam ani jednego przypadku, żeby rasistowski antysemita podczas wojny uratował choćby jednego Żyda.

„Rewolucja nihilizmu", jaką w latach trzydziestych przeprowadził Hitler, wyzuła Niemców z tego chrześcijańskiego fundamentu?

Nielicznych Żydów, którzy ocaleli w Niemczech, uratowali właśnie katolicy. Dla większości obywateli Trzeciej Rzeszy papież nie był jednak żadnym autorytetem. W Polsce i Włoszech wyglądało to inaczej. Choć nasze kraje miały inną sytuację geopolityczną – my byliśmy w Osi, a wy biliście się po stronie aliantów – katolicyzm był dominujący. U nas też ratowano Żydów w klasztorach. Nasz bohater narodowy Giorgio Perlasca, który ocalił wielu Żydów w Budapeszcie, w przeszłości był wierzącym faszystą. Nawiasem mówiąc, wielu nacjonalistów, którzy pod okupacją ratowali Żydów, po wojnie powróciło do swoich antysemickich uprzedzeń.

Zaraz po wojnie ukazały się wspomnienia Zofii Kossak z Auschwitz – Z otchłani. Jak przedstawiła w nich Żydów?

Ta książka to arcydzieło nacjonalizmu. Charaktery więźniarek zależą od ich narodowości. Wszystkie Polki są więc bohaterkami. Dzielne, bogobojne, koleżeńskie i nigdy nie tracące nadziei kobiety. Ukrainki, Niemki i Żydówki to czarne charaktery. Osobowości słabe, skłonne do niegodnych, obrzydliwych zachowań.

Z kolei Kossak wymyka się z ustalonych stereotypów. W typowej narracji historycznej osoba o nacjonalistycznych, antysemickich przekonaniach jest zawsze czarnym charakterem. W tej opowieści ten „czarny charakter" ratuje ludzi.

Wewnętrzna sprzeczność leży w naturze ludzkiej. Każdy człowiek ma dobre i złe cechy. Każdy ma w swoim życiorysie takie epizody, których może się wstydzić, i takie, z których może być dumny. Tak też było z Zofią Kossak. Działając w „Żegocie", dokonała wiele wspaniałych, bohaterskich czynów. Ale to nie oznacza, że mamy milczeć o jej antysemickich uprzedzeniach. Tymczasem wielu biografów Zofii Kossak przedstawiało ją jako osobę perfekcyjną, niemalże świętą. Bez najmniejszej skazy. Taka Kossak jest jednak nie tylko nieprawdziwa. Jest płaska i nudna. Tymczasem była to osoba fascynująca. Człowiek z krwi i kości.

A jakie stanowisko wobec Zofii Kossak zajęli po wojnie Żydzi?

Ogłosili ją Sprawiedliwą wśród Narodów Świata. Instytut Yad Vashem stwierdził, że nieważne, jaką ideologię wyznawała, nieważne, co mówiła i co pisała. Ważne jest to, co zrobiła. Dyskusja o Zofii Kossak w Yad Vashem trwała bardzo krótko. Nie było żadnych wątpliwości, że zasługuje na medal.

Jej postać bywała też jednak kłopotliwa. Na plakacie poświęconym „Żegocie" w Muzeum Holokaustu w Waszyngtonie fotografia i nazwisko Kossak zostały ukryte w głębi, za plecami członków prezydium organizacji.

Niestety, wielu badaczy ma skłonność do upraszczania rzeczywistości. Wszystko musi być czarno-białe, schematyczne. Dobrzy ludzie ratują, a źli mordują. Przez wiele lat mówiono, że „Żegotę" założyli demokraci, postępowcy, socjaliści. Ludzie lewicy. Do tej opowieści Zofia Kossak ze swoimi nacjonalistycznymi katolickimi poglądami nie pasowała. Okazało się jednak, że w czasie największej próby człowieczeństwa – jaką była okupacja niemiecka – poglądy polityczne nie miały znaczenia. Liczyło się co innego.

Prof. CARLA TONINI *jest włoskim historykiem specjalizującym się w historii Polski, a szczególnie w dziejach stosunków polsko-żydowskich. Jest autorką wielu artykułów i książek, między innymi* Operacja Madagaskar. Sprawa żydowska w Polsce 1918–1968 *oraz pracy* Czas nienawiści i czas troski. Zofia Kossak-Szczucka – antysemitka, która ratowała Żydów *(ŻIH).*

Pełna wersja wywiadu, który w skróconej formie ukazał się w „Rzeczpospolitej" 25 października 2008 roku

10

Czy Izrael porwał jemeńskie dzieci?

Rozmowa z profesor Esther Meir-Glitzenstein *z Uniwersytetu Ben Guriona, specjalizującą się w dziejach bliskowschodnich Żydów*

W czerwcu 2018 roku przed rezydencją premiera Binjamina Netanjahu zebrał się kilkusetosobowy tłum. Ludzie mieli transparenty i gwizdki. Robili dużo hałasu, skandowali hasła. Domagali się, aby rząd Izraela wreszcie „przerwał milczenie" i wyjaśnił słynną „aferę jemeńskich dzieci". Sprawa ta uznawana jest za jedną z największych plam na honorze państwa żydowskiego.

Chodzi o tysiące niemowląt i kilkulatków, które zostały siłą odebrane żydowskim emigrantom z Jemenu na początku lat pięćdziesiątych. Dzieci te ponoć zostały uprowadzone przez państwo Izrael, a następnie potajemnie przekazane do adopcji bezdzietnym ocalałym z Holokaustu. Do dziś podobno izraelski establishment tuszuje tę sprawę.

Aktywiści wywodzący się ze społeczności jemeńskich Żydów twierdzą, że ta kradzież dzieci była jednym z przejawów rasizmu panującego w Izraelu na początku lat pięćdziesiątych. Był to rasizm białych europejskich Żydów (aszkenazyjczyków) wobec ich biednych krewniaków z Bliskiego Wschodu i Afryki (sefardyjczyków).

Władza w państwie Izrael znajdowała się wówczas w rękach aszkenazyjczyków. W efekcie sefardyjczycy uznawani byli przez państwo za obywateli drugiej kategorii. Przeznaczano ich do najgorszych, najgorzej płatnych prac i traktowano z pogardą.

Czy rzeczywiście jemeńskie dzieci zostały uprowadzone? Czy trafiły do „białych" rodzin zastępczych? O odpowiedzi na te pytania zwróciłem się do najlepszej izraelskiej specjalistki zajmującej się tym tematem.

Co się stało z dziećmi jemeńskich Żydów?

Zniknęły.

Jemeńscy Żydzi twierdzą, że zostały ukradzione przez władze Izraela i oddane do adopcji bezdzietnym ocalałym z Holokaustu.

Sprawa ta została rozpatrzona przez trzy komisje śledcze. Ich członkowie zbadali w sumie 1033 przypadki zniknięcia jemeńskich dzieci w latach czterdziestych i pięćdziesiątych. Okazało się, że niemal wszystkie te dzieci – z wyjątkiem około sześćdziesięciu – zmarły. W archiwach są dokumenty potwierdzające te zgony.

A te sześćdziesięcioro dzieci, które nie zmarły?

Komisja stwierdziła, że one rzeczywiście mogły zostać „przekazane do okazjonalnych adopcji". To jest bardzo problematyczne sformułowanie, które oznacza, że dzieci zostały adoptowane bez zgody ich biologicznych rodziców. Był to jednak znikomy odsetek zaginionych.

Jak pani ocenia prace tych komisji śledczych?

Mimo całej krytyki, jaka na nie spadła, uważam, że wykonały bardzo poważną pracę. Choć w niektórych, jednostkowych przypadkach można podważyć ich werdykty – to ogólne ustalenia są przekonujące. Rodziny zaginionych dzieci nigdy jednak nie zaakceptowały wniosków komisji.

Dlaczego?

Być może błąd leżał po stronie pracowników komisji, którzy nie dopuścili do swoich prac wystarczającej liczby przedstawicieli jemeńskich Żydów. I nie przekazali opinii publicznej pełnych informacji o swojej pracy. Jest to jednak system prawny, który arogancko traktuje ogół społeczeństwa. A nie tylko Jemeńczyków.

Jednak to jemeńscy Żydzi czują się zdradzeni przez Izrael.

To prawda. Młodzi Jemeńczycy prowadzą w tej sprawie błyskotliwą, niezwykle intensywną kampanię w mediach społecznościowych. Udało im się przekonać do swoich racji sporą część społeczeństwa, w tym wiele znanych osobistości, medialnych celebrytów. Mają swoich zwolenników w środowiskach akademickich i partiach politycznych. To w wyniku silnych nacisków społecznych państwo zdecydowało się odtajnić akta komisji śledczych i w Internecie dostępna jest obecnie ogromna liczba zeskanowanych dokumentów.

To powinno zakończyć spór.

Oczywiście tysiące osób natychmiast weszły na stronę internetową Archiwum Państwowego i zaczęły dogłębnie badać te materiały. Mimo to opinie do dzisiaj są podzielone. Każda strona znajduje w dokumentach „dowody" uzasadniające jej punkt widzenia.

Rozumiem, że drugą stroną są Żydzi o korzeniach europejskich. To właśnie ich Jemeńczycy oskarżają o kradzież dzieci.

Tak. Aszkenazyjczycy odpowiadają na te oskarżenia bardzo ostro. Uważają, że są niesprawiedliwie atakowani. Wojna toczy się obecnie we wszystkich możliwych kanałach: w rządzie, w Knesecie, w partiach politycznych, w mediach drukowanych, telewizji i oczywiście w internetowych serwisach społecznościowych.

Kto wygrywa?

Mimo wielkich wysiłków rodzin nie znaleziono żadnego dokumentu dowodzącego niezbicie, że władze państwa Izrael prowadziły systematyczną kampanię przekazywania jemeńskich dzieci do rodzin ocalałych z Holokaustu w Izraelu lub w Stanach Zjednoczonych.

Dlaczego jednak władze Izraela nie wydały rodzicom aktów zgonu dzieci?

Zacznijmy od tego, że wszystko działo się w szczególnych czasach. W pierwszych latach istnienia państwa Izrael napływały do niego wielkie masy uchodźców. Europejscy Żydzi przyjeżdżali z obozów przejściowych w okupowanych Niemczech. A brytyjskie władze wypuściły imigrantów, którzy po wojnie próbowali się dostać do Palestyny i zostali internowani na Cyprze. Swoich Żydów do Izraela zaczęły przekazywać również państwa arabskie: najpierw Jemen, potem Libia i Irak. W sumie około 700 tysięcy nowych obywateli.

Ilu przyjechało z Jemenu?

Około 50 tysięcy. Łatwo sobie wyobrazić, że Izrael znalazł się w niezwykle trudnej sytuacji. Zaabsorbowanie tak olbrzymiej liczby ludzi było gigantycznym wyzwaniem.

Położenie jemeńskich imigrantów było chyba jednak wyjątkowo ciężkie.

Zanim jemeńscy Żydzi wyruszyli w drogę do Izraela, musieli na własną rękę dostać się do obozu zbiorczego w pobliżu Adenu, jemeńskiego portu nad Morzem Czerwonym. To często była długa, niezwykle trudna podróż. Na drogach byli napadani i łupieni przez muzułmańskich rabusiów. Wszystkie ich rzeczy zostały skradzione. Tak więc gdy już przybywali do Adenu, byli wyczerpani, głodni i chorzy. A na tym ich cierpienia wcale się nie kończyły.

Jak to? Przecież obóz był prowadzony przez Joint – American Jewish Joint Distribution Committee.

Niestety pracownicy Jointu nie byli odpowiednio przygotowani do przyjęcia tak wielu osób. W efekcie setki jemeńskich Żydów zginęły w drodze, a setki kolejnych zmarły w obozie. Ludzie ci zostali pochowani na zaimprowizowanym cmentarzysku, które powstało w piaskach Adenu. Jakby tego było mało, 80 procent z nich zachorowało na malarię!

I nagle wszyscy ci ludzie zostali przetransportowani do Izraela.

Otóż to. Gdy uchodźcy w latach 1949–1950 dotarli wreszcie na teren państwa żydowskiego, wielu z nich było skrajnie wyczerpanych. Ich kondycja fizyczna była katastrofalna. Ponadto byli nędzarzami, często nie mieli nawet ubrań, a już na pewno nie takich, które nadawałyby się na izraelską zimę.

Co zrobiono z jemeńskimi uchodźcami w Izraelu?

Umieszczono ich w siedmiu wielkich obozach przejściowych – *ma'abarot*. Każdy składał się z setek namiotów rozstawionych wokół kilku stałych budynków, w których urządzono kuchnie, jadalnie, przychodnię, sklep spożywczy i punkt wydawania mleka. Pierwszy etap absorbcji Żydów jemeńskich w Izraelu polegał na przywróceniu im sprawności fizycznej. Potrzebowali żywności bogatej w białko, aby ich organizmy poradziły sobie ze skutkami głodu i niedożywienia. A także kompleksowego leczenia z malarii, tropikalnych wrzodów, zakażeń oczu i innych chorób.

Rozumiem, że wszystko to miało się odbywać w obozach?

Tak. Niestety jednak nadeszła jedna z najzimniejszych i najbardziej deszczowych zim w historii regionu. W lutym 1950 roku w całym pasie nadmorskim spadł śnieg. Nie muszę panu mówić, że jest to niezwykle rzadkie zjawisko na Bliskim Wschodzie. Było bardzo zimno. Doszło do tego, że w obozie Ejn Szemer zginęło czterech Jemeńczyków, gdy pod ciężarem śniegu zwalił im się na głowy strop jadalni.

Przedstawiciele jemeńskiej społeczności oskarżają państwo o to, że źle opiekowało się uchodźcami.

Proszę pamiętać, że w tym czasie w Izraelu brakowało najbardziej podstawowych produktów. Państwo było zmuszone wprowadzić specjalny program oszczędnościowy, system racjonowania żywności. Ze względu na złą kondycję fizyczną jemeńscy imigranci otrzymali jednak większy przydział jaj i produktów mlecznych. Chaim Sadok, jemeński Żyd, który w Agencji Żydowskiej kierował departamentem zajmującym się jemeńskimi imigrantami, pisał we wspomnieniach: „W pierwszych dniach i tygodniach było dużo zgonów. Byliśmy świadkami przerażających scen, gdy w namiotach znajdowano nieżywych ludzi".

To musiało również fatalnie wpływać na psychikę imigrantów.

Tak, po tym wszystkim, co przeszli w Jemenie, stan psychiczny wielu z nich był fatalny. Borykali się z traumą wywołaną utratą rodziny i przyjaciół. Wówczas jednak władze nie zwracały na to specjalnej uwagi. A musiało to przecież poważnie wpływać na zdolności adaptacyjne jemeńskich imigrantów do życia w nowych, całkowicie obcych warunkach.

Domyślam się, że sytuacja dzieci była szczególnie trudna.

Była rozpaczliwa. Na posiedzeniu rządu z 20 września 1949 roku minister zdrowia Mosze Szapiro zwrócił uwagę, że 3 tysiące jemeńskich dzieci i niemowląt jest w ciężkim stanie i wymaga natychmiastowej hospitalizacji. „Przedłużający się głód i rozmaite choroby" – mówił z kolei doktor Abraham Sternberg – „sprawiają, że wyglądają one jak żywe szkielety, a waga rocznych dzieci waha się między cztery a pięć kilogramów. To sama skóra i kości. Jemeńskie dzieci mają twarze staruszków". Sam premier Ben Gurion odwiedził wówczas chore jemeńskie dzieci w szpitalu Tel Haszomer. Potem w parlamencie przedstawił szokujący opis tych niemowląt.

Jakie środki zaradcze wdrożyły władze Izraela?

Przede wszystkim zabierano je z namiotów. Utworzono specjalne ośrodki dla najmłodszych, w których starano się je ratować – przyzwoicie karmić i zapewnić opiekę medyczną. Nie chodziło jednak tylko o to, że w namiotach panowały warunki, które mogły skutkować śmiercią. Personel medyczny po prostu nie ufał jemeńskim rodzicom.

Dlaczego?

Zespoły medyczne twierdzą, że często były zmuszone działać wobec jemeńskich rodziców surowo i twardo. Imigranci nie rozumieli bowiem współczesnej medycyny i odmawiali wykonywania przekazywanych im przez lekarzy instrukcji. Rodzice, którzy widzieli swoje dzieci w izolatkach, czasem podłączone do pomp infuzyjnych, nie rozumieli, na czym polega takie leczenie. Zdarzało się więc, że ukrywali swoje chore dzieci przed personelem medycznym.

To musiało rodzić jątrzące konflikty.

Życie codzienne w obozach przejściowych nie zostało jeszcze dokładnie zbadane przez historyków. Wszystkie znane nam relacje jemeńskich imigrantów i personelu pracującego w obozach mówią jednak o tym samym. O nieustannym napięciu i alienacji. Konflikty występowały niemal przy wszystkich kontaktach. W rezultacie powstały dwie sprzeczne narracje. Personel obozów mówi o ratowaniu dzieci i poświęceniu, z jakim pracował w tych trudnych warunkach, i skarży się na liczne trudności komunikacyjne oraz nieporozumienia z rodzicami. Z kolei jemeńscy imigranci mówią o pogardzie, z jaką się spotykali ze strony personelu. O obelgach, kłamstwach i systematycznej kradzieży dzieci.

Dzieci nagle zaczęły znikać z ośrodków opiekuńczych.

Tak. Jeżeli bowiem potrzebowały hospitalizacji, wysyłano je bezpośrednio do szpitala. Nikt nie zadawał sobie przy tym trudu, żeby poinformować o tym rodziców. W efekcie odkrywali oni, że ich dzieci zniknęły, dopiero gdy przychodzili do ośrodków.

Rozumiem, że w szpitalach większość chorych dzieci zmarła.

Tak. A ich ciała były przewożone do Chewra Kadiszy, czyli bractwa pogrzebowego, które – pod nadzorem rabina – działa w każdej żydowskiej gminie. Pochówki również odbywały się bez wiedzy rodziców.

Dlaczego?

Bo władze nie zawsze wiedziały, gdzie rodzice się znajdują. I zazwyczaj nie starały się ich odszukać. Jest jeszcze jedna sprawa... Otóż w tym czasie w Izraelu przeprowadzano sekcje zwłok zmarłych dzieci nawet bez pozwolenia rodziców. Nie można wykluczyć, że bractwo pogrzebowe wolało, aby jemeńscy rodzice nie oglądali okaleczonych, pociętych ciał swoich dzieci. Niemowlęta były chowane w jednych grobach, a małe dzieci w innych. Nie zawsze stawiano nagrobek. Dzieci znikały.

I tak narodziła się legenda o masowych porwaniach i adopcjach?

Właśnie. Tymczasem to fatalny stan zdrowia jemeńskich przybyszy doprowadził do wysokiej śmiertelności wśród noworodków. Wyraźnie widać to w statystykach. Większość jemeńskich dzieci zniknęła bowiem w ciągu kilku miesięcy od przyjazdu, choć zjawisko to z mniejszym natężeniem trwało jeszcze do 1954 roku.

Czyli wielkie, tragiczne nieporozumienie?

Cała afera była skutkiem kilku czynników. Po pierwsze trudnych warunków panujących w obozach i ośrodkach zdrowia. Po drugie braku ustawodawstwa chroniącego prawa pacjentów i ich rodziny. A po trzecie całkowitego nieliczenia się z uczuciami imigrantów.

Należy jednak wyraźnie zaznaczyć, że nikt nie oskarża ówczesnego personelu medycznego o lekceważące podejście do leczenia jemeńskich dzieci. Po stronie lekarzy i pielęgniarek była dobra wola. W warunkach, jakie istniały, robili wszystko, co mogli. Z pogardą traktowano tylko rodziców i ich uczucia.

Na początku naszej rozmowy powiedziała pani, że przytłaczająca większość dzieci zmarła. Ale poszczególne adopcje jednak się zdarzały.

Dziesiątki, a może nawet setki małych dzieci znalazły się w rozmaitych rządowych placówkach. Nie miały w nich kontaktu z rodzicami i niektóre rzeczywiście zostały adoptowane. Zachowały się zeznania osób, które przybyły do takich instytucji, wybrały sobie dziecko, a następnie adoptowały je zgodnie z prawem. Mimo że biologiczna matka dziecka nie wyraziła na to zgody.

A więc jednak?

W tych przypadkach sprawa była niezwykle skomplikowana. Otóż niektóre z nich ostatnio sprawdzono i okazało się, że dzieci te zostały urodzone przez niezamężne matki. Nie muszę chyba panu tłumaczyć, co to oznaczało w latach pięćdziesiątych. Matki te po prostu porzuciły niemowlęta w szpitalach.

Choć minęło ponad sześćdziesiąt lat, sprawa ta do dziś wywołuje w Izraelu olbrzymie emocje i jest źródłem konfliktów.

W pierwszych latach po przybyciu do Izraela jemeńscy Żydzi byli bardzo słabą, bezradną społecznością. Z wielkim trudem asymilowali się w izraelskim społeczeństwie. Najpóźniej opuścili obozy, a potem wyjątkowo ciężko było im zbudować sobie nowe życie. Chociaż stanowili zaledwie 7 procent imigrantów, to 70 procent dzieci zaginionych na przełomie lat czterdziestych i pięćdziesiątych było dziećmi jemeńskimi. Sprawiło to, że jemeńscy imigranci i ich potomkowie do dziś mają wielkie poczucie krzywdy.

W 1994 roku sprawy przybrały dramatyczny obrót. Jemeński rabin Uzi Meszulam próbował z bronią w ręku wymusić na rządzie Izraela powołanie komisji śledczej do zbadania losów zaginionych dzieci. Policja musiała szturmować dom, w którym rabin zabarykadował się ze swoimi zwolennikami. Doszło do strzelaniny, zginęła jedna osoba. Jaka jest pani opinia o tych działaniach rabina?

Jego żądania były bez wątpienia uzasadnione. Rabin Uzi Meszulam był wyrazicielem olbrzymiej frustracji, która trawiła społeczność jemeńskich Żydów. A choć jego metody były brutalne, to dzięki wywołanej przez niego aferze państwo Izrael w 1995 roku utworzyło państwową komisję śledczą. Gdyby zrobiło to już w latach sześćdziesiątych, podejrzenia jemeńskich Żydów mogłyby zostać rozwiane. Jemeńczycy chętniej zaakceptowaliby jej ustalenia. To właśnie odmowa zbadania sprawy, utajnienie archiwów i protekcjonalność wobec Jemeńczyków doprowadziły do – zupełnie niepotrzebnej – eskalacji konfliktu.

Uda się go w najbliższym czasie rozwiązać?

To jest otwarta rana naszego społeczeństwa. Jak wspominałam, za sporem o los zaginionych jemeńskich dzieci kryje się coś znacznie głębszego – wielka tragedia jemeńskich Żydów, którzy przybyli do Izraela w przekonaniu, że państwo się o nich zatroszczy. Że państwu na nich zależy. Okazało się jednak, że operacja imigracyjna została niedbale przygotowana, a Żydzi z Jemenu zapłacili za to życiem, zdrowiem, utratą mienia. Potem spotkała ich pogarda i brutalna dyskryminacja w sferze ekonomicznej. Wszystko to było i jest przyczyną wielkiego żalu. Dlatego obawiam się, że spór na temat losu jemeńskich dzieci długo jeszcze nie wygaśnie.

Prof. ESTHER MEIR-GLITZENSTEIN *jest izraelskim historykiem specjalizującym się w dziejach Żydów z Bliskiego Wschodu. Napisała szereg książek, m.in.* Between Baghdad and Ramat-Gan: Iraqi Jews in Israel *(2009) i* The Magic Carpet Exodus of Yemenite Jewry: An Israeli Formative Myth *(2014).*

Wywiad wcześniej nie publikowany

11

Lista posła Ładosia

Rozmowa z doktorem Jakubem Kumochem, *ambasadorem Rzeczypospolitej Polskiej w Szwajcarii*

Kim był Aleksander Ładoś?

Polskim posłem w Szwajcarii. Do Berna przyjechał w 1940 roku, na krótko przed kapitulacją Francji. I od razu musiał się zmierzyć z poważnym kryzysem humanitarnym. W Szwajcarii została bowiem internowana polska 2. Dywizja Strzelców Pieszych. W ślad za wojskiem zaczęli napływać polscy uchodźcy – jak pisał Ładoś, „z Belgii, Holandii i obu Francji".

Żydzi?

W dużej części tak. Byli to ludzie, którzy już przed wojną mieszkali na Zachodzie i utracili polskie obywatelstwo. W efekcie znaleźli się w trudnej sytuacji, groziła im deportacja na tereny okupowane przez Niemców. Rząd Polski przywrócił im obywatelstwo. I w ten sposób uniemożliwił ich deportację. Wymagało to ciężkiej pracy od konsula Konstantego Rokickiego, który masowo produkował dla tych ludzi polskie paszporty, legalne paszporty Rzeczypospolitej Polskiej.

To wtedy nawiązano kontakty z organizacjami żydowskimi?

Tak. Między innymi z Abrahamem Silberscheinem, który stał na czele utworzonego w Genewie komitetu pomocy Żydom. Obie strony, polska i żydowska, przekonały się, że mają do czynienia z poważnymi partnerami, którym można zaufać. To miało zaprocentować w przyszłości.

A skąd pomysł, żeby do ratowania użyć fałszywych paszportów państw Ameryki Południowej?

Mamy w tej sprawie dwa tropy i oba prowadzą do polskiego konsulatu w Bernie. Według pierwszego już w 1941 roku poseł Ładoś załatwiał pojedyncze paszporty Chile w ambasadzie tego kraju w Rzymie.

A drugi trop?

Drugi dotyczy polskich Żydów, którzy w 1939 roku uciekli na tereny okupowane przez Związek Sowiecki. Tak zwanych bieżeńców. Ci ludzie znaleźli się w pułapce. Sowieci nie zgadzali się, żeby wjechali w głąb ich terytorium, Żydzi zaś nie mieli najmniejszej ochoty wracać pod niemiecką okupację. Japoński konsul w Kownie, Chiune Sugihara, wydawał takim ludziom wizy tranzytowe do Japonii.

Tak, to znana sprawa. Ale co ma wspólnego z grupą berneńską?

Nieformalny asystent posła Ładosia, młody polski Żyd Juliusz Kühl, powiedział w 1943 roku prokuratorowi w czasie przesłuchania, że polscy dyplomaci wpadli wówczas na pomysł, żeby wyciągnąć Żydów ze Związku Sowieckiego, „nadając im obywatelstwo" Paragwaju. Kupiono kilkadziesiąt paszportów tego kraju.

Gdy Niemcy w 1942 roku uruchomili obozy zagłady, działalność grupy berneńskiej nabrała tempa i rozmachu.

Do tej pory była to operacja elitarna. Wyrabiano paszporty wybranym członkom żydowskiej społeczności, w nadziei, że Niemcy będą ich – jako obcokrajowców – lepiej traktować. Akcja nie była masowa, bo obawiano się wpadki. Nie przewidywano wtedy, że Hitler przystąpi do eksterminacji całego narodu. W 1942 roku sytuacja się zmieniła. Teraz trzeba było ratować przed śmiercią kogo się da.

Paszporty były drogie.

Ceny dochodziły do 2 tysięcy franków za sztukę, czyli więcej, niż wynosiła miesięczna pensja posła Ładosia. Szwajcarska gazeta, która napisała niedawno o sprawie, wyliczyła, że 2 tysiące franków w 1943 roku to 14 tysięcy franków dziś. Czyli ponad 50 tysięcy złotych.

Kto brał te pieniądze?

Berneński adwokat Rudolf Hügli, który sprawował funkcję konsula honorowego Paragwaju. Początkowo akcja była dość chaotyczna. Żydzi zgłaszali się do polskiego konsulatu, konsulat dawał pieniądze Hüglemu i powstawały paszporty. Hügli sprzedawał jednak również dokumenty na własną rękę i popełnił błąd. Prawdopodobnie kupił od niego paszport niemiecki agent. Gestapo interesowało się akcją od samego początku.

Wtedy został aresztowany?

Tak. Było to w styczniu 1943 roku. Podejrzewano go prawdopodobnie o szpiegostwo, więc Hügli – pewnie, żeby się ratować – ujawnił cały schemat akcji. Zrzucił całą „winę" na Polaków. Powiedział, że to polscy dyplomaci go namówili do fałszerstw. Ponieważ był przedstawicielem starej prawniczej rodziny – szwajcarska policja dała wiarę jego słowom. Uznała, że jest w podeszłym wieku – miał siedemdziesiąt lat – i nie zdawał sobie sprawy, co robi. Wszystko zakończyło się na tym, że władze Szwajcarii udzieliły Polakom ostrzeżenia, a sprawę początkowo zamieciono pod dywan.

Hügli wypadł z gry.

Nie. Stał się po prostu ostrożniejszy. Zrozumiał, że odkrył złotą żyłę, więc dalej sprzedawał Polakom paszporty. Tylko wszystkie z datą sprzed stycznia 1943 roku. Tak żeby wyglądało na to, że wystawił je przed aresztowaniem. Proszę zajrzeć do Internetu, można w nim znaleźć mnóstwo skanów tych paszportów. Niemal wszystkie mają daty z grudnia 1942 roku.

Co Polacy zrobili po wpadce?

Postanowili sprawę uporządkować. Uznali, że ratowanie musi mieć charakter metodyczny. Jako osobę odpowiedzialną za sporządzanie list wyznaczyli Abrahama Silberscheina. Polsko-żydowski działacz otrzymał dwa zadania: sporządzić listy polskich Żydów, których należy uratować, i zorganizować zbiórkę pieniędzy w Stanach Zjednoczonych. Jednocześnie współpracowano z Chaimem Eissem z Zurychu, który wykonywał podobną pracę. Silberschein był świeckim syjonistą, Eiss – ultraortodoksem. Mimo to ich współpraca była bardzo lojalna.

Kto wyłożył te pieniądze?

Przede wszystkim żydowskie organizacje w Ameryce. Za niektóre paszporty płacił też polski rząd. Co jednak najważniejsze – Polacy wynegocjowali z Hüglim cenę hurtową. Zbili ją do 700, a później 500 franków za jeden paszport Paragwaju. Wypisywał je od tej pory wyłącznie polski konsul Konstanty Rokicki – zidentyfikowaliśmy jego charakter pisma na zachowanych dokumentach. Niedawno dostaliśmy prawdziwy polski paszport z Berna z 1940 roku. Pismo konsula jest identyczne jak na paszportach „paragwajskich".

Cały czas mówiliśmy o tym, co działo się w Szwajcarii. Przenieśmy się do okupowanej Polski.

Część paszportów wyrobionych w Szwajcarii trafiła do warszawskiego getta, ale większość do Będzina i Sosnowca.

Jaki był klucz? Nadal ratowano elity?

Na początku paszporty rzeczywiście mieli dostać wybrani – rabini, młodzież syjonistyczna, inteligencja, znani i wpływowi Żydzi. Ale akcja wkrótce nabrała charakteru masowego. Paszporty wystawiano wielopokoleniowym rodzinom, kibuce szykujące się przed wojną do emigracji pozyskiwały je dla swoich członków. Próbowano też ratować członków ruchu oporu. Ale część z nich stanowczo odmówiła i zginęła później podczas powstania w getcie w Będzinie. Wśród nich była Frumka Płotnicka, jedna z bohaterek ŻOB.

Do paszportu potrzeba zdjęcia...

Fotografie były szmuglowane przez Słowację i Węgry do Szwajcarii. Niedawno udało nam się pozyskać archiwum Chaima Eissa, jednego z członków grupy berneńskiej. Znaleźliśmy w nim zdjęcia przysłane z okupowanej Polski. Widać wyraźnie, że zostały one wycięte ze starych fotografii rodzinnych. Na jednym ktoś trzyma na rękach dziecko, na innym w tle widać jakieś postacie.

Zdjęcia trafiały na biurko konsula Rokickiego, który wklejał je do fałszywych paszportów. A jak te paszporty przesyłano potem do okupowanej Polski?

Nie przesyłano ich do Polski. Żaden nie miał opuszczać terytorium Szwajcarii. Jedynie nieliczne – wskutek pomyłki albo wyższej konieczności – wysłano za granicę.

Jak to?

Przesłanie paszportów skończyłoby się katastrofą. Fiaskiem całej operacji. Ludzie, którzy by je dostali, próbowaliby masowo wyjechać z okupowanej Polski. Straż graniczna państw neutralnych lub Osi natychmiast by się zorientowała, że coś jest nie tak. I wszyscy nowi „obywatele" krajów Ameryki Południowej zostaliby zamordowani przez Niemców.

Co zatem działo się z paszportami?

Trafiały do sejfów Abrahama Silberscheina lub Chaima Eissa. Zgodnie z umową miały być zniszczone natychmiast po wojnie. Rudolf Hügli sporządzał kopie notarialne paszportów i swoim podpisem potwierdzał ich zgodność z oryginałem. Kopie te pakował do koperty i wysyłał do okupowanej Polski. Z listem, w którym informował adresata, że został obywatelem Paragwaju. Dzięki temu taka osoba mogła próbować wykazać Niemcom, że jest obcokrajowcem. Ale nie mogła wyjechać za granicę.

To jaki był cel tej operacji?

Cel był taki, żeby Niemcy nie zamordowali takiej osoby, tylko internowali ją w jednym z obozów dla obcokrajowców. Osadzeni w tych ośrodkach oczekiwali na wymianę na niemieckich obywateli internowanych w krajach alianckich.

Wszystko skończyłoby się dobrze, gdyby nie to, że Niemcy w pewnym momencie zorientowali się, że zostali oszukani.

Ja to widzę inaczej. Niemcy od początku wiedzieli, że ci Żydzi nie mają nic wspólnego z Paragwajem czy Hondurasem. Pisze o tym bardzo jasno w swoich wspomnieniach Guta Sternbuch. Mieli jednak dwie opcje. Część niemieckiej administracji uważała, że należy grać w tę grę i wymieniać „Latynosów" na internowanych Niemców. Część była bez reszty ogarnięta żądzą zabijania. Dlatego niektórzy posiadacze paszportów byli eksterminowani, a inni wyłączani z transportów.

Kiedy Niemcy zaczęli weryfikować paszporty osób internowanych w obozie Vittel we Francji, państwa Ameryki Łacińskiej wyparły się swoich „obywateli".

Nie do końca tak było. Akurat Paragwaj może być dumny ze swojej postawy. Państwo to w 1944 roku uznało paszporty Hüglego. I zrobiło to całkowicie bezinteresownie. W sprawie tej interweniował szef polskiej dyplomacji Tadeusz Romer. Polskie ambasady w innych krajach Ameryki Południowej otrzymały od niego instrukcję, aby domagać się uznania paszportów wydanych polskim Żydom. Poszło to na „szeroki rozdzielnik" – do Buenos Aires, Rio, Limy, Santiago, do Hawany, Meksyku i Waszyngtonu.

Co więc poszło nie tak?

To bardzo tajemnicza sprawa. Według jednej z teorii poseł zachodniego państwa reprezentujący Paragwaj w Berlinie nie przekazał tej informacji na czas. Według innej to Niemcy przerwali grę. Jak bowiem pisał poseł Ładoś, Niemcy uznawali Żydów za Latynosów tylko wtedy, gdy znajdowali się jacyś Niemcy na wymianę. W 1944 roku był z tym problem. Niemcy przegrywały wojnę i mało kto spośród internowanych chciał wracać do Rzeszy.

Żydzi przestali być potrzebni.

Niestety. W Gestapo w tym momencie wygrywali przeciwnicy układów. Część Żydów z latynoskimi paszportami trafiła do obozów zagłady. Sprawdziliśmy to w archiwach Muzeum Auschwitz. Z transportu z Vittel nie przeżyła żadna taka osoba. Jedynie dwóm ludziom udało się wyskoczyć z pociągu – jedną z nich był Natan Eck, późniejszy historyk Zagłady związany z Yad Vashem. Jeszcze parę osób ukryło się w samym Vittel i w ten sposób uniknęło śmierci. Wśród nich Hillel Seidman, jeden z najwybitniejszych ortodoksyjnych intelektualistów przedwojennej Warszawy.

Stąd zrodziła się plotka, że cała akcja była nieudana?

Tak. Likwidacja Vittel była tragedią i potworną zbrodnią. Stąd powstała też legenda o tym, że paszporty nikomu nie ocaliły życia. Ale Vittel nie był jedynym obozem, w którym przebywali posiadacze latynoskich paszportów. Znacznie więcej zostało internowanych w podobozie Bergen-Belsen, w Tittmoning oraz znajdowało się poza obozami – w ukryciu albo w obozach pracy. Paszporty za każdym razem wyłączały ich z kolejnych wywózek.

Ilu ludzi zatem udało się uratować?

Spośród 2,2 tysiąca posiadaczy paszportów Paragwaju do końca wojny dotrwało co najmniej 800 osób. Według moich ostrożnych wstępnych szacunków uratowało się również ponad 400 właścicieli paszportów Hondurasu i pojedyncze osoby zaopatrzone w paszporty Haiti i Peru. Jestem jednak bardzo ostrożny wobec sformułowania „uratować". Paszporty Ładosia bardzo zwiększały prawdopodobieństwo ocalenia, ale po ich wyprodukowaniu polscy dyplomaci nie mogli już zrobić nic więcej. Ważna jest ich intencja – to, że próbowali uratować kilka tysięcy osób.

W mediach krążyła informacja, że dzięki tym paszportom uratowało się około 400 osób.

To informacja nieaktualna. Z imienia i nazwiska znamy znacznie więcej ocalonych.

Grupa berneńska była polsko-żydowska. W jej skład wchodziło trzech polskich dyplomatów i trzech działaczy żydowskich. Taka współpraca była – szczególnie wówczas – dość rzadka.

Stale zwalczam dwa poglądy. Po pierwsze – twierdzenie, że „to polscy dyplomaci ratowali Żydów", a po drugie – twierdzenie, że „to żydowskie organizacje ratowały Żydów". W rzeczywistości polscy dyplomaci bez organizacji żydowskich byliby bezradni i odwrotnie – żydowskie organizacje nic by nie osiągnęły bez polskich dyplomatów. To była wspólna operacja.

Bardzo krzepiąca historia. Według powszechnego stereotypu relacje Polaków i Żydów za granicą z reguły są dość chłodne.

Stereotypy mają to do siebie, że często są nieprawdziwe. Pochodzenie etniczne ratowanych osób nie miało dla naszych dyplomatów znaczenia. Słowa „Polacy" i „Żydzi" używane były w dokumentach wymiennie, a korespondencja między poselstwem i organizacjami żydowskimi była pełna szacunku. Poseł Ładoś, radca Stefan Ryniewicz i konsul Rokicki nie uważali, że pomagają „obcym". Uważali, że pomagają obywatelom Rzeczypospolitej, którzy znaleźli się w potrzebie, a potem, gdy cała akcja przeniosła się do Holandii, pomagali po prostu zagrożonym śmiercią ludziom.

Kiedy operację przeniesiono do Holandii?

Pod koniec wojny, gdy w Polsce nie było już praktycznie kogo ratować. Paradoksalnie to właśnie Holandia stała się największym teatrem tej akcji ratunkowej. Tym razem produkowano paszporty dla ludzi w obozach w Westerbork, Vught i w Bergen-Belsen. Większość tych ludzi to nie byli Polacy. Na liście znanych z imienia i nazwiska ocalonych największa grupa to Żydzi z Holandii, potem z Niemiec, dopiero potem z Polski. Są też Austriacy, Słowacy i Czesi, Francuzi, mieszkańcy Belgii i paru innych krajów.

A jakie były motywy postępowania posła Ładosia i jego kolegów?

Policja szwajcarska określiła je w 1946 roku jako „patriotyczne". Uznała, że choć Rokicki jest fałszerzem dokumentów, to robił to nie dla zysku, lecz dla ratowania rodaków. Ja bym nazwał ich motywy patriotyczno-humanitarnymi.

Pojawiały się rozmaite plotki kwestionujące uczciwość członków grupy berneńskiej.

Tam, gdzie są transfery gigantycznych sum pieniędzy, zawsze są też plotki. Ale w tym wypadku byłyby one haniebne. Ładoś po wojnie przebywał na emigracji we Francji. Mieszkał w strasznej ruderze i żył z przydomowego ogródka. Rokicki został pochowany na koszt opieki społecznej w miejscu, w którym grzebano ubogich. Stefan Ryniewicz prowadził w Argentynie myjnię samochodową, a Juliusz Kühl wylądował w Kanadzie z jedną walizką. Również Silberschein i Eiss nie pozostawili po sobie żadnych bogactw.

To skąd wzięły się te podejrzenia?

Taka już jest ludzka natura. Nawet Silberschein na początku chyba nie wykluczał, że Kühl i Rokicki mogą część pieniędzy inkasować do kieszeni. Postanowił więc znaleźć w Bernie konsulów innych państw, którzy załatwiliby mu paszporty taniej.

Znalazł?

Nie. Nikt mu taniej paszportów nie sprzedał.

Czyli nie ma wątpliwości?

Nie ma. Polscy dyplomaci pomagali Żydom z przyczyn humanitarnych i patriotycznych. Uważali, że jest to ich obowiązek. Nawet jeżeli oznaczało to łamanie prawa i podjęcie poważnego ryzyka.

A czyja to była inicjatywa? Posła Ładosia czy rządu?

Każdy ambasador musi wykazywać się własną inicjatywą, inaczej nie byłby potrzebny. Jednocześnie musi jednak działać w ramach polityki rządu. A ta była jasna: polskie władze starały się przeciwdziałać Zagładzie i ratować Żydów. Kropka. Do maja 1943 roku Ładoś nie informował Londynu o sprawie paszportów. Było to bardzo profesjonalne – w razie wpadki mógł bowiem całą odpowiedzialność wziąć na siebie. Ładoś był jednak świadomy, że działa zgodnie z polską racją stanu.

Symbolem ratowania Żydów jest „dobry Niemiec" Oskar Schindler. Czy historia Ładosia i jego kolegów ma szansę przebić się do masowej świadomości?

Ona już się przebija do masowej świadomości, bo wciąż żyją ludzie ocaleni przez Ładosia. Widzę reakcje potomków Żydów uratowanych dzięki paszportom. Do części napisałem, część sama się ze mną skontaktowała. To są ludzie zafascynowani tą historią. I niezwykle wdzięczni. Niektórzy pytali mnie o namiary na potomków Ładosia i Rokickiego, którym chcieli podziękować. Ci ludzie opowiadają tę historię znajomym, wieść się roznosi, zatacza coraz szersze kręgi. Tego nie da się zamieść pod dywan, bo lista Ładosia – skoro już pan użył tego porównania do Schindlera – zawiera tysiące nazwisk. Jestem przekonany, że doczekam się bardzo dobrego filmu i znakomitych książek na ten temat.

A nie spotka się pan z zarzutem, że jako ambasador uprawia pan „polską propagandę". Polacy ratujący Żydów to dziś modny temat.

Nikt do tej pory niczego takiego mi nie zarzucał. Wprost przeciwnie – Żydzi, z którymi się kontaktujemy, podchodzą do naszych badań z wielką życzliwością i wyrażają wdzięczność, że się tym zajęliśmy.

Nigdy nie słyszałem opinii, że to wszystko „kłamstwa i polska propaganda". My nie zawyżamy liczby uratowanych, a wszystko, o czym panu mówię, mogę udokumentować. Dokumentów mamy setki. Zresztą nie ma potrzeby upiększać tej historii. Ona jest wystarczająco piękna.

Na Zachodzie dominuje jednak opinia, że Polacy raczej Żydom szkodzili, niż pomagali. Historia grupy berneńskiej twórcom naszej „polityki historycznej" spadła z nieba.

Nie uważam sprawy grupy Ładosia za część polskiej „polityki historycznej". To po prostu fakt historyczny, to się wydarzyło. Czy mam jako ambasador udawać, że się nie wydarzyło?

Czy to prawda, że w budynku, w którym urzędował poseł Ładoś, jest obecnie pańska rezydencja?

Tak. Gabinet posła Ładosia jest tam, gdzie był podczas wojny. Mieszkam w tym samym miejscu, w którym mieszkał Ładoś. Dlaczego pan pyta?

Bo zastanawiam się, czy to odgrywa w pańskich działaniach jakąś rolę?

Nie, to nie jest kwestia sentymentu. To kwestia poczucia obowiązku. Ładoś był bohaterem, jak reszta wtajemniczonych w operację dyplomatów. Każdy ambasador w Szwajcarii ma obowiązek dbać o ich pamięć. To jest naprawianie krzywdy, którą uczyniła im PRL.

Dr JAKUB KUMOCH *(rocznik 1975) jest ambasadorem Polski w Szwajcarii. Politolog, wcześniej pracował jako ekspert do spraw stosunków międzynarodowych i dziennikarz. Od czasu objęcia placówki w Bernie bada działalność posła Aleksandra Ładosia.*

Pełna wersja wywiadu, który ukazał się w „Do Rzeczy" 22 października 2018 roku

Część II

Wrogowie Żydów

„Wściekły pies Bliskiego Wschodu" – jak nazywano pułkownika Muammara Kaddafiego – nienawidził Izraela. Libijski przywódca uważał państwo żydowskie za wytwór szatana. W 1970 roku powołał specjalny Fundusz Dżihadu, z którego finansował palestyńskich terrorystów. Między innymi organizację „Czarny Wrzesień", która w 1972 roku dokonała krwawej masakry izraelskich sportowców podczas igrzysk olimpijskich w Monachium.

W 1973 roku izraelskie siły powietrzne zestrzeliły libijski samolot pasażerski, który wleciał nad – kontrolowany przez Izrael – półwysep Synaj. Myśliwce otworzyły ogień, bo piloci boeinga odmówili wylądowania na izraelskim terytorium. W katastrofie zginęło 108 cywilów. Kaddafi wpadł w szał i postanowił się zemścić. Kazał storpedować wielki statek wycieczkowy Queen Elizabeth 2, który został wyczarterowany przez amerykańskich Żydów i płynął do Hajfy. Na szczęście gigantycznej tragedii zapobiegli Egipcjanie.

Kaddafi pozostał jednak nieprzejednanym wrogiem Izraela. Uważał, że państwo żydowskie powinno zostać zniszczone. Co ciekawe, jednocześnie pojawiały się plotki, że sam Kaddafi był... Żydem. W 2012 roku ogłosił to były szef jego protokołu Nouri Mismari. Według libijskiego urzędnika matka Kaddafiego miała być Żydówką, a dyktator bezwzględnie mordował wszystkich, którzy wiedzieli o tym fakcie. Między innymi ambasadora Libii w Rzymie.

Kilka lat później z podobną tezą wystąpiła niejaka Gita Boaron, starsza Izraelka pochodząca z Libii. W wywiadzie udzielonym izraelskiej telewizji ogłosiła, że jest ciocią libijskiego tyrana. Plotki na temat żydow-

skiego pochodzenia Kaddafiego krążyły również w trakcie libijskiej rewolucji w 2011 roku. Rebelianci na muralach wyśmiewających dyktatora przedstawiali go jako ortodoksyjnego Żyda, rysowali mu na czole gwiazdę Dawida. Oczywiście na potwierdzenie tezy o żydowskim pochodzeniu dyktatora nie ma żadnych twardych dowodów.

Jest takie stare powiedzenie – „Pokaż mi swoich wrogów, a powiem ci, kim jesteś". Zobaczmy więc, jakim człowiekiem był Muammar Kaddafi. Wróg Izraela.

1

Niewolnice pułkownika Kaddafiego

Rozmowa z ANNICK COJEAN, *francuską pisarką, autorką książki* Kobiety Kaddafiego

Czym był „magiczny dotyk"?

To określenie z żargonu pułkownika Muammara Kaddafiego i jego najbliższego otoczenia. Libijski dyktator wizytował szkoły podstawowe. Spotykał się tam z dziećmi. Gdy spodobała mu się jakaś uczennica, podchodził do niej i kładł jej rękę na głowie. Głaskał ją i się do niej uśmiechał. W tej samej sekundzie była zgubiona.

Dlaczego?

Ponieważ następnego dnia po to dziecko – z reguły dziewczynki miały po czternaście, góra szesnaście lat – przyjeżdżali samochodem terenowym jego goryle. Było ono uprowadzane do kompleksu Bab al-Azizija, twierdzy Kaddafiego w Trypolisie, żeby dyktator mógł je brutalnie gwałcić i się nad nimi znęcać.

Jak to wyglądało?

Zawsze tak samo. W mojej książce opisałam między innymi historię piętnastoletniej Sorai. Po przywiezieniu jej do siedziby dyktatora kobiety z jego otoczenia ogoliły jej nogi i pachy, ubrały w wyzywające ubrania i mocno umalowały. Zrobiono jej także badanie krwi, bo Kaddafi obsesyjnie bał się chorób wenerycznych. Potem wrzuciły Soraję do sypialni dyktatora. Za pierwszym razem mu się nie udało, bo dziewczynka wpadła w histerię i skutecznie się opierała. Została pobita i kolejnej nocy powtórzyło się to samo. Znowu ją do niego wrzucono.

Co Kaddafi jej robił?

To był prawdziwy koszmar. Gwałcił ją brutalnie, bijąc przy tym pięściami, kopiąc i gryząc. Zmuszał do seksu oralnego i rozmaitych perwersji. Wrzeszczał na nią i wyzywał ją od „szmat", „k..." i „dziwek". Trwało to wiele miesięcy i z czasem stawało się coraz bardziej perwersyjne. Oddawał na nią mocz w jacuzzi. Pluł na nią, obcinał jej nożem włosy. Ściągał również młodych, przebranych za dziewczynki chłopców i zmuszał ją do udziału w biseksualnych orgiach, podczas których gwałcił tych nieszczęśników na przemian z Sorają. Gdy dziewczyna opisywała mi swoje przeżycia – spotkałyśmy się w Libii po upadku reżimu – włos jeżył mi się na głowie. Przez co ona przeszła!

To było jeszcze dziecko.

Tak, nigdy wcześniej nie miała do czynienia z mężczyzną. Nie bardzo wiedziała, o co w tym wszystkim chodzi. Kaddafi był zaś wobec niej wyjątkowo brutalny. Miała częste krwotoki z krocza, jej piersi – silnie ściskane i uderzane przez dyktatora – zostały zdeformowane, oszpecone. Soraję umieszczono w niewielkim pomieszczeniu w wilgotnej piwnicy pod sypialnią pułkownika. Tak żeby w każdej chwili mogła przybiec na jego zawołanie. Miała tam tylko łóżko i telewizor z magnetowidem. Puszczano jej filmy porno, aby się „doszkoliła". Karmiono ją jakimiś odpadkami, bito.

Ile było takich dziewcząt jak Soraja?

Setki, może tysiące. To się działo przez cały okres trwania reżimu. Czyli czterdzieści lat, od roku 1969 do 2011. Wszystkie one musiały zwracać się do niego „papo Muammarze". Najmłodsze miały dwanaście lat.

Skąd ta brutalność Kaddafiego?

To był zwyrodnialec i zboczeniec. Przemoc, katowanie i upokarzanie dziewcząt go podniecało. Do tego był pod wpływem alkoholu – bez przerwy pił whisky Black Label – oraz narkotyków. Cały czas był na haju. Zażywał wszystko: marihuanę, haszysz, opium i kokainę. Dziewczętom także kazał brać narkotyki. Następnie puszczał arabskie disco, zawsze tę samą tandetną piosenkę, i kazał im tańczyć w wyuzdany sposób oraz robić striptiz. Klaskał przy tym i się podniecał. Jakby tego było mało, wierzył w czarną magię. Nacierał sobie twarz jakimiś olejami, stąd jego tłusta, paskudna cera. Brutalne gwałty były elementem jakichś rytuałów.

Alkohol, narkotyki, wudu? Przecież Kaddafi był ponoć pobożnym muzułmaninem!

To była jedna wielka blaga. Dyktator brał udział w publicznych modłach, opowiadał w kółko o Allahu. Codziennie łamał jednak prawa islamu. Soraja opowiadała mi między innymi, jak zachowywał się w czasie ramadanu. Obżerał się, pił, palił, co jest surowo zakazane, a nawet gwałcił ją i inne dziewczyny. Zapytany, jak może to robić w świętym miesiącu, odparł, że te gwałty się nie liczą, bo on przerywa stosunek przed wytryskiem... On miał po prostu obsesję na punkcie seksu. Zajmowało go to znacznie bardziej niż sprawy jego państwa, które – nawiasem mówiąc – przymierało głodem.

Gdy Kaddafi został zabity, miał prawie siedemdziesiąt lat...

Wiem, o co chce pan zapytać. Odpowiedź brzmi: viagra. Do jego siedziby sprowadzano ją z zagranicy całymi pudłami. Kaddafi faszerował się również tym lekiem, i to w znacznych ilościach. Nad tym, żeby te wszystkie używki go nie wykończyły, czuwały jego słynne ukraińskie pielęgniarki. One też robiły badania krwi kolejnym gwałconym przez niego kobietom. Najważniejsza z tych pielęgniarek, Galina, wstrzykiwała mu także środek zapobiegający zapłodnieniu. Tak rozwiązywano problem antykoncepcji.

À propos kobiet w otoczeniu Kaddafiego. Co z jego słynnymi „amazonkami"?

Kolejna blaga. Te umundurowane kobiety, które towarzyszyły mu podczas publicznych wystąpień, nie były wcale mistrzyniami sztuk walki ani komandoskami. To były jego kochanki lub ofiary jego gwałtów. Soraja opowiadała mi, jak pewnego razu ubrano ją w taki idiotyczny uniform i wsadzono do samolotu pasażerskiego. Poleciała na „delegację" do jednego z państw afrykańskich. Podczas całej wizyty musiała stać obok dyktatora. Rodzice zobaczyli ją wtedy w telewizji.

A jak rodzice przyjmowali los, który spotkał ich córki?

To jeden z najbardziej dramatycznych aspektów tej sprawy. Otóż Libia to kraj o tradycyjnej muzułmańskiej kulturze. Gdy jakąś dziewczynę porwano do haremu Kaddafiego, rodzice najpierw ją opłakiwali, a następnie się jej wyrzekali. Rodzina uznawała ją za ladacznicę. Więzy były zerwane. Sprawy seksualności to w Libii temat tabu. Ojców i braci bardziej mierziło to, że ich córka lub siostra miała stosunek z mężczyzną, niż to, że została do tego zmuszona. Po czymś takim nie miały prawa wrócić do domu. Kaddafi świetnie znał tę kulturę i to wykorzystywał. Łamał tym dziewczynom życie.

Dziewczynki porywane ze szkół nie były jego jedynymi ofiarami.

Nie, on polował na kobiety wszędzie. Na ulicach, pokazach mody, odczytach, przyjęciach. Żadna Libijka nie mogła się czuć bezpiecznie. Jego ludzie chodzili na przykład na wesela, gdzie kręcili filmy. Wiadomo bowiem, że na wesela kobiety się stroją i starają wyglądać jak najlepiej. Potem Kaddafi oglądał te nagrania i wybierał kobiety, które następnie mu przywożono. Czasem nawet panny młode.

Czy nie zdarzało się, że mężowie lub ojcowie tych kobiet protestowali, próbowali się przeciwstawiać porwaniom?

Oczywiście, że tak się zdarzało. Ci mężczyźni byli uśmiercani. Często bardzo brutalnie. Kaddafi gwałcił też żony swoich strażników. Dwóch z nich, gdy się o tym dowiedziało, chciało go zamordować. Przywiązano ich do zderzaków samochodów stojących tyłem do siebie i rozerwano na pół.

Czy żadna kobieta nie chciała z nim współżyć dobrowolnie?

Wiele dziewcząt, które Kaddafi porwał, w końcu się przyzwyczajało do swojego losu i starało się czerpać z niego korzyści. Na przykład wyciągać od niego pieniądze czy starać się wywierać na niego jakiś wpływ. Myślę, że współżył również z ukraińskimi pielęgniarkami i innymi kobietami ze swego najbliższego otoczenia. Dobrowolnie oddawały mu się również rozmaite sławne kobiety.

Jak to?

To była kolejna – obok gwałtów – seksualna mania pułkownika. Otóż starał się on wciągać do łóżka rozmaite znane postacie. Zobaczył w telewizji jakąś arabską prezenterkę z Maroka czy Libanu albo aktorkę bądź piosenkarkę i wysyłał do niej swoich ludzi. Specjalizował się jednak w pierwszych damach – żonach prezydentów i premierów rozmaitych krajów afrykańskich. Wysyłał po nie samoloty albo do stosunków dochodziło przy okazji oficjalnych wizyt ich mężów w Trypolisie.

Chwileczkę... Kaddafi był chodzącym monstrum. Po kilku operacjach plastycznych, uszminkowany i wiecznie na haju wyglądał jak podstarzały transwestyta. Jak to możliwe, że te wszystkie kobiety szły z nim do łóżka?

Odpowiedź jest prosta: pieniądze. Kaddafi miał specjalny pokój, w którym trzymał prezenty dla tych kobiet. Ich wartość zależała od tego, jak były ważne. Mogły to być brylantowe kolczyki czy kolie lub po prostu grube pliki dolarów. Były to zawrotne sumy i wiele kobiet ulegało. Kaddafi na tym nie oszczędzał. Wcześniej zbierał informacje o tych kobietach, osaczał je, igrał z nimi. To wszystko było perwersyjne, wyuzdane. „Mogę mieć je wszystkie" – chełpił się, siedząc w kolorowym dresie (to był jego ulubiony domowy strój) przed telewizorem. Co jednak ciekawe, nawet pierwsze damy musiały przejść badania krwi. W tym wypadku zresztą nie chodziło tylko o zaspokojenie żądz...

A o co?

Otóż Kaddafi wierzył, że odbycie stosunku z żoną lub córką ważnego człowieka daje mu nad nim władzę, jest jego zwycięstwem, upokorzeniem rywala. Nawet jeżeli rywal o tym nie wie. Znany jest przypadek, że kiedy jeden z członków rodziny królewskiej Arabii Saudyjskiej poważnie mu się naraził, Kaddafi zapragnął odbyć stosunek z jego córką. Ponieważ to się nie udawało i dyktator szalał z wściekłości, ludzie z otoczenia Kaddafiego podstawili mu podobną kobietę, która podała się za tę księżniczkę. Seks był dla niego bronią, środkiem do dominacji i rządzenia.

Kaddafi uwodził również kobiety z elity własnego kraju...

Żony generałów, ministrów, najbliższych współpracowników. Doszło do tego, że od jednej z tych kobiet, żony ważnej figury swego reżimu, zażądał jej córki. I ta kobieta mu ją dostarczyła. Matka zrobiła coś takiego własnemu dziecku... To straszne, potworne rzeczy. Kaddafi zresztą uprawiał seks nie tylko z żonami i córkami swoich współpracowników, ale także z nimi samymi...

Słucham?

Wiem, to brzmi niewiarygodnie, ale on naprawdę wciągał do swojej sypialni generałów, ambasadorów, szefów bezpieki oraz ministrów. I tam ich gwałcił analnie. Oni nie mogli mu odmówić – oznaczałoby to rozstrzelanie. Po wszystkim miał nad nimi pełną władzę. Byli przez niego złamani, upokorzeni. Poza tym, gdyby coś takiego wyszło na jaw, byliby potwornie skompromitowani. Kaddafi nagrywał zaś te gwałty na wideo. Po upadku jego reżimu znaleziono płyty z takimi nagraniami.

To wszystko zaczęło się zaraz po tym, jak w roku 1969 przejął władzę?

Tak, choć z każdym rokiem stawał się bardziej perwersyjny. Szukał nowych bodźców. Niemal z marszu przystąpił jednak do seksualnego wykorzystywania kobiet. Był niewyobrażalnym hipokrytą, bo na sztandarach miał wypisane hasła feministyczne. W ogóle cała ideologia Kaddafiego była mieszaniną islamu i marksizmu. Otóż Kaddafi zapowiadał, że jego „rewolucja" wyzwoli Libijki z łańcuchów patriarchatu. Opowiadał się za wyzwoleniem kobiet. Uwierzyło w to mnóstwo dziewcząt, które stały się aktywistkami jego ruchu. Wstąpiły one do słynnych komitetów rewolucyjnych. Dla wielu z nich był to bardzo zły wybór.

Je także gwałcił.

Tak. Z tej grupy wywodziły się jego pierwsze ofiary. Wyglądało to jednak tak samo jak później z uczennicami. Jakaś młoda aktywistka była zapraszana na naradę do namiotu samego pułkownika. Biegła na takie spotkanie podekscytowana, czuła się dowartościowana tym, że wezwał ją sam przywódca. Po wejściu do środka zastawała go jednak rozwalonego nago na łóżku. Rzucał się na nią i brutalnie ją wykorzystywał. Spotkałam taką kobietę, uprowadzoną w latach siedemdziesiątych. Robił z nią podobne rzeczy co z Sorają.

Zdarzały się ucieczki?

Tak, ale bezpieka Kaddafiego tropiła te kobiety po całym świecie. Kilka złapano w Turcji. Sprowadzono je do Trypolisu, ogolono im głowy i pokazywano w telewizji, twierdząc, że są prostytutkami. Potem zostały stracone. Na samym początku niektóre jego ofiary, które zaszły w ciążę, wysyłano na Maltę, gdzie w prymitywnych warunkach przeprowadzano aborcję.

Jak na to wszystko reagowała jego żona Safia?

Udawała, że o niczym nie wie. Mieszkała osobno, w innym domu na terenie ośrodka rządowego. Rzadko bywała u męża, a gdy już przyjeżdżała, kobiety z jego haremu były przebierane i musiały udawać, że są zwykłymi służącymi. Czyli jednak starał się zachować jakieś pozory. Państwo Kaddafi nie żyli jednak ze sobą. Żona nie miała dostępu do jego świata. Na pewno jednak zdawała sobie sprawę, co się dzieje.

Kaddafi stworzył bowiem sieć ludzi – ochroniarzy, żołnierzy, a nawet ministrów – zaangażowanych w wyszukiwanie i sprowadzanie dla niego kolejnych ofiar. Tak więc na szczytach libijskiej władzy było to tajemnicą poliszynela.

Niektóre kochanki miały chyba zresztą status półoficjalny?

Choćby Huda Ben Amer, jedna z najkrwawszych postaci reżimu. Przez czterdzieści lat rządów Kaddafiego jego ludzie terroryzowali Libijczyków. Dziesiątki tysięcy prawdziwych i urojonych przeciwników dyktatora było torturowanych i zostało zgładzonych. Huda – zwana Katem – była odpowiedzialna za mordy w prowincji Bengazi. Zasłynęła tym, że w 1984 roku podczas publicznego wieszania jednego z wrogów Kaddafiego podbiegła do miotającego się na pętli mężczyzny i mocno pociągnęła go za nogi, przyspieszając tym zgon. Całość transmitowała państwowa telewizja. Utorowało to jej drogę do wielkiej kariery i łóżka dyktatora. Urodziła mu nawet córkę.

Co się stało z kobietami z haremu Kaddafiego, gdy w 2011 roku upadł jego reżim?

Ich los był bardzo smutny. Część zastrzelili rebelianci, gdy wpadli do rezydencji Kaddafiego. Inne się rozbiegły. Te, które potrafiły zdobyć pieniądze, uciekły do Tunezji, Egiptu czy Libanu. Tam na ogół zostawały prostytutkami. Niczego innego nie umiały. Te, które zostały w Libii, nie mogły wrócić do rodzin, poukrywały się, próbowały zacząć nowe życie. Niemal żadnej to się nie udało. Trudno im było znaleźć mężów (chyba że się poddały drogiemu zabiegowi rekonstrukcji błony dziewiczej), często rozpoznawano je na ulicach. Znam przypadek kobiety, która była gwałcona przez Kaddafiego, a potem zgwałcili ją rebelianci. Kobiety te nie mogły się przyznać, że były ofiarami seksualnej przemocy, bo zostałyby zabite jako nierządnice. Najprawdopodobniej przez członków własnej rodziny.

Rebelianci dopadli dyktatora i zabili go. W Kobietach Kaddafiego *opisuje pani pewien mało znany szczegół tej egzekucji.*

W Libii pokazano mi pełne nagranie wideo zrobione przez rebeliantów, którzy go złapali. Jeden z jego fragmentów nigdy nie został pokazany w światowych telewizjach. Wyraźnie widać na nim, jak przed śmiercią Kaddafiego jeden z rebeliantów wbija mu w odbyt metalową rurę. Tak więc człowiek, który zgwałcił tyle kobiet i mężczyzn, sam został zgwałcony. Można by więc powiedzieć, że sprawiedliwości stało się zadość, ale nie sądzę, żeby to w jakikolwiek sposób usatysfakcjonowało te kobiety. Ich życie zostało złamane.

Annick Cojean *jest francuską pisarką związaną z dziennikiem „Le Monde" i stacją telewizyjną France 5. Autorka głośnej książki* Kobiety Kaddafiego *(Prószyński i S-ka).*

Źródło: „Historia Do Rzeczy" 2/2014

2

Potwór Idi Amin

Rozmowa z profesorem Saulem Davidem, *brytyjskim historykiem wojskowości, znawcą dziejów Afryki*

Czy to prawda, że Idi Amin trzymał w lodówce głowy swoich wrogów?
[*śmiech*] Pogłoski o kanibalizmie ugandyjskiego dyktatora są nieodłączną częścią jego legendy. Amin bez wątpienia straszliwie znęcał się nad swoimi ofiarami. Torturował je i rąbał na kawałki. Ale czy rzeczywiście zjadał ich ciała – nie ma na to rozstrzygających dowodów. Ja w to wątpię.

Jego kariera rozpoczęła się w brytyjskiej armii kolonialnej. Czy to prawda, że zaczynał jako pomocnik kucharza?
Amin w latach czterdziestych i pięćdziesiątych służył w słynnym pułku King's African Rifles. Jego żołnierzy rekrutowano w Ugandzie i sąsiedniej Kenii. Piął się tam po szczeblach kariery. Został sierżantem, a w końcu chorążym. To była najwyższa ranga, jaką nadawano czarnym żołnierzom. Stopnie oficerskie zdobywał już po 1961 roku w armii Ugandy.

Jak oceniali go jego brytyjscy oficerowie?

Dość wysoko. Choć wydaje się, że zdawali sobie sprawę z jego ograniczeń. Amin świetnie się prezentował. To był blisko dwumetrowy, masywny mężczyzna. Prawdziwy atleta.

Czy to prawda, że w czasie tłumienia powstania Mau Mau w Kenii dopuścił się zbrodni wojennych? Między innymi spacyfikował kenijską wioskę?

Niektórzy żołnierze brytyjskiej armii rzeczywiście dopuścili się zbrodni wojennych. Czy Amin był w to zaangażowany – rozstrzygających dowodów na to nie ma.

Pytam, bo niemiecki biograf Amina – Erich Wiedermann – twierdził, że to Brytyjczycy zrobili z niego bestię.

Zrzucanie winy za zbrodnie czarnych dyktatorów na mocarstwa kolonialne to klasyczne podejście lewicowców. To wszystko wina tych paskudnych Europejczyków! Tymczasem odpowiedź jest znacznie prostsza. Idi Amin był złym człowiekiem. Sadystą i potworem. Po tym, gdy w 1971 roku dokonał wojskowego zamachu stanu i przejął władzę w Ugandzie – dopuścił się zbrodni na wielką skalę. I to były jego zbrodnie. Nie widzę powodu, żeby winą za nie obciążać Wielką Brytanię. Zresztą, pracując nad książką *Operation Thunderbolt*, rozmawiałem z ludźmi, którzy go znali. Powiedzieli, że w codziennych kontaktach był to czarujący człowiek...

Czarujący człowiek, który wymordował w Ugandzie 300 tysięcy ludzi...

Nie chcę pomniejszać jego zbrodni. Pokazuję tylko, dlaczego tak długo odnosił sukcesy. Tak jak Adolf Hitler, miał zniewalającą osobowość, charyzmę, potrafił pociągnąć za sobą tłumy. A zarazem był socjopatą. U dyktatorów cechy te często idą w parze.

Jak by pan określił jego reżim i ideologię? Był faszystą? Komunistą? A może typowym afrykańskim kacykiem-satrapą?

Trudno go zaszufladkować. Bez wątpienia wprowadził dyktaturę wojskową. Utrzymywał też bliskie stosunki z ludźmi o inklinacjach lewicowych. Dyktatorem Libii pułkownikiem Muammarem Kaddafim,

Organizacją Wyzwolenia Palestyny i rozmaitymi organizacjami terrorystycznymi. Nie wynikało to jednak z jakichś ugruntowanych poglądów politycznych. Raczej z oportunizmu.

W 1976 roku o Idim Aminie usłyszał cały świat.

Tak, 27 czerwca komando terrorystów porwało samolot linii Air France lecący z Tel Awiwu do Paryża. Czworo zamachowców weszło na pokład podczas międzylądowania w Atenach. Gdy maszyna znalazła się w powietrzu, sterroryzowali oni załogę i pasażerów bronią.

Ile osób znajdowało się na pokładzie?

Około 250.

Kim byli zamachowcy?

Dwóch było bojownikami Ludowego Frontu Wyzwolenia Palestyny, a pozostali – mężczyzna i kobieta – członkami niemieckiej grupy terrorystycznej Komórki Rewolucyjne. Była to ekstremistyczna, skrajnie lewicowa organizacja, która działała w Niemczech w latach siedemdziesiątych i osiemdziesiątych. Jej celem było – zgodnie z nazwą – obalenie ustroju kapitalistycznego w Niemczech. Ludzie ci, w większości lewicowi intelektualiści, uważali, że niemiecki establishment jest nafaszerowany narodowymi socjalistami.

Dlaczego sprzymierzyli się z Palestyńczykami?

Na świecie działała wówczas lewicowa międzynarodówka terrorystyczna. Oprócz niemieckich lewaków i Palestyńczyków w jej skład wchodziła między innymi IRA. Ludzie ci mieli wspólny cel – zniszczenie „imperialistycznych reżimów".

Co terroryści zrobili po starcie?

Kazali pilotom lecieć do Libii. Tam samolot został zatankowany i poleciał dalej. Do Ugandy. Terroryści próbowali przekonać świat, że wylądowali w Entebbe przypadkowo, bo skończyło się paliwo. Rozmawiałem jednak z towarzyszami broni niemieckich terrorystów, którzy brali udział w przygotowaniach do operacji. Zdradzili mi, że lądowanie w Ugandzie było częścią planu. Idi Amin zgodził się na ich przylot i czekał na nich.

Dlaczego akurat Uganda?

Z dwóch powodów. Po pierwsze Idi Amin nienawidził Izraela i wspierał terroryzm. Gdy samolot wylądował na lotnisku Entebbe, porywacze znaleźli się pod ochroną ugandyjskiego państwa. Po drugie Uganda leżała daleko od Izraela. Terrorystom wydawało się, że Izraelczycy nie zdołają przyjść z pomocą swoim obywatelom.

Co się stało po przybyciu do Entebbe?

Terroryści wyprowadzili ludzi z samolotu i umieścili w budynku terminalu lotniska. Cały teren został obstawiony przez ugandyjską armię. Po dwudziestu czterech godzinach porywacze ogłosili światu swoje żądania. Domagali się okupu i wypuszczenia swoich towarzyszy – palestyńskich bojowników przetrzymywanych w izraelskich więzieniach. A także aresztowanych niemieckich ekstremistów ze słynnej Grupy Baader-Meinhof. Zagrozili, że jeśli ich żądania nie zostaną spełnione w ciągu dwóch dni, zaczną mordować zakładników. Wkrótce na lotnisko przybył z inspekcją Idi Amin.

Jaka była reakcja Izraela?

Premier Icchak Rabin zwrócił się do swojego szefa sztabu i zapytał, czy ma jakiś plan. Ten rozłożył bezradnie ręce. Wówczas Rabin powiedział, że jeżeli wojsko błyskawicznie czegoś nie wymyśli, będzie negocjował z terrorystami. Rozważy wypuszczenie palestyńskich terrorystów.

To ryzykowna taktyka.

Izrael trzymał się wówczas – i trzyma się do dziś – żelaznej zasady, że jeżeli jego obywatele dostaną się w ręce terrorystów jako zakładnicy, rząd nie może pozwolić im zginąć. Jeżeli nie ma szans na rozwiązanie siłowe, państwo żydowskie idzie na ustępstwa. Izrael uważa bowiem, że życie każdego Żyda należy ratować za wszelką cenę. Jak pan na pewno wie, Ameryka i Wielka Brytania mają zupełnie inną politykę. My nigdy nie negocjujemy z terrorystami.

Izrael podjął negocjacje?

Tak, przekazał do Ugandy informację, że gotowy jest rozmawiać. W odpowiedzi terroryści przedłużyli termin ultimatum do 4 lipca. Zwolnili też niemal wszystkich nieizraelskich pasażerów. W ich rękach pozostało 106 osób. W tym 12 członków załogi, którzy odmówili opuszczenia pasażerów.

Izraelskie wojsko jednak wymyśliło plan.

Tak, na szczęście. Pierwszym, podstawowym problemem, z którym musieli się zmierzyć Izraelczycy, była oczywiście odległość. Mieli samoloty transportowe – herculesy C-130 – które mogły dolecieć do Ugandy, nie miały jednak na tyle dużych baków, by pomieścić paliwo na lot powrotny. W regionie tym Izrael nie miał zaś żadnych przyjaciół, nie było żadnego miejsca, w którym samoloty mogłyby zatankować.

Jak Izraelczycy rozwiązali ten problem?

Okazało się, że w swojej talii mieli jednego asa. Były to nieoficjalne kontakty wywiadowcze między Mosadem a służbami głównego rywala Ugandy – Kenii. Obie strony zawarły szybkie, ściśle tajne porozumienie. Kenijczycy zgodzili się na lądowanie i zatankowanie izraelskich samolotów na swoim terytorium. Izraelskie służby medyczne błyskawicznie zbudowały w Kenii szpital polowy, w którym miano przyjąć ewentualnych rannych. Wszystko odbyło się w największej tajemnicy.

Co się działo w Izraelu?

Zbudowano częściową replikę lotniska w Entebbe, na której komandosi ćwiczyli odbicie zakładników.

Akcja „Piorun" – jak ją nazwano – rozpoczęła się 4 lipca.

Pierwszy hercules z izraelskimi komandosami wylądował na lotnisku w Entebbe przed północą. Z samolotu wyjechała czarna limuzyna

Mercedes-Benz, za nią dwa dżipy wyładowane komandosami elitarnej jednostki Sajeret Matkal. Konwój spokojnie ruszył w stronę terminalu.

Na czym polegał podstęp?

Izraelczycy wiedzieli, że najważniejsi oficerowie ugandyjskiej armii jeżdżą takimi mercedesami. Liczyli więc na to, że ugandyjscy żołnierze pilnujący terminalu pomyślą, że zbliża się do nich któryś z generałów.

Tak się stało?

Tak, początkowo Ugandyjczycy niczego nie podejrzewali. Stali spokojnie i przyglądali się nadjeżdżającym samochodom. Bez wątpienia pomysł by wypalił, gdyby nie głupi błąd popełniony przez dowodzącego akcją oficera – Jonatana Netanjahu.

Brata obecnego premiera Izraela.

Tak. Otóż Netanjahu, który jechał w pierwszym dżipie, wyciągnął pistolet z tłumikiem i zaczął strzelać do strażników. Zrobił to zbyt wcześnie. Nie trafił i wywiązała się strzelanina. Był to błąd wręcz katastrofalny, który mógł zawalić całą misterną operację. Terroryści pilnujący zakładników usłyszeli bowiem strzały i mogli wymordować wszystkich.

Nie zrobili tego jednak.

Tak, trzeba przyznać, że wykazali się humanitaryzmem. Mieli dość czasu, żeby urządzić krwawą jatkę. Po prostu wystrzelać wszystkich zakładników. Podjęli jednak decyzję, że tego nie zrobią. Celem ich operacji było przecież wydobycie towarzyszy walki z więzień, a nie masowy mord. Takiego zachowania po terrorystach działających w naszych czasach raczej trudno byłoby się spodziewać.

Mówi pan, że Netanjahu popełnił głupi błąd. Ale za ten błąd zapłacił życiem.

Nie chcę ujmować mu bohaterstwa. Człowiek, który oddał życie za ojczyznę, zasługuje na najwyższy szacunek. Joni Netanjahu był świetnym żołnierzem. Są jednak dowody na to, że po wielu operacjach, w których brał udział, był po prostu wypalony, przemęczony. Jeden z izraelskich oficerów powiedział mi, że przed operacją w Entebbe planowano go odwołać ze stanowiska.

Czyli Netanjahu przyczynił się do własnej śmierci?

Niestety tak. Izraelczycy zatrzymali samochody i ile sił w nogach pobiegli w stronę terminalu. Stracili jednak moment zaskoczenia i dostali się pod ogień Ugandyjczyków. Wtedy właśnie kule dosięgnęły Netanjahu. Został śmiertelnie ranny.

Co się działo w budynku lotniska?

Izraelczycy byli przerażeni. Bali się, że gdy wkroczą do środka – wszyscy zakładnicy będą już martwi. Tymczasem terroryści zdecydowali się na walkę. Gdy pierwszy komandos dobiegł do wejścia, w drzwiach stanął Wilfred Böse. Terrorysta strzelił, ale nie trafił. Izraelczyk poczuł, jak kule ze świstem przemknęły mu nad głową. Odpowiedział ogniem i zabił niemieckiego terrorystę na miejscu.

Gdzie była reszta terrorystów?

W środku. Mogli strzelać do wbiegających komandosów, ale nie zrobili tego. Być może byli źle wyćwiczeni, może spanikowali. Izraelczycy wdarli się do terminalu i zabili resztę zamachowców oprócz jednego, który schronił się za betonowym słupem. Wywiązała się krótka walka, ale terrorysta nie miał szans. Po trzydziestu sekundach było po sprawie. Wszyscy zamachowcy nie żyli.

W czasie tych trzydziestu sekund nie zginęli jednak tylko terroryści.

Niestety nie. To tragiczny wymiar akcji „Piorun". Jeden z dowódców komandosów powiedział mi, że w tego rodzaju operacjach – gdy wszystko rozgrywa się w ułamkach sekund – żołnierze strzelają do wszystkich, którzy stoją. Tak są uczeni. Założenie jest bowiem takie, że gdy wybucha strzelanina, zakładnicy odruchowo rzucają się na ziemię. Oczywiście może się zdarzyć, że któryś z porwanych cywilów będzie stał. Ale podczas akcji należy bezwzględnie minimalizować ryzyko. Zasada jest więc taka: kto stoi – ginie.

W Entebbe tak się właśnie stało.

Proszę sobie wyobrazić, co tam się działo! Huk wystrzałów, eksplozje granatów. Krzyki przerażonych cywilów, gęste kłęby dymu. Chaos. Do środka został wrzucony granat fosforowy. Jeden mężczyzna zerwał się na nogi, bo od fosforu zaczął płonąć koc, którym był przykryty. Gdyby nie wstał – spłonąłby żywcem. W tej samej sekundzie został jednak nafaszerowany ołowiem przez izraelskich komandosów. Jego rodzina nigdy nie dowiedziała się prawdy. Ustaliłem to dopiero podczas pracy nad książką. W sumie zginęło trzech zakładników. Wszystko wskazuje na to, że zabili ich Izraelczycy.

Ale sto osób uratowali.

Tak. Komandosi próbowali wyprowadzić zakładników na zewnątrz, ogień ugandyjskich żołnierzy był jednak zbyt silny. Strzelali między innymi z wieży kontroli lotów. Rozpoczęła się zacięta bitwa, Izraelczycy użyli ciężkich karabinów maszynowych i ręcznych wyrzutni granatów. Jeden z pocisków rozbił wieżę kontrolną. Dopiero gdy komandosom udało się zdusić ogień przeciwnika – wszyscy pobiegli do samolotów. Maszyny wzbiły się w niebo. Od wylądowania do startu minęły pięćdziesiąt dwie minuty.

Czy Uganda nie miała sił powietrznych? Dlaczego Ugandyjczycy nie próbowali zestrzelić herculesów?

Uganda miała siły powietrzne, wyposażone w nowoczesne myśliwce produkcji sowieckiej. Nie wzbiły się one w powietrze z dwóch powodów. Po pierwsze, Izraelczycy zniszczyli sporą część ugandyjskich samolotów. To była przysługa, o którą poprosili ich Kenijczycy. Zapłata za możliwość zatankowania na kenijskim lotnisku. Po drugie, Ugandyjczycy nie mieli dobrze wyszkolonych pilotów, którzy potrafiliby walczyć nocą.

Niebywała operacja.

Tak, naprawdę niebywała. To była najbardziej brawurowa i szalona akcja w całej historii służb specjalnych. Izraelczycy mieli sporo szczęścia, ale planowanie i wyszkolenie komandosów były naprawdę znakomite. Proszę zwrócić uwagę, jak wielkie przeszkody musieli pokonać tej nocy. Olbrzymia odległość, bitwa z ugandyjską armią, opór terrorystów. Wszystko nocą, na obcym terytorium. Izraelczycy wykonali wspaniałą robotę. Wykonali zadanie, które wydawało się niewykonalne.

Jaka była reakcja Idiego Amina, gdy się dowiedział, co zaszło na lotnisku?

Na początku się schował. Dyktatorzy, którzy przejmują władzę w wyniku puczu, najbardziej się boją właśnie puczu. Gdy usłyszał strzały dobiegające od lotniska, przestraszył się, że doszło do zamachu stanu i zostanie zamordowany. Dopiero nad ranem odważył się pojechać na miejsce wydarzeń. Wpadł tam w szał, amok. Był wściekły na Izraelczyków i Kenijczyków. Uważał, że został przez nich upokorzony.

Co zrobił?

Zaczął mordować wszystkich, nad którymi miał władzę. Kazał zabić kilkuset etnicznych Kenijczyków, którzy mieszkali na pograniczu, po ugandyjskiej stronie granicy. Zamordował pracowników wieży kontroli lotów w Entebbe za to, że pozwolili Izraelczykom wylądować. Zemścił się także na Brusie MacKenziem.

Kto to był?

Biały Kenijczyk, minister rządu w Nairobi. To właśnie on doprowadził do zawarcia układu między Mosadem a kenijskimi tajnymi służbami. Ugandyjscy agenci wsadzili bombę do jego prywatnego samolotu.

To była typowa afrykańska krwawa zemsta. Bomba została podobno ukryta w wypchanym łbie antylopy. Amin zamordował jednak jeszcze kogoś.

Tak, panią Dorę Bloch, siedemdziesięcioczteroletnią Brytyjkę z izraelskim paszportem. Była jedną z pasażerek samolotu Air France. W terminalu coś utknęło jej w gardle. Zaczęła się dusić. Terroryści ją zwolnili i została przewieziona do szpitala w Kampali. Tam ją uratowano. Ugandyjski minister zdrowia nie zgodził się jednak na jej powrót na lotnisko. Uznał, że w szpitalu będzie bezpieczniejsza. Chciał ją uratować przed terrorystami.

Był to fatalny błąd.

Ale minister nie mógł tego przewidzieć! Nie mógł przewidzieć, że pozostali pasażerowie zostaną uratowani przez komandosów. W rezultacie jednak Dora Bloch została w łapskach Amina. Dyktator kazał szefowi swojej tajnej policji ją zamordować. Dora Bloch została wywleczona ze szpitalnego łóżka i uprowadzona. Jej okaleczone ciało porzucono na polu.

Powiedział pan, że Idi Amin miał paranoję na punkcie zamachu stanu. Chyba jednak nie była to paranoja. Wkrótce rzeczywiście stracił władzę.

Został obalony trzy lata po operacji „Piorun". W Ugandzie wybuchła rebelia, wojna domowa. Do kraju wkroczyły wówczas wojska sąsiedniej Tanzanii. Reżim załamał się z hukiem, a dyktator w 1979 roku musiał w panice uciekać z kraju.

Dokąd?

Najpierw do Libii, a później do Arabii Saudyjskiej, która udzieliła mu azylu. Dostał od tamtejszego rządu dom, ale żył w dość skromnych warunkach. Był podobno bardzo nieszczęśliwy. Umarł w 2003 roku.

Prof. SAUL DAVID *(rocznik 1966) jest brytyjskim historykiem wojskowości. Wykłada na University of Buckingham. Znawca dziejów Afryki oraz Indii. Napisał m.in.* The Indian Mutiny: 1857 *oraz* Zulu: The Heroism and Tragedy of the Zulu War. *W 2015 roku ukazała się jego książka* Operation Thunderbolt: Flight 139 and the Raid on Entebbe Airport. *Na jej kanwie powstał głośny film* Siedem dni.

Źródło: „Historia Do Rzeczy" 11/2018

Część III

Krew nie zmywa win

Opowieść o żydowskiej policji w getcie warszawskim

1

Dziewczynka w zielonym płaszczyku

Ulicą Pawią pędzi riksza. Prowadzący ją przestraszony mężczyzna pedałuje z całych sił. Na siedzeniu dwoje pasażerów. Żydowski policjant w okrągłej czapce szarpie się z sześcioletnią dziewczynką w zielonym płaszczyku. Dziecko głośno płacze i składa rączki w błagalnym geście.

– Ja wiem, że pan jest dobry – mówi przez łzy. – Niech pan mnie nie zabiera. Moja mamusia wyszła na chwilę. Zaraz wróci i mnie nie będzie, niech mnie pan nie zabiera.

Policjant jest jednak niewzruszony. Mocno trzyma dziecko i pogania rikszarza:

– Szybciej, szybciej! Na Umschlagplatz!

Wkrótce na tej samej ulicy pojawia się na półprzytomna kobieta. Rozczochrane włosy, szaleństwo w oczach, wyciągnięte do nieba ręce. Pędzi środkiem jezdni w ślad za rikszą i krzyczy rozpaczliwie:

– Moje dziecko! Gdzie jest moje dziecko?!

Scenę tę w sierpniu 1942 roku – podczas wielkiej akcji deportacyjnej – widziała z okna pewna żydowska kobieta. Opisała ją w anonimowej relacji, która po latach została opublikowana w opracowanym przez Michała Grynberga tomie *Pamiętniki z getta warszawskiego*.

Nie zapomnę krzyku tej małej dziewczynki w zielonym płaszczyku – napisała autorka. – Lament, który mógłby nawet wzruszyć serce potwora, nie trafił do policjanta. Wykonywał on z zimną krwią swój obowiązek. Policja żydowska przejęła szybko niemieckie metody. Krzyczała i biła. Z okien pewnego domu na Nalewkach widziałam tłum kobiet i dzieci pędzonych przez paru policjantów. Ileż łez i rozpaczy, a ile przy tym razów, które spadały na karki kobiet i główki małych dzieci. Dobrze mi ten widok utkwił w głowie.

Podobne widoki utkwiły w głowach tysięcy innych mieszkańców getta. Opisy okrucieństw i podłości funkcjonariuszy żydowskiej Służby Porządkowej można znaleźć niemal we wszystkich pamiętnikach i relacjach pozostawionych przez mieszkańców warszawskiej dzielnicy zamkniętej.

Weźmy choćby wspomniany już tom Michała Grynberga. Znalazła się w nim relacja Samuela Putermana, który opisał, jak na Umschlagplatz – skąd odjeżdżały transporty do obozów zagłady – żydowscy policjanci przyprowadzili wysokiego starca.

Stojący na placu gestapowiec zainteresował się tym człowiekiem i zapytał, ile ma lat. Okazało się, że osiemdziesiąt dziewięć.

– Jak to się stało, żeś się uchował dotychczas? – zdziwił się Niemiec.

– Miałem na początku akcji osiem tysięcy złotych – odparł starzec. – Ukrywałem się na strychu. Służba Porządkowa odkrywała mnie często, prosiłem, żeby mnie zostawili, płaciłem. Osiem razy odkryli moją kryjówkę, osiem razy zapłaciłem okup. Dwa ostatnie razy zostawili mnie bez pieniędzy. Dziś mnie znaleźli po raz jedenasty, ale nie prosiłem już o nic. No i jestem.

– No i jesteś – powtórzył gestapowiec.

Gestapowiec kazał odprowadzić starca, dwóch żydowskich policjantów wzięło go pod ręce. Wówczas padł pojedynczy strzał. Ciało mężczyzny bezwładnie osunęło się na ziemię. Niemiec zabił Żyda.

Obraz działań funkcjonariuszy żydowskiej Służby Porządkowej w getcie warszawskim, jaki wyłania się z zachowanych źródeł, jest niezwykle ponury. Skłonni do przemocy wobec własnych rodaków pijacy i łapownicy. Pozbawieni skrupułów kolaboranci, którzy aby przypodobać się Niemcom, wydawali własnych rodaków na pewną śmierć.

Obraz taki utrwalił się również w świadomości opinii publicznej. I wypływa zawsze podczas dyskusji na temat wojennych postaw Polaków i Żydów. Za każdym razem, gdy w przestrzeni publicznej pojawia się temat niegodnych czynów naszych rodaków, część publicystów i internautów wznosi rytualne zawołanie:

– Ale wy wcale nie byliście lepsi!

Jak zwykle podczas takich debat ścierają się ze sobą zwolennicy dwóch skrajnych punktów widzenia.

Z jednej strony możemy usłyszeć, że haniebna działalność żydowskiej Służby Porządkowej jest dowodem na perfidię i degrengoladę moralną całego narodu żydowskiego. Że Żydzi wymordowali się własnymi rękoma.

Z drugiej strony możemy usłyszeć, że żydowscy policjanci byli ofiarami Holokaustu, a co za tym idzie, nikomu nie wolno ich krytykować. Samo pisanie o niecnych czynach tych ludzi jest ponoć przejawem ksenofobii i antysemityzmu.

Oba te stanowiska uważam za nieprawdziwe i niedopuszczalne. Czyny jednostek nie mogą obciążać całego narodu. A w historii nie może być tematów tabu. Dlatego właśnie jedną z części książki, którą trzymają państwo w rękach, zdecydowałem się poświęcić działalności żydowskiej Służby Porządkowej. Najbardziej kontrowersyjnemu epizodowi Holokaustu. Obawiam się jednak, że to, co napisałem, nie spodoba się żadnej ze stron wspomnianego zażartego sporu.

2

Silni wśród słabych

Wszystko zaczęło się we wrześniu 1939 roku. Niemiecka armia coraz głębiej wdzierała się na terytorium Polski, zagarniając przy tym olbrzymie skupiska polskich Żydów. W sumie ponad 1,7 miliona ludzi. Zgodnie z ówczesnymi niemieckimi planami wszyscy ci ludzie mieli być zmuszeni do emigracji. Tak aby teren przyszłej Wielkiej Rzeszy został całkowicie „oczyszczony" ze znienawidzonego „żydostwa".

Aby przygotować grunt pod tę kolosalną operację deportacyjną, szef Głównego Urzędu Bezpieczeństwa Rzeszy (RSHA) Reinhard Heydrich 21 września 1939 roku rozesłał do swoich podwładnych w terenie telefonogram. Była w nim mowa o konieczności koncentracji ludności żydowskiej w miastach położonych w pobliżu węzłów i linii kolejowych na terenie okupowanej Polski. Był to więc de facto rozkaz o utworzeniu gett.

Niemcy nie zamierzali jednak zarządzać żydowskimi skupiskami. Aby zaoszczędzić sobie zbędnych kosztów, nakładów ludzkich i ewentualnego oporu ze strony ludności, postanowili, że zostawią to zadanie żydowskim elitom.

W każdej gminie żydowskiej – pisał Heydrich – należy ustanowić żydowską Radę Starszych, którą w miarę możliwości należy utworzyć z pozostałych na miejscu osobistości i rabinów. Rada Starszych winna obejmować do 24 Żydów (mężczyzn) zależnie od wielkości gminy żydowskiej. Radę należy obarczyć pełną odpowiedzialnością w całym tego słowa znaczeniu za dokładne i terminowe wykonanie wszelkich wydanych lub wydawanych poleceń.

Na mocy tego brzemiennego w skutki rozkazu na terenie całego Generalnego Gubernatorstwa zaczęły powstawać Judenraty. Za pośrednictwem tych instytucji Niemcy planowali egzekwować swoje kolejne zarządzenia wobec ludności żydowskiej. Ściągać kontyngenty, pobierać robotników do pracy przymusowej czy organizować przyszłe wywózki. Nie zamierzali jednocześnie mieszać się w wewnętrzne sprawy Żydów.

W gestii Judenratów znalazła się przede wszystkim opieka nad nieprzebranymi rzeszami gwałtownie oderwanych od swoich warsztatów pracy zubożałych Żydów. Żywienie, zapewnienie ubrań i opieki medycznej. Ściąganie podatków. A także codzienne zarządzanie gettami. Organizacja życia polskich Żydów w nowych, niezwykle ciężkich warunkach okupacyjnych.

Wielu Żydów, nie przeczuwając dalszego rozwoju wypadków, przyjęło to rozwiązanie z zadowoleniem. Lepiej przecież być rządzonym przez własnych braci niż oprychów z SS czy Gestapo. Aby skutecznie działać, Judenraty musiały jednak mieć organ przymusu, który utrzymywałby porządek na ulicach żydowskich dzielnic i dbał o to, by obywatele wykonywali wolę Judenratów. W przeciwnym razie getta szybko pogrążyłyby się w chaosie.

Tak narodziła się idea stworzenia Żydowskiej Służby Porządkowej – Jüdischer Ordnungsdienst. Formacji, której część funkcjonariuszy miała zapisać tak niesławną kartę w dziejach narodu żydowskiego.

W Warszawie Służba Porządkowa powołana została jesienią 1940 roku. Przewodniczący Judenratu Adam Czerniaków nie chciał, żeby formacja ta stała się niesubordynowaną ludową milicją. Wolał, aby była to profesjonalna, zdyscyplinowana służba policyjna oparta na przedwojennych wzorcach. Dlatego na czele Ordnungsdienst postawił pułkownika Józefa Szeryńskiego.

Był to zawodowy oficer Policji Polskiej, który dla kariery przeszedł przed wojną na katolicyzm i zmienił nazwisko. Wcześniej nazywał się Szynkman. W 1939 roku pułkownik Szeryński pełnił funkcję zastępcy komendanta wojewódzkiego w Lublinie. Uznawany był za zawodowca.

Dzielnica żydowska została podzielona na sześć rejonów, w których służyć miało w sumie około 1700 policjantów – odemanów, jak ich nazywano. Tak duża liczba funkcjonariuszy nie powinna zaskakiwać, getto warszawskie było bowiem molochem. Na niewielkiej przestrzeni Niemcy stłoczyli grubo ponad 400 tysięcy mieszkańców. W efekcie na jednym kilometrze kwadratowym żyło 146 tysięcy ludzi! To absolutny rekord w dziejach ludzkości.

Żydowscy przywódcy zdawali sobie sprawę, że funkcjonariusze Służby Porządkowej będą narażeni na niezwykle silne pokusy i demoralizację. Dlatego dołożyli wszelkich starań, aby do szeregów policji dostał się najbardziej światły i kulturalny element. Kandydatom postawiono wysokie wymagania:

wiek – 21–40 lat,

wzrost – minimum 170 centymetrów,

waga – minimum 60 kilogramów,

wykształcenie – co najmniej sześć klas szkoły powszechnej,

odbyta zasadnicza służba w Wojsku Polskim,

biegła znajomość języka polskiego.

Co jednak najważniejsze, przyszli policjanci musieli zaświadczyć, że nigdy nie byli karani – sprawdzano to w rejestrach przedwojennego Ministerstwa Sprawiedliwości – i musieli dostarczyć rekomendację od dwóch powszechnie szanowanych członków żydowskiej społeczności. Na koniec każdy kandydat musiał przejść rozmowę kwalifikacyjną.

Przywódcy Judenratu uznali, że przez tak gęste sito nie przecisną się szumowiny ani przestępcy. I rzeczywiście w szeregach Służby Porządkowej znalazło się wielu ludzi z elity. Młodych adwokatów, lekarzy, dziennikarzy, studentów, inżynierów – inteligentów i przedstawicieli wolnych zawodów. Kwiat żydowskiej młodzieży.

Więc dlaczego stan rzeczy taki był? – pytał we wspomnieniach jeden z oficerów policji, Jan Mawult (Stanisław Gombiński). – Jeżeli rzeczywiście dobór ludzki był tak staranny, tak pieczołowity – czemu ci ludzie okazali się tak źli, czemu tyle złego wyrządzili ludności, czemu ich ludność tak gorąco nienawidziła? Niechaj czytelnik wstrzyma się ze swym sądem, niech naprzód te karty – a następnie tysiące innych, przeczyta, niech zaznajomi się z rzeczywistym stanem rzeczy w całej rozciągłości i wtedy niech spróbuje raz jeszcze, po raz setny, po raz tysięczny rozgryźć naszą rzeczywistość.

Upiornej rzeczywistości getta oczywiście nikt, kto nie był w nim więziony, rozgryźć nie zdoła. Po przeczytaniu wielu książek i wspomnień z warszawskiej dzielnicy zamkniętej mogę jednak postawić pewną hipotezę. Spróbować odpowiedzieć na pytanie zadane przez Gombińskiego: Dlaczego miało być tak dobrze, a wyszło tak okropnie? Przyczyny były dwie – system i natura ludzka.

O systemie panującym w getcie warszawskim nie trzeba chyba dużo pisać. Są to rzeczy powszechnie znane. Był to system permanentnego głodu i strachu. Niemcy dostarczali do dzielnicy zamkniętej znikome ilości żywności, a jednocześnie na Żydów spadały kolejne szykany i represje. Ten straszliwy system spowodował, że głównym motorem napędowym mieszkańców getta stała się chęć przeżycia. Za wszelką cenę.

Hermetyczne zamknięcie nas w dzielnicy – pisał jeden z wysokich rangą funkcjonariuszy Służby Porządkowej, Stanisław Adler – miało rzecz jasna na celu wygłodzenie nas i doprowadzenie do takiego zezwierzęcenia, aby ostatni wzajemnie się pożerali.

Gdy codziennie trzeba było toczyć zażartą walkę o życie, stare konwenanse i zasady moralne wydawały się wręcz śmieszne. W efekcie za murami gett zapanowało prawo dżungli. Przetrwać mogli tylko silni: ludzie z pieniędzmi, koneksjami, piastujący stanowiska upoważniające do dodatkowych racji żywnościowych. Ludzie, którzy mieli władzę nad innymi. Wśród nich znaleźli się żydowscy policjanci.

Umiejętność rozpychania się łokciami, przechodzenia po trupach słabszych – pisał świadek Stanisław Różycki. – Trzeba nauczyć się bezwzględności, twardości, nieczułości. Nie znać uczucia litości, współczucia. Nie znać, co to poczucie solidarności, obowiązek wobec bliźnich, odrzucić altruizm, ludzkość, humanitaryzm. Po trupach do celu. Kto po drodze przeszkadza, tego pięścią rozwalić, przydeptać i iść dalej. Prawo silniejszego wszechwładnie panuje.

Praca w Służbie Porządkowej stwarzała olbrzymie możliwości uzyskiwania dodatkowych dochodów. Pieniądze i jedzenie dosłownie pchały się do rąk odemanów. Aby mogli oprzeć się tym pokusom, funkcjonariusze przede wszystkim powinni być dobrze opłacani. Tymczasem za służbę w Jüdischer Ordnungsdienst początkowo nie otrzymywali wynagrodzenia.

Nic więc dziwnego, że część policjantów zaczęła brać łapówki. Do jednego z ich głównych zadań należało pilnowanie bram i murów getta od wewnątrz. Chodziło głównie o powstrzymanie idącego pełną parą szmuglu. Policjanci często wchodzili jednak w porozumienie z przemytnikami – za przymknięcie oka na ich działalność dostawali swoją działkę.

Funkcjonariuszy takich nazywano „grajkami". Ich zadaniem było „zblatowanie" polskiego policjanta i niemieckiego żandarma stanowiących obsadę „wachy". Gdy wszystko było dogadane, „grajek" dawał umówiony sygnał i przez „wachę" przejeżdżał cały konwój wozów wyładowanych po brzegi towarami. Na żydowską stronę czasami szmuglowano nawet żywe krowy!

Jeżeli byli sprytni, ostrożni i obrotni, żydowscy policjanci szybko mogli zbić fortunę. Pieniądze te wydawali w licznych powstałych na terenie dzielnicy zamkniętej lokalach. Byli głównymi klientami prostytutek i szulerni.

Udział w prowadzeniu przemytu zdemoralizował w dużym stopniu Służbę Porządkową – pisał Stanisław Adler. – Duże i nie kontrolowane przychody skłoniły licznych do prowadzenia hulaszczego i wyuzdanego trybu życia.

Na tle powszechnej nędzy wybryki te sprawiały makabryczne wrażenie. Ci spośród przemytników, którym w tym momencie dobrze się wiodło, postępowali w myśl zasady: „Tyle zysku co w pysku!". Toteż dziesiątki restauracji wydających jak najbardziej wyszukane potrawy opierało swój byt na szmuglerach i ich najrozmaitszego rodzaju i kalibru poplecznikach. Wystarczyło zajrzeć do takiego Ala Fourchette przy zbiegu Leszna i Solnej lub Adasia na Lesznie pod 14, gdzie na ladach kusiły karpie faszerowane, krajane w olbrzymie kawały, stosy gęsi pieczonych i wędzonych, tłuste jabłeczniki i inne specjały kuchni żydowskiej, aby ogarnął człowieka wstręt i bezgraniczna złość. Przy stolikach płynęły morza alkoholu, płacono rachunki idące w setki i tysiące złotych. Dzielnica żydowska znajdowała się [tymczasem] w okowach dojmującego głodu i wymierała w tempie niesłychanie szybkim.

Policjanci mieli dwie możliwości. Mogli ze swoimi rodzinami klepać biedę i żyć na skraju śmierci głodowej. Albo zrobić wielkie pieniądze, jeść i pić pod korek, bawić się w nocnych lokalach, znaleźć się w szeregach gettowej elity. Trudno się dziwić, że spora część – szczególnie młodych ludzi – ulegała tej pokusie. System panujący w getcie demoralizował jednostkę.

Łapownictwo szybko zapanowało na wszystkich szczeblach Służby Porządkowej. Za pieniądze można się było wykupić od branki na roboty, mandatu czy aresztowania. Odpowiednio „posmarowawszy", można się nawet było dostać do Jüdischer Ordnungsdienst! Spowodowało to napływ do tej formacji rozmaitych kombinatorów, oszustów, a nawet pospolitych kryminalistów. Wielu z nich w służbie w policji widziało szansę na odkucie się po wielu miesiącach okupacyjnej biedy.

Stanisław Adler, który był jednym z prominentnych przedstawicieli policyjnej „frakcji adwokatów", twierdził, że tacy funkcjonariusze byli najbardziej zdeprawowani.

Najgorszym, najmniej pewnym elementem są ludzie ze średnim wykształceniem – pisał – rekrutujący się ze sfery kupieckiej, o dużych aspiracjach materialnych, marzący nie o zdobyciu kawałka chleba, lecz ciastka i wódki. Gotowi do kroczenia po trupach, egoiści wyprani z jakichkolwiek powściągów natury ideowej czy moralnej. W krótkim czasie porozumieli się i utworzyli coś w rodzaju junty, która broniła wspólnych klikowych interesów, nie licząc się z tym, że spycha w odmęty wszystkich, którzy nie dostąpili zaszczytu otarcia się o „honorową" żółtą opaskę – opaskę przynależności do Służby Porządkowej.

„Kupiecka junta" bez wątpienia istniała. Jak jednak wskazują dokumenty, nie było takiej grupy zawodowej, której przedstawiciele byliby uodpornieni na demoralizację. Dotyczy to także pracujących w Służbie Porządkowej adwokatów. Nie ma natomiast wątpliwości, że z biegiem czasu poziom moralny członków Jüdischer Ordnungsdienst wyraźnie się obniżył.

Rutynowa działalność odemanów stała się utrapieniem mieszkańców getta. Do ich obowiązków należało wyłapywanie ludzi chodzących bez opasek, pilnowanie, aby nikt nie szwendał się po ulicach po godzinie policyjnej, ściąganie podatków, spędzanie z chodników żebraków i ulicznych sprzedawców, wlepianie mandatów i konwojowanie aresztantów.

Policjanci zaczęli też nadużywać prawa do stosowania przemocy. Służbowe pałki, okrągłe policyjne czapki z niebieskim otokiem i gwiazdą Dawida, buty z cholewami i blaszane odznaki z numerami – wszystkie te atrybuty władzy niezwykle podbudowały ich pewność siebie. Zwykłych mieszkańców getta zaczęli traktować z góry, pogardliwie.

Daniel tarmosił niemłodego, chuderlawego „placówkarza" – pisała Janina Bauman o zachowaniu swojego znajomego policjanta. – Ściągnął z niego nędzny płaszcz i zaczął przeszukiwać kieszenie. Znalazł wypchaną torbę szmacianą przypiętą do podszewki. Wyrwał ją gwałtownie i wysypał całą jej zawartość na bruk. Niemal płacząc, nieszczęsny człowiek wyciągnął z kieszeni spodni zwinięty banknot. Daniel drgnął i na ułamek sekundy w jego oczach pojawiło się przerażenie i wstyd. Ale zaraz twarz wykrzywiła mu się w szyderczym uśmiechu. Chwycił pałkę i ze wszystkich sił zaczął okładać bezbronnego człowieka po głowie, po twarzy. Następnie powalił go na bruk i ciężkim butem kopnął wynędzniałe ciało.

Obóz dla arabskich uchodźców i wypędzonych. Palestyna, listopad 1948.

Uciekinierzy z wioski w okolicach Hajfy.

Izraelska piechota atakuje. Pierwsza wojna izraelsko-arabska, październik 1948.

Arabskie stanowisko karabinu maszynowego. Dzień przed proklamacją niepodległości Izraela.

Przewodniczący sowieckiego Żydowskiego Komitetu Antyfaszystowskiego Solomon Michoels (po prawej) z wizytą u Alberta Einsteina. Lato 1943.

Państwowy pogrzeb Michoelsa. Żydowski aktor i reżyser został zgładzony na rozkaz Stalina przez zabójców z NKWD. Styczeń 1948.

Generał Awigdor „Janusz" Ben-Gal w swoim żywiole.

Izraelski czołg na Wzgórzach Golan mija rozbity syryjski sprzęt. Wojna Jom Kipur, październik 1973.

Ocalała z Holokaustu Hedy Epstein podczas protestu głodowego przeciwko izraelskim prześladowaniom Palestyńczyków ze Strefy Gazy.

Izraelscy żołnierze zatrzymują uczestnika palestyńskiego protestu. Zachodni Brzeg Jordanu, październik 2015.

Organizator antyizraelskich ataków terrorystycznych Abu Dżihad (pośrodku, patrzy w obiektyw). 16 kwietnia 1988 został zastrzelony przez izraelskich egzekutorów w Tunezji.

Izraelscy komandosi są zabójczo skuteczni... Żołnierze Szajetetu 13, oddziału specjalnego marynarki wojennej Izraela, podczas ćwiczeń.

Niemieckie zdjęcie propagandowe mające ukazać demoralizację Żydów z getta. Gdy jedni umierają na ulicach z głodu, drudzy bawią się w nocnych lokalach.

Generalny gubernator Hans Frank przyjmuje meldunek od komendanta oddziału granatowej policji. Październik 1940.

Zbiórka Żydowskiej Służby Porządkowej w warszawskim getcie. Lato 1941.

Żydowski policjant rozgania grupę młodych mieszkańców getta. Rok 1943.

Służbowe opaski funkcjonariuszy Żydowskiej Służby Porządkowej w getcie warszawskim.

Żydowscy policjanci szybko stali się utrapieniem mieszkańców gett.

Żydowski policjant i niemiecki żandarm pozują do zdjęcia ze schwytanymi Żydami. Maj 1941.

Żydowscy policjanci często służyli Niemcom jako tłumacze.

Władca łódzkiego getta Chaim Mordechaj Rumkowski w swojej bryczce.

Prezes Rumkowski rozmawia z niemieckim zarządcą getta Hansem Biebowem.

Rumkowski przyjmuje na terenie getta Heinricha Himmlera. Czerwiec 1941.

„Król Chaim" podczas jednego ze swoich słynnych przemówień do „poddanych".

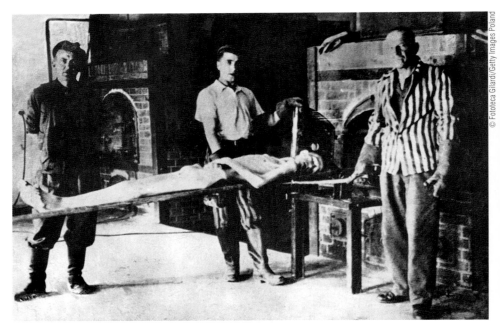
Sonderkommando w Auschwitz. Rekonstrukcja po zajęciu obozu przez Sowietów.

Palenie zwłok w Auschwitz. Zdjęcie wykonane potajemnie przez członka Sonderkommanda.

Ksiądz Stanisław Trzeciak w swoim gabinecie. Warszawa, 1936.

Ofiara donosu księdza Trzeciaka – ksiądz Tadeusz Puder.

Idi Amin, dyktator Ugandy, miał na sumieniu setki tysięcy ludzi, ale w ludzkim mięsie raczej nie gustował.

Libijski dyktator Muammar Kaddafi i – jak długo uważano – kobiety z jego ochrony osobistej. W rzeczywistości były to jego niewolnice seksualne. Ukraina, listopad 2008.

Z kolei Jehoszua Perle – znany żydowski pisarz zamknięty w getcie i zamordowany później w Auschwitz – pisał gorzko:

> Getto wykazało straszliwą zgniliznę żydowskiej ludności. Takiego donosicielstwa, jakie widzimy w getcie, na pewno nie ma u Polaków. Na powierzchnię wypłynął najgorszy element. Żydzi pracują w Gestapo. W policji znajdują się młodzi żydowscy mężczyźni, którzy wstąpili tam, aby uchronić się od obozów i wysłać tam innych Żydów. Widziałem, jak policjanci z wyższym wykształceniem bili mocno biednych chłopców za kradzież kawałka drzewa.

Funkcjonariusze Służby Porządkowej sprawowali funkcję strażników w Areszcie Centralnym przy ulicy Gęsiej 22. Ponieważ samo getto było jednym wielkim zakładem karnym, areszt ten był swoistym kuriozum – więzieniem w więzieniu. Siedzieli tam żydowscy paskarze, szmuglerzy, drobni przestępcy, ale przede wszystkim ludzie, którzy złamali antyżydowskie zarządzenia władz okupacyjnych. Głównie Żydzi złapani po aryjskiej stronie bez opasek. To smutny paradoks, że więzili ich i pilnowali rodacy.

W areszcie tym był też oddział kobiecy, do policji getta przyjęto więc pewną liczbę pań, które pracowały tam jako strażniczki.

Zentralarrest przy Gęsiej był strasznie przepełniony. Początkowo przewidziano go na około 100 osób – a ostatecznie przetrzymywano w nim ponad 1,5 tysiąca więźniów. W celach było przeraźliwie zimno, panowały w nich fatalne warunki sanitarne.

> Jedynym bardzo skutecznym „regulatorem" ciągłego przyrostu więźniów – pisał anonimowy żydowski pamiętnikarz – był tyfus i gruźlica. Warunki życia w tym podwójnym więzieniu były bardzo ciężkie. Racje żywnościowe – kawa i kawałek chleba rano, zupa z kuchni ludowej w południe i wieczór – znacznie poniżej głodowych. Mimo wysiłków Żydowskiego Patronatu nad Więźniami ludzie w więzieniu marli jak muchy.

Na opinię, jaką mieli żydowscy porządkowi wśród mieszkańców getta, fatalnie wpływała fraternizacja części z nich z Niemcami. Nie chodzi nawet o robienie wspólnych interesów, lecz o płaszczenie się, gorliwe wykonywanie wszelkich poleceń i ustawiczne podlizywanie się żandarmom.

W skład policji wchodziła młodzież z warstwy zamożnej – pisał słynny pianista Władysław Szpilman. – Odraza brała, gdy się widziało, jak ludzie, do niedawna jeszcze przyzwoici, którym się podawało rękę i traktowało jak przyjaciół, zamieniali się w kanalie – podleli. Ich największą ambicją stało się nawiązywanie stosunków z gestapowcami, wysługiwanie się im, paradowanie z nimi wzdłuż ulic, popisywanie się znajomością języka niemieckiego i licytowanie w srogości metod stosowanych do żydowskiej ludności.

Kolejnym utrapieniem warszawskich Żydów były tak zwane parówki. Głód, brud i przeludnienie dzielnicy miały łatwy do przewidzenia skutek: wybuch epidemii chorób zakaźnych. Szczególnie groźny okazał się tyfus plamisty, który zaczął dziesiątkować populację warszawskich Żydów. Aby temu przeciwdziałać, władze zarządzały przymusową dezynfekcję w łaźniach – zwanych potocznie parówkami.
Procedura była bardzo uciążliwa. Na całą kamienicę nakładano tak zwaną blokadę sanitarną. Budynek był otaczany przez policjantów i odkażany. Z mieszkań wywlekano wszystko, na czym mogłyby się znajdować zarazki tyfusu: poduszki, ubrania, koce, kołdry... A wszystkich mieszkańców pod konwojem prowadzono do łaźni. Oczywiście spora część Żydów na samo hasło „parówka" rzucała się do panicznej ucieczki – wówczas policjanci ruszali za nimi w pogoń.

Wcześnie zbudzeni sąsiedzi z okolicznych domów i przechodnie roznoszą już nowinę jak miasto długie i szerokie – pisał Perec Opoczyński, reportażysta z warszawskiego getta. – Na Smoczej 10 parówka, na Wołyńskiej 7 parówka, Lubeckiego 13 parówka. Ach, Żydkowie złoci, dziś w mieście rzeź! Pół Warszawy ma zamknięte bramy. Żydówka z włosami pełnymi pierza, z zaspanymi oczyma opowiadała temu, kto przyniósł nowinę, że córka jej siostry przeziębiła się w łaźni w tamtym tygodniu, poleżała w łóżku ze dwa, trzy dni, i któż by pomyślał, odeszła wczoraj z tego świata. Do jakiej to ruiny doprowadzają dziś ubrania i pościel, Boże miłościwy!

Dantejskie sceny rozgrywały się również podczas ściągania specjalnego podatku na policję w wysokości trzydziestu groszy miesięcznie od każdego mieszkańca getta. Jeżeli jakiś delikwent nie chciał płacić – funkcjonariusze Ordnungsdienst zamykali go w areszcie domowym i więzili, dopóki nie skruszał i nie zapłacił owego haraczu.

Barbara Engelking, współautorka monumentalnego *Przewodnika po nieistniejącym mieście*, określiła metody stosowane przez żydowskich policjantów jako „zbliżone do mafijnych". Nietrudno się więc domyślić, jaki wpływ wszystkie te praktyki miały na stosunek do nich mieszkańców getta.

Ta przesławna i osławiona „służba porządkowa" – pisał więzień getta Stanisław Różycki – jest przedmiotem powszechnej nienawiści, pogardy, wstrętu. Opinia zdecydowanie ujemna jest tak popularna, niewątpliwa ponad wszelką dyskusją, że nawet wśród pracowników policji nie ma takiego, który by spróbował jej bronić. Policjanci kręcą się po wszystkich ulicach, interweniują w każdej sprawie, wścibiają wszędzie swój nos, wszędobylscy, wścibscy, aroganccy, chciwi, zdemoralizowani. Chcesz dostać się bez ogonka do urzędu – łapówka, chcesz otrzymać asystę przy zajęciu mieszkania – łapówka. Chcesz wyjść z domu zamkniętego z powodu epidemii – łapówka, wyjść z getta, wywieźć towar – łapówka, łapówka, łapówka. Przecież oni też muszą żyć. Ich też najwięcej widać w restauracjach czy kawiarniach. Są oni nie stróżami porządku, lecz regulatorami życia podziemnego, nieoficjalnego, nierzadko sługusami gestapo.

Ta postępująca demoralizacja funkcjonariuszy Służby Porządkowej miała z czasem przynieść katastrofalne skutki.

3

Ali Baba
i czterdziestu rozbójników

Nie przypadkiem tak gęsto cytuję Stanisława Adlera. Był on jednym z nielicznych wysokich rangą funkcjonariuszy warszawskiej Służby Porządkowej, którzy pozostawili po sobie wspomnienia. Wydane w 2018 roku pod tytułem *Żadna blaga, żadne kłamstwa*, są prawdziwą rewelacją, unikatowym świadectwem „człowieka z wewnątrz".

Adler od początku był w samym centrum wydarzeń. Widział, jak powstaje i kształtuje się struktura Jüdischer Ordnungsdienst. Brał udział w walkach koterii i frakcji, które ścierały się w gettowej policji. A przede wszystkim miał okazję znakomicie poznać czołowych funkcjonariuszy Służby Porządkowej. Z ludźmi tymi stykał się na co dzień.

Dzięki temu w swoich wspomnieniach mógł zamieścić kapitalne – pełne jadu, a zarazem typowego żydowskiego humoru – charakterystyki pułkownika Józefa Szeryńskiego i jego najbliższych współpracowników. Nadzwyczaj osobliwej grupy, którą jeden z kronikarzy warszawskiego getta określił mianem „Ali Baby i czterdziestu rozbójników".

Oddajmy głos Stanisławowi Adlerowi. Oto sporządzone przez niego sylwetki dowódców warszawskiej Jüdischer Ordnungsdienst.

Józef Szeryński

W 1940 roku dopiero wchodził w smak roli „wodza", w której zgrywał się następnie przez długi czas. Były to dopiero pierwsze nieśmiałe kroki w kierunku, który z niego stworzyć miał z czasem karykaturę ni to Piłsudskiego, ni to Mussoliniego. „Wodza" Służby Porządkowej, wygłaszającego przemówienia w stylu wprowadzonym przez italskiego dyktatora. Szeryński i jego otoczenie nienawidziło Żydów.

Stanisław Czapliński

Adiutantem Szeryńskiego był jowialny pyknik Stanisław Czapliński, o nikłych zainteresowaniach fotografa amatora, dużych potrzebach w zakresie konsumpcji alkoholu i wszelkiego jadła. Był tubą i głównym uchem Szeryńskiego. Jednym z naczelnych zadań adiutanta było aprowizowanie kierownika Służby Porządkowej. Ślinka spływała mi do ust, a kiszki skręcały się z głodu, gdy po dwóch kawałkach chleba z marmoladą zjedzonych z samego rana wchodziłem do gabinetu Szeryńskiego i zastawałem go przy sutym, bardzo wystawnym, nawet jak na przedwojenne czasy śniadaniu. Pułkownik wkrótce roztył się w nieprawdopodobny sposób. Tragikomiczne wrażenie sprawiała na przymierającej głodem ulicy żydowskiej dwójka toczących się grubasów: Szeryński ze swoim adiutantem.

Wilhelm Hendel

Cechowała go bezgraniczna służalczość słowna wobec Niemców, zachowanie się podoficera wyprężonego na baczność w wysłuchiwaniu poleceń „władz". Czego zresztą wymagać od trzydziestoparoletniego agenta ubezpieczeniowego, z wykształcenia wiertacza naftowego, bywalca przedwojennych kryminałów, przyodzianego w mundur policji żydowskiej? Talenty jego, poza zdolnością psiego posłuchu, leżały niewątpliwie w sferze, której nie mogłem należycie ocenić na terenie biurowym. Kobiety i alkohol – oto właściwe jego pole działania, na którym usiłował uzyskać platformę porozumienia z okupantem.

Albin Fleishman

Tuż przed wojną kierownik sali w Promenadzie czy w innym lokalu nocnym na peryferiach miasta. Łączył w sobie doskonale cechy zawodowego wojskowego i kierownika wzmiankowanego lokalu: zewnętrzne objawy rycerskości i wysublimowanego honoru okrywały duszę stupajki, pijaka i alfonsa. Bezwzględny w stosunku do podkomendnych, nie zapominający żadnej sobie wyrządzonej krzywdy, węszący alkohol na milę i sięgający głęboko po udział w zyskach swoich ludzi.

Herman Czerwiński (dziennikarz współpracujący z policją)
Ten były wywiadowca polskich służb, następnie reporter kryminalny „Naszego Przeglądu", na gruncie gminnym odznaczał się dużą ruchliwością. Postawny, przystojny, przesadnie ugrzeczniony, o ptasim mózgu i niezwykłej potoczystości pióra, odznaczał się wybitną aktywnością w stosunku do płci pięknej. Przypominam sobie jeden z kapitalnych projektów Czerwińskiego: organizacji kobiecej Służby Porządkowej. Należeć do niej miały młode urodziwe kobiety. Zadanie ich polegać miało na zwalczaniu prostytucji (jakiej, tego autor projektu nie wyjaśnia) przez krążenie po ulicach i przesiadywanie w kawiarniach. Przede wszystkim jednak miały one zajmować się inwigilacją osób występujących przeciwko organom Rady Żydowskiej i notować krytyczne opinie.

Mieczysław Szmerling
Wysoki, barczysty, obdarzony dużą siłą, którą uważał za właściwe popisywać się przy lada sposobności. Na jakimś własnoręcznie bitym przezeń graczu hazardowym złamał sobie palec. Szmerling bynajmniej nie miał na oku umoralnienia gracza, ile raczej jego pieniądze. Takie zachowanie Szmerlingowi nie zaszkodziło, wręcz przeciwnie, stało się ono odskocznią do „zaszczytów i laurów", których mógłby mu pozazdrościć Herostrates.

Józef Hertz
Jego chorobę psychiczną trudno mi sklasyfikować. Ten niewysoki brunet o krótko przystrzyżonych wąsikach nie darmo już na długo przed wojną zasłużył na miano „szatańskiego". Hertz nienawidził Niemców hitlerowskich, lecz święcie wierzył w ich wygraną. Postawił sobie za punkt honoru udowadniać każdemu z osobna, że klęska Hitlera jest nieosiągalną mrzonką i że my wszyscy, zamknięci w getcie, jesteśmy skazani nieuchronnie

na zgubę. Hertz zaśmiewał się nieomal szczerze i wesoło, zacierał rączki z zachwytu, gdy konlokutor [współrozmówca] nie potrafił odparować ciosu dialektycznego i skruszony musiał przyznać słuszność jego wywodom.

Józef Echrlich
Krępy, przysadzisty, na krzywych nogach, łysawy o bladej twarzy, wydatnym szpiczastym nosie, małych kaprawych oczkach i smutnym wyrazie twarzy szpicel. Podobno już przed wojną miał przydomek Josełe Kapote. Przezwisko to nie pochodziło od stroju, lecz od zawodu – kapusia.

Po zapoznaniu się z tym gabinetem osobliwości – sadystami, antysemitami, szulerami i półwariatami – aż chce się złapać za głowę i zawołać: „Cóż to była za menażeria! Nic dziwnego, że to się tak skończyło!".

Trzeba więc w tym miejscu wyraźnie zastrzec: nie wszyscy żydowscy policjanci byli tacy. Część funkcjonariuszy Służby Porządkowej do końca pozostała uczciwa. Byli to ludzie ideowi, nieprzekupni, którzy starali się służyć umęczonym przez okupanta rodakom. Z obrzydzeniem i pogardą patrzyli na postępowanie swoich kolegów w mundurach.

Stanisław Adler pisze o funkcjonariuszach Jüdischer Ordnungsdienst, którzy po powrocie ze służby mdleli z głodu na komisariatach. A zamiast lśniących oficerek nosili dziurawe łapcie, z których wystawały palce w pocerowanych skarpetach. Oni na pewno nie brali łapówek.

Niestety z upływem czasu ich szeregi znacznie się przerzedzały. Ludzie ci rzucali służbę, nie chcąc, aby spadało na nich odium za czyny zdemoralizowanych współtowarzyszy. Albo byli z niej wypychani. „Frajerzy" – za jakich ich uważano – kłuli bowiem w oczy skorumpowanych funkcjonariuszy. Wyszydzano ich i wskazywano palcami.

Jak wyglądały proporcje między dobrymi a złymi policjantami? Tego oczywiście nie wiadomo. Jeden z więźniów getta, Samuel Elper, uważał, że porządkowi dzielili się na trzy grupy:

agenci Gestapo – 1 procent,
robiący interesy – 80 procent,
usiłujący się „ukryć pod czapką", czyli ludzie, którzy starali się przeżyć, nie krzywdząc nikogo i nie idąc na moralne kompromisy – 19 procent.

Aby uczciwie, bezstronnie ocenić policjantów z warszawskiego getta, należy wspomnieć, jak ich traktowali niemieccy żandarmi. Byli oczywiście funkcjonariusze Służby Porządkowej, którzy żyli z Niemcami w dobrej komitywie, pili z nimi wódkę i robili interesy. Równie często jednak Niemcy bili ich po twarzy, upokarzali, a nawet mordowali.

Znana jest sprawa rozstrzelania dziesięciu przypadkowych funkcjonariuszy Ordnungsdienst w odwecie za przepuszczenie dużej partii szmuglu przez jedną z „wach". W maju 1942 roku – za ukrycie futra żony – aresztowany został sam Szeryński.

Stanisław Adler opisał zaś, co spotkało jego kolegę Ludwika Lubingera, pracownika Wydziału Prawnego warszawskiego Judenratu.

> Latem 1942 roku Lubinger wyprysnął na stronę aryjską. Nie był dostatecznie ostrożny, skoro już w październiku znalazł się na Pawiaku. W pewnym momencie zarządzono przeniesienie go do Aresztu Centralnego dla Żydów na Gęsiej. Lubinger widocznie pewien był, że prowadzą go na stracenie, ponieważ w drodze demonstracyjnie swoim tubalnym głosem zaczął śpiewać „Jeszcze Polska nie zginęła". Został z miejsca okropnie skatowany, po czym przywódca zbirów przyłożył mu do skroni pistolet i powiedział: „No, pośpiewaj raz jeszcze!". Lubinger, strasznliwie skopany i pobity, o jednym oku zupełnie zmasakrowanym, uśmiechnął się i jeszcze raz ryknął: „Jeszcze Polska nie zginęła". Padł strzał. Działo się to w przeddzień zarządzenia o amnestii, która zwalniała od kary Żydów za przekroczenie granic dzielnicy.

Pamiętajmy więc o podłościach Mieczysława Szmerlinga, ale pamiętajmy również o męczeństwie i bohaterstwie Ludwika Lubingera.

4

W matni Zagłady

Gdyby działania gettowych policjantów ograniczyły się do brania łapówek, rozbijania się po knajpach i okazjonalnym przyłożeniu bliźniemu pałką po krzyżu, Żydowska Służba Porządkowa zapewne nie wywoływałaby obecnie tak namiętnych sporów i tak olbrzymiego zainteresowania opinii publicznej. Badania nad nią prowadziłaby wąska grupa specjalistów publikujących swoje ustalenia w niszowych periodykach.

Stało się jednak inaczej. Na początku 1942 roku antyżydowska polityka narodowosocjalistycznych Niemiec gwałtownie bowiem się zradykalizowała. Wegetujący w gettach, dziesiątkowani przez epidemie Żydzi zostali uznani za balast nadmiernie obciążający gospodarkę Rzeszy. Dowódcy SS zdecydowali, że trzeba radykalnie przeciąć sprawę. Getta miały zostać zlikwidowane, a Żydów zamierzali wywieźć do obozów.

Najsilniejsi i najzdrowsi mieli służyć gospodarce Trzeciej Rzeszy jako niewolnicy w obozach pracy. A Żydzi uznani za „nieproduktywnych" – czyli przytłaczająca większość – mieli zostać poddani „eutanazji" w obozach zagłady. Mieli podzielić los niepełnosprawnych Niemców zaduszonych wcześniej w komorach gazowych podczas mrożącej krew w żyłach, ludobójczej akcji T4.

Innymi słowy – owładnięci antysemicką obsesją Niemcy zmienili zdanie. „Kwestia żydowska" nie miała być już rozwiązana poprzez masowe wypędzenie, jak planowali do tej pory. Miała zostać rozwiązana poprzez masową eksterminację.

Wiosną 1942 roku niemieckie władze bezpieczeństwa przystąpiły do realizacji akcji „Reinhardt". Pociągi wypełnione po brzegi mieszkańcami gett ruszyły do Bełżca, Sobiboru, Treblinki, Majdanka i Auschwitz. W niebo nad okupowaną Polską wzbiły się słupy czarnego, gryzącego dymu. Rozpoczęła się jedna z największych, najpotworniejszych zbrodni w dziejach świata. Rozpoczął się Holokaust.

W Warszawie akcja ruszyła 22 lipca 1942 roku. Do gabinetu prezesa Judenratu Adama Czerniakowa wkroczyli uzbrojeni Niemcy, którzy oświadczyli mu, że bezzwłocznie deportują wszystkich mieszkańców getta oprócz pracowników fabryk i zakładów rzemieślniczych („szopów"). Skłamali, że cywile zostaną „wywiezieni na wschód".

Prezes Judenratu dobrze wiedział, co kryje się za tym eufemizmem. Stanowczo odmówił podpisania rozporządzenia w sprawie przesiedleń. I jeszcze tego samego dnia w heroicznym geście rozpaczy i protestu odebrał sobie życie. „Żądają ode mnie, abym własnymi rękami zabijał dzieci mego narodu. Nie pozostało mi nic innego, jak umrzeć" – napisał w liście pożegnalnym do żony.

Wyciągnięcie kilkuset tysięcy ludzi z krętych uliczek, piwnic, strychów, szop i innych zakamarków getta nie było jednak prostym zadaniem. Jak przeprowadzić taką olbrzymią operację? Niemcy wpadli na perfidny pomysł – zadanie to zlecili funkcjonariuszom Służby Porządkowej.

Żydowskim policjantom nakazali codziennie dostarczać kontyngenty rodaków na Umschlagplatz, skąd odprawiano transporty do Treblinki. Pierwszego dnia – 6 tysięcy ludzi. Początkowo Niemcy – jak pisze Aldona Podolska, autorka monografii *Służba Porządkowa w getcie warszawskim* – nie brali w tym udziału. Ograniczali się do nadzoru nad terenem zbiorczym.

Akcję żydowskiej policji nadzorował sam Szeryński, którego specjalnie w tym celu Niemcy wypuścili z aresztu. A jej głównym organizatorem i wykonawcą był jego zastępca – rozwydrzony, sadystyczny karzeł Jakub Lejkin.

Drżeli przed nim wszyscy – pisał Henryk Makower, lekarz zatrudniony w Służbie Porządkowej – za byle jakie przewinienie walił szpicrutą po twarzy. Od początku do końca wierzył Niemcom i dawał się przez nich stale oszukiwać – albo może tylko udawał, że im wierzy. Poza tym miał żonę w ciąży, którą bardzo kochał, i aby ją ratować, gotów był pójść na wszystko. Lejkin podobał się Niemcom, zamieścili nawet jego fotografię w „Völkischer Beobachter" pod pochlebnym tytułem *Der kleine jüdische General*.

Aby zmusić żydowskich policjantów do gorliwego wykonywania zbrodniczych rozkazów, Niemcy zastosowali swój stary, dobrze znany trik. W zamian za wierną współpracę obiecali funkcjonariuszom Służby Porządkowej darowanie życia im oraz ich rodzinom. Jednocześnie zwiększyli im przydziały żywnościowe – porządkowi dostawali teraz po kilogram chleba dziennie. Za dobrą służbę należy się nagroda.

Policjanci zabrali się do pracy. Na Umschlagplatz pomaszerowały długie kolumny więźniów z Aresztu Centralnego, chorych ze szpitali, sierot z ochronek, żebraków i uchodźców z małych żydowskich miasteczek, których Niemcy wtłoczyli do Warszawy. Zasób tych „obywateli drugiej kategorii" szybko się jednak wyczerpał. Porządkowi wzięli wówczas za cel całe kamienice.

Skorzystali z metody stosowanej wcześniej podczas „parówek". Czyli blokad. Oddział Służby Porządkowej bladym świtem otaczał dom. Rozlegał się ostry świst policyjnego gwizdka i wszystkim mieszkańcom nakazywano zejść na podwórko. Wyrwani ze snu, zdezorientowani ludzie zbiegali na dół w szlafrokach i piżamach. Tam żydowscy policjanci sprawdzali ich dokumenty i dokonywali wstępnej selekcji.

Ci, którzy mieli świadectwo pracy, mogli zostać w domu.

Nie pracujący, niepełnosprawni, starcy, sieroty – jazda do wagonów bydlęcych!

Gdy na podwórkach trwała selekcja, inni policjanci z hukiem podkutych butów wbiegali na klatki schodowe i robili kipisze w mieszkaniach. Szukali Żydów ukrywających się przed wywózką. Kiedy już „darmozjady" zostały oddzielone od pracujących, skazańców ładowano na wozy lub tworzono z nich kolumny marszowe i pędzono na Umschlagplatz.

Opowiadano mi o różnych scenach w trakcie blokad domów – relacjonował Henryk Makower. – Niektórzy z oficerów zachowywali się skandalicznie, nie uznając zupełnie nawet dobrych zaświadczeń. W innych wypadkach zwalniano ludzi za łapówki, łapownictwo się szerzyło. Brano pieniądze również od tych, którzy nie mieli żadnych przepustek. Rozdzielano rodziny, zabierano jedynych żywicieli, młode i piękne dziewczyny. Blokady wyzwoliły wśród Służby Porządkowej całą masę łajdactwa i draństwa. Opornych bito pałkami, nie gorzej od Niemców. Do tego dołączyło się rabowanie opuszczonych mieszkań pod jakimś pretekstem. Na przykład żeby nie zostawić rzeczy Niemcom. Wielu „porządnych" wyższych funkcjonariuszy Służby Porządkowej dorobiło się na różnych tego rodzaju praktykach sporych majątków. Było to zjawisko tak masowe, że nawet tzw. przyzwoici ludzie się chwalili: „ja się na tej akcji dorobiłem" albo „mój mąż nie nadaje się do dzisiejszych czasów, nic nie zarobił na akcji".

To właśnie niemoralne zachowania policjantów podczas akcji deportacyjnych wryły się najgłębiej w pamięć ocalałych z getta warszawskiego. Przykładem może być historia opowiedziana przez człowieka o inicjałach J.B.D., który już po wojnie udzielił wywiadu Stefanowi Chaskielewiczowi.

Ale były także przykłady chciwości Żydów – mówił J.B.D. – Kiedy policja żydowska wyłapywała ludzi z mieszkań, ludzi nie pracujących, nie mających zaświadczeń pracy, przyszło dwóch do mego mieszkania. Jeden z nich był moim kolegą szkolnym z gimnazjum. Zatrzymałem go przy wejściu i powiedziałem, że mam matkę i że ją ukryłem w klozecie. Prosiłem, by udawał, że jej nie widzi, i by nie dopuścił do rewizji swojego kolegi. „No, ale tego, tego..." Więc dałem mu pieniądze i on nie zobaczył mojej matki. I tenże kolega szkolny znalazł mnie po wojnie i przyszedł, prosząc o drobną przysługę.

– A pamiętasz, jak to było? – zapytałem.

– Pamiętam, ale to były takie czasy – odpowiedział.
Załatwiłem, o co prosił, i po jakimś czasie zjawił się u mnie w domu, wyjął pakę pieniędzy, pcha do rąk i mówi:
– Dziękuję.
Wziąłem tę pakę, szmyrgnąłem mu w mordę i wyrzuciłem z domu. To pokazuje, jaki to był gatunek ludzi.

Niemcy domagali się tymczasem od Służby Porządkowej zwiększenia tempa pracy. Zażądali dostarczenia im 10 tysięcy ludzi jednego dnia! Jakub Lejkin, usłyszawszy ten przerażający rozkaz, uśmiechnął się i stwierdził:
– Da się zrobić.
Policjantów było jednak za mało, by zdołali wykonać tak kolosalne zadanie. Lejkin postanowił więc zmobilizować „aktyw społeczny" – urzędników warszawskiego Judenratu. Nakazano im opuścić biura, rozdano drewniane pałki i białe opaski.

Szli oni środkiem ulicy w postaci szeroko otwartej litery V – wspominał Henryk Makower – która otwartym kątem była zwrócona w kierunku ruchu. Poszczególne człony tej litery powiązane zostały pałkami, tak żeby nie można się było wydostać. Reszta łapaczy chodziła ulicą, chodnikami, zatrzymywała przechodniów i legitymowała. Ludzi bez zaświadczeń brano do środka, a opornych załatwiano wcale nie mniej brutalnie, niż robiła to wcześniej policja. Tego dnia przyprowadzono na Umschlag 10 tysięcy. Lejkin wygrał bitwę.

Żydowskim komendantem Umschlagplatzu został Mieczysław Szmerling, jedna z najczarniejszych figur Jüdischer Ordnungsdienst. Jego ludzie zajmowali się pilnowaniem rodaków oczekujących na pociągi, a następnie ładowaniem ich do wagonów bydlęcych. Do jednego potrafili upchnąć po sto osób. Był straszliwy skwar, więc stłoczone jak sardynki ofiary mdlały, błagały o wodę…

Tam na Umschlagu widziałem potworne bestialstwo żydowskiego komendanta placu Szmerlinga – relacjonował Henryk Rudnicki. – Szubrawiec ten bezprzykładnie znęcał się nad Żydami, prześcigając Niemców. On też potrafił okładać drucianą rózgą członków Służby Porządkowej za jakąkolwiek chęć pomocy uwięzionym, np. podanie szklanki wody spragnionemu.

Szmerling nie tylko pastwił się nad nieszczęśnikami oczekującymi na swoją ostatnią podróż. Wyłudzał też niebotyczne łapówki od ludzi chcących wykupić bliskich. A do tego w obrzydliwy sposób nadskakiwał niemieckim żandarmom. Według Aldony Podolskiej zachowanie to można wyjaśnić tylko w kategoriach medycznych.

W pamięci wielu świadków – pisała badaczka – zachował się obraz Szmerlinga jako wynaturzonego człowieka z objawami choroby psychicznej. Tylko szaleństwem można wytłumaczyć jego sadyzm i przyjemność zadawania bólu drugiemu człowiekowi.

W pewnym momencie na Umschlagplatz przyjechał sam Szeryński. Akurat tego dnia Janusz Korczak – mimo że mógł uciec i ukryć się po aryjskiej stronie muru – dobrowolnie pojechał do Treblinki. Chciał do końca pozostać ze swoimi małymi podopiecznymi z Domu Sierot.

Byłem na Umschlagu – pisał Henryk Makower. – Szeryński siedział na rikszy, w swój zwykły, nieco znudzony sposób otrzepywał buty pejczem. Jedna z pielęgniarek, która stała z dziećmi, młoda, przystojna dziewczyna, podeszła do niego i spytała, czy personel ma iść z dziećmi. Otrzymała zdecydowaną i chłodną odpowiedź:
– Doktor Korczak pokazał wam drogę.
Zawstydziła się i bez słowa poszła wraz z innymi pielęgniarkami, aby opiekować się dziećmi w drodze i dalej.
Samego ładowania do wagonów nie widziałem. Przeżyłem już dosyć, miałem serce porządnie stwardniałe. Jednak nie mogłem się przemóc, aby pójść na miejsce ładowania i patrzeć na upychanie ludzi do wagonów przy użyciu buta i kolby. Nie przejmował się chyba tylko Szeryński. Był zimny, twardy jak zawsze.

Nie wszyscy jednak zachowywali się jak Szmerling i Szeryński. Z relacji świadków wynika, że wielu porządkowych było zszokowanych tym, czego od nich zażądano. Część nie przykładała się do tych łowów na współbraci. Inni zaczęli się ukrywać, a jeszcze inni „rzucali czapki", czyli podawali się do dymisji. Tym samym ratowali honor, ale skazywali siebie i rodziny na śmierć.

Niemcy szybko się zorientowali, że akcja nie idzie tak sprawnie, jak oczekiwali. Że ich żydowscy współpracownicy nie wykazują wystarczającego entuzjazmu. Na Umschlagplatz docierało coraz mniej ludzi.

SS postanowiło wziąć sprawy w swoje ręce. 29 lipca do dzielnicy wkroczyli Niemcy. W blokadach domów i łapankach obok funkcjonariuszy Służby Porządkowej brali teraz udział esesmani oraz łotewscy, litewscy i ukraińscy schutzmani. „Robota" od razu poszła sprawniej. Niemcy nie mieli bowiem najmniejszych sentymentów i oporów. Żydów brali jak leci, całymi kamienicami i ulicami. Tłukli ich przy tym kolbami, a próbujących się ukryć i niepełnosprawnych mordowali na miejscu. Ulice getta spłynęły krwią.

Drugi sposób na zwiększenie wydajności był jeszcze bardziej szokujący. Otóż Niemcy pod koniec sierpnia 1942 roku wydali zarządzenie, że każdy funkcjonariusz Służby Porządkowej musi przyprowadzić na Umschlagplatz pięciu „łebków" dziennie. W razie niewypełnienia normy wywieziona miała zostać rodzina funkcjonariusza. Jego żona i jego dzieci.

Był to pomysł iście szatański. Policjanci znaleźli się w matni. Ich rodziny – zamknięte w otoczonym drutem kolczastym bloku – z dnia na dzień stały się gestapowskimi zakładnikami. Ci funkcjonariusze, którzy do tej pory starali się markować pracę – stanęli teraz przed straszliwym, piekielnym wyborem. Odmowa udziału w wywózkach oznaczała wyrok śmierci na najbliższych. Co wybrać? Życie obcych ludzi czy własnej rodziny? Zdecydowana większość wybrała oczywiście to drugie.

Po oznajmieniu rozkazu wśród policjantów wybuchło ogromne zamieszanie, ale nie z powodu oburzenia i protestów – pisał Makower. – Nie, to tłum funkcjonariuszy rzucił się do wyjścia, ażeby jak najprędzej dopaść owej piątki. Bo komu uda się wyjść wcześniej, ten potrafi sprawę wcześniej załatwić. Było nawet kilku poturbowanych i omdlałych przy bramie.

Tłum tratujących się nawzajem, wymachujących pałkami policjantów rozbiegł się po ulicach. Z zaciśniętymi z rozpaczy pięściami, z obłędem w oczach funkcjonariusze rzucali się na przechodniów, wyciągali ludzi ze sklepów, domów i riksz. Getto stało się areną dantejskich scen. Rozpoczęło się polowanie na ludzi.

Oddajmy głos świadkom:

Dawid Fogelman: „Żydowski policjant gonił dziecko na Małej; gdy je wreszcie schwycił za ramię, zawołał: Złapałem go! Wtedy rodzice dziecka wyszli z ukrycia i wszyscy razem ruszyli na Umschlagplatz. Dzieci są doskonałą przynętą. Żydowscy policjanci jeden po drugim zamieniają się w okrutne bestie, którym esesmani co dzień grożą podwyższaniem wymaganego kontyngentu ludzkiego. Widziałem, jak żydowski policjant rozwalał siekierą drzwi mieszkania, żeby wyciągnąć z niego lokatorów. Widziałem innych, wlokących po ziemi wrzeszczące kobiety".

Mirka Piżyc: „Byliśmy świadkami, jak funkcjonariusze Żydowskiej Służby Porządkowej staczali walki z nieszczęsnymi matkami próbującymi z wozu podawać dziecko komuś z ulicy albo wprost zrzucić dziecko, w nadziei, że przynajmniej ono ocaleje".

Halina Birenbaum: „Na Leszno wdziera się gromada żydowskich policjantów uzbrojonych w kije i pałki. Jak stado dzikich, zgłodniałych zwierząt, rozdrażnionych zapachem krwi, wyjąc i rycząc wbiegali do bram domów. Do naszych uszu dobiegały wrzaski policjantów, łomotanie do drzwi, odgłosy walki, ordynarne przekleństwa, szamotanie się na schodach. Policjanci handlowali między sobą złapanymi ludźmi. Ten, któremu udało się złapać więcej ofiar, sprzedawał swój nadkontyngent koledze mniej zaradnemu".

Gdy się czyta takie opisy, włosy stają dęba na głowie. Cóż to były za potwory! Przecież oni wydawali własnych braci na pewną śmierć.

Wysyłali do komór gazowych kobiety i dzieci. Zaraz jednak do głowy przychodzi kolejna, zupełnie inna myśl: Ale oni w ten sposób ratowali **własne** dzieci!

Aldona Podolska w swojej książce przedstawia wstrząsającą scenę. Ponieważ na Umschlagplatzu rozeszła się pogłoska, że z małym dzieckiem na ręku nie sposób pozytywnie przejść selekcji, niektórzy rodzice, aby ratować własne życie, zaczęli się pozbywać niemowląt. Wywołało to furię żydowskiego policjanta. „Nas klną, my jesteśmy hycle!" – krzyknął – „ale my przynajmniej ratujemy życie naszych rodzin, a oni porzucili, zostawili..."

Sprawa owych „pięciu łebków" jest jednym z najbardziej przerażających zdarzeń Holokaustu. Trzeba być bestią w ludzkiej skórze, żeby wymyślić taką potworność, postawić drugiego człowieka przed takim wyborem. Dlatego, oceniając postępowanie funkcjonariuszy Żydowskiej Służby Porządkowej, nie zapominajmy, że tą bestią w ludzkiej skórze był Niemiec.

Jednak nawet w tak upiornych okolicznościach znaleźli się policjanci, którzy zachowali człowieczeństwo i starali się ratować, a nie gubić swoich bliźnich.

Grynberg rzucił czapkę i nie chciał przykładać ręki do tego dzieła hańbiącego – wspominała Stefania Szochur. – Czasem tylko zakładał czapkę, opaskę i biegł na Umschlagplatz ratować kogoś ze znajomych. Dobre miał serce. Choć prosty, niezbyt inteligentny, ale lepszy od dwóch kolegów pastwiących się nad nami bez litości.

Innym policjantem, który starał się ratować ludzi z Umschlagplatzu, był niejaki Kapłański. Niemcy nakryli go na gorącym uczynku i rozstrzelali, aby odstraszyć innych funkcjonariuszy. Mimo to, jak wiemy, zgładzono za to jeszcze kilku żydowskich porządkowych.

Zdegradowali Niemcy jednego porządkowego, który chciał ułatwić ucieczkę jednej kobiecie – relacjonowała Eugenia Szajn-Lewin. – Pojechał do Treblinki razem z rodziną. Dlatego ich karność jest potworna. Oni mają odpowiedź: lepiej, że robimy to my, a nie Niemcy. Oni będą strzelać. Żydowska policja nie ma broni. Potrzeba ludzi do wysyłki... Muszą dostarczyć ludzi – kontyngent – cyfrę za cenę swoich najbliższych. Im nie spadnie włos z głowy. Ich matki, żony, dzieci są bezpieczne. I ta świadomość uodparnia ich serca. Za pieniądze, bez miłości poślubiają wśród pożaru wysiedlenia młode kobiety, dziewczęta. Chcą je w ten sposób ocalić.

Niektórzy żydowscy policjanci podczas blokad kierowali się swoiście pojętym patriotyzmem, a raczej interesem narodowym – chronili „najbardziej wartościowy ludzki materiał" kosztem materiału „gorszego".
Mirka Piżyc w swoim pamiętniku umieściła niezwykle wstrząsającą scenę. Podczas blokady kamienicy, w której mieszkała, oficer Żydowskiej Służby Porządkowej skierował do deportacji jej służącą. Była to poczciwa starsza pani, która pracowała dla Piżyców od trzydziestu lat.

Serce mi się ścisnęło – pisała Mirka Piżyc. – Spojrzałam na Frajdę. Była blada jak śnieg. Dziadkowie mieli oczy pełne łez. Moja siostrzyczka i sześcioletni kuzynek, których ona wychowała, płakali przeraźliwie. Zaczęliśmy prosić o zwolnienie Frajdy. Próbowaliśmy „argumentować" pieniędzmi. Wszystko nadaremnie. Nie mógł jej zwolnić, rozumiem go dobrze.
– Proszę państwa – tłumaczył się – ja doprawdy w żaden sposób nie mogę tego zrobić, chociażbym chciał. Proszę zrozumieć, muszę dostarczyć kontyngent dzienny. Inaczej zakładnicy odpowiadają głową. Kogoś muszę wziąć, lepiej żeby zginęła taka kobieta, niemłoda i tępa, niż ktoś z inteligencji. Nie ma rady.
Błagaliśmy go jeszcze ze łzami w oczach. Nic nie pomogło. Frajdę bladą, zapłakaną wyciągnięto na wóz. Krzyczała na cały głos. Wyłamywała sobie ręce w stawach. Stałam przy wozie. Pocieszałam ją, że się jeszcze zobaczymy, ale płacz dusił mi gardło.
Wóz ruszył, a mnie w uszach dźwięczało jej:
– Miruchna, i wy mnie dacie?

Poczynania Służby Porządkowej w czasie akcji deportacyjnej wzbudziły nie tylko szok i najwyższe oburzenie w żydowskich masach. Wywołały również stanowczą reakcję podziemia. 25 sierpnia do drzwi mieszkania pułkownika Szeryńskiego zapukał bojowiec Izrael Kanał. Gdy komendant otworzył drzwi, zobaczył wylot lufy wymierzonego w siebie pistoletu. Gruchnął strzał, a Szeryński zwalił się z hukiem na podłogę.

Rana nie okazała się śmiertelna. Według jednej wersji wydarzeń kula przeszyła ramię, według innej – przeszła na wylot przez oba policzki.

– Za co, za co strzelał do mnie ten bojowiec? Ja chciałem tylko dobrze – mówił leżący w malignie pułkownik.

Szeryński wylizał się z rany. Był już jednak innym człowiekiem, człowiekiem złamanym. Szok z powodu zamachu nałożył się na szok wywołany skalą dokonanych przez Służbę Porządkową deportacji. Gdy na początku września 1942 roku wielka akcja dobiegła końca, w getcie pozostało ledwie kilkadziesiąt tysięcy ludzi. Reszta, ponad ćwierć miliona, trafiła do obozu zagłady w Treblince.

Niemcy oczywiście nie dotrzymali słowa. Po zakończeniu wywózki tak wielu żydowskich policjantów – w 1942 roku było ich 2 tysiące – nie było im już oczywiście potrzebnych. Murzyn zrobił swoje, Murzyn może odejść. Władze okupacyjne wydały do dyspozycji Jüdischer Ordnungsdienst zaledwie 500 „numerków życia", z tego połowę dla członków rodzin funkcjonariuszy.

Reszta żydowskich policjantów, którzy tak gorliwie wyłapywali swoich współbraci, została wpakowana do bydlęcych wagonów i razem z rodzinami zawieziona do Treblinki. Trudno sobie nawet wyobrazić, co musiało się dziać w duszach tych ludzi podczas tej ostatniej podróży życia...

29 października 1942 roku egzekutor Żydowskiej Organizacji Bojowej zastrzelił na ulicy Jakuba Lejkina, najbardziej zdeprawowanego wśród żydowskich funkcjonariuszy, organizatora wielkiej akcji deportacyjnej. Lejkin zginął na miejscu. Po pogrzebie – jak wieść głosi – jego zwłoki grabarze wyrzucili na zalegającą przy cmentarnym murze kupę gnoju.

Symbolicznym końcem Służby Porządkowej była jednak samobójcza śmierć Józefa Szeryńskiego. Nastąpiło to 24 stycznia 1943 roku.

Pułkownik zdał sobie wreszcie sprawę, że cała jego koncepcja zbankrutowała, a on przyczynił jedynie straszliwych cierpień ludziom, których miał chronić.

Znalazłem się w eleganckiej sypialni kierownika Służby Porządkowej – wspominał doktor Henryk Makower. – Było tam sporo ludzi, koleżanka Brewda robiła jakiś zastrzyk. Szeryńska płakała cichutko. Jasia, ich córka, leżała w łóżku i modliła się. Pułkownik leżał na łóżku w granatowych spodniach Służby Porządkowej i w rozpiętej koszuli. Czerwono-siny, miał twarz obrzękniętą, był nieprzytomny, tylko od czasu do czasu mamrotał jakieś niezrozumiałe słowa, oddychał ciężko z przerwami. Zażył przygotowany na wszelki wypadek cyjanek potasu.

Mimo że doktor Makower próbował go jeszcze ratować zastrzykami dosercowymi i transfuzją, Szeryński skonał.

19 kwietnia 1943 roku wybuchło powstanie w getcie warszawskim. Bojownicy Żydowskiego Związku Wojskowego i Żydowskiej Organizacji Bojowej rzucili wyzwanie Niemcom. Nie chcieli iść na rzeź jak barany. Większość spośród żyjących jeszcze funkcjonariuszy Służby Porządkowej zrzuciła mundury i wtopiła się w tłum cywilów. Inni zostali zastrzeleni przez powstańców, a jeszcze inni walczyli przeciwko Niemcom…

5

Czy ja jestem mordercą?

Nie zachowały się żadne uczciwie spisane wspomnienia policjanta z warszawskiego getta, który pakował swoich braci do bydlęcych wagonów na Umschlagplatzu. Nie oznacza to jednak, że nie mamy źródeł, które mogłyby nam wyjaśnić motywację tych ludzi.

Należą do nich wspomnienia, które pozostawił po sobie Calek Perechodnik, żydowski policjant z getta w podwarszawskim Otwocku. Wydane drukiem w 1993 roku pod tytułem *Czy ja jestem mordercą?* wywołały szok.

Perechodnik nie starał się w nich usprawiedliwiać. Nie stosował autocenzury. Nie wyszukiwał dla siebie okoliczności łagodzących. Przeciwnie – był wobec siebie niezwykle krytyczny i surowy. To postawa niezwykle rzadka u pamiętnikarzy.

Gdy Calek Perechodnik spisywał „Spowiedź" – jak nazwał swój manuskrypt – był na dnie czarnej rozpaczy. Dręczyły go straszliwe wyrzuty sumienia, odczuwał olbrzymi żal do bliźnich, których przeżarła wojenna deprawacja.

Nie przypadkiem książkę Perechodnika otwiera następująca dedykacja:

S.N.

P.P.

T.Ż.

Jak rozszyfrować ten tajemniczy skrót? „Sadyzmowi niemieckiemu, polskiej podłości, tchórzostwu żydowskiemu".

Swoim żydowskim braciom Perechodnik miał za złe przede wszystkim brak solidarności i egoizm. A także bierne, apatyczne poddawanie się kolejnym niemieckim represjom.

My, Żydzi-mężczyźni, niewarci jesteśmy, by być pomszczeni – pisał. – Padliśmy, z naszej winy, nie na polu chwały.

I dalej:

W lipcu i sierpniu 1940 roku rozpoczęły się wysyłki Żydów do obozów przymusowej pracy. Oczywiście nie wszystkich Żydów wysyłano. Wysyłał Judenrat. Bogatszy się wykupywał za pieniądze, biedny szedł pracować. Charakter Żydów w czasie wojny, muszę przyznać, uległ pewnym zmianom. Bogaty żył, ubierał się, jadł, pił, gdy biedny dosłownie puchł z głodu i umierał na oczach ludzi. Wytworzyła się taka atmosfera, że każdy przede wszystkim chciał sam z rodziną przeżyć wojnę, samemu żyć, dobrze żyć i jak najmniej własnych rzeczy sprzedać.

Ludzie zamknięci w getcie – według Perechodnika – zostali otoczeni podwójnym murem. Pierwszy pierścień tworzyły niemieckie posterunki, druty kolczaste i parkany. Drugi pierścień – narastająca wrogość polskiego otoczenia. Polacy w usunięciu Żydów dojrzeli bowiem szansę na awans społeczny i przejęcie pozostawionego przez sąsiadów mienia.

Żandarmeria wpoiła w Żydów przekonanie – pisał – że wyjście z getta jest równoznaczne z wyrokiem śmierci. A z drugiej strony był paniczny strach przed Polakami, żeby w polskiej dzielnicy nie zrabowali i wydali Żydów w ręce żandarmerii. Albowiem tak rozumowała większość: przed żandarmami można się ukryć, ominąć ich, ostatecznie nie ma ich dużo na ulicach, ale jak się ukryć przed Polakami, którzy przecież z łatwością odróżniają Żydów od Polaków.

Perechodnik był inżynierem. Miał przekonania syjonistyczne. Do Żydowskiej Służby Porządkowej w Otwocku zaciągnął się w lutym 1941 roku. Chciał w ten sposób poprawić sytuację materialną rodziny. Żony Anny i córeczki Alusi.

Getto w Otwocku zostało opróżnione z mieszkańców 18 sierpnia 1942 roku. Niemcy nakazali otwockim Żydom, aby zgromadzili się na placu. Tak jak wcześniej w Warszawie, żydowscy policjanci mieli nadzorować koncentrację, a następnie wpakować nieszczęśników do pociągów. W zamian za to Niemcy obiecali im, że oni i ich rodziny zostaną oszczędzeni.

Zawarty we wspomnieniach Perechodnika opis tego, co się stało potem, należy do najbardziej wstrząsających fragmentów literatury Holokaustu.

Ufny w niemiecką gwarancję bezpieczeństwa Perechodnik nie próbował ukryć żony i dziecka. Przeciwnie, sam zaprowadził je na plac. Anna i Alusia znalazły się w tłumie oczekujących na deportację, a uzbrojony w pałkę Calek wraz z niemieckimi żandarmami pilnował porządku.

Słońce mocno praży – wspominał – moja córeczka jeszcze dzisiaj nic nie jadła, a przecież już jest czas, żeby ją po raz drugi położyć spać. Zawsze o tej porze śpi w lesie. Córko, córko, dziś akurat kończysz dwa lata. Akurat dziś. Ach, gdybym wiedział, być może bym cię udusił własnymi rękami dwa lata temu. Na razie za tym drutem kolczastym patrzysz na mnie, córko moja najdroższa, poważnymi oczyma. Już nie płaczesz, nie grymasisz. W ciągu jednej godziny stałaś się dorosła, stałaś się staruszką, wiesz, że jesteś skazana. Jakiś instynkt to ci mówi. Wyciągasz do mnie ręce, a przecież ja nie mam prawa wziąć cię. Jak wezmę, z miejsca dostanę kulę. No to co, że dostanę? Ach, ten strach, paniczny strach niewolników!

Sytuacja tymczasem stała się dramatyczna. Niemiecki oficer kierujący wywózką oświadczył żydowskim policjantom, że ich żony pojadą razem z resztą mieszkańców getta. Jeden z policjantów zaczął płakać, większość jednak była tak zdumiona, że nie mogła wydusić z siebie nawet słowa.

O Boże wielki – pisał Perechodnik – stoi nas stu chłopów, chłop w chłopa, a przed nami kilku żandarmów z karabinami. Chłopcy, rzućmy się na nich, gińmy wszyscy. Nikt jednak oczywiście na Niemców się nie rzucił. Instynkt samozachowawczy, żądza przeżycia były silniejsze niż obowiązki wobec własnych rodzin. Niemcy doprowadzili do tego, że cywilizowani ludzie zamienili się w przestraszone zwierzęta. Co by Żyd nie zrobił, żeby żyć o godzinę dłużej…

Były to słowa człowieka zrozpaczonego. I pewnie dlatego były niesprawiedliwe. Tak jak wśród policjantów warszawskich, wśród policjantów otwockich występowały bowiem różne postawy. Przykładem może być funkcjonariusz Willendorf.

Nic swojej żonie nie mówi – wspominał Perechodnik – w milczeniu zdejmuje i odrzuca na bok opaskę, czapkę, numerek policyjny i spokojnie siada na ziemi. „Jedziemy razem", taka jest milcząca odpowiedź Willendorfa, człowieka honorowego, komunisty z dawien dawna.

Abramie Willendorfie! Cóż mam o tobie powiedzieć? Ty jeden uratowałeś honor żydostwa otwockiego, honor policji i osłodziłeś żonie ostatnie minuty jej życia. A ja? Ja, intelektualista, cóżem zrobił? Nie, nie miałem odwagi.

Przykład masy porwał mnie i zasugerował zupełnie. Bodaj o jeden dzień później pod przymusem, ze wstydem, niż o dzień wcześniej dobrowolnie, z dumą.

I wówczas niemieccy żandarmi zrobili coś niepojętego. Aż trudno uwierzyć, że człowiek może być zdolny do takiego okrucieństwa i perfidii. Otóż poinformowali żydowskich policjantów, że zmienili zdanie – ich żony i dzieci jednak zostaną uratowane! Ale pod warunkiem, że policjanci załadują do wagonów pozostałych Żydów. Funkcjonariuszy ogarnął szał radości i natychmiast rzucili się do zaganiania rodaków.

O, przeklęci Niemcy! – pisze Perechodnik. – Jacy mądrzy jesteście, jak prędko staliśmy się posłusznymi marionetkami w waszych rękach. Żywo pracujemy, ani demon buntu nas już nie opanuje, ani nawet poczucie litości wobec pozostałych Żydów. Policjanci wprowadzają własnych ojców, matki do wagonów, sami zamykają drzwi na zasuwę, jakby przybijali gwoździe do wieka trumny jeszcze za życia. Tempo pracy szalone, ucisk w skroniach, nieznośny ból w sercu i jedna idea: zaraz zabierzemy żony z dziećmi i uciekniemy z tego przeklętego placu.

Była to oczywiście pułapka. Niemcy nawet przez chwilę nie zamierzali dotrzymać słowa. Gdy wszyscy Żydzi zostali już zapakowani do pociągów, żandarmi zdjęli z ramion karabiny i otoczyli funkcjonariuszy Służby Porządkowej. Mężczyźni w niemym przerażeniu musieli patrzeć, jak ich żony i dzieci są dołączane do transportu...

> Odchodzą w ciemną noc bez pożegnania. Z daleka widzimy tylko tuman i sylwetki, których już nie odróżniamy. Wszystko przepadło. Spieszcie się, policjanci, wy kaci własnych żon, własnych braci, oddajcie im ostatnią posługę, rozdajcie chleb przez okienka wagonów.
> Niech nikt nie powie, że Niemcy żałują Żydom chleba.
> Długi gwizd, wyruszyłaś, Anko, w twą ostatnią podróż.
> Boże, bądź mi miłościwy!

Anna i Alusia pojechały do Treblinki...
Na tym jednak horror wcale się nie skończył. Perechodnik i żydowscy policjanci mieli zostać w Otwocku jeszcze przez pewien czas, aby uprzątnąć teren getta i pilnować dobytku po wywiezionych. Wówczas okazało się, że część Żydów ukryła się w rozmaitych zakamarkach. Funkcjonariusze Służby Porządkowej odprowadzali ich teraz na posterunek niemieckiej żandarmerii, gdzie schwytani ludzie byli na miejscu rozstrzeliwani. Jednocześnie „do akcji" wkroczyła część okolicznej ludności.

Całe mieszkanie jest zdemolowane – opisuje sytuację Perechodnik. – To Polacy rozbili je doszczętnie. W ogóle całe getto jest wciąż otoczone przez motłoch polski, który co chwila wskakuje przez parkan, siekierami otwiera drzwi i wszystko rabuje. Czasami potykają się o ciepłe jeszcze trupy, ale nie szkodzi. Nad trupami ludzie biją się, jeden drugiemu wyrywa poduszkę czy też garnitur. A trup? No, jak trup – leży spokojnie, nic nie mówi, nikomu nic nie przeszkadza i nikomu się nie przyśni. To i sumienie mają Polacy czyste. „Myśmy ich nie zabili. Jak nie my weźmiemy, to wezmą Szwaby".

Historia Calka Perechodnika skończyła się tragicznie. Uciekł z Otwocka i przedostał się do Warszawy. Tam, w ukryciu, spisał swoje wspomnienia. W czasie powstania walczył w szeregach AK w zgrupowaniu „Chrobry II". Stracił życie po kapitulacji miasta. Według jednej z wersji zmarł na tyfus, według innej – zamordowany przez szabrowników.

Wspomnienia Perechodnika pozwalają nam spojrzeć na najbardziej kontrowersyjny epizod z dziejów Żydowskiej Służby Porządkowej oczami jednego z policjantów. Nie pracownika biurowego czy oficera, ale zwykłego stójkowego. Zapiski otwockiego odemana ukazują cały tragizm sytuacji, w jakiej Niemcy postawili żydowskich funkcjonariuszy.

Wszystkim, którzy uważają, że działania gettowych policjantów były „dowodem na perfidię i demoralizację" narodu żydowskiego – sugeruję, by przeczytali wspomnienia Calka Perechodnika. I zadali sobie pytanie: A co ja zrobiłbym na jego miejscu? Czy nie próbowałbym ratować za wszelką cenę swojej rodziny? Nie próbowałbym ratować życia? Nie czepiałbym się każdej, nawet najbardziej złudnej nadziei?

6

Historia pewnego boksera

W dyskusjach na temat żydowskich policjantów często pojawia się ten sam zarzut: Żydzi rzekomo „kryją" swoich rodaków ze Służby Porządkowej. Ich haniebne czyny po wojnie skrzętnie tuszowali i objęli zmową milczenia. To nieprawdziwy pogląd.

Już w czasie wojny społeczność żydowska niezwykle surowo oceniała brutalność funkcjonariuszy Jüdischer Ordnungsdienst, a także rolę, jaką ta formacja odegrała podczas Zagłady. Bojownicy żydowskich organizacji podziemnych dokonali zamachów na szereg najważniejszych policjantów.

Na kolejne rozliczenia przyszedł czas po wojnie. Odbyły się wówczas liczne procesy sądowe żydowskich policjantów, konfidentów, członków Judenratów i obozowych kapo. Zarówno przed żydowskimi sądami honorowymi w krajach Europy, jak i sądami karnymi w Izraelu.

Nas oczywiście najbardziej interesuje komunistyczna Polska. W październiku 1946 roku przy Centralnym Komitecie Żydów Polskich utworzony został specjalny Sąd Społeczny. Zadaniem tej instytucji było rozliczenie się z żydowskimi „zdrajcami narodu". Czyli ludźmi, którzy podczas wojny podjęli kolaborację z Niemcami i szkodzili swoim współbraciom.

> Musimy mieć odwagę się przyznać – napisano na łamach żydowskiej gazety „Dos Naje Lebn" („Nowe Życie") – że nasz naród nie składa się wyłącznie z niewinnych ofiar.

Według profesora Andrzeja Żbikowskiego, autora monografii *Sąd społeczny przy CKŻP*, powojenny trybunał prowadził w sumie około 160 spraw. Wywoływały one olbrzymie emocje wśród ocalałych z Holokaustu. Największym zainteresowaniem cieszyły się procesy gettowych policjantów, których było kilkanaście. Najgłośniejszym z nich był proces Szapsla Rotholca.

Kim był Rotholc? Żydowskim idolem. Znakomitym przedwojennym bokserem, który na ringach całego świata prał na kwaśne jabłko pięściarzy z Polski, Niemiec i Stanów Zjednoczonych. W swojej karierze wygrał ponad sto walk, z czego kilkanaście jako reprezentant Polski. Reprezentujący barwy syjonistyczno-robotniczego klubu Gwiazda Warszawa cieszył się – nawet jak na dzisiejsze standardy – szaloną sławą. Regularnie wygrywał plebiscyty na najpopularniejszego żydowskiego sportowca Polski.

W latach 30. Rotholc stał się bohaterem kultury żydowskiej – pisał Gabriel N. Finder w artykule poświęconym bokserowi („Zagłada Żydów" 2/2006). – Zwycięstwa, które odnosił nad Polakami, nie mówiąc o bokserach z nazistowskich Niemiec, i jego służba w Wojsku Polskim rehabilitowały Żydów. Pozornie obalając poglądy o ich niższości rasowej i pasożytnictwie, głoszone wytrwale przez antysemitów. Jego sukcesy były dowodem tężyzny fizycznej i gotowości Żydów do jej demonstrowania, co służyło polskiej dumie narodowej i budowaniu poczucia godności Żydów. Po jego pierwszym zwycięstwie nad zawodnikiem niemieckim w Poznaniu na pierwszej stronie „Sportcajtung" ukazał się nagłówek: *Rotholc triumfuje nad swastyką*.

Pozycję Rotholca w oczach żydowskich kibiców wzmocniło zapewne to, że pod koniec lat trzydziestych – gdy w Polsce do głosu doszedł radykalny nacjonalizm – na pięściarza spadły rozmaite szykany. Przestano powoływać go do reprezentacji kraju, odsunięto od obozów szkoleniowych. Arbitrzy sędziujący jego walki podejmowali niesprawiedliwe decyzje. W efekcie w 1939 roku Rotholc porzucił karierę sportową.

Czyż można sobie wyobrazić bardziej modelową hollywoodzką historię? Wrednym antysemitom nie udało się pokonać walecznego żydowskiego boksera. Nie mogąc sobie z nim poradzić na ringu, postanowili go zniszczyć zakulisowymi intrygami. W Hollywood film o Rotholcu nigdy jednak nie powstanie. Podczas okupacji pięściarz zaciągnął się bowiem do Służby Porządkowej w getcie warszawskim.

Po wojnie Rotholc sam zgłosił się do Centralnego Komitetu Żydów Polskich z wnioskiem o oczyszczenie jego nazwiska z oskarżenia o kolaborację. Chciał bowiem wznowić karierę sportową, tym razem w reprezentacji nowej, komunistycznej Polski. Władze związku bokserskiego nie chciały go jednak przyjąć bez wyjaśnienia ciążących na nim zarzutów.

Proces pięściarza ruszył w listopadzie 1946 roku. Sala Sądu Społecznego była tak nabita publicznością, że nie dałoby się tam wcisnąć nawet szpilki. W rozprawach uczestniczyło około 600 osób, a więc jedna czwarta warszawskich Żydów!

Linia obrony Rotholca była następująca: do policji wstąpił, by chronić żonę i dziecko. Nigdy nikomu nie zaszkodził, nigdy nikogo nie pobił. Mało tego, udało mu się uratować bliskich przed wywiezieniem do Treblinki. Właśnie w tym celu kilka razy brał udział w łapankach i transportowaniu ludzi na Umschlagplatz.

Jako wytrawny „grajek" Rotholc miał zajmować się głównie ułatwianiem szmuglu między dwiema podzielonymi murem stronami miasta – żydowską i aryjską. A co za tym idzie, pomagał w aprowizacji getta. Innymi słowy, Rotholc uważał się niemal za bohatera.

Proces przybrał jednak nieoczekiwany dla pięściarza obrót. Część świadków potwierdziła jego zeznania, zapewniając, że był „dobrym policjantem". Inni mieli jednak w tej sprawie diametralnie inne zdanie. Twierdzili, że na własne oczy widzieli, jak Rotholc bił i terroryzował Żydów. Był wedle nich wyjątkowo brutalny, a jeżeli komukolwiek pomagał, to za grubą łapówkę.

Władysław Staszewski zeznał, że widział, jak pięściarz skatował nieszczęśnika, który próbował się wymknąć z „parówki". „Wyróżniał się szczególną gorliwością w biciu tego Żyda" – twierdził Staszewski. – „Bił go po głowie i gdzie popadło". Inny świadek, Icek Szloser, utrzymywał zaś, że Rotholc nie chciał wyciągnąć jego brata z blokady. W efekcie brat Szlosera został zgładzony.

Oddajmy głos profesorowi Andrzejowi Żbikowskiemu:

> Lucjan Bursztyn miał widzieć oskarżonego z okna AHG na ul. Zamenhofa, gdy Rotholc prowadził 50 Żydów na Umschlagplatz. Świadek Franciszek Stanecki widział go przy obławie na ul. Nowolipki, a niejaka Brzeźnicka zeznała, że Rotholc uderzył ją w twarz, gdy prosiła, by wypuścił jej siostrę z blokady na ul. Wołyńskiej. Znała go z wachy, gdyż regularnie chodziła na stronę aryjską. Wspomniana Flamowa miała jej powiedzieć w czasie pobytu na Majdanku, że jej dzieci zabrano na Umschlagplatz, gdyż „nie miała wystarczającej ilości pieniędzy, by je wykupić".

Proces Szapsla Rotholca zamienił się w symboliczny proces całej gettowej policji. Kolejni świadkowie wygłaszali płomienne mowy, w których opisywali okrucieństwa i bezwzględność odemanów. Jak powiedział jeden ze świadków, Służba Porządkowa była „bandą zwyrodnialców". Inny nazwał ją „wrzodem wyrosłym na żydowskim organizmie".

Być może najbardziej dramatyczne zeznanie złożyła Ruta Kirszenblat – pisał Gabriel Finder. – Opisywała, jak w czasie łapanki w getcie została wraz z przyjaciółką złapana w pułapkę. Zdesperowana szukała wzrokiem Rotholca, swego znajomego sprzed wojny, i zwróciła jego uwagę. Ale on okazał się głuchy na jej prośby o pomoc. Zeznała też, że podczas tej samej łapanki natknęła się na swojego przyjaciela Maksa Fajnglasa, również policjanta. Fajnglas uratował Kirszenblat i swoją siostrę przed Umschlagplatz, ale w trakcie obławy gonił Żydówkę uciekającą z dzieckiem, wyrwał jej dziecko z rąk i wyrzucił je przez okno. Dziecko zginęło. Według reportera „Dos Naje Lebn" po tych słowach przez salę przeszedł szmer przerażenia. Na koniec powiedziała, że policjanci żydowscy w getcie „byli gorsi od Niemców". Mimo że jej zeznania nie obciążyły Rotholca bezpośrednio, postawiły go w niekorzystnym świetle.

Trudno się dziwić, że w tej atmosferze zapadł wyrok skazujący. Rotholc został uznany za winnego. Ukarano go dwuletnim wykluczeniem ze społeczności żydowskiej i odebraniem prawa wyborczego na trzy lata. Przez cały ten czas nie mógł uprawiać zawodowo sportu. Rotholc był zdumiony. Podczas rozpraw rąbał pięścią w stół i krzyczał. Nie mógł zrozumieć, czego od niego chce cała ta zgraja prawniczych gryzipiórków.

Po wyroku do sprawy wmieszały się władze komunistyczne. Rotholc został aresztowany przez UB. Sprawie jednak szybko ukręcono łeb, bo działacze sportowi nowej Polski chcieli, aby znakomity bokser wrócił na ring. W 1948 roku – pod naciskiem władz – Sąd Społeczny uchylił swój poprzedni wyrok.

Choć pięściarz mógł teraz wznowić karierę, wyciął komunistom numer. Wyjechał do Kanady, gdzie zajął się... kuśnierstwem. Zmarł w Montrealu w roku 1996. Był to bez wątpienia najbardziej znany spośród żydowskich policjantów. Postać, która czeka na swojego historyka biografa, a być może na wielkiego pisarza.

Procesy żydowskich policjantów, konfidentów i obozowych kapo toczyły się nie tylko przed żydowskim Sądem Społecznym. Także przed sądami karnymi komunistycznej Polski. Tak, to nie pomyłka – „żydokomunistyczny reżim" w latach czterdziestych i pięćdziesiątych sądził żydowskich kolaborantów. To już były procesy na serio. Zapadające w nich wyroki były znacznie poważniejsze niż kara infamii.

Z badań profesora Andrzeja Żbikowskiego wynika, że przed sądami Polski ludowej stanęło co najmniej czterdziestu czterech Żydów oskarżonych o współpracę z organami bezpieczeństwa Trzeciej Rzeszy. W trzydziestu procesach zapadły wyroki skazujące, w tym dziesięć wyroków śmierci. Co najmniej dwa z nich zostały wykonane. A świadkami oskarżenia zawsze byli inni Żydzi.

Seria takich procesów odbyła się między innymi w Krakowie, gdzie policja gettowa wyjątkowo dała się we znaki swym rodakom. Jak pisze historyk Alicja Jarkowska-Natkaniec, straceni zostali skazani Leon Gross i Majer Kerner. W czerwcu 1946 roku wyrok śmierci usłyszał zaś Maks Zimmermann. Były odeman prosił o ocalenie życia Bolesława Bieruta, ale „prezydent" nie skorzystał z prawa łaski.

Warto przytoczyć fragment uzasadnienia wyroku śmierci wydanego na Leona Lidermana, policjanta z obozu w Płaszowie:

> Sąd doszedł do przekonania, że oskarżony bijąc, kopiąc i ubliżając znęcał się nad więźniami-Żydami w Płaszowie i Częstochowie. Znęcał się nad nimi fizycznie, bo ofiary jego musiały bite i kopane odczuwać ból, znęcał się nad nimi moralnie, bo jego ofiary czuły się poniżane, upokarzane, upośledzone, bezradne, gdyż wiedziały, że ich nikt nie obroni w obozie przed oskarżonym – zaufanym Niemców, ich kompanem w pijatykach, zbrojnym w pejcz, harap czy pałkę gumową.

W sentencji wyroku wydanego na Aleksandra Eintrachta napisano z kolei:

> Sąd wziął również pod uwagę, że oskarżony jest Żydem, który znęcał się nad swoimi współwięźniami Żydami w okresie najtragiczniejszym dla tego narodu i że cios zadany maltretowanemu Żydowi przez Żyda był bardziej bolesny od ciosu Niemca, bo zadawał i ból moralny.

Wydaje się, że sędzia utrafił w sedno. O ile niemiecki oprawca był dla Żydów abstrakcją – człowiekiem z zewnątrz, bez twarzy i nazwiska – o tyle funkcjonariusz Służby Porządkowej był znajomym, sąsiadem, a czasami nawet krewnym. Dlatego też brutalne czyny dokonywane przez Żydów były znacznie bardziej szokujące i trudniejsze do wybaczenia.

Rozliczeń z kolaborantami dokonywało również państwo żydowskie. Według ustaleń izraelskiego historyka Boaza Tala przed izraelskimi sądami stanęło czterdziestu ocalałych z Holokaustu oskarżonych o współpracę z Trzecią Rzeszą. Ludzi tych osądzono i skazano na mocy przyjętej przez Kneset w 1950 roku specjalnej Ustawy o sądzeniu nazistów i ich współpracowników.

Przed sądem stanął między innymi zastępca policji getta w Ostrowcu Świętokrzyskim, oskarżony o grabież żydowskiego mienia i wydanie w łapska Niemców 200 współbraci. A także młodociana blokowa z Auschwitz, która biła podległe jej żydowskie więźniarki tak dotkliwie, że u pięciu spowodowała trwały uszczerbek na zdrowiu.

Najsurowszy wyrok zapadł jednak w sprawie kapo, który kierował grupą żydowskich robotników na Górnym Śląsku.

Był złym człowiekiem – zeznał jeden z ocalałych – bił i okaleczał wszystkich. Jeśli kogoś bił, robił to z całej siły. Dla niego uderzyć kogoś to jak dla mnie powiedzieć jedno słowo. Nie było dnia, żeby kogoś nie pobił, nie mógł żyć bez bicia.

Niemal wszyscy świadkowie zeznawali, nie szczędząc drastycznych szczegółów niegodnych czynów kapo. Musiało to zrobić piorunujące wrażenie na sędziach, bo mężczyzna został skazany na śmierć. Wyrok ten wstrząsnął izraelską opinią publiczną. Ostatecznie karę złagodzono, ale Izrael jeszcze przez wiele miesięcy żył tą sprawą.

Rozliczenia kolaborantów w Izraelu miały zaskakujące zakończenie. W sierpniu 1971 roku na wycieczkę do Izraela przyjechała niemiecka turystka pochodzenia żydowskiego. Na ulicy w mieście Riszon le-Cijon przypadkowo spotkała ją pewna ocalała z Holokaustu. Kobieta nie mogła uwierzyć własnym oczom. Mimo upływu kilkudziesięciu lat nie miała żadnych wątpliwości – niemiecka turystka była osławioną „Rudą Lobą". Słynącą ze znęcania się nad współwięźniarkami żydowską kapo z obozu w Landsbergu.

Kobieta natychmiast pobiegła na policję. Loba Meschkup-Gricmacher została aresztowana. Wytoczono jej proces, ale że sprawa była delikatna – „Ruda Loba" miała obywatelstwo zaprzyjaźnionych Niemiec – zapadł w nim niezwykle łagodny wyrok. Kobiecie udowodniono jedynie napaść i złamanie palca żydowskiej współwięźniarce. „Ruda Loba" została skazana na trzy miesiące więzienia. Był to ostatni izraelski proces Żyda podejrzanego o kolaborowanie z Trzecią Rzeszą.

7

Ofiary czy sprawcy?

Działalność Żydowskiej Służby Porządkowej do dziś wywołuje olbrzymie emocje, polemiki i spory. I trudno się dziwić. Czy można sobie bowiem wyobrazić bardziej kontrowersyjny i drażliwy temat? Przedstawiciele narodu skazanego na zagładę kolaborujący z przedstawicielami narodu katów. To nie pasuje do utartego – i utrwalonego przez tysiące artykułów, książek i hollywoodzkich filmów – obrazu Holokaustu.

Obraz ten jest bowiem czarno-biały. Z jednej strony niemieccy kaci, z drugiej – żydowskie ofiary. Z jednej strony największa podłość i sadyzm, z drugiej – cierpienie niewinnych i heroizm. Zabójcy i męczennicy. Żadnych niuansów, żadnych półcieni. Wszystko jest jasne i klarowne, role są z góry rozdane. Policjanci z getta warszawskiego oczywiście nie pasują do takiego czarno-białego schematu. Oni plasują się w szarej strefie rozciągniętej szeroko między bohaterstwem a nikczemnością.

Kim więc byli żydowscy porządkowi? Według części uczestników sporu – współsprawcami Holokaustu. Takimi samymi jak litewscy szaulisi, chorwaccy ustasze czy ukraińscy schutzmanni. Nie, nie takimi samymi. Gorszymi! Bo litewscy, chorwaccy czy ukraińscy kolaboranci mordowali obcych. A żydowscy kolaboranci wysyłali do obozów zagłady swoich rodaków. Ich czyny należy więc ocenić jeszcze surowiej.

Inni uczestnicy debaty mają pogląd odwrotny – żydowscy policjanci nie byli sprawcami Holokaustu. Oni byli jego ofiarami. Niemcy skazali bowiem na zagładę wszystkich Żydów. Poczynania funkcjonariuszy Służby Porządkowej należały więc tylko do „strategii przetrwania". Wykonując polecenia okupanta, próbowali uratować życie. Czy można mieć o to do nich pretensje? Szczególnie że i tak kończyli w komorach gazowych. Nie można ich więc krytykować i oceniać dokonanych przez nich wyborów.

Spór na temat Służby Porządkowej jest niezwykle zażarty i emocjonalny. Kto jednak ma rację? Jaka jest odpowiedź na fundamentalne pytanie: Czy policjanci z gett byli sprawcami czy ofiarami?

Uważam, że racji nie ma ani jedna, ani druga strona, gdyż owi policjanci byli zarazem sprawcami i ofiarami. Tak to już bywa, że prawdziwe życie i prawdziwe ludzkie wybory często nie mieszczą się w tworzonych po latach sztywnych ideologicznych ramach.

Zacznijmy jednak od stwierdzenia sprawy podstawowej. Każdy odpowiada tylko i wyłącznie za własne grzechy. Nie ma czegoś takiego jak zbiorowa wina i zbiorowa odpowiedzialność. Jest tylko odpowiedzialność indywidualna. Haniebne czyny żydowskich policjantów obciążają więc konto konkretnych – często znanych z imienia i nazwiska – osób. A nie całego narodu.

Dyskusja dotyczy potępianego przez większość marginesu, a nie odwrotnie. Weźmy na przykład omawianą w tej części książki Warszawę. Służba Porządkowa w szczytowym okresie liczyła tam 2 tysiące funkcjonariuszy, a w całym getcie mieszkało około 400 tysięcy osób. Oznacza to, że policjanci stanowili pół procenta całej społeczności.

Wydaje się to oczywistą oczywistością, nie dla wszystkich jednak jest oczywiste. Wystarczy poczytać komentarze pod internetowymi wpisami na temat żydowskiej policji zamieszczanymi na portalach społecznościowych. Abstrahując od poziomu tych komentarzy, trudno nie zauważyć, że ich autorzy niechlubne zachowania funkcjonariuszy Służby Porządkowych przenoszą na cały naród żydowski. A to niesprawiedliwe i krzywdzące.

Trudno się również zgodzić ze stawianiem znaku równości między żydowskimi policjantami a członkami wschodnich formacji kolaboranckich biorących udział w Holokauście. Żydowscy policjanci nie dokonywali masowych egzekucji. Nigdy nie naciskali na spust, nie brodzili po kolana we krwi wypełniającej doły śmierci. Nie mają na koncie udziału w tak straszliwych zbrodniach jak Ponary czy Babi Jar.

Z drugiej strony nie zgadzam się z tezą, że wszystkie zachowania żydowskich policjantów można wytłumaczyć „strategią przetrwania".

Bicie pałką po głowie ulicznego sprzedawcy było strategią przetrwania? Kopanie ciężkimi butami żydowskiego żebraka było strategią przetrwania? Wymuszanie łapówek od szmuglerów i rodaków ukrywających się przed Niemcami było strategią przetrwania? Przepijanie grubych tysięcy w nocnych lokalach, burdelach i szulerniach getta było strategią przetrwania?

Nie ulega wątpliwości, że część żydowskich policjantów robiła podczas wojny złe rzeczy. I robiła to wcale nie po to, aby uniknąć śmierci w komorze gazowej. Trudno się więc zgodzić z izraelskim historykiem Boazem Talem, który na łamach periodyku „Zagłada Żydów" pisał:

> Problem współpracy Żydów z hitlerowcami jest bardzo złożony, dlatego że wszyscy Żydzi przebywający na ziemiach okupowanych przez nazistów byli przede wszystkim ofiarami. Należy oddzielić problem współpracy nie-Żydów od współpracy Żydów. Kolaboracja osób niebędących Żydami z reguły była dobrowolna i wynikała z przekonań bądź z chęci zysku, podczas gdy kolaboracja żydowska odbywała się w atmosferze nieprzerwanego terroru. Nieżydowscy kolaboranci czerpali korzyści ze współpracy w przeciwieństwie do kolaborantów żydowskich, dla których była ona upokorzeniem.

Ten niezwykle charakterystyczny passus wymaga komentarza. Otóż wielu Żydów – wbrew temu, co pisze Tal – kolaborowało dobrowolnie. Nikt młodych adwokatów, inżynierów i kupców nie zapędzał siłą do szeregów Służby Porządkowej. Służba w tej formacji była dobrowolna, a liczba chętnych znacznie przewyższała liczbę etatów. Motywem wstąpienia do policji była na ogół właśnie chęć zysku. Policjanci ze swojej działalności czerpali bowiem korzyści.

Trudno się również zgodzić z wysuniętym przez Boaza Tala postulatem innego traktowania Żydów i nie-Żydów. Wszystkich ludzi – niezależnie od ich narodowości i wyznania – należy oceniać według tych samych, uniwersalnych kryteriów.

„Nie wszystkie ofiary były Żydami, ale wszyscy Żydzi byli ofiarami" – powiedział kiedyś Elie Wiesel. Brzmi to bardzo chwytliwie. Były jednak ofiary i ofiary. Policjant, który na polecenie Niemców pastwił się nad swoimi rodakami, nie był taką samą ofiarą jak krystalicznie czysty Janusz Korczak, który dobrowolnie wsiadł do pociągu śmierci.

Podejście prezentowane przez część żydowskich historyków – wbrew intencjom tych badaczy – unieważnia bohaterstwo i poświęcenie dziesiątków tysięcy ich rodaków. Skoro bowiem wybory moralne dokonywane przez Żydów podczas Zagłady w gruncie rzeczy nie miały żadnego znaczenia – to znaczy, że w godzinie próby nie warto było być przyzwoitym.

Należy również pamiętać, że decyzję o wymordowaniu Żydów z Generalnego Gubernatorstwa Niemcy podjęli na początku 1942 roku. Dopiero wtedy rozpalili w okupowanej Polsce krematoria Holokaustu. Było to dla Żydów potwornym wstrząsem i zaskoczeniem. Trudno więc uznać poczynania żydowskich policjantów w latach 1939–1942 za „strategię przetrwania" Zagłady. Zagłady bowiem nikt się jeszcze wówczas nie spodziewał i nikt nie mógł jej przewidzieć.

Z zachowanych materiałów źródłowych wyłania się zupełnie inny obraz. W początkowym okresie żydowscy policjanci traktowali swoją służbę jako intratne zajęcie przynoszące spore zyski i przywileje. Zajęcie, które miało im umożliwić względnie spokojne i zasobne doczekanie do końca wojny. Policjanci byli zwolnieni od robót przymusowych i mieli prawo do dodatkowych przydziałów żywności. Nie mówiąc już o wielkich możliwościach dorobienia na boku. Nie chodziło więc o przeżycie. „Wstąpiłem do służby" – zeznawał po wojnie Szapsel Rotholc – „aby mieć możność spotykania się z moimi klientami handlowymi".

Sytuacja zmieniła się o 180 stopni, dopiero gdy Niemcy rozpoczęli akcję „Reinhardt". Czyli przystąpili do mordowania Żydów zamieszkujących Generalne Gubernatorstwo. Wtedy rzeczywiście żydowscy policjanci podjęli dramatyczną walkę o życie swoje i swoich rodzin. Dopiero od tego czasu ich straszne czyny – wyłapywanie rodaków i wysyłanie ich na śmierć – można tłumaczyć strachem przed śmiercią. Modelowym tego przykładem może być opisany już upiorny niemiecki rozkaz o „pięciu łebkach". Nie potrafię zdobyć się na potępienie żydowskiego policjanta, który przyprowadził na Umschlagplatz pięć osób, żeby uratować żonę i dzieci. Czy ktoś, kto nigdy nie znalazł się w tak przerażającej sytuacji, ma prawo go potępiać i ferować wyrok?

Z drugiej strony powojenny żydowski Sąd Społeczny za najbardziej hańbiącą i karygodną uważał służbę w gettowej policji po 1942 roku.

> Żydowska służba porządkowa – czytamy w jednym z wyroków – zhańbiła się podłą współpracą z okupantem, okazała mu pomoc w dziele wyniszczenia Żydów w getcie warszawskim. Lecz działalność policji w pierwszym okresie okupacji, w okresie gdy niewiara w możliwość wymordowania getta była szczególnie silna, może jeszcze do pewnego stopnia tłumaczyć fakt uczestniczenia w niej niektórych ludzi. Akcja, która rozpoczęła się 22 lipca i trwała do 5 września 1942 roku, rozwiała jednak wątpliwości co do celu i prawdziwego znaczenia „przesiedlenia". I dlatego też wielu członków Żydowskiej Służby Porządkowej z dniem rozpoczęcia „przesiedlenia" zrzuciło czapki i numery policyjne. Zjednoczyli się oni z całą rasą żydowską i razem z nią znosili prześladowania hitlerowskie. Zeznania świadków i ekspertów zgodnie stwierdzają jednak, że większość policjantów żydowskich zachowywała się przy wykonywaniu obowiązków na wzór i podobieństwo policji niemieckiej, wykazując przy tym brutalność i sadyzm. Policjanci, którzy pozostali na służbie po 5 września 1942 roku, obowiązek służbowy wykonali i tym samym uczestniczyli w akcji eksterminacyjnej przeciwko żydowskiemu narodowi.

Tak jak w wypadku każdego Polaka, Niemca, Rosjanina, Amerykanina, Afrykanina i człowieka każdej innej nacji, rasy i profesji – każdego z gettowych policjantów winniśmy oceniać indywidualnie. Wśród funkcjonariuszy Służby Porządkowej były szuje bez żadnych hamulców moralnych, ale byli i ludzie przyzwoici. A nawet bohaterowie, którzy z pogardą rzucali czapki pod nogi Niemców, woląc samemu zginąć, niż wydać na śmierć bliźnich.

Nie sądzę, aby takie stanowisko można było uznać za „wybielanie żydowskich kolaborantów". Tak jak nie sądzę, że stwierdzenie oczywistego faktu, iż wśród ofiar Holokaustu znajdowali się źli ludzie, świadczy o antysemityzmie.

Złym człowiekiem był bez wątpienia komendant Umschlagplatzu Mieczysław Szmerling, złym człowiekiem był Jakub Lejkin czy – żeby oderwać się od przykładu Warszawy – komendant Służby Porządkowej w getcie krakowskim Symche Spira. Nikczemny socjopata, który tyranizował swoich rodaków i z pełną premedytacją wydał na śmierć setki ludzi. Albo zwyrodniały kapo gwałciciel z obozu w Płaszowie Wilhelm Chilowicz.

To, że ci dwaj ostatni ludzie zostali w końcu rozstrzelani przez Niemców, nie unieważnia ich wcześniejszych nieprawości i zbrodni. Krew nie zmywa win.

W dyskusji o żydowskich policjantach pojawia się jeszcze jeden wątek. Już w czasie wojny część Żydów miała pretensje do policji, że gdy Niemcy rozpoczęli masową eksterminację Żydów, Służba Porządkowa nie wystąpiła przeciwko nim zbrojnie. Mówił o tym choćby Marek Edelman.

Zarzut ten i dzisiaj jest podnoszony w dyskusjach – lepiej było umierać z honorem, niż pohańbić się na wieki! Ewentualność oporu Żydów brali pod uwagę nawet Niemcy. Świadczyć o tym może relacja Henryka Makowera na temat zachowania gestapowców w czasie wielkiej akcji przesiedleńczej w Warszawie.

> Codziennie rano – relacjonował – przyjeżdżały auta ze sztabem SS. Wjeżdżały na dziedziniec, zakręcały obok figury Matki Boskiej i stawały przed wejściem do komendy Służby Porządkowej. Wszyscy funkcjonariusze Służby Porządkowej wyciągali się w pozycji na baczność, kiedy otwierano drzwiczki i kiedy ekipa katów wychodziła z aut. Wszyscy wychodzili z karabinami i rewolwerami gotowymi do strzału. Zagrożono, że w razie

najmniejszej próby zamachu na jakiegoś Niemca odbędzie się powszechny pogrom, łącznie z bombardowaniem artyleryjskim. SS-owcy potrafili od razu wzniecić taki nastrój grozy i strachu, a z drugiej strony nadzieję, że w razie dobrego załatwienia „roboty" Służba Porządkowa będzie wynagrodzona w postaci zapewnienia bezpieczeństwa funkcjonariuszy i ich rodzin, że nawet nie myślano o jakimkolwiek oporze. Karabiny i amunicja, codziennie z trzaskiem i hałasem przywożone do komendy, były zbyteczne. Tu nie groziło oprawcom nic, tu wychowali oni sobie wiernych i posłusznych pomocników. Czapka żydowskiego policjanta w krótkim czasie stała się znienawidzonym symbolem.

Jeden z oficerów policji zdradził Makowerowi, że dowódcy Służby Porządkowej przez chwilę rozważali nawet myśl o podjęciu walki. Skontaktowali się w tym celu z polskim podziemiem, które jednak – oprócz słów zachęty – nie miało Żydom nic do zaoferowania. Ani broni, ani żadnej realnej pomocy.

Wobec tego – pisał Makower – myśl o oporze zarzucono i wprzęgnięto się w robotę hyclowską. Nie bardzo wierzę, że szczera była chęć uratowania w ten sposób wszystkiego co się da. Chodziło o ratowanie siebie i swoich najbliższych. Zresztą wszyscy o tym myśleli, nie tylko Służba Porządkowa. Skutek: kilkunastu ludzi z SS i kilkudziesięciu Ukraińców i Łotyszów załatwiło się z setkami tysięcy Żydów. Służba Porządkowa była jedyną dobrze zorganizowaną grupą w getcie. Gdyby ją rzucić na wyloty, gdyby dała sygnał walki z Niemcami – skutek ostateczny może byłby taki sam, ale Żydzi umieraliby jak bohaterzy, a nie jak barany! Wtedy jednak każdemu się zdawało, że to chodzi nie o niego, ale o sąsiada. Że gdy się przysłuży, to im dadzą spokój.

Pytanie jednak, czym policjanci mieli walczyć z Niemcami. Starcie ludzi uzbrojonych w drewniane pałki z ludźmi uzbrojonymi w karabiny maszynowe mogło skończyć się tylko w jeden sposób – masakrą. Żądanie podjęcia walki z SS przez Służbę Porządkową równało się więc oczekiwaniu, że wszyscy jej funkcjonariusze popełnią zbiorowe samobójstwo. I pociągną za sobą całe getto.

Mimo to wątek ten pojawia się w wielu wspomnieniach z getta. Weźmy choćby znajdującą się w archiwum Żydowskiego Instytutu Historycznego relację Beniamina Horowitza.

> Kto miał dać hasło do oporu? – pytał autor. – Masa była zupełnie nieprzygotowana i niezorganizowana. Odmówić wykonania niemieckich zarządzeń mogli tylko prezes Gminy i kierownictwo Żydowskiej Służby Porządkowej. Ten zespół ludzki, zebrany zupełnie przypadkowo, nie był przygotowany do żadnego bohaterskiego kroku. Jedni przywykli do uległości wobec Niemców, inni nie zdawali sobie sprawy z prawdziwych rozmiarów groźby, inni wreszcie – a ci byli najliczniejsi – wierzyli, że uda im się dzięki takim czy innym manipulacjom uchować część warszawskich Żydów, przede wszystkim własne osoby, swych krewnych i bliskich.

Tak, to jest dobrze znany mechanizm psychologiczny. Człowiek stojący nad przepaścią chwyta się każdej, nawet najbardziej złudnej i szalonej nadziei. Wystąpienie zbrojne przeciwko Niemcom równało się pewnej śmierci. A przecież gdy nadchodzi śmierć, nie ma już żadnej nadziei.

Dlatego uważam, że choć mamy pełne prawo do krytycznej oceny niechlubnych czynów żydowskich policjantów, to zgłaszanie wobec nich pretensji, że nie rzucili się z pałkami na esesmanów, wydaje się bezsensowne. Można bowiem wymagać od ludzi, żeby nie byli łajdakami. Ale nie można wymagać, żeby byli bohaterami.

Tekst nigdy wcześniej nie publikowany

Część IV

Człowiek to świnia

Refleksje po lekturze książki Dalej jest noc

1

To, co najważniejsze

Icek Unfasung był rzeźnikiem w Józefowie w powiecie biłgorajskim. 13 lipca 1942 roku Niemcy ze 101. policyjnego batalionu rezerwy wymordowali żydowską ludność tego miasteczka. Ale Icek Unfasung chciał żyć. Wraz z rodziną uciekł do lasu. Tam dołączył do grupy ukrywających się Żydów.

Uciekinierzy zbudowali ziemiankę, w której zamierzali się ukryć przed obławami. Niestety malutkie dziecko Icka Unfasunga miało koklusz i nie potrafiło powstrzymać się od kaszlu. Gdy w lesie pojawili się Niemcy, sytuacja stała się rozpaczliwa. Kaszel niemowlęcia mógł zdradzić kryjówkę.

Unfasung podjął dramatyczną decyzję. Usiadł na twarzy własnego dziecka. Zadusił. Zabił. Wszystko najprawdopodobniej wydarzyło się na oczach szalejącej z rozpaczy matki. Dziecko zginęło, ale reszta mieszkańców ziemianki ocalała.

A oto relacja świadka pacyfikacji getta w Bielsku Podlaskim:

> Zobaczyłem coś, co mnie przeraziło. Dwóch mężczyzn, jak się okazało Żydów, wiozło wozem coś, co wyglądało jak potężna ośmiornica. Zobaczyłem, że są to ręce i nogi, które wystawały przez szczeble drabiniastego wozu. Ręce i nogi poruszały się w różny, nieskoordynowany sposób. Byli to kładzeni jak polana, jedno na drugim, starzy Żydzi. Niemcy rozstą-

pili się i dwaj młodzi Żydzi zaczęli rzucać żywych starców do ogromnego dołu.

Po zakończeniu rozładunku furmanka pojechała po następnych. Niemcy zdjęli z pleców maszynowe pistolety i zaczęli strzelać do leżących na dnie dołu. Po kilku seriach dowodzący oddziałem egzekucyjnym ze zwykłym pistoletem obszedł [dół] dookoła, co chwila strzelając. Znowu Niemcy palili papierosy.

Żydówka Mendlowa ukrywała się u Polaków w kolonii Sieniewicze w gminie Drohiczyn. W lutym 1943 roku przyszli Niemcy. Mendlowa błagała żandarmów, by darowali życie jej pięciorgu dzieciom. Odpowiedź była odmowna i Żydzi zostali wyprowadzeni za stodołę. Przed egzekucją kobieta okryła dzieci kocem – żeby nie patrzyły...

To tylko trzy z tysięcy ludzkich tragedii opisanych w książce *Dalej jest noc. Losy Żydów w wybranych powiatach okupowanej Polski*. Książka ta – zgodnie z podtytułem – opowiada o Żydach w czasie Holokaustu. To oni są jej głównymi bohaterami, to ich gehenna została przedstawiona na jej kartach.

Niestety zdaje się to umykać większości uczestników debaty o *Dalej jest noc*. Publicystów, historyków i internautów bardziej od Żydów interesują Polacy. A konkretnie postawy, jakie zajmowali wobec Zagłady żydowskich sąsiadów. Niestety, taki ton debacie nadali sami autorzy książki.

Dla mnie z kolei sprawa ta ma znaczenie drugorzędne. Empatia i pamięć o ofiarach wydaje mi się ważniejsza niż spór o to, co robili i czego nie robili Polacy, który siłą rzeczy musiał się przerodzić w rytualną plemienną naparzankę, jałową dysputę znaną nam wszystkim do znudzenia, jak zdarta płyta.

Część uczestników sporu z mściwą satysfakcją wytykała Polakom, że nie byli „tacy święci". A druga część płonęła ogniem świętego patriotycznego oburzenia i dawała odpór „plugawym oszczercom". Oczywiście niemal wszyscy uczestnicy tej „dyskusji" nie zadali sobie trudu, żeby książkę przeczytać. Bo i po co, skoro i tak wiadomo, co mamy o niej myśleć i mówić.

Proszę wybaczyć, ale ja na to nie mam ochoty. Dlatego właśnie tę część książki rozpocząłem od przedstawienia losów Żydów. To one bowiem najbardziej mnie poruszyły, gdy czytałem *Dalej jest noc*. Ojciec, który musi zadusić własne dziecko, doły śmierci wypełnione drgającymi ciałami, matka zakrywająca dzieciom oczy przed egzekucją…

Pacyfikacje, obławy, wagony bydlęce, druty, gaz. Ludzie tropieni niczym dzikie zwierzęta. Zaszczuci, głodni, przerażeni. To, przez co przeszli polscy Żydzi, jest wręcz niewyobrażalne. W każdym wrażliwym na krzywdę ludzką czytelniku lektura *Dalej jest noc* wzbudzi zgrozę i współczucie.

Dalej jest noc to obszerny (liczy 1700 stron!) dwutomowy zbiór tekstów o losach Żydów w dziewięciu powiatach Generalnego Gubernatorstwa. Autorami jest dziewięciu badaczy związanych z Centrum Badań nad Zagładą Żydów Instytutu Filozofii i Socjologii PAN. A redaktorami dwoje profesorów – Barbara Engelking i Jan Grabowski.

Muszę ze wstydem przyznać, że wstępną opinię na temat tej książki wyrobiłem sobie, zanim ją przeczytałem. Wpływ na to miały radykalne medialne wystąpienia profesora Grabowskiego oraz okropny, promujący książkę okładkowy materiał „Newsweeka" – *Jak Polacy dobijali Żydów*.

Obawiałem się, że autorzy książki poszli tym tropem. Że będziemy mieli do czynienia z kolejnym przeczołgiwaniem Polaków. Uwypuklaniem postaw negatywnych, a przemilczeniem pozytywnych. Czyli obrazem wykrzywionym. Na szczęście okazało się, że jest inaczej. Na kartach *Dalej jest noc* przedstawiony został pełny zakres wojennych postaw.

Występują na nich zarówno Polacy podli – szmalcownicy, mordercy i donosiciele – jak i Polacy wspaniali. Szlachetni bohaterowie, którzy ratowali żydowskich bliźnich. Nie opuścili ich w godzinie największego nieszczęścia. Ryzykując życie własne i swoich rodzin, udzielali im schronienia lub dostarczali żywność.

Autorzy potraktowali tak nie tylko Polaków. W książce zostały przede wszystkim ukazane losy niewinnych ofiar Holokaustu. Ale także brutalnych funkcjonariuszy Żydowskiej Służby Porządkowej czy urzędników Judenratu z Biłgoraja, którzy wydali swych rodaków w ręce Niemców.

Na kartach *Dalej jest noc* spotykamy różnych Niemców. Bezlitosnych oprawców z Gestapo, którzy bez mrugnięcia okiem potrafili strzelić w głowę ciężarnej kobiecie. Albo złapać dziecko za nóżki i roztrzaskać je o kant domu. Ale spotykamy także urzędników okupacyjnej administracji, którzy nie zatracili człowieczeństwa. Starali się nie szkodzić, a czasami wręcz pomagać Żydom i Polakom.

Wbrew temu, co wmawiają nam nacjonaliści – ludzkie postawy nie zależą od tego, kto jakiej jest narodowości. One zależą od tego, jakim się jest człowiekiem. Przyzwoitym czy łajdakiem. Tym sposobem dotarliśmy do tematu, który najbardziej elektryzuje opinię publiczną. Czyli postaw Polaków w czasie jednej z najczarniejszych godzin w dziejach ludzkości. W czasie eksterminacji Żydów.

2

Pacyfikacja gett

Pierwsze negatywne zjawisko opisane przez autorów *Dalej jest noc* to udział Polaków w pacyfikacjach gett podczas akcji „Reinhardt" w 1942 roku. Scenariusz był na ogół podobny. Do miasteczek przybywały jednostki Gestapo, policji i żandarmerii. Niemcy spędzali na rynek wszystkich Żydów, a następnie prowadzili ich na stację kolejową. Tam czekały już pociągi mające ich zawieźć do obozów.

Akcjom tym towarzyszyły sceny niebywałej, zwierzęcej przemocy. Żydzi byli lżeni, upokarzani, bestialsko bici i ograbiani. Esesmani często na miejscu mordowali „jednostki nieproduktywne", czyli starców, dzieci i chorych. Skazańcy byli zabijani wprost na ulicach albo odprowadzani do najbliższego lasu lub na cmentarz żydowski. Tam Niemcy dokonywali masowych egzekucji.

Jaka była w tym rola Polaków? Przede wszystkim okupanci do pomocy w pacyfikacjach wykorzystali polskie służby mundurowe Generalnego Gubernatorstwa. W pierwszej kolejności granatową policję (patrz część VI), ale również strażaków i młodych junaków ze służby budowlanej Polnischer Baudienst.

Zadaniem policjantów było otoczenie pacyfikowanych gett kordonem, a zadaniem junaków kopanie dołów śmierci i usuwanie ciał zamordowanych. Czyli najbardziej paskudna robota. Część członków tych formacji nie ograniczała się jednak tylko do tych zadań. Ludzie ci wdzierali się na teren getta, aby wyłapywać Żydów, którzy usiłowali przeczekać wywózkę na strychach, w piwnicach i innych kryjówkach. Dokonywali też aktów przemocy.

Strażacy złowrogą rolę odegrali na przykład w Węgrowie. Według jednego ze świadków wspinali się na poddasza budynków, łapali za ręce ukrywających się Żydów i wyrzucali ich przez okna. Na dole nieszczęśników dobijali niemieccy żandarmi. Strażacy z Węgrowa podobno włączyli się do pogromu nie na rozkaz niemiecki, ale z własnej woli.

Z kolei junacy zostali wykorzystani przez Niemców do pomocy w ludobójstwie Żydów na terenie powiatu miechowskiego w dystrykcie krakowskim. Aby stłumić w młodych ludziach opory moralne i wyrzuty sumienia, przed pacyfikacją członków Baudienstu upojono alkoholem. „Na rynku ustawiono długie stoły i w pośpiechu znoszono wódkę, piwo i zagryzki" – wspominała Irena Himmelblau ze Skały. – „Częstowano policję granatową i junaków, pijanych widokiem krwi i wódką".

Zadaniem uzbrojonych w łopaty i kilofy junaków było wykopanie dołów śmierci i pogrzebanie ofiar. Część z nich, pod wpływem alkoholu i adrenaliny, rzucała się jednak na Żydów. Okradała ich i biła. A w czasie zakopywania ciał niektórzy dobijali łopatami ofiary dające oznaki życia. „Wierzyć się nie chce, do czego człowiek jest zdolny" – komentował świadek Tadeusz Zwierkowski.

Młodych ludzi przed akcją poddawano intensywnej antysemickiej indoktrynacji. Profesor Ludwik Hirszfeld miał możność porozmawiać z jednym z członków Baudienstu, od którego dowiedział się, jak wyglądała organizacja mordów.

> Niemcy skoszarowali młodych i przez kilka dni urządzali dla nich wykłady o tym, że źródłem wszystkiego zła na świecie są Żydzi – pisał Hirszfeld. – Pokazywano im obrazki, na których Żyd przedstawiony był jako wesz lub pluskwa. A później dano im duże ilości wódki. Gdy już byli półprzytomni, kazano im otoczyć miasteczko i chwytać Żydów. Następnie odprowadzili tę biedotę gdzieś za miasteczko, gdzie czekało kilku uzbrojonych Niemców. Żydom kazano wykopać dół, a potem junacy musieli podprowadzić Żyda

do Niemca, trzymając go za obie ręce. Niemiec strzelał, a junacy musieli wrzucać Żyda do wykopanego dołu. Jeżeli Żyd został zabity, to jeszcze pół biedy. Ale często był tylko ranny. Przykro było wrzucać taką krzyczącą Żydówkę do dołu. Najgorzej było wrzucać dzieci. Jeden junak nie wytrzymał i rozpłakał się. Przecież to były dzieci, które zmuszano do roli katów.

Sprawa stała się głośna i wzburzyła Polaków. U Hansa Franka interweniował arcybiskup krakowski Adam Sapieha. W memoriale skierowanym do generalnego gubernatora hierarcha kościelny pisał o „strasznym używaniu służby budowlanej, złożonej z upojonej alkoholem młodzieży, do likwidacji Żydów".

Getta na prowincji na ogół nie były oddzielone murem od części miasteczek zamieszkanych przez Polaków. Były to tak zwane getta otwarte. A co za tym idzie, cały horror akcji „Reinhardt" rozgrywał się na oczach polskich sąsiadów. Część z nich patrzyła na żydowską kaźń ze zgrozą i ściśniętym sercem, część śmiała się zadowolona z niedoli bliźnich. Niektórzy włączali się do pogromów.

O dantejskich scenach, które rozegrały się podczas pogromu w Szczebrzeszynie, wiemy z dzienników Zygmunta Klukowskiego. Był to powiązany z podziemiem niepodległościowym powszechnie szanowany lekarz.

Mieszkania żydowskie są częściowo opieczętowane – pisał – pomimo to rabunek idzie na całego. W ogóle ludność polska nie zachowywała się poprawnie. Wielu ludzi brało czynny udział w tropieniu i wynajdywaniu Żydów. Wykazywali, gdzie są ukryci Żydzi, chłopcy uganiali się nawet za małymi dziećmi żydowskimi, które policjanci zabijali na oczach wszystkich. W ogóle działy się straszne rzeczy, potworne, koszmarne, od których włosy stają na głowie.

Inny świadek tych wydarzeń, grabarz Tadeusz Jaszczyk, wspominał:

O rabunku rzeczy odbieranych Żydom przez niektórych Polaków wolę nie mówić... Raz jeden tylko widziałem, jak Żyd wyrwał z rąk Polakowi zabrane mu pieniądze i porwał na drobne kawałeczki. Utkwił mi w pamięci pewien wstrząsający szczegół, jak jedna młodziutka Żydówka, leżąc już na ziemi, zapytywała któregoś z Polaków zatrudnionych przy grzebaniu zwłok: „Panie, czy ja dobrze leżę?".

Podobnie było w innych miasteczkach. Niestety do tropienia ukrywających się Żydów włączały się grupy wyrostków i dzieci. Wykazywały się przy tym szokującym brakiem wyobraźni i okrucieństwem. Tak jakby wyłapywanie żydowskich sąsiadów było zabawą.

Komendant polskiej policji Wiesiołowski – wspominał Jan Mikulski z Biłgoraja – w otoczeniu kilkudziesięciu dzieciaków w wieku od 6 do 12 lat przeszukuje podwórka, strychy, piwnice i komórki. Za każde znalezione i przyprowadzone dziecko żydowskie rozdaje polskim dzieciom landrynki.

Z kolei w Węgrowie Niemcy za każdego schwytanego Żyda oferowali ćwierć kilo cukru. A w okolicach Działoszyc – wódkę i papierosy.

Dwóch Polaków wlecze z powrotem na rynek ciemnowłosą kobietę, która uciekła z getta, a teraz szarpie się z nimi, walczy o życie – wspominał Aaron Elster. – Zasłaniam twarz rękami, ale przez palce widzę, jak się opiera, próbuje czepiać się ziemi, kopie, okłada Polaków pięściami. Wszystko nadaremnie. Dowlekają swoją ofiarę do gestapowca. Kobieta pada na ziemię, żebrze litości. Gestapowiec strzela jej w głowę.

Zdarzało się, że do plądrującej domy i uganiającej się za przerażonymi Żydami miejskiej hołoty dołączała część chłopów z okolicznych wiosek. Na wieść o tym, co się dzieje, zjeżdżali do miasteczka na furmankach, aby wziąć udział w szabrze.

Gdyby tak z rana z wieży pożarnej ktoś objął wzrokiem nasze miasto – opowiadał granatowy policjant z Wolbromia – złapałby się za głowę. Sznury ludzi z różnych okolicznych wsi ciągnęły do siebie jakieś przedmioty z żydowskich domów. Ten niesie łóżko, drugi szafę, trzeci jakąś walizkę z garderobą, a czwarty mozoli się z dużym stojącym zegarem.

Kiedy akcja eksterminacyjna dobiegała końca i Niemcy oddalali się z miejsca zbrodni, niektórzy Polacy przystępowali do przeszukiwania zalegających na ulicach ciał zgładzonych Żydów. „Biedota ściągała z ofiar ubrania i szukała łupów w postaci zegarków, pieniędzy, dolarów i złota" – pisał Polak z Biłgoraja.

Z kolei w Wysokiem Litewskim po egzekucji na miejsce przybył stróż z miejscowej szkoły. „Zaczął ściągać ubrania z pomordowanych" – wspominał świadek – „a także wybijał zęby. Ściągał ich do dołu, a następnie zasypywał ziemią. Widać było, że niektórzy okazywali jeszcze oznaki życia, jednak ten stróż na to nie zwracał uwagi".

Niektórzy Polacy chętnie zgłaszali się do zakopywania ofiar masowych egzekucji. Dawało to im bowiem szansę na ograbienie ciał zgładzonych Żydów. Co ciekawe, zdarzało się, że ludzie ci byli zdolni do ludzkich odruchów.

Gdy zaczęli strzelać, przewróciłem się i drugi koło mnie, którego krew trysnęła mi na twarz – zeznawał po wojnie Moszek Góra. – Ile leżałem, nie wiem. Czułem tylko, że ktoś podszedł do mnie, zdjął mi pantofle, sweter, kamizelkę, po tym podszedł drugi, uderzył mnie szpadlem na płask. Bojąc się, aby mnie żywcem nie zakopali, dałem znak oczami, że żyję. Jeden z nich, zobaczywszy mnie żyjącego, powiedział:
– Jak żyjesz, to uciekaj!

Moszek uciekł i przeżył.

3

Chłopi i Żydzi

Drugie negatywne zjawisko opisane w *Dalej jest noc* to szkodzenie żydowskim uciekinierom w tak zwanej trzeciej fazie Holokaustu. Po zlikwidowaniu gett przez władze okupacyjne na terenach wiejskich Generalnego Gubernatorstwa znalazła się spora liczba Żydów. Byli to ludzie, którzy zbiegli z miasteczek, transportów i obozów pracy.

Historycy oceniają, że na ucieczkę zdecydowało się około 200–300 tysięcy Żydów. Czyli mniej więcej 10 procent. Ludzie ci błąkali się – samotnie lub w małych grupach – po wsiach i lasach. To, czy przeżyją, zależało w zasadzie od jednego czynnika. Od tego, jakich na swej drodze spotkają Polaków.

Dobrzy ludzie mogli ich ukryć w swoich obejściach – na strychu, w piwnicy, stodole lub oborze. Albo przynosić im jedzenie do leśnej kryjówki.

Źli ludzie mogli na nich donieść, pobić lub – w skrajnych wypadkach – wyprowadzić za stodołę, ograbić i zarąbać siekierą.

W najlepszej sytuacji znaleźli się oczywiście ci Żydzi, którzy mieli przy sobie pieniądze lub kosztowności. Miejsce w chłopskiej szopie można było bowiem po prostu kupić.

Pewien gospodarz z powiatu miechowskiego traktował ukrywaną przez siebie rodzinę Elbingerów jak zakładników. Co pewien czas podwyższał im stawkę za schronienie – pewnego razu zażądał horrendalnej sumy 1,6 tysiąca złotych tygodniowo – a gdy protestowali, wpadał w szał i rzucał się na nich z pięściami. Po roku niewoli Elbingerowie uciekli od swojego „dobroczyńcy".

W takich wypadkach problem pojawiał się na ogół, gdy Żydom kończyła się gotówka i kosztowności. Nie było pieniędzy – nie było pomocy. „Chłopi ukrywali na wsi Żydów" – wspominała Tema Wajnsztok – „odbierając od nich za to złoto, garderobę i inne potrzebne rzeczy. Zdarzało się, że po odebraniu rzeczy wydali Żydów w ręce policji albo nawet cichaczem sami zamordowali".

Nie zdarzało się to jednak nazbyt często. Ci chłopi, którzy chcieli zaszkodzić Żydom, na ogół ich wyłapywali i odstawiali do najbliższego posterunku policji. Często robiły to straże chłopskie lub po prostu skrzyknięte naprędce grupy mężczyzn z widłami i siekierami dowodzone przez miejscowego sołtysa.

Chłopi w obawie przed represjami wyłapują Żydów po wsiach i przywożą do miasta albo nieraz wprost na miejscu zabijają – pisał Zygmunt Klukowski. – W ogóle w stosunku do Żydów zapanowało jakieś dziwne zezwierzęcenie. Jakaś psychoza ogarnęła ludzi, którzy za przykładem Niemców często nie widzą w Żydzie człowieka, lecz uważają go za jakieś szkodliwe zwierzę, które należy tępić wszelkimi sposobami, podobnie jak wściekłe psy, szczury.

Według Karoliny Panz – która w książce *Dalej jest noc* opisała sytuację w powiecie nowotarskim – szczególnie dramatyczne było położenie Żydów ukrywających się na Podhalu. Wynikało to z tego, że część górali uległa wpływom ideologii Goralenvolk i chętniej wypełniała niemieckie zarządzenia.

Ktoś przyszedł do mnie – wspominała Zofia Pitek – i mówi, że przywieźli Nyśkę. To była jedna z Żydówek, która wcześniej z nami pracowała. Chłop ją przyprowadził. Pytają się go, jak on to zrobił, a on:
– Była w zimniokach i szła drogą, pytała się mnie, ka droga do Nowego Targu. Ja się pytom:

– Masz papiery?
– No ni mom.
No to ją cap.
Dostał 200 machorkowych i dwa litry wódki za to, że zdradził.

Z kolei Madzia Teichner tak wspominała pewną góralkę: „Mawiała do mnie, wymachując w ręku siekierą: «Tą siekierą zarąbałabym każdego napotkanego Żyda». Nienawiść do Żydów dzieliło z nią wielu górali, tak że skrzętnie ukrywaliśmy nasze pochodzenie".

Spora część aresztowań żydowskich uciekinierów była skutkiem donosicielstwa – plagi Generalnego Gubernatorstwa. Wynikało to ze specyfiki systemu okupacyjnego. Niemcy słabo orientowali się w realiach ujarzmionego kraju i z własnej inicjatywy rzadko opuszczali rozrzucone po większych miasteczkach posterunki.

Na wsiach niemal się nie pojawiali, nie mogli więc samodzielnie tropić Żydów ukrywających się u polskich gospodarzy. Co innego, gdy docierał do nich anonimowy donos. Wówczas urządzali ekspedycję karną i niezwłocznie pojawiali się we wskazanym miejscu. Na ogół jednak chłopi wrogo nastawieni wobec Żydów nie denuncjowali ich Niemcom, lecz granatowej policji.

Zdarzało się również, że denuncjatorami byli Żydzi. Doktor Alina Skibińska, która w *Dalej jest noc* przedstawiła sytuację w powiecie biłgorajskim, opisuje, jak pewien żydowski uciekinier z tego terenu wskazał Niemcom bunkier, jak wówczas potocznie nazywano kryjówki. Była to zemsta na mieszkających w nim Żydach, którzy nie chcieli go przyjąć do siebie.

Znane są również przypadki, że aresztowani przez Niemców w lesie Żydzi załamywali się na przesłuchaniach. Pod presją gestapowców ujawniali nazwiska Polaków, którzy udzielali im pomocy. Los zdradzonych był na ogół tragiczny.

Przedstawione tu okropieństwa szokują. Dla wielu czytelników lektura dwóch ostatnich rozdziałów z pewnością nie była łatwa. Opisane w niej zbrodnie popełnione przez naszych rodaków są po prostu wstrząsające.

Problem polega na tym, że ciąg następujących po sobie przykładów polskiej podłości i okrucieństwa może wywołać mylne wrażenie, iż wszyscy Polacy zachowywali się w ten sposób. Że cały polski naród przyjął wobec Żydów wrogą postawę. I że wszyscy Polacy cieszyli się z Holokaustu. Byłoby to wrażenie mylne i krzywdzące.

To, co przedstawiłem, nie stanowi bowiem całości obrazu. Jest tylko jego częścią. Zajrzeliśmy w najmroczniejsze zakamarki ludzkiej duszy. Teraz pora ukazać drugą, jasną stronę medalu. Pora, aby ze sceny zeszli łajdacy, a weszli na nią bohaterowie.

4

Sprawiedliwi wśród Narodów Świata

Bohaterami tymi byli oczywiście Sprawiedliwi wśród Narodów Świata. Zaznaczmy od razu, że jest to określenie umowne. Jak bowiem podkreślają autorzy *Dalej jest noc*, Polaków ratujących Żydów było znacznie więcej niż 6863 osoby, którym jerozolimski Instytut Yad Vashem nadał honorowy tytuł.

Wielu Polaków, którzy pomagali żydowskim bliźnim, po wojnie nie zgłosiło się do tej instytucji. Część o niej w ogóle nie słyszała, a część nie chciała afiszować się swoimi dokonaniami. Jeszcze inni zostali zamordowani przez Niemców razem z ratowanymi przez siebie ludźmi. A statut Yad Vashem jasno stwierdza, że tytuł Sprawiedliwego może zostać nadany tylko na wniosek uratowanego Żyda.

Kim byli Sprawiedliwi?

Wśród ratujących byli ludzie bogaci i biedni – czytamy we wstępie do *Dalej jest noc* – miasteczkowi inteligenci i niepiśmienni chłopi, ludzie związani z konspiracją i Volksdeutsche (a także czasem Niemcy z Rzeszy), katolicy, prawosławni, świadkowie Jehowy i ateiści. Motywację do pomagania często stanowiła przedwojenna znajomość, przyjaźń (a nawet miłość), głęboko zinternalizowane zasady wiary, przeświadczenie, że drugiemu człowiekowi – bez względu na to, kim jest – należy pomagać, chęć przeciwstawienia się Niemcom lub przekonanie, że należy postąpić właściwie i przyzwoicie mimo ryzyka utraty życia. Nie można zapominać o wszystkich tych, którzy ratowali za – często duże – pieniądze.

Innymi słowy cała gama ludzi i cała gama motywów. Żydom pomagały na ogół całe rodziny oprócz najmłodszych dzieci, które przez nieostrożność mogłyby wygadać się przed rówieśnikami. Polacy dostarczali ratowanym jedzenie, prali ich ubrania, wynosili z kryjówek nieczystości.

Pomoc ta wymagała więc często dużej ofiarności, samozaparcia i poświęcenia. Tym bardziej, jeśli ratowano więcej niż jedną osobę i pomoc trwała długo. Wszystko to wymagało dużych nakładów finansowych i czasu.

Wielkiego wyczynu dokonał choćby Bolesław Leszczyński, weterynarz z kolonii Kajanka w pobliżu Siemiatycz. Otóż przez dwadzieścia dwa miesiące (!) udzielał on pomocy ośmioosobowej rodzinie żydowskiej. Najpierw jej członkowie ukrywali się w kopcu kartofli, a później w leśnej ziemiance. Leszczyński codziennie zanosił im jedzenie.

Gdy wścibska sąsiadka odkryła ziemiankę, należący do AK syn Leszczyńskiego zagroził jej, że jeśli puści parę z ust, spali jej chałupę. Dzięki temu Żydzi bezpiecznie doczekali do wkroczenia Armii Czerwonej. A gdy wyszli z ukrycia, okazało się, że Leszczyńscy na strychu stodoły ukrywali jeszcze jedną, pięcioosobową rodzinę.

Bronisława Mężyńska przygarnęła błąkającą się po lesie malutką Sarę. Nadała jej imię Zosia i pokochała jak własną córkę. Po wojnie nie chciała oddać dziewczynki, nawet gdy kuzyn Sary zaoferował za nią milion złotych. Dziewczynka została więc wykradziona przybranej matce i – wbrew własnej woli – wywieziona do dalekiej Palestyny.

Inna kobieta, Józefa Moskowczanka, zaopiekowała się młodą Rachelą, którą matka wypchnęła w tłum Polaków podczas wysiedlania Żydów z Miechowa. Była to więc decyzja podjęta spontanicznie, impuls chwili. A mimo to kobieta wytrwała w tym postanowieniu i ocaliła żydowską dziewczynkę.

Pomocy nie odmawiali również mieszkańcy miejscowości Kłopoty-Bańki w powiecie bielskim. „Wieś była przyjazna Żydom, nie donosili" – wspominał Efraim Lederman. – „Żydzi mogli pracować za dnia w gospodarstwach. Latem było łatwiej o żywność".

Autorzy poszczególnych rozdziałów *Dalej jest noc* z wielką starannością starali się zidentyfikować wszystkich Polaków ratujących Żydów działających w opisywanych powiatach. I ze szczegółami opisali ich bohaterskie czyny. Sprawia to, że wysuwane wobec nich oskarżenia o „antypolonizm", „jednostronne ujmowanie tematu" czy „oczernianie narodu polskiego" są po prostu niesprawiedliwe.

Na kartach *Dalej jest noc* znalazły się również historie tych Polaków, którzy za pomaganie Żydom zapłacili najwyższą cenę. Czyli zostali złapani na gorącym uczynku przez Niemców i zamordowani. Niemcy tę straszliwą, bezwzględną karę często wymierzali całym rodzinom, nie wyłączając dzieci i niemowląt.

Weźmy choćby powiat miechowski opisany przez doktora Dariusza Libionkę. Tylko w ciągu kilku dni stycznia 1943 roku niemieccy oprawcy za pomaganie Żydom zgładzili na tym terenie co najmniej czternastu Polaków. Z kolei w sierpniu w Wierzbicy w gminie Kozłów żandarmi wymordowali trzy polskie rodziny – Kucharskich, Książków i Nowaków.

Najbardziej znana jest zbrodnia, do której doszło we wsi Siedliska w pobliżu Miechowa. Dramat rozegrał się 15 marca 1943 roku, gdy do obejścia Wincentego i Łucji Baranków przybyło pięciu funkcjonariuszy niemieckiego Sonderdienstu, dowodzonych przez żandarma o nazwisku Neumann. Według Dariusza Libionki w akcji mogli również brać udział granatowi policjanci.

Niemcy otoczyli dom i zażądali, aby Barankowie wydali im Żydów. Gdy Polacy zapewnili, że nikogo nie ukrywają, zostali pobici. Następnie Niemcy spędzili na miejsce okolicznych chłopów i kazali im przekopać siano w stodole. W czasie przeszukania między domem a chlewem odnaleziono kryjówkę. Znajdowało się w niej trzech Żydów.

Niemcy wyprowadzili ich za studnię i kazali im uciekać. Gdy ofiary rzuciły się w stronę lasu, oprawcy otworzyli ogień. Trafili w plecy.

Później znaleźli jeszcze jednego ukrywającego się w domu Żyda. Jego także zamordowali. Po masakrze w domu Baranków Niemcy urządzili libację, podczas której „przesłuchiwali" Polaków.

Pijani oprawcy zaprowadzili małżeństwo Baranków do stodoły i zastrzelili. Potem zaciągnęli do środka dwóch przerażonych synów zamordowanych – dwunastoletniego Henia i dziesięcioletniego Tadzia. Niemcy kazali im uklęknąć przy ciałach rodziców, a następnie uśmiercili ich strzałami w tył głowy. Dom został splądrowany.

Wieści o każdej takiej egzekucji natychmiast roznosiły się szerokim echem po całej okolicy. W zamyśle Niemców miało to odstraszyć innych Polaków od udzielania pomocy uciekinierom. Niestety czasami odnosiło to skutek. Polacy nie wytrzymywali nerwowo i prosili Żydów, żeby opuścili ich obejścia. „Gospodyni opisała nam swój strach" – wspominała Icia Sztemer – „i błagała, abyśmy przez wzgląd na nich odeszli, prawdopodobnie poza nimi także sześcioro sąsiadów mieszkających po obu stronach mogłoby zostać zastrzelonych".

Ludzie, którzy decydowali się ratować uciekinierów, żyli w ustawicznym napięciu nerwowym. Bali się Niemców, ale również „życzliwych" sąsiadów, którzy mogliby zauważyć na ich podwórku Żyda i złożyć donos. Trudno sobie wyobrazić, jak bardzo obciążało to psychikę. Jednego ze Sprawiedliwych kosztowało to tyle nerwów, że krótko po wojnie doznał zawału i zmarł.

Do wyjątkowo drastycznej sytuacji – nawet jak na okupacyjne zbydlęcenie – doszło w Rogowie w gminie Kozłów. We wsi mieszkał poczciwy gospodarz, ojciec dziewięciorga dzieci, Aleksander Kuraj. Mimo że biedny, zdecydował się ukryć przedwojennego znajomego, Jankiela Libermana.

Niestety Żyda wykrył miejscowy sołtys. Z innymi mężczyznami ze wsi zaczął zastraszać Kuraja, grożąc mu denuncjacją. W efekcie doprowadzony do rozpaczy gospodarz... zatłukł Libermana kluczem kolejowym i zakopał ciało za stodołą. Możemy się tylko domyślać, że w ten sposób chciał ratować własne dzieci, które mogłyby zginąć, gdyby na miejsce przybyła żandarmeria.

Zastraszyć nie dał się natomiast Stanisław Sobczak z Frampola, który udzielił schronienia aż dwunastu osobom. „Gdy z plakatów dowiedział się, że za pomoc Żydom grozi kara śmierci" – wspominał jeden z ocalonych przez niego ludzi – „powiedział, że za dziesięciu jest taka sama kara jak za jednego".

Wiele lat temu, podczas jednej z wizyt w Izraelu, rozmawiałem na temat Sprawiedliwych z nieżyjącym już profesorem Israelem Gutmanem z Yad Vashem, nestorem izraelskiej historiografii i ocalałym z Zagłady, byłym więźniem KL Auschwitz.

– Polacy ratujący Żydów byli wielkimi bohaterami. I było to bohaterstwo najwyższej próby. Możecie być z tych ludzi dumni – powiedział mi profesor. – Pamiętam, jak kiedyś, wiele lat po wojnie, brałem udział w spotkaniu rodziny polskich Sprawiedliwych z rodziną ocalonych przez nich Żydów. Żydzi byli wzruszeni do łez i powiedzieli swoim dzieciom: „Popatrzcie, to jest wasza druga matka i wasz drugi ojciec. Gdyby nie oni, was by nie było".

Profesor Israel Gutman miał rację. Możemy być dumni z polskich Sprawiedliwych. Naszych największych bohaterów z czasu II wojny. Bo o ile żołnierz na froncie ryzykował tylko własne życie, o tyle oni ryzykowali życie własne i swojej rodziny.

5

Trzy kwestie sporne

Historycy, którzy wezmą pod lupę *Dalej jest noc*, zapewne znajdą w niej szereg mniejszych lub większych pomyłek. Błędy można znaleźć we wszystkich książkach. Wydaje się jednak, że zasadniczy obraz wydarzeń nie ulegnie zmianie. Byli Polacy, którzy podczas Holokaustu zachowywali się wspaniale, ale byli również Polacy, którzy zachowywali się haniebnie. Dziecinne wypieranie tego faktu niewiele tu pomoże.

Nie oznacza to jednak, że nie ma pola do dyskusji. Takie pole jest, i to co najmniej w trzech obszarach: odpowiedzialności, motywu i skali tych wydarzeń.

Zacznijmy od kwestii pierwszej. Państwową odpowiedzialność za nieszczęścia, które spadły na Żydów w Generalnym Gubernatorstwie, ponosi Trzecia Rzesza. To pod niemiecką okupacją znajdowała się Polska i to Niemcy wprowadzili w życie potworny projekt mordowania Żydów. Tragiczna śmierć wszystkich Polaków wyznania mojżeszowego, którzy zginęli pod okupacją niemiecką, była właśnie konsekwencją tej decyzji.

Granatowa policja i inne służby Generalnego Gubernatorstwa, które zostały wciągnięte w Holokaust, wypełniały rozkazy swoich niemieckich przełożonych. Również gdyby nie niemiecka okupacja, zdecydowana większość chłopów krzywdzących Żydów nigdy nie dopuściłaby się niecnych czynów. To bowiem Niemcy wyjęli Żydów spod prawa,

Niemcy nagradzali ludzi za denuncjowanie i wyłapywanie żydowskich uciekinierów. A karali za pomaganie im.

Kto zaś ponosi odpowiedzialność indywidualną? Sprawcy. A więc konkretni, często znani z imienia i nazwiska mordercy i donosiciele. W tym również Polacy. Trudno jednak winą za czyny tych ludzi obwiniać cały naród. Nie mówiąc już o przepraszaniu w imieniu całego narodu za odpychające czyny tych zdemoralizowanych jednostek. W narodzie polskim, co starałem się udowodnić w tym tekście, występowały bowiem postawy rozmaite. Od skrajnej podłości do najwyższego bohaterstwa.

Teraz kwestia druga – motyw. Część uczestników debaty lansuje tezę, że patologiczne zjawiska opisane na kartach *Dalej jest noc* należały do polskiej specyfiki. Ich przyczyną był ponoć ludowy katolicyzm i endecki antysemityzm. Innymi słowy – Polak to świnia. Moim zdaniem prawda jest inna: człowiek to świnia.

Intelektualiści mają skłonność do tłumaczenia świata rozmaitymi „-izmami" i „-logiami". Często jest to zwodnicze. Motywy postępowania ludzi są bowiem na ogół znacznie bardziej przyziemne. Wydaje się, że w interesujących nas wydarzeniach antysemityzm miał znaczenie drugorzędne. Głównym motywem była chciwość.

Ta zaś wynikała z powszechnej biedy i głodu. Mieszkańcy miasteczek i wsi byli często niezwykle ubodzy. Ubóstwo to powiększyła wojna, która przyniosła też głęboką demoralizację. W okupowanej Polsce szerzył się alkoholizm, złodziejstwo, bandytyzm. Polacy na co dzień obcowali ze śmiercią, życie ludzkie stało się niezwykle tanie.

To właśnie splot kilku czynników – biedy, okupacyjnej demoralizacji i niemieckich zarządzeń – przyniósł tak fatalne skutki. Przytłaczająca większość przestępstw przeciwko Żydom była powiązana z rabunkiem. Dowody na to znaleźć można niemal na każdej stronie *Dalej jest noc*.

Po pacyfikacji w Szczebrzeszynie jeden z grabarzy zakasał rękawy i palcami szukał złota w pochwach martwych Żydówek. Inni – „dentyści", jak ich nazywano – obcęgami wyrywali trupom złote koronki. Żądza pieniędzy kierowała chłopami, którzy tropili po lasach uciekinierów z gett. A także mieszkańcami miasteczek, którzy po zakończeniu niemieckich pacyfikacji rozgorączkowani plądrowali opustoszałe żydowskie domy i okradali ciała.

Gratyfikacja często była podwójna. Najpierw można było Żyda ograbić samemu, a potem, w nagrodę za jego zadenuncjowanie, otrzymać nagrodę od Niemców. Na ogół był to worek cukru, mąka, buty albo ubranie po zamordowanym. W sytuacji okupacyjnej biedy dla zdeprawowanych jednostek stanowiło to nie lada pokusę.

Gestapo wyznaczyło nagrodę za każdego Żyda 1000 złotych – relacjonował Abraham Furman z Podhala. – I kiedy spadł pierwszy śnieg, ludność wiejska puściła się w pogoń za śladami po lasach, borach, polanach i przepaściach. Wtenczas wleczono nasze siostry i braci ze wszystkich stron na Gestapo i w taki sposób wykańczali nas.

Taka już jest parszywa ludzka natura. Jeżeli można wzbogacić się kosztem bliźniego i nie ponieść za to konsekwencji, to w każdej społeczności znajdą się ludzie, którzy skorzystają z okazji. Patologie te w jeszcze większym stopniu – co piszą autorzy *Dalej jest noc* – występowały zresztą wśród Białorusinów czy Ukraińców. A ich przecież trudno oskarżyć o endeckość i katolicki antyjudaizm.

Denuncjowano jednak nie tylko z chciwości. Innym motywem mógł być strach. Ludzie obawiali się, że w razie wykrycia zbiegów przez Niemców cała wieś zostanie puszczona z dymem. Dlatego lepiej było samemu odstawić żydowskich uciekinierów na posterunek i uniknąć w ten sposób groźby krwawych represji.

Inni chłopi uważali Żydów za „szkodników", bo rozkopywali im pola i wyjadali z nich kartofle. A więc pozbawiali ich żywności, której często im samym brakowało. Zdarzało się zresztą, że młodzi żydowscy mężczyźni łączyli się w grupy – tak zwane bandy przetrwaniowe – i jedzenie wymuszali od chłopów siłą. Wówczas donos na policję jawił się jako ratunek przed grabieżą.

Część chłopów, która podczas okupacji zadenuncjowała sąsiada ukrywającego Żyda, wcale nie musiała zrobić tego z pobudek antysemickich. Donos na Gestapo był często sposobem na załatwienie starych przedwojennych porachunków. Sporu o miedzę czy rodzinnej kłótni – zdarzało się, że donosiły porzucone żony i kochanki. W takich sytuacjach Żydzi padali ofiarą porachunków między Polakami.

Wszystko, co napisałem wyżej, nie ma, broń Boże, na celu usprawiedliwienia morderców i donosicieli. Nie chodzi o wyszukiwanie dla nich wszelkich możliwych okoliczności łagodzących. Podobnymi zabiegami, w których specjalizuje się pewna część naszych publicystów, po prostu się brzydzę. Nie wolno jednak pomijać kontekstu tych dramatycznych wydarzeń. I warto wystrzegać się krzywdzących uogólnień.

O postawie każdego człowieka decydowały bowiem przede wszystkim jego cechy charakteru. Ale nie tylko. Także intelektualne i społeczne wyrobienie. Znakomicie ilustruje to sytuacja w powiecie bielskim przedstawiona przez profesor Barbarę Engelking. Na terenie tym znajdowały się dwa rodzaje wiosek. Część była zamieszkana przez rolników będących potomkami chłopów pańszczyźnianych, a część przez rolników będących potomkami szlachty zagrodowej.

Okazuje się, że aż 73 procent Żydów, którzy przeżyli w tym powiecie, uratowało się w zaściankach szlacheckich. Badaczka znalazła tylko jeden przypadek zadenuncjowania Żyda przez mieszkańca zaścianka. W dodatku był to człowiek niespełna rozumu. W sąsiednich miejscowościach zamieszkanych przez chłopów sytuacja nie wyglądała już tak różowo.

> Linia podziału między pomaganiem a wydawaniem przebiega między klasami społecznymi – pisze pani profesor. – Obraz jest jednoznaczny: wydają chłopi, pomaga szlachta zagrodowa. Znakomita większość wsi i kolonii stanowiących wyspy pomocy, w których Żydzi ukrywali się przez długie miesiące, to były zaścianki szlacheckie.

Wyższy poziom kulturalny i wyrobienie społeczne to nie jedyne wytłumaczenie tego fenomenu. Nie wolno zapominać o tradycyjnej chłopskiej niechęci do Żyda „wyzyskiwacza", która nasiliła się w czasie Wielkiego Kryzysu lat trzydziestych.

Dopatrywałabym się w tym donosicielstwie nie tyle antysemityzmu – pisze Barbara Engelking – ile raczej nawyku posłuszeństwa i adaptacji wobec każdej kolejnej władzy. Może to mieć źródło w doświadczeniu pańszczyzny, wyuczonej bierności, a może także w mentalności chłopskiej. Chłop zawsze będzie chłopem – a władza władzą. W kulturze duchowej, poczuciu własnej podmiotowości oraz tradycji szlachty zagrodowej możemy upatrywać źródeł pomagania Żydom. Takie postępowanie wydaje się normą zgodną ze szlacheckim etosem i systemem wartości. A przede wszystkim poczuciem wolności osobistej całkowicie odmiennym od chłopskiego fatalizmu. Nie bez znaczenia jest przy tym świadomość narodowa i całkowicie odmienny niż u wieśniaków stosunek do władzy – zarówno zaborczej, jak i okupacyjnej.

Bardzo ciekawe są to konstatacje. Wychodzi na to, że im bardziej Polak na prowincji był wyrobiony narodowo – tym większa była szansa, że udzieli schronienia Żydom.

Mimo lokalnych różnic nasze badania dostarczają dowodów – czytamy we wstępie do *Dalej jest noc* – wskazujących na znaczną, większą, niż się to dotychczas wydawało, skalę uczestnictwa Polaków w wyniszczeniu żydowskich współobywateli. Jakkolwiek może to być dla wielu trudne do zaakceptowania, to historyczne dowody zgromadzone w książce nie pozostawiają w tej materii najmniejszej wątpliwości.

Bez wątpienia upiorna okupacyjna rzeczywistość diametralnie różniła się od wyobrażeń współczesnych Polaków, karmionych na co dzień naszą pisaną „ku pokrzepieniu serc" literaturą historyczną. Zawierający tak poważne oskarżenie powyższy cytat prowokuje jednak do tego, by zadać oczywiste pytanie. To do śmierci konkretnie ilu Żydów przyczynili się Polacy? I tu pojawia się poważny problem.

6

200 tysięcy ofiar Polaków?

W swoich wystąpieniach medialnych – zanim jeszcze książka trafiła na księgarskie półki – profesor Jan Grabowski ogłosił, że Polacy w trzeciej fazie Holokaustu zamordowali lub przyczynili się do zamordowania 200 tysięcy Żydów. Jest to liczba kolosalna i trudno się dziwić, że wywołała szok sporej części opinii publicznej.

Dla porównania: w ramach całej operacji katyńskiej NKWD zgładziła 22 tysiące naszych oficerów i policjantów. W banderowskim ludobójstwie na Wołyniu i w Galicji Wschodniej życie straciło około 100 tysięcy Polaków. A liczbę ofiar śmiertelnych największej katastrofy, jaka spotkała naród polski podczas II wojny światowej – powstania warszawskiego – historycy szacują na 150–200 tysięcy.

Jeżeliby więc liczba 200 tysięcy żydowskich ofiar Polaków była prawdziwa – musielibyśmy naszą historię napisać na nowo. To już nie jest pogrom w Jedwabnem, w którym zginęło kilkaset osób. To nie jest drobny epizod, szokujące odstępstwo od reguły. To już jest masowa zbrodnia przekreślająca dogmat, według którego naród polski był tylko i wyłącznie narodem ofiar.

Problem polega na tym, że profesor Jan Grabowski podanej przez siebie liczby nie potrafi przekonująco obronić. Jego szacunki wydają się oparte na dość kruchych podstawach. Zwrócił na to uwagę między innymi ambasador RP w Szwajcarii Jakub Kumoch w serii publikowanych w Internecie rzeczowych, wnikliwych analiz. Wskazał on na poważne błędy, jakie popełnił historyk z Uniwersytetu w Ottawie.

Co ciekawe, z profesorem Grabowskim nie zgadza się część autorów *Dalej jest noc*. Choćby doktor Dariusz Libionka, który w książce tej opracował rozdział o sytuacji Żydów na terenie powiatu miechowskiego. Historyk ten od szacunków profesora Grabowskiego zdystansował się w wywiadzie, który przeprowadziłem z nim dla „Historii Do Rzeczy" (6/2018).

Oto obszerny fragment tej rozmowy:

Profesor Grabowski w wywiadach prasowych mówi o 200 tysiącach Żydów, którzy mieli zginąć z winy Polaków. Czy to nie przesada?

Zarzuty wysuwane wobec tej liczby wydają mi się zasadne. Proszę zwrócić uwagę, że we wstępie do *Dalej jest noc* o 200 tysiącach ofiar nie ma mowy. Sam profesor Grabowski podkreśla, że są to jego własne szacunki, nie zaś ustalenia pracującego nad projektem zespołu. Inni autorzy *Dalej jest noc* mają w tej sprawie całkowicie odmienne zdanie. Jednym z tych autorów jestem ja.

To jakie jest pańskie zdanie?

Ja uważam, że na podstawie naszych badań nie jesteśmy w stanie przedstawić żadnych maksymalnych szacunków dotyczących całości okupowanych ziem polskich, ale nawet Generalnego Gubernatorstwa. Przebadaliśmy bowiem zbyt mały teren. Zupełnie inaczej niż w centralnej Polsce sytuacja wyglądała choćby w dystrykcie galicyjskim, gdzie dominującą grupą etniczną na wsiach byli Ukraińcy. W kontekście 200 tysięcy zamordowanych Żydów mówi się tymczasem tylko o polskich sprawcach. A co z Ukraińcami, co z Białorusinami, co z Volksdeutschami? W mojej ocenie można mówić o kilkudziesięciu tysiącach Żydów, którzy zginęli z winy Polaków. To i tak ogromna liczba.

We wstępie do Dalej jest noc *znalazła się informacja, że ludność białoruska i ukraińska szkodziła żydowskim uciekinierom bardziej niż polska.*

To prawda. Sytuacja na Kresach wyglądała zupełnie inaczej niż w Polsce centralnej. Weźmy choćby Wołyń, który opisał w swojej książce Szmuel Spektor. Tam były getta, z których nie uciekł żaden Żyd, i takie, z których uciekło 70 procent Żydów. Ci ostatni zostali bardzo szybko wyłapani przez Niemców i miejscową ludność. Ale oczywiście nie przez Polaków.

Wyjaśnijmy czytelnikom – szacunek profesora Grabowskiego jest następujący: z gett na terenie okupowanej Polski uciekło 10 procent Żydów. Czyli około 250 tysięcy ludzi. Spośród nich wojnę przeżyło 50 tysięcy. Oznacza to, że za śmierć brakujących 200 tysięcy winę ponoszą Polacy.

To nadmierne uproszczenie stanowiska profesora Grabowskiego. Problem polega na tym, że te 10 procent jest bardzo niepewne. W trakcie pracy nad książką zajmowaliśmy się małymi miasteczkami, a więc niewielkimi żydowskimi skupiskami. Skala ucieczek na prowincji była tymczasem znacznie większa niż w miastach. W dużych aglomeracjach znacznie trudniej było uciec z getta i przedostać się na aryjską stronę muru. Należałoby więc zrobić porządną analizę ucieczek i strategii przetrwania z Częstochowy, Kielc, Lublina, Radomia czy Tarnowa. Najlepiej rozpoznana jest sytuacja w Warszawie, ale tutaj sytuacja była wyjątkowa.

Poza tym nie jest wcale pewne, że wszystkich uciekinierów z gett zgładzili Polacy.

To prawda. Na terenie powiatu miechowskiego wielu żydowskich uciekinierów z małych miasteczek wcale nie błąkało się po wsiach i lasach. Oni uciekli prosto do niemieckich obozów pracy lub do gett w Krakowie, Będzinie czy Sosnowcu. Ci ludzie zginęli później w komorach gazowych Auschwitz, a nie z ręki polskich chłopów, policjantów czy członków lokalnych konspiracji. Dopiero gdy kompleksowo zbadamy te wszystkie sprawy, będziemy mogli odpowiedzialnie pokusić się o przedstawienie globalnych szacunków. Robienie tego dzisiaj jest przedwczesne i niepotrzebne.

Ta nieszczęsna liczba zdominowała całą debatę. I poważnie zaszkodziła książce.

Tak jak powiedziałem, w sprawie tej liczby mamy z profesorem Grabowskim inne zdanie. I bardzo dobrze, że tak jest. Naukowcy powinni się spierać i ze sobą dyskutować, nawet gdy się przyjaźnią. 200 tysięcy to olbrzymia liczba. Dla porównania – na Majdanku zginęło 60 tysięcy Żydów. Tak więc lepiej być ostrożnym.

Profesor Grabowski tej ostrożności nie zachował?

Bardzo cenię profesora Grabowskiego i jego pracę. Ale tak jak powiedziałem – w tej sprawie mam całkowicie odmienny pogląd. Nie tylko zresztą w tym wypadku staram się powstrzymać od generalizacji.

Tyle doktor Dariusz Libionka.

Podstawowym błędem profesora Grabowskiego wydaje się przyjęcie za pewnik bardzo wątpliwych szacunków, robionych na oko. I stawianie na ich podstawie niezwykle twardych tez. Ferowanie wyroków.

Dlaczego z gett miało uciec akurat 10 procent Żydów, jak założył profesor? A może uciekło 8 procent? Albo 12?

Dlaczego Zagładę miało przeżyć akurat 40–50 tysięcy polskich Żydów? Tego przecież tak naprawdę nikt dokładnie nie policzył. A wielu badaczy podaje znacznie wyższe liczby.

Profesor Grabowski nie wziął również pod uwagę czterech bardzo ważnych czynników:

1. Na wschodnich rubieżach okupowanej Polski na prowincji dominowała ludność białoruska i ukraińska. Polscy chłopi nie mogli więc szkodzić tam Żydom, bo było ich bardzo niewielu.

2. W miastach – gdzie getta były oddzielone wysokim murem – udział Polaków w pacyfikacjach dzielnic żydowskich był znikomy w porównaniu z udziałem w małych miasteczkach.

3. Nie wszyscy Żydzi, którzy zginęli, ukrywając się we wsiach i lasach, stracili życie wskutek działań Polaków. Wielu z nich zmarło na skutek chorób, głodu czy po prostu zamarzło na śmierć w ziemiankach.

4. Część żydowskich uciekinierów – o czym mówił doktor Libionka – nie uciekła na wieś, lecz do gett i obozów pracy. I została tam uśmiercona przez Niemców.

Czy zatem nie ma sposobu na ustalenie prawdy? Czy pytanie, ilu Żydów zginęło z winy Polaków, na zawsze pozostanie bez odpowiedzi? Oczywiście dokładnej liczby nie poznamy nigdy. Ofiar nie sposób policzyć co do jednej. Ustalenie szacunkowej liczby jest jednak osiągalne. Jak? Otóż zamiast snuć mgliste przypuszczenia, trzeba to solidnie policzyć. Powiat po powiecie, miasto po mieście.

Czyli kontynuować pracę, którą zaczęli autorzy *Dalej jest noc*, dopóki nie przebadamy całego Generalnego Gubernatorstwa. Zresztą już teraz, na podstawie tej książki, można się pokusić o wstępny rząd wartości. Zwrócił na to uwagę Jacek Borkowicz w znakomitym tekście *Pogruchotana pamięć o Zagładzie* opublikowanym w maju 2018 roku na łamach „Rzeczpospolitej".

Borkowicz podliczył dane z wszystkich dziewięciu powiatów opisanych przez autorów *Dalej jest noc*. Okazało się, że na terenach tych z winy lub z ręki Polaków (a także Białorusinów i Ukraińców) zginęło 6–7 tysięcy Żydów. Borkowicz następnie przemnożył tę cyfrę przez liczbę wszystkich powiatów Generalnego Gubernatorstwa.

Daje to w sumie 42–49 tysięcy – napisał. – To naprawdę górna granica i rozsądniej byłoby nieco ją obniżyć, niż dalej windować. Pozostanę więc przy liczbie rzędu 40 tys. Tylu mniej więcej Żydów zginęło w latach 1942–1943 z winy ludzi, którzy do 1939 r. mieli polskie obywatelstwo. I taka, nie inna skala ofiar podawana będzie kiedyś przez rzetelne podręczniki historii.

Wyliczenia Jacka Borkowicza wydają się znacznie bardziej przekonujące niż szacunki profesora Jana Grabowskiego. Wygląda na to, że badacz z Ottawy kolosalnie się pomylił. Zresztą świetnie zdaje sobie z tego sprawę, bo ostatnio rakiem wycofuje się ze swoich wcześniejszych stwierdzeń.

Co ty byś zrobił na ich miejscu?

Na koniec kilka krytycznych uwag o *Dalej jest noc*. Trudno zrozumieć, dlaczego autorzy książki wydanej w 2018 roku używają nomenklatury charakterystycznej dla historiografii PRL. Związek Sowiecki nazywają Związkiem Radzieckim, ZSRS nazywają ZSRR, a wkroczenie bolszewików do Polski wyzwoleniem. Powojenne komunistyczne sądy nazywają zaś sądami polskimi.

„Węgrów został wyzwolony 9 sierpnia 1944 roku przez oddziały 28 Armii I Frontu Białoruskiego" – pisze na przykład profesor Grabowski. Muszę przyznać, że w dzisiejszych czasach brzmi to dość osobliwie.

W rozdziale napisanym przez profesor Engelking znalazł się zaś następujący passus dotyczący działalności podziemia niepodległościowego: „w okresie 1944–1947 zamordowano tam 411 osób, w tym 105 funkcjonariuszy MO i UB, 38 żołnierzy radzieckich". Zamordowani ubecy… Mam nadzieję, że to tylko niefortunny skrót myślowy.

Trzeba jednak docenić, że profesor Engelking nie unika najbardziej drażliwego tematu związanego z wojenną działalnością Żydów na wschodnich rubieżach Rzeczypospolitej. Mowa o entuzjazmie, jaki w części tej społeczności wywołało wkroczenie bolszewików 17 września 1939 roku. „Takie zachowanie" – przyznaje badaczka – „zaważyło na stosunkach polsko-żydowskich w czasie wojny".

Profesor Engelking cytuje między innymi relację Berla Lewa z Ciechanowca:

Żydowscy komuniści urządzili wielkie święto i zbudowali bramę triumfalną od domu Altera Lubawiczera aż do domu Lipy Rubinsteina. Udekorowali bramę rozmaitymi błyszczącymi ozdobami i zawiesili transparenty: „Niech żyje rząd sowiecki" i „Witamy!".

Z kolei Mosze Kleinbaum pisał:

Wieśniacy ukraińscy, młodzi komuniści żydowscy – przede wszystkim kobiety – witali żołnierzy uśmiechami i okrzykami przyjaźni. Liczba żydowskich wielbicieli nie była zbyt duża. Jednakże ich zachowanie tego dnia wydawało się podejrzane z powodu ich krzykliwości, która była większa niż innych grup. W ten sposób można było odnieść błędne wrażenie, że Żydzi najbardziej fetowali sowieckich gości na tej uroczystości.

Obiekcje musi z kolei wywoływać następujący fragment wstępu profesora Jana Grabowskiego i profesor Barbary Engelking:

Wielu Polaków obserwowało toczące się wydarzenia, a ich bezczynność w sytuacji, gdy na ich oczach ginęli Żydzi, oznaczała więcej niż bierność czy obojętność. Sąsiedzi i znajomi przyglądający się zza plecków policji masowym mordom dokonywanym na ulicach gett to jeden z obrazów, jakie pojawiają się w naszych studiach z niepokojącą częstotliwością.

Trudno się zgodzić z takim podejściem. Wszyscy Polacy, którzy bezinteresownie pomagali Żydom, zasługują na najwyższe uznanie. A wszyscy, którzy Żydom szkodzili – na najwyższe potępienie. Nie można jednak piętnować tej najliczniejszej grupy, która zachowywała się biernie.

Większość ludzi, która miała to nieszczęście, że przyszło jej żyć w straszliwych czasach ostatniej wojny – po prostu chciała przeżyć. Dlatego też nie zdobyła się na tak olbrzymie ryzyko, jakim była pomoc Żydom. Trudno doprawdy mieć za to do nich pretensje. Jak pisałem w części poświęconej żydowskim policjantom, można wymagać od ludzi, żeby nie zachowywali się podle, ale nie można wymagać od nich bohaterstwa. Bohaterstwo jest bowiem cechą niezwykle rzadką.

Heroizm nie jest normą społeczną i nie wyznacza powszechnie obowiązujących standardów zachowania – pisał na łamach „Zagłady Żydów" historyk Jacek Leociak. – Nie wszyscy mogą i nie wszyscy chcą być bohaterami. Nie ma heroizmu na masową skalę. Heroizm jest „odstępstwem od normy", jest wyjątkiem, przeciwstawieniem się instynktowi samozachowawczemu w imię wartości wyższych niż zachowanie własnego życia.

Naturalnym odruchem każdego z nas jest cofnięcie ręki, kiedy znajdzie się w pobliżu płomienia. Ci, którzy odważyli się pomagać Żydom, narażając życie swoje i swoich bliskich, potrafili trzymać rękę w płomieniu i nie cofnąć jej.

Myśląc o tragicznych wyborach, przed jakimi stawali ci ludzie, warto zadać sobie pytanie: A co ja bym zrobił na ich miejscu?

Wyobraź sobie, czytelniku, taką sytuację. Jest noc. Nagle gwałtownie budzisz się ze snu. Za oknami twojego domu słychać szczekanie psów tropiących, strzały i głośne niemieckie komendy. Błyskają światła latarek. Na całą wieś pada blady strach. I nagle w sieni rozlega się ciche pukanie. Otwierasz drzwi, a na progu stoi przestraszony, ścigany człowiek. Żyd. Pokazuje na migi, żeby go wpuścić do środka... Niemcy są już o krok...

Jaką decyzję byś podjął? Czy naraziłbyś całą rodzinę na śmierć, żeby ratować tego nieznajomego? Wpuściłbyś go czy też może – z bólem serca – zatrzasnął drzwi? To były koszmarne dylematy, których my, mający to szczęście, że żyjemy w spokojnych, pokojowych czasach, nie potrafimy sobie nawet wyobrazić. Dlatego kiedy słyszę, że Polacy „nie zrobili wystarczająco wiele, by ratować Żydów" – protestuję. Zrobili dokładnie tyle, ile na ich miejscu zrobiłby każdy inny naród.

Rozszerzona wersja recenzji książki *Dalej jest noc*, która ukazała się w „Do Rzeczy" 19/2018

Część V

Władca getta w Litzmannstadt

Wielka gra Chaima Mordechaja Rumkowskiego

1

Śmierć w Auschwitz

O jego śmierci krążą legendy. Niemcy ponoć podstawili mu na dworzec w Łodzi luksusową salonkę, którą – pod honorową eskortą esesmanów – zawieziono go do komory gazowej w Auschwitz. Według innej wersji jechał zwykłym wagonem bydlęcym. I już w drodze został rozpoznany, a następnie zlinczowany przez innych żydowskich skazańców. Kolejna opowieść głosi, że do obozu dojechał cało, lecz Żydzi wrzucili go tam żywcem do pieca krematoryjnego.

Jak było naprawdę? Nie wiadomo. Pewne jest tylko jedno: Chaim Mordechaj Rumkowski – przewodniczący Judenratu getta w Litzmannstadt – opuścił miasto ostatnim transportem 29 sierpnia 1944 roku. I wtedy widziano go żywego po raz ostatni.

Jako chory, sześćdziesięciosiedmioletni mężczyzna nie miał najmniejszych szans przejść selekcji na rampie obozu Auschwitz-Birkenau. Stał się jedną z setek tysięcy ofiar zgładzonych w tej największej niemieckiej fabryce śmierci.

Rumkowskiego jednak nie żałowano. Mało tego, czytając poświęcone mu książki i artykuły, można odnieść wrażenie, że spotkała go zasłużona kara. Chaim Rumkowski przedstawiany jest w nich jako człowiek wyzuty z wszelkich skrupułów. Prymitywny, brutalny i bezwzględny, płaszczący się przed Niemcami żydowski kolaborant. Renegat, który dla osobistych korzyści dopuścił się najbardziej plugawej zdrady własnego narodu.

Wiele wysuwanych przeciwko Rumkowskiemu zarzutów jest bez wątpienia prawdziwych. Rzeczywiście trudno go uznać za postać kryształową. Mało tego, trudno się w nim dopatrzyć jakichś pozytywnych cech. Z drugiej strony głosiciele jego czarnej legendy zdają się nie dostrzegać, że łódzkie getto było najdłużej działającym gettem w całej okupowanej Polsce. To tam Żydzi przetrwali najdłużej.

Niewiele zabrakło, aby duża część mieszkańców łódzkiej dzielnicy zamkniętej doczekała przyjścia bolszewików. Łódzcy Żydzi zostali wymordowani przez Niemców niemal w ostatniej chwili przed wkroczeniem Armii Czerwonej. A i tak Sowieci, gdy wkroczyli do miasta, zastali na terenie getta około tysiąca żywych osób.

Był to jedyny taki przypadek. Wszędzie indziej Niemcy zrealizowali swój zbrodniczy plan do końca. Żydów wybili do nogi, a getta zrównali z ziemią.

W aspekcie moralnym postawa Rumkowskiego jest oczywiście nie do obrony. Rumkowski był jednak politykiem. A politykę, jak wiadomo, niewiele łączy z moralnością. Nie ma jednak wątpliwości, że celem Rumkowskiego nie było zbicie fortuny czy ocalenie tylko własnej skóry. Było nim uratowanie jak największej liczby żydowskich mieszkańców Łodzi.

Właśnie dlatego podjął diabelską grę z niemieckim nadzorcą getta Hansem Biebowem i wszechmocnym aparatem SS. Grę tę przegrał, bo nie mógł jej wygrać. A z nim przegrały setki tysięcy jego łódzkich poddanych.

Rumkowski chciał być buforem między łódzkimi Żydami a władzami okupacyjnymi. Łagodzić agresywne działania Niemców. Częstokroć mu się to udawało. Wielokrotnie ocalił Żydów przed egzekucjami, w wyniku żmudnych negocjacji z Gestapo zmniejszał liczbę kontyngentów przeznaczonych do deportacji.

Oczywiście metody, do których się w tym celu uciekał, wzbudzają wielkie wątpliwości. Ba, można je wręcz uznać za odrażające. Podstawowe pytanie brzmi bowiem: czy cena, jaką płacił Niemcom Rumkowski, nie była zbyt wysoka?

2

Pakt z diabłem

Chaim Mordechaj Rumkowski był litwakiem, czyli Żydem wywodzącym się z zachodnich guberni Imperium Rosyjskiego. Urodził się w 1877 roku w niewielkim miasteczku Ilino na Witebszczyźnie. Karierę zrobił jednak w Łodzi. Był fabrykantem, filantropem, działaczem społecznym i syjonistą.

W 1939 roku, gdy Niemcy wkroczyli do Łodzi, był najstarszym rangą przedstawicielem lokalnej gminy żydowskiej. Gdy do miasta zaczął się zbliżać Wehrmacht, jego przełożeni w popłochu uciekli na wschód. W przeciwieństwie do nich Chaim Rumkowski postanowił zostać w swoim mieście ze swoimi ludźmi.

Rumkowski – wysoki, dostojny starszy mężczyzna o mlecznobiałych włosach – wywarł na Niemcach duże wrażenie. Władze okupacyjne postawiły go na czele łódzkiego Judenratu i nadały mu dziwaczny tytuł Przełożonego Starszeństwa Żydów w Łodzi. Gdy w lutym 1940 roku utworzono getto, Rumkowski został jego przywódcą.

Tym samym zyskał władzę absolutną nad 160 tysiącami ludzi stłoczonych na obszarze czterech kilometrów kwadratowych. Szybko zyskał przydomek Król Chaim. Nazywano go również Chaimem Groźnym, Cesarzem, Królem. Symbolem jego panowania nie stała się jednak korona, lecz gumowa pałka. Gettem rządził bowiem żelazną ręką.

Rumkowski nie był jednak bezmyślnym satrapą ani kacykiem, który za garść paciorków od kolonizatorów gotów był gnębić i wyzyskiwać własne plemię. Przeciwnie – był człowiekiem, który miał plan. Plan racjonalny, który na początku wojny miał duże szanse na powodzenie.

Otóż Prezes – jak go również nazywano – zaproponował Niemcom układ, który obu stronom dawał duże korzyści.

Rumkowski postanowił udowodnić Niemcom, że Żydzi nie są żadnymi pasożytami, których należy wytępić. Że wcale nie muszą stanowić kłopotu dla władz okupacyjnych i obciążenia dla wojennej gospodarki Trzeciej Rzeszy. Przeciwnie – mogą być jej ważnym elementem, wartościowym materiałem ludzkim, który może wydajnie pracować i być dla Niemców bardzo pożyteczny.

Łódzkie getto miało być nie tylko samowystarczalne, ale i dostarczać Niemcom cennych produktów przemysłowych i przynosić pokaźne zyski. „On myślał" – wspominał więzień getta Jehuda Widawski – „że jeśli Żydzi będą produktywni, to wszystko się odmieni".

W tym celu Rumkowski postanowił przeobrazić łódzkie getto w „miasto pracy" – jedną wielką fabrykę. Jego mieszkańcy z gromady kupców, szewców, krawców, bezrobotnych uchodźców i zdeklasowanych adwokatów mieli się przeistoczyć w karną, znakomicie zorganizowaną „armię pracy". Dowcipni i złośliwi mieszkańcy getta nazywali to przedsięwzięcie Żydowskim Okręgiem Przemysłowym.

W dzielnicy powołane zostały niezliczone „resorty", czyli zakłady przemysłowe. Produkowały one dla Niemców miski, szczotki, buty, kołdry, meble, rękawiczki, pończochy, mundury, czapki, kapelusze, skarpety, materace, pasy, futra, płaszcze gumowe i inne towary. Szybko, tanio, w dużych ilościach i wysokiej jakości. W ten sposób getto nie tylko płaciło na swoje utrzymanie (żywność, leki, prąd, wodę), ale też zarabiało grube miliony, które trafiały do skarbu Rzeszy.

Rumkowski stworzył też system administracyjny wygodny dla okupanta. System, który w zasadzie niemal nie angażował Niemców. Działająca na terenie getta żydowska policja dbała o porządek i pilnowała, by ściśle wypełniano zarządzenia okupanta.

Judenrat wziął na siebie opiekę nad sierotami i biedakami, organizację służby medycznej, wywóz śmieci, dystrybucję żywności i wszelkie inne działania administracyjne. Tym samym uwalniał od tych „przykrych obowiązków" Niemców.

Rumkowski wyróżniał się inicjatywą i energią – pisał Adam Sitarek, autor znakomitej monografii łódzkiej dzielnicy zamkniętej *Otoczone drutem państwo*. – Niemieckie władze widziały w nim nie tylko wykonawcę poleceń władz zwierzchnich, „sługę reżimu", ale i pomysłowego partnera do interesów.

Nie przypadkiem niemieckim zwierzchnikiem getta został Hans Biebow, kupiec, który przed wojną handlował kawą w Bremie. Getto w Litzmannstadt było po prostu korzystnym przedsięwzięciem biznesowym.

Nadrzędna maksyma Rumkowskiego – którą powtarzał przy każdej okazji i starał się narzucić całemu gettu – brzmiała: „Praca, spokój, porządek".

Gdy zastanawiałem się, jak pokonać problem, wobec którego stanęli Żydzi – mówił w jednym ze swoich słynnych przemówień – doszedłem do wniosku, że praca jest dla nich najlepszym z błogosławieństw. Znacie, nieprawdaż, moich pięć podstawowych haseł?
1. Praca,
2. Chleb,
3. Pomoc dla chorych,
4. Opieka nad dziećmi,
5. Spokój w getcie.

Przez dłuższy czas wszystko działało gładko i bezkonfliktowo. Niemcy byli bardzo zadowoleni z Rumkowskiego i uważali jego rozwiązania administracyjne za modelowe. Za wzór do naśladowania dla innych gett w okupowanej Polsce. Łódzcy Żydzi nie sprawiali najmniejszych kłopotów, a zarabiali dla Trzeciej Rzeszy pieniądze. „Naszą walutą jest nasza praca" – mówił Rumkowski.

W czerwcu 1941 roku do getta w Litzmannstadt z gospodarską wizytą przybył nawet sam Reichsführer SS Heinrich Himmler. Zaciekawiony zwiedził jeden z wielkich zakładów krawieckich, zapoznał się z Rumkowskim, którego wypytywał o szczegóły organizacji i funkcjonowania dzielnicy. Sekretarz Prezesa tak zapisał tę rozmowę:

– Jak się tu miewacie? – pyta Himmler.
– Pracujemy i budujemy tu miasto pracy – odpowiada Rumkowski.
– I jak idzie praca?
– Myślę, że nieźle. Mam nadzieję, że będzie lepiej. Robię wszystko, by zintensyfikować i ulepszyć pracę.
– Niech pan pracuje dla dobra swoich braci w getcie, a wtedy będzie wam dobrze – pan Himmler zakończył rozmowę.

Łódzkie getto zostało wkrótce uznane przez władze za „przedsiębiorstwo przemysłu wojennego". Pod swoje skrzydła wziął je sam Albert Speer, minister uzbrojenia Rzeszy. Plan Rumkowskiego działał – w dzielnicy powstawało coraz więcej resortów, w których znajdowało zatrudnienie coraz więcej ludzi. Getto Litzmannstadt zaczęło przynosić niemieckim władzom okupacyjnym krocie.

Wydawało się więc, że Niemcy musieliby być idiotami, żeby zniszczyć tak dobrze prosperujące przedsiębiorstwo i tak dobrze funkcjonujący układ. I tu docieramy do podstawowego błędu w rozumowaniu Rumkowskiego. Niemcy bowiem b y l i idiotami. A raczej ludźmi zaślepionymi idiotyczną ideologią, której dogmaty przysłaniały im zdrowy rozsądek.

Nie ma wątpliwości, że taktyka Rumkowskiego na początku wojny rzeczywiście miała wielkie szanse powodzenia. Łódzcy Żydzi, ciężko pracując, mogli dotrwać do końca wojny i uratować życie. Narodowi socjaliści pierwotnie nie mieli bowiem zamiaru mordować wszystkich Żydów. „Kwestię żydowską" zamierzali rozwiązać poprzez masową deportację po podbiciu Europy.

Niestety jednak, im dłużej trwała wojna, tym bardziej reżim się radykalizował. W efekcie na początku 1942 roku Niemcy zmienili zdanie. Zdecydowali, że zamiast masowej deportacji w odległej przyszłości przeprowadzą masową eksterminację. I to natychmiast. Cały misterny plan Rumkowskiego legł w gruzach. Plan, który miał być drogą do ratunku, stał się drogą do straszliwego moralnego upadku.

Niemcy zaczęli wkrótce wymagać od Rumkowskiego rzeczy niepojętych... rzeczy strasznych... Partner do interesów zamienił się w pomocnika w ludobójstwie. Raz wkroczywszy na drogę „pełnego posłuszeństwa i współpracy", nie potrafił z niej zejść.

Wydaje się, że Prezes, człowiek starej daty obdarzony logicznym „kupieckim umysłem", początkowo nie potrafił pojąć, co się dzieje. Nie rozumiał fenomenu narodowego socjalizmu, absurdu tej niszczycielskiej ideologii. Uważał, że ma do czynienia ze starymi, rozsądnymi Niemcami z czasów pierwszej okupacji Łodzi w latach 1914–1918. A więc z ludźmi, z którymi można się dogadać.

Tymczasem w 1939 roku do Polski wkroczyli zupełnie inny Niemcy. Pozbawieni skrupułów narodowosocjalistyczni fanatycy wierzący w brednie o konieczności „wyniszczenia niższej rasy". Właśnie to – a nie błędy samego Prezesa – sprawiło, że przyjęta przezeń strategia przetrwania ostatecznie poniosła klęskę.

3

Żydowskie państewko

W literaturze poświęconej Rumkowskiemu często można znaleźć sugestie, że był on zafascynowany narodowym socjalizmem. W swoim „małym państewku", jak nazywał getto, chciał odgrywać rolę „małego Hitlera", a dzielnica miała być „małą Trzecią Rzeszą". Zwolennicy Prezesa odrzucają takie tezy z oburzeniem.

Coś jednak w tym jest. Bez wątpienia Rumkowski był człowiekiem swojej epoki i getto rzeczywiście zorganizował na wzór totalitarny. Rada Starszych, która miała administrować dzielnicą, szybko okazała się zwykłą atrapą. Prezes wszystkie ważne decyzje podejmował sam. Szybko stał się nie znoszącym sprzeciwu dyktatorem. Sam zresztą tego nie ukrywał.

> Samotnie dźwigam moje zadanie i jeśli trzeba, używam siły – mówił podczas jednego ze swoich słynnych przemówień do mieszkańców getta. – „Dyktatura" nie jest brzydkim słowem. Dzięki dyktaturze zdobyłem uznanie Niemców dla mojej pracy. A gdy mówią: Litzmannstadt Ghetto, odpowiadam: To nie getto, to miasto pracy.

Wydaje się jednak, że owa „żydowska autonomia", jaką stworzył Chaim Rumkowski w sercu okupowanej Europy, czerpała nie tyle z wzorców niemieckich, ile... sowieckich. Rumkowski swoich poddanych dzielił na „klasy". Wartościowi mieli być tylko ci Żydzi, którzy pracowali w fabrykach i administracji. Rumkowski nazywał ich „czynnikiem produktywnym" i przeciwstawiał „elementowi pasożytniczemu".

To właśnie ów „element pasożytniczy" znalazł się na przygotowywanych przez Rumkowskiego i jego ludzi listach deportacyjnych.

W getcie pracować musiał każdy. Monika Polit – historyk, autorka książki *Mordechaj Chaim Rumkowski. Prawda i zmyślenie* – nazwała to zjawisko „totalnym zatrudnieniem".

Pojęcie „praca" – pisała – stało się dla Rumkowskiego pojęciem absolutnym. Widząc w pracy ratunek i panaceum na problemy getta, podporządkował jej rytm swojego życia i egzystencję mieszkańców. Niczym nowy Mojżesz skodyfikował nowe prawo życia, którego pierwszym i jedynym przykazaniem było „pracuj".

Społeczeństwo getta miało być wielką, sprawnie działającą maszyną. Obywatele – jak w Związku Sowieckim – mieli się wyrzec indywidualizmu na rzecz kolektywu. Mieli się stać trybikami w wielkiej fabryce, która pracować miała na pełnych obrotach, aż do osiągnięcia ostatecznego celu. Czyli przeżycia i ratunku. „Pomóżcie mi" – wzywał Rumkowski w jednym z przemówień – „musicie się wyzbyć swoich egoistycznych interesów, bo w przeciwnym razie doprowadzić to może do sytuacji wręcz katastrofalnej".

Rumkowski z zaciętością godną lepszej sprawy tępił wolny rynek, czyli w warunkach getta – szmugiel. Drastycznie pogarszał przez to sytuację wielu rodzin, ograniczając spożywane przez nie pokarmy do niewielkich racji żywnościowych przyznawanych przez Judenrat. W getcie wszystko musiało się znajdować pod kontrolą jego administracji. A zwłaszcza fundamentalnie ważna dystrybucja żywności.

Złapanych szmuglerów i pokątnych handlarzy natychmiast wpisywano na listy deportacyjne. W archiwach zachował się poświęcony Rumkowskiemu anonimowy poemat *Ojciec zażydzonych*. Oto jego fragment, dotyczący walki Prezesa z prywatną inicjatywą:

Posadą obdarzył on Żydów i laską,
policji pałkowej pomagał swą laską.
Po plecach, po łapach, po karku, po twarzy,
rozbijał na befsztyk żydowskich paskarzy.

Aby mieć totalną kontrolę nad społecznością getta, Rumkowski promował szpiclowanie i donosicielstwo. „Donos jest rzeczą pozytywną" – mówił. – „Mam tajnych wywiadowców i mogę wam dostarczyć raporty o was samych".

Według Moniki Polit, która przytoczyła te cytaty w swojej książce, nawet w Trzeciej Rzeszy władze państwowe tak otwarcie nie wspierały donosicielstwa. A co za tym idzie, był to kolejny przykład, że państewko Rumkowskiego przypominało bardziej system panujący w Związku Sowieckim niż w Trzeciej Rzeszy.

Jeszcze inny przykład – niezwykle rozbudowana biurokracja. W szczytowym okresie w administracji getta zatrudnionych było 14,2 tysiąca ludzi, 17 procent pracujących w dzielnicy zamkniętej! Całe to towarzystwo kłębiło się w niezliczonych biurach, urzędach i urzędzikach. Wypełniało niezliczone formularze, podbijało niezliczone pisma. Produkowało tony nikomu niepotrzebnych projektów i statystyk. Część urzędników chodziła zaś z kąta w kąt, udając, że pracuje.

Co ciekawe, w getcie działała nawet żydowska cenzura.

> Dowiedziałem się, że wszystkie listy wychodzące z getta – pisał Jehuda Lubiński, autor *Dziennika z Bałut* – są cenzurowane przez pocztę żydowską, a listy, w których jest jakaś wzmianka o stanie getta lub prośba o przysłanie paczki żywnościowej lub pieniędzy, zostają niszczone. A to z powodu tego, że Rumkowski nie chce, aby świat wiedział, jak źle jest Żydom w getcie w Litzmannstadt.

W dzielnicy zamkniętej panował też kult jednostki. Jego obiektem był oczywiście Prezes. Dziś trudno powiedzieć, na ile zostało to zaplanowane odgórnie, a na ile było efektem lizusostwa panującego w otoczeniu Rumkowskiego. Czytając wydawaną w getcie gazetę „Geto-Cajtung", trudno nie uniknąć skojarzeń z opiewającą Stalina sowiecką „Prawdą".

Mieszkańcy getta czuli się zobowiązani do pisania na cześć Prezesa wierszy, przekazywali mu również laurki. Oto co z okazji drugiej rocznicy pewnego zakładu szewskiego napisał pracujący w nim Abramek Koplowicz:

> *W dniu rocznicy resortu*
> *Mały wiersz ten klecę*
> *I u stóp twych składam*
> *Wielbiący i ufny Ci*
> *Z samego serca*
> *Tobie – Prezesie*
> *Ojcze całego getta.*

Płomienne mowy Rumkowskiego do mieszkańców dzielnicy zamkniętej według części świadków były wzorowane na wystąpieniach Hitlera. We wszystkich urzędach Judenratu na ścianach wisiały portrety Prezesa. Jego wizerunek znalazł się na gettowych znaczkach pocztowych, a gettowe banknoty nazywano chaimkami.

Kiedy w grudniu 1941 roku Rumkowski wziął ślub z trzydzieści lat młodszą od siebie Reginą Wajnberger, żyło tym całe getto. Dzielnica wręcz huczała od plotek, przekazywano sobie najdrobniejsze szczegóły ceremonii. Żydowska „pierwsza dama" budziła bezmierną ciekawość. Podobnie jak decyzja „młodej pary" o adoptowaniu dwóch osieroconych chłopców.

Aby jednak zrozumieć europejski fenomen łódzkiej dzielnicy zamkniętej, koniecznie trzeba pamiętać, że Chaim Rumkowski był zagorzałym syjonistą. Na terenie swojego państewka starał się więc zrobić mniej więcej to samo, co działo się wówczas w Palestynie. Czyli dokonać przemiany Żydów z narodu kupców i szewców w naród robotników i rolników.

Rumkowski – tak jak inni syjoniści – chciał stworzyć nowego Żyda, który po wojnie będzie mógł wyjechać do Palestyny i budować tam wymarzone państwo żydowskie. Jego małe łódzkie królestwo było więc syjonistycznym laboratorium. Trudno powiedzieć, na ile Niemcy zdawali sobie z tego sprawę. Najprawdopodobniej jednak niewiele ich to obchodziło.

Getto, tak jak przyszły Izrael, miało być autonomiczne i samowystarczalne. Na terenie dzielnicy zamkniętej szkolono młodych chaluców, czyli przyszłych żydowskich osadników w Palestynie. Rumkowski był niemal do końca przekonany, że po wojnie triumfalnie zawiezie ich na Bliski Wschód. Dlatego to właśnie przede wszystkim chaluców chronił przed kolejnymi deportacjami do obozów zagłady.

Starał się również chronić inny „wartościowy ludzki materiał" – lekarzy, pisarzy, inżynierów. Ludzi, którzy mieli po wojnie przydać się w Palestynie.

Chodziłem do gimnazjum Rumkowskiego – wspominał Anatol Chari. – Na uroczystości zakończenia szkoły prezes wygłosił przemówienie, w którym podkreślił, że przyszłością narodu są wykształceni młodzi ludzie. Obiecał chronić absolwentów w miarę swoich możliwości. I obietnicy dotrzymał. Z siedemdziesięciorga absolwentów zmarła w getcie zaledwie jedna osoba, zaś wojnę przeżyła połowa.

Należałem do uprzywilejowanych. Czuwał nade mną Rumkowski. Podczas gdy inni dostawali kilka nędznych łyków, ja mogłem porządnie napełnić sobie żołądek. A zaraz potem szedłem na górę i spędzałem miło czas z Hanką. Tak funkcjonowało getto.

Mając odpowiednie znajomości i zręcznie z nich korzystając, można było zdobyć przyzwoitą pracę i dzięki temu ułatwić sobie życie. Można było mieć więcej żywności, i to lepszej. Lepsze warunki życia i pracy. W miejscu, gdzie ludzie tysiącami umierali wskutek niedożywienia i chorób, tego rodzaje przywileje miały ogromną wagę. Ulgę przynosiła myśl, że jestem w lepszym położeniu niż inni.

Chcąc zamienić Żydów w normalne, nowoczesne społeczeństwo, Chaim Rumkowski wypowiedział wojnę przebywającym na terenie getta chasydom. Nakazał im zgolić brody i pejsy, a nawet skrócić tradycyjne czarne chałaty. „Fanatycy" – mówił – „muszą przybrać ludzki wygląd". Zamknął przy tym jesziwy, czyli szkoły talmudyczne, bo uczniowie nie pracowali, tylko zgłębiali tajemnice Tory.

„Dziś przyjechał z Łodzi Rumkowski" – pisał z przekąsem kronikarz warszawskiego getta Emanuel Ringelblum. – „Opowiadał cuda o łódzkim getcie. Jest tam państwo żydowskie". A szef warszawskiego Judenratu Adam Czerniaków dodał: „to samochwalec. Zarozumiały i głupi. Szkodliwy, bo wmawia władzom, że u niego jest dobrze".

4

Przemoc i łapówki

Stworzony przez Rumkowskiego system – jak każdy socjalizm – niemal natychmiast zrodził poważne patologie. Szerzyły się one przede wszystkim w szeregach Służby Porządkowej, na której czele stanął przedwojenny oficer polskiej artylerii Leon Rozenblat. Uzbrojeni w pałki żydowscy funkcjonariusze nagminnie nadużywali władzy wobec cywilów i stali się zmorą getta.

Umundurowanie dawało nam poczucie autorytetu i prestiżu – wspominał Anatol Chari. – W getcie, gdzie każdy był nikim, my coś znaczyliśmy. Mieliśmy wstęp do sklepów zakazanych dla ogółu. Otrzymywaliśmy lepsze kartki żywnościowe, na które pobieraliśmy racje obfitsze i lepszej jakości, nie musząc stać w kolejce.

Sonderowcy nie musieli się obawiać deportacji (przynajmniej w początkowym okresie) ani wykonywać ciężkich prac fizycznych. To my nadzorowaliśmy ciężką pracę innych. Z oficjalnie przydzielanych racji żywnościowych nikt nie był w stanie wyżyć. Niektórzy ludzie w getcie wyglądali na skrajnie wycieńczonych. Mówiliśmy na takiego człowieka „klepsydra", co oznaczało, że jego czas dobiegł już końca.

Ludzie głodowali, zabijała ich Kripo, wywożono ich nie wiadomo dokąd, a jednocześnie uprzywilejowane panny nosiły w getcie modne kapelusze i szminkowały się. Wokół mnie trwał Holokaust, a ja sprawiłem sobie oficerki.

Trudno się dziwić, że ochotnicy do służby w policji walili drzwiami i oknami. Na każde miejsce przypadało wielu chętnych. Praca w policji umożliwiała bowiem nie tylko otrzymanie dodatkowych przydziałów jedzenia, ale i dorobienie na boku. Ułatwiała również stosunki z kobietami, które chętnie oddawały się policjantom w zamian za jedzenie.

Tak jak w getcie warszawskim część policjantów szybko uległa demoralizacji i zajmowała się głównie wymuszaniem łapówek i zaspokajaniem sadystycznych instynktów. Rumkowski jednak ostro tępił takie zachowania. Łódzką policję gettową od warszawskiej odróżnia to, że była również „zbrojnym ramieniem" Prezesa. A więc miała charakter polityczny.

Oddział prewencji łódzkiej Służby Porządkowej, Überfallkommando, zajmował się rozpędzaniem demonstracji głodujących mieszkańców dzielnicy zamkniętej. A dochodziło do nich niezwykle często, bo mieszkańcy getta nienawidzili Prezesa. „Rumkowski, ty jesteś naszym nieszczęściem" – transparent z takim hasłem niosły na jednej z demonstracji żydowskie dzieci.

Wszelkie przejawy buntu były jednak ostro tłumione. Żydowscy policjanci pacyfikowali strajki, które wybuchały w resortach. Współpracowali z Gestapo i Kripo przy tropieniu i wywożeniu „elementów nieprawomyślnych". Gdy żydowscy policjanci nie mogli sobie poradzić z rodakami, wzywali na pomoc policję niemiecką.

Niemcy zresztą mieli w getcie swoją, niezwykle groźną, agenturę. Wśród współpracowników brunatnej bezpieki znajdowało się wielu policjantów i urzędników żydowskiej administracji.

> Gestapo porządnie się bierze do Żydów w getcie – pisał w swoim dzienniku Dawid Sierakowiak. – Aresztowano dziś wszystkich „wiadomościarzy", to znaczy takich, którzy słuchali radia i od nich pochodziły wiadomości polityczne w getcie. Siedzi już czterdzieści kilka osób. Podobno gestapo i Kripo przyjęły ostatnio moc nowych szpicli-Żydów. Należy się ich porządnie wystrzegać.

Jedynym z agentów Gestapo był Salomon Hercberg, herszt Sonderkommando. czyli specjalnego oddziału żydowskiej policji podlegającego bezpośrednio Niemcom. Jak pisze Adam Sitarek, był to człowiek „wywodzący się z bałuckiego półświatka", który przed wojną utrzymywał kontakty z grupami przestępczymi. Z ludźmi ze swojego komanda zajmował się głównie grabieżą. Był to człowiek pozbawiony hamulców.

Przystępuję do wznowienia starej żydowskiej kary biczowania – mówił w sierpniu 1941 roku Rumkowski. – Codziennie albo trzy razy w tygodniu złodziej będzie otrzymywać dwadzieścia razów. Chłostać będzie goj, i to bez zmiłowania. Jeśli złodziej zemdleje, wyleje się na niego zimną wodę i dalej będzie się go chłostać. Bo z takimi złodziejami inaczej postępować nie można.

W listopadzie 1940 roku przy ulicy Czarnieckiego 14 zostało utworzone Więzienie Centralne. Był to zakład karny dla Żydów, w którym funkcje strażników sprawowali inni Żydzi. Strażnikami tymi byli funkcjonariusze Sonderkommanda Salomona Hercberga. Sam Hercberg sprawował zaś funkcję komendanta więzienia.

Siedzieli w nim przestępcy kryminalni i przeciwnicy polityczni Prezesa. Jak mówił Rumkowski, „rozpolitykowani buntownicy". Budynki zakładu otoczone były drutem kolczastym. A nieszczęśni Żydzi, którzy się w nim znaleźli, musieli nosić specjalne berety z naszytą czerwoną taśmą i żółte opaski. Aby człowiek znalazł się za kratami, wystarczyło ustne polecenie Rumkowskiego. Sądowego wyroku nie wymagano.

W marcu 1942 roku błyskotliwa kariera Hercberga dobiegła końca. Jego gwiazda zgasła. Cierpliwość Niemców się wyczerpała i ich pupil został aresztowany. W jego mieszkaniu znaleziono olbrzymie ilości pożywienia i dóbr luksusowych. A także pół miliona marek w gotówce. Obrotny szef Sonderkommanda wraz z całą rodziną trafił do obozu. Nie zakłóciło to jednak funkcjonowania Więzienia Centralnego.

Patologie rozpleniły się również w aparacie urzędniczym Judenratu. Kwitło łapownictwo i nepotyzm. Dobrą posadę można było sobie załatwić, tylko jeśli miało się odpowiednie plecy. W urzędach przy słynnym Rynku Bałuckim utworzyły się potężne koterie, na czele których stanęły rozmaite szare eminencje.

Przedstawiciele gettowej elity nazywani byli szyszkami. Ludzie ci opływali we wszelkie luksusy, pili i jedli pod korek oraz uprawiali hazard w popularnym lokalu Adria. Wściekły Rumkowski wyrywał sobie siwe włosy z głowy, ale nie potrafił powstrzymać demoralizacji. Raz nawet sam – tylko z jednym ochroniarzem – zrobił nalot na Adrię. Niewiele to jednak pomogło.

Zgorszenie wśród mieszkańców getta wywoływały heimy, czyli sanatoria na położonym na obrzeżach getta Marysinie. Teoretycznie miały one służyć spracowanym robotnikom, w praktyce korzystał z nich żydowski „patrycjat".

Na Marysinie nie zbywało na niczym – napisano w jednym z dokumentów. – Konsumpcja w heimie była nieograniczona, życie płynęło beztrosko i w konsekwencji ludziom przybywało na wadze w ciągu jednego tygodnia do pięciu–sześciu kilogramów. Jest to rekord nawet jak na czasy normalne.

Podobnego zdania był więzień getta Lolek Lubiński:

Wielki skandal dzieje się w getcie – pisał. – Rumkowski, w czasach gdy ludzie jak muchy padają na ulicy, otworzył na Marysinie pensjonat dla wyższych urzędników. Mają do niego dostęp tylko tłuste ryby. Jeżeli chodzi o jedzenie, to obżerają się tam lepiej jak przed wojną. Jak słyszałem, to przywieźli dla nich wczoraj z miasta kilkanaście set flaszek wina. Jednym słowem, skandal ten przewyższa wszystkie niesprawiedliwości w getcie.

Choć getto było potwornie przeludnione – w niewielkich mieszkaniach gnieździło się na ogół po kilka rodzin – najważniejszym urzędnikom przydzielono na Marysinie „letnie rezydencje". Otrzymali je między innymi sam Rumkowski i jego brat Józef z żoną, którą ze względu na jej wielkie wpływy nazywano „księżną Heleną".

Dużo szyszek – pisał Jakub Poznański – ma drugie mieszkania latem na Marysinie. Żony i inne kobiety, a nawet mężczyźni, cały dzień plażują i wylegują się na trawie. Podobno nawet grają i tańczą, urządzają różne hece i wszystko niedaleko drutów, na oczach Niemców, których to bardzo szokuje.

Szyszkę od razu można było rozpoznać na ulicy. Członkowie tej grupy mieli znacznie lepsze ubrania, wyglądali zdrowo i mieli prawo do posiadania zwierząt domowych. A także korzystania z dorożek. Kobiety się malowały i nosiły najmodniejsze ubrania. Uprzywilejowani obywatele getta Litzmannstadt mogli też liczyć na preferencyjne traktowanie w szpitalach.

Rumkowski poinformował lekarzy, że jestem pacjentem szczególnej troski – wspominał Anatol Chari – a wtedy przeniesiono mnie do „sali prywatnej". W szpitalu karmiono pacjentów według różnych jadłospisów, natomiast w owej „sali prywatnej" mieliśmy jadłospis do wyboru – jeden z oferowanych albo wszystkie naraz. Była tam również cukiernica, z której mogliśmy do woli słodzić zarówno brunatną lurę, którą nazywaliśmy kawą, jak i każdy inny napój. Otrzymywałem zastrzyki glukozy, niedostępne dla ogółu. Raz dano mi nawet pomarańczę, co było rzeczą wprost niesłychaną. Miałem się doprawdy jak pączek w maśle. Pewnego ranka ujrzałem koło siebie filiżankę z szarawym płynem z kilkoma okami tłuszczu na powierzchni. Gdy zjawiła się pielęgniarka, zwróciłem jej uwagę, że ktoś zostawił na moim stoliku wodę po myciu naczyń.

– Wstydź się mówić takie rzeczy – odparła. – To jest zupa z jadłospisu numer trzy.

A ja naprawdę sądziłem, że to brudna woda. Tak nas rozbestwił pobyt w „sali prywatnej".

Trudno się dziwić, że przytłaczająca większość mieszkańców getta, która nie mogła liczyć na takie względy, nienawidziła tej „elity". Czasami wynikało to z pogardy, a czasami z zazdrości. Grunt, że niemal wszyscy więźniowie getta, którzy pozostawili po sobie świadectwa, mówili o braku elementarnej solidarności i olbrzymim rozwarstwieniu żydowskiej społeczności.

Staję się ostatnio coraz bardziej zdenerwowany – pisał w dzienniku Dawid Sierakowiak. – Jak na złość spotykam ciągle ludzi, którzy w getcie korzystają z rozmaitego rodzaju talonów, przydziałów, talonów prywatnych, dodatków, urlopów, pensjonatów itd. itd. Znowu zaczną się tuczyć pasożyty w kuchni, a robotnik otrzyma trochę ubarwionej, mętnej wody. Do diabła – tylko spalić tę całą bandę raz na zawsze!

5

Dwa oblicza Prezesa

Jaką rolę odgrywał w tym procederze i sieci układów Chaim Rumkowski? Jedyne, co można mu zarzucić, to wspomniane posiadanie dwóch mieszkań – zimowego w centrum getta i letniego na Marysinie. Wydaje się jednak, że Prezes gardził dobrami doczesnymi. Jadał kiepsko – co dzień rano członkowie rodziny przynosili mu do biura termos z owsianym kleikiem i dwa kawałki chleba. Pił zwykłą wodę.

Jednocześnie pracował ciężko po kilkanaście godzin na dobę. Kosztowało go to bardzo wiele. Jak wynika z relacji jego bliskich współpracowników, miał zszargane nerwy. Podupadał na zdrowiu. Raz po wyjątkowo trudnych negocjacjach z Niemcami – chodziło o ocalenie życia dwudziestu pięciu żydowskich skazańców – zasłabł. Niemcy pod koniec istnienia getta traktowali go zresztą obcesowo i brutalnie.

> Hans Biebow szalał na Bałuckim Rynku – pisał Jakub Poznański w swoim *Dzienniku z łódzkiego getta*. – Poturbował Prezesa tak dotkliwie, że tamten dostał krwotoku. Następnie pobił sekretarkę Fuksównę i zdemolował biuro Jakubowicza. Zjawił się w towarzystwie innego członka Zarządu Getta. Obaj byli pijani. Równie dobrze mogli symulować nietrzeźwość, by odegrać się na znienawidzonym współwłodarzu dzielnicy żydowskiej.

Przeciwnicy Chaima Rumkowskiego uwypuklają jego liczne wady i grzechy, a zdają się zupełnie nie dostrzegać olbrzymich zasług. Czyli

Dom Wydawniczy REBIS

Historyczne bestsellery REBISU

Najnowsza książka Piotra Zychowicza!
Kontynuacja bestsellerowych *Żydów*!

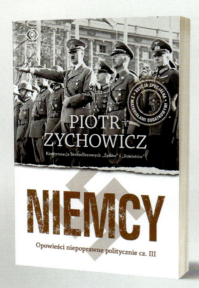
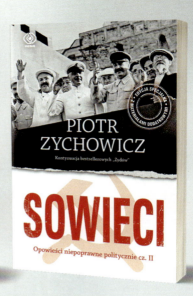

Bestsellerowe książki z serii „Opowieści niepoprawne politycznie". Piotr Zychowicz jak zwykle zmusza czytelnika do przemyślenia i ponownej oceny spraw, burzy mity i zadaje niewygodne pytania.

Polecamy również pozostałe książki tego autora:

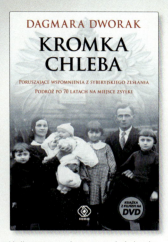

Unikatowy zapis wspomnień dwojga żyjących zesłańców wywiezionych na Syberię. Do książki dołączony film: dokument z wyprawy na Syberię szlakiem dawnej zsyłki.

Koniec wojny i dramatyczny początek sowieckiej okupacji w Polsce

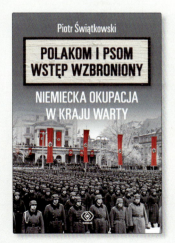

Historia Kraju Warty opisana bez sentymentów, w piekielnie mocny sposób

Sensacyjny, nieznany dziennik z września 1939!

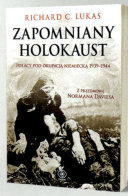

Czy historia Polski w XX wieku mogła potoczyć się inaczej?

Książka jako pierwsza na Zachodzie zwróciła uwagę na mało znany tam fakt zbrodni ludobójstwa popełnionej na Polakach!

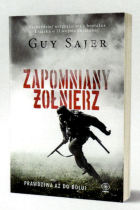

Historia zaciętego oporu Festung Breslau w 1945 roku

Najbardziej wstrząsająca i brutalna książka o II wojnie światowej. Prawdziwa aż do bólu!

Nasze książki w formie papierowej, elektronicznej oraz audio można kupić na stronie **www.rebis.com.pl**.
Przyjmujemy również zamówienia w dziale sprzedaży wysyłkowej telefonicznie:
61 882 83 31 lub pocztą elektroniczną: **wysylka@rebis.com.pl**

 Dom Wydawniczy REBIS   Zapraszamy na:

gigantycznych wysiłków, jakie Przełożony Starszeństwa Żydów podejmował na rzecz rodaków. Rumkowski od mieszkańców „swojego getta" dużo wymagał, ale w zamian starał się zapewnić im warunki gwarantujące przeżycie.

Głównym przedmiotem jego nieustających, nużących i szarpiących nerwy negocjacji z Niemcami było pozyskiwanie dla głodującej dzielnicy żywności. Wobec wojennych niedoborów było to nie lada wyzwaniem.

W administracji getta główną rolę odgrywał powołany przez Rumkowskiego Wydział Opieki Społecznej. Jak wylicza Adam Sitarek, w gestii tej instytucji znajdowało się między innymi utrzymanie domu kalek, sierocińca, żłobka, domu dla umysłowo chorych i wypłacanie zasiłków. Publiczne kuchnie wydawały dziesiątki tysięcy porcji zupy dziennie.

Równie ważną rolę odgrywał Wydział Zdrowia. Jego urzędnicy dbali o to, by znajdujące się w getcie szpitale i stacje pogotowia ratunkowego miały niezbędne do funkcjonowania środki i lekarstwa. Chaim Rumkowski osobiście zabiegał u Niemców o pozyskanie specjalistycznego sprzętu medycznego. Między innymi nieodzownych aparatów rentgenowskich.

> Wiem, co mówią o mnie za moimi plecami – przemawiał. – Jedno pojmuję: nie jestem przestępcą. Siostry i bracia, dopóki będzie biło moje serce, będę waszym sługą. Każde wam ulżenie jest moją radością. Nie szanuję mojego zdrowia. Pięknie jest żyć dla was i umrzeć dla was.

To również Chaim Rumkowski przełamał wszelkie przeszkody, rąbnął pięścią w stół i wymusił na swoich współpracownikach stworzenie sieci szkół żydowskich. W Łodzi działało czterdzieści szkół powszechnych, dwa gimnazja, szkoła przemysłowa i religijna. A także dwa przedszkola oraz specjalne placówki dla głuchoniemych i niedorozwiniętych.

Prezes zakładał również ochronki dla dzieci. Dzieci były bowiem jego oczkiem w głowie.

Lekcji nie było – pisał w swoim dzienniku Dawid Sierakowiak – bo była defilada wszystkich dzieci znajdujących się na Marysinie przed Rumkowskim, a co najważniejsze, dostaliśmy nadprogramowy podwieczorek – po kawałku chleba z plasterkiem kiełbasy. Zaiste pański gest naszego władcy! Naturalnie nie obyło się bez mowy. Powiedział stary, że daje nam wszystko, co może, a w zamian żąda, byśmy się uczyli, uczyli i dobrze się uczyli.

Od najbiedniejszych mieszkańców getta Rumkowski dostawał mnóstwo listów z błagalnymi prośbami o wsparcie. Wszystkim petentom oczywiście pomóc nie mógł, ale starał się załatwić pozytywnie przynajmniej część próśb. Kiedy dzieci zatrzymywały go na ulicy i prosiły o pomoc, zawsze przystawał i cierpliwie je wysłuchiwał.

Najkochańszy Ojczulku! – pisał do niego Marek Halberstadt. – Otrzymałem dar, o który prosiłem Najkochańszego Ojczulka. Ojczulek nie wyobraża sobie, jaką mi tym uczynił przysługę, zostałem po prostu wyciągnięty z grobu, którego wieko już miało się nade mną zamknąć. Mogę więc znów wrócić do życia podparty dłonią Kochanego Ojczulka.

Po getcie Rumkowski jeździł dorożką zaprzężoną w „szpakowatego konika". Jego dzień wypełniały liczne wizytacje, narady i spotkania. Nie ma żadnych wątpliwości, że Prezes – w przeciwieństwie do szeregu swoich współpracowników – w getcie fortuny nie zrobił. Osobiste zarzuty wysuwane przeciwko niemu są zupełnie innej natury.

Po pierwsze, Prezes stosował przemoc. Publicznie, na ulicy, bił po twarzy ludzi, którzy próbowali przekazać mu kartkę z podaniem lub bezpośrednio zwrócić się z jakąś prośbą. „Prezes się złości" – pisał jego sekretarz Szmul Rozensztajn – „a poszczególne osoby dostają od niego na miejscu".

Rumkowski policzkował ludzi, którzy według niego źle wykonywali swoje obowiązki. Raz zdarzyło się nawet, że pewien młody człowiek oddał Prezesowi policzek. Natychmiast został zatrzymany przez policję i wtrącony do więzienia. Według jednej z wersji wydarzeń nie poznał Prezesa, a według innej – stanął w obronie matki, którą dyktator getta ordynarnie potraktował.

W getcie poznałem osobiście Rumkowskiego – relacjonował Jehuda Widawski. – Poszedłem rano do piekarni i stanąłem w kolejce. Jakieś 200 osób. Przyjechał Rumkowski – bryczką – i podszedł do kolejki. Przeważnie stały kobiety, starsze. Ja chyba byłem jedynym młodym mężczyzną. Podszedł do mnie i uderzył mnie w policzek. Zamiast do pracy stoisz w kolejce? Miał rację. Nie poszedłem do pracy. I kiedy dał mi w policzek, tak mocno uderzył, i ja krzyknąłem, to dał mi jeszcze raz. Prędko do pracy!

Drugi zarzut wobec Prezesa jest znacznie poważniejszy. Otóż mimo podeszłego wieku miał on pociąg do młodych dziewcząt. Zachowały się relacje kobiet, które były przez niego molestowane seksualnie. Andrzej Bart, autor poświęconej mu powieści *Fabryka muchołapek*, sugeruje, że miał również skłonności pedofilskie.

Jedną z dziewcząt, które ponoć padły ofiarą Chaima Rumkowskiego, była siedemnastoletnia Lucille Eichengreen. W swoich spisanych po latach wspomnieniach ujawniła, że Prezes zmuszał ją do stosunków.

Brał mnie za rękę – pisała – kładł ją sobie na penisie i mówił: „Rozpal go...". Cały czas odsuwałam się od niego, a on wciąż się do mnie przysuwał, to było straszne. Byłam tym wstrząśnięta, chciał, żebym wprowadziła się do mieszkania, do którego tylko on miałby dostęp. Zaczęłam płakać – nie chciałam się tam wprowadzać. Nie mogłam zrozumieć, jak można było czegoś takiego żądać... ale seks w getcie był bardzo cennym towarem i handlowało się nim jak każdą inną rzeczą.

Już na terenie getta Eichengreen dowiedziała się, że Rumkowski molestował dzieci jeszcze przed wojną, gdy kierował domem dla żydowskich sierot na Helenówku. Przyszły prezes podobno gwałcił tam dziewczynki oraz trzynastoletniego chłopca o imieniu Julek. Trudno to dziś zweryfikować. Nie można wykluczyć, że była to zwykła plotka rozsiewana przez nieprzychylnych mu ludzi. A tych były tysiące.

Stosunek obywateli dzielnicy zamkniętej Litzmannstadt do swojego „władcy" dobrze oddaje ten anonimowy wiersz napisany na wzór *Lokomotywy* Tuwima:

Stoi na rynku stary mężczyzna
Stoi, przeklina, prycha i sapie
Pot z rozgrzanego mu czoła kapie
Uff jak gorąco
Och jak gorąco
Och jak męcząco
Obiecująco!
Został cesarzem, władcą dwukroci
Już mu korona w marzeniach się złoci
Udziela ślubów, godzi, rozwodzi
Na razie wszystkich nas tutaj głodzi
Nagle buch
Poszedł w ruch
Zamiast powoli, jak starcu wypada
O latach nie pomnąc w największy tłum wpada
Wali po mordach, kopie i bije
A dokąd to dokąd
Starucha wciąż gna
I co to, kto to, to tak ciągle go pcha
To pycha wylęgła, poczęta gdzie władza
Ta władza, co w pychę się ciągle przeradza
I gna go i pędzi go, jak okręt wśród fal
Przed siebie, wciąż naprzód w nieznaną dal.

6

Wielka Szpera

Od powstania getta wszelkie akcje wysiedleńcze były przeprowadzane żydowskimi rękami. To funkcjonariusze Służby Porządkowej wyłapywali i odstawiali Niemcom „elementy niepożądane". Chaim Rumkowski mógł dzięki temu dokonywać selekcji – pozbywać się ze swojego „państewka" ludzi, którzy nie chcieli się podporządkować wprowadzonemu przezeń systemowi.

Z polecenia Przełożonego Starszeństwa Żydów – zapisano w *Kronice getta łódzkiego* 8 kwietnia 1941 roku – brygada więzienna przeprowadza systematycznie aresztowania wśród notorycznych przestępców oraz osób, których zachowanie zagraża istniejącemu w getcie porządkowi. Aresztowani grupami wytransportowani zostaną z getta, w miarę zapotrzebowania na robotników w Niemczech. W ten sposób rozwiązany zostanie problem pozbycia się elementu niepożądanego.

Początkowo wywożeni z getta ludzie trafiali głównie do obozów pracy i fabryk. Sytuacja diametralnie zmieniła się jesienią 1941 roku, gdy Adolf Hitler – pewny rychłego zwycięstwa nad bolszewikami – wydał zarządzenie o wysiedleniu Żydów z Trzeciej Rzeszy na Wschód. Ofensywa Wehrmachtu ugrzęzła jednak pod Moskwą i 20 tysięcy Żydów wyrzuconych z Europy Zachodniej zamiast za Ural trafiło do getta w Litzmannstadt.

Dla lokalnych władz Kraju Warty – na którego terenie znajdowała się Łódź – stanowiło to kolosalny problem. Przybycie takiej liczby uchodźców spowodowało bowiem przepełnienie getta i zagroziło jego sprawnemu funkcjonowaniu. Dlatego miejscowi funkcjonariusze SS uznali, że dla przybyłych Żydów należy zrobić miejsce. Jak? Poprzez wymordowanie części dotychczasowych mieszkańców dzielnicy zamkniętej.

Niemcy zażądali od Rumkowskiego, żeby wybrał 20 tysięcy ludzi. Prezesowi udało się wynegocjować zmniejszenie kontyngentu o połowę. Nieszczęśni ludzie zostali wyłapani przez żydowską policję i w styczniu 1942 roku odstawieni na bocznice kolejowe. Choć Rumkowski zapewniał, że trafią na „roboty rolne" (zimą?!), zostali przewiezieni do obozu zagłady w Chełmie nad Nerem. Tam ich eksterminowano.

> Do deportacji przeznaczyłem ten odłam – tłumaczył Rumkowski – który dla getta był ropiejącym wrzodem. A więc znaleźli się na liście wygnańców przedstawiciele świata podziemnego, męty i wszelkie szkodliwe dla getta jednostki. Gdy wysyłam dziś z getta sforę różnych kombinatorów i oszustów, czynię to w pełnym przekonaniu, że ci ludzie na swój los sami sobie zasłużyli.

To, co początkowo wydawało się użytecznym narzędziem kontroli społecznej, szybko się okazało największym koszmarem. Rumkowski rzeczywiście bowiem pozbył się drobnych rzezimieszków, kieszonkowców, przeciwników politycznych, paskarzy i „nierobów" utrzymujących się z zasiłków. Na tym jednak żądania niemieckie się nie skończyły. Ku przerażeniu Prezesa Niemcy żądali, by wkrótce dostarczył im kolejne kontyngenty.

> Przedsiębiorstwo łódzkie getto działało coraz wydajniej – pisał Adam Sitarek – jedynym problemem z punktu widzenia władz niemieckich były nadal wysokie koszty utrzymania osób niepracujących, a przede wszystkim uznanych za „niezdatnych do pracy".

Getto stało się wielką fabryką nastawioną na generowanie maksymalnych zysków. A w fabryce, jak w każdym przedsiębiorstwie, optymalizuje się koszty. Bezwzględni niemieccy zarządcy szybko obliczyli, że pieniądze, jakie zarabiają na pracy żydowskich robotników, byłyby jeszcze większe, gdyby nie to, że w getcie znajdują się rzesze osób starszych, kalekich i… dzieci.

Był to moment, w którym Rumkowski znalazł się na równi pochyłej. Ziemia usunęła mu się spod stóp. Strategia polegająca na lojalnym spełnianiu wszystkich oczekiwań teraz doprowadziła go pod ścianę. Niemcy zaczęli go bowiem szantażować. Zagrozili, że jeżeli nie wyda w ich ręce „nieproduktywnych Żydów", zniszczą całe getto.

Mimo że od wiosny 1942 roku Rumkowski wiedział, co naprawdę dzieje się z „wysiedlonymi", ustąpił. Postanowił poświęcić mniejszość, aby – jak mu się wydawało – ocalić większość.

„Aby uratować getto, muszę działać szybko. Jak chirurg, który amputuje członki, by serce nie ustało" – tłumaczył swoje poczynania Prezes. „By ratować całość, poświęcę jednostkę" – dodawał. Gdzieś umknęło mu jednak, że całość składała się właśnie z jednostek. I że poświęcanie kolejnych jednostek w końcu może doprowadzić do zagłady całości.

Raz uruchomiona machina Holokaustu coraz szybciej pędziła naprzód. Potwór domagał się więcej i więcej ofiar. 3 września 1943 roku rozpoczął się najbardziej tragiczny i zarazem przerażający rozdział w historii łódzkiego getta. Tego dnia Niemcy zażądali od Przełożonego Starszeństwa Żydów wysiedlenia wszystkich niepracujących Żydów. W sumie 24 tysięcy osób!

Doszło do dramatycznych negocjacji, w wyniku których Rumkowskiemu udało się zmniejszyć liczbę kontyngentu do 20 tysięcy. Musiał się jednak zgodzić na wywiezienie wszystkich osób powyżej sześćdziesiątego piątego roku życia i wszystkich dzieci do lat dziewięciu włącznie. Katastrofa ta przeszła do historii jako Wielka Szpera.

4 września Prezes wystąpił z mową, w której padły słynne słowa „dajcie mi swoje dzieci". Tłumaczył w niej mieszkańcom dzielnicy zamkniętej, że muszą poświęcić swoje potomstwo, by ratować siebie i resztę mieszkańców getta. Wówczas jeszcze około 90 tysięcy ludzi. „Żyłem i oddychałem z dziećmi" – mówił. – „Nigdy nie wyobrażałem sobie, że będę musiał uczynić tę ofiarę na ołtarzu własnymi dłońmi.

W moim wieku muszę rozłożyć ręce i błagać: Bracia i siostry! Oddajcie mi je! Ojcowie i matki – dajcie mi swoje dzieci!".

Mowa ta wywołała w getcie panikę. Ludzie masowo ukrywali dzieci albo całymi rodzinami popełniali samobójstwa. Żydowska policja rzuciła się zaś do wypełniania rozkazu Prezesa z wyjątkową brutalnością i gorliwością. Jej funkcjonariuszom obiecano bowiem, że jeżeli sprawnie przeprowadzą operację, ich własne dzieci zostaną ocalone od śmierci. Gdyby policjanci zawiedli, ich dzieci miały pojechać do gazu pierwsze.

Policjanci getta – kim byli ci ludzie? – wspominał Michał Mosze Chęciński. – Co czuli w tych nieludzkich dniach powtarzających się szper? Im także odbierano ich bliskich, nawet dzieci. I oni płakali, szukali kompromisów z samym sobą, głodowali, może trochę mniej niż inni, ale był to również głód okrutny. Wielu z nich, w czasie owej strasznej szpery, nie chciało się rozstać ze swoimi dziećmi i wybrało wspólną z nimi drogę, podzieliło z tymi maleństwami ostatni płacz, ostatnią skargę przeciw okrucieństwom tego świata. A ci, co ratowali swoje życie kosztem innych, czy mają być potępieni? Czy jest taka cena własnego i cudzego życia, której nie można, nie wolno nigdy zapłacić?

A oto fragment tekstu innego świadka, Ottona Singera:

Odbierać matkom dzieci! Żydowskim matkom! Czy jest gdzieś miejsce na świecie, w którym zdarzyło się coś podobnego?! Czy gdziekolwiek indziej mogła wykiełkować taka moralność z piekła rodem? To potworny wytwór ducha getta. Co zrobią matki? To, co zrobi każda matka, której siłą chcą odebrać dziecko. Rzuci się na policjantów, zaatakuje rabusiów nożem albo siekierą. Albo też raczej pozwoli się zakatować niż oddać swoje dziecko. Betlejem w Litzmannstadt.

Getto stało się areną scen iście dantejskich. Specjalna żydowska Komisja Wysiedleńcza w zaklejonych kopertach rozesłała do komisariatów policji czarne listy skazanych. A lotne żydowskie komisje lekarskie w asyście policjantów przystąpiły do przeczesywania kamienic i selekcji schwytanych.

Zmobilizowano żydowską policję – pisał Jakub Poznański. – Dziś rano obstawiono szpitale. Ze szpitala przy Mickiewicza pacjenci podjęli gremialną ucieczkę. Na miejscu pozostało tylko czternastu obłożnie chorych. Całą noc trwał pościg za uciekinierami. Wyciągano ich z łóżek i odstawiano do szpitala.

Wyjątkowo poruszający opis deportacji znalazł się w dzienniku Dawida Sierakowiaka, nastoletniego więźnia łódzkiego getta. Wynika z niego, że czasami za starych i chorych uprzywilejowanych Żydów – lub ich krewnych i znajomych – posyłano na śmierć ludzi w kwiecie wieku.

Moja przenajświętsza, ukochana, wymęczona, błogosławiona Matka – pisał – padła ofiarą krwiożerczej bestii germańskiego hitleryzmu!!! I zupełnie niewinnie, z winy jedynie złego serca dwóch czesko-żydowskich lekarzy, którzy byli u nas i nas badali. Lekarze, starzy, źli i skwaszeni przesiedleńcy z Pragi, zabrali się, mimo sprzeciwu policjantów i pielęgniarek, niezwykle skrupulatnie do badania lokatorów. Sąsiad nasz, stary Miller, starzec siedemdziesięcioletni, wujek naczelnego lekarza getta, pozostał na miejscu, a moja zdrowa, acz wycieńczona mama jest na jego miejscu! Dziadyga lekarz, który ją badał, szukał i szukał i dziwił się bardzo, że nie może w niej żadnej choroby znaleźć. Kręcił tylko głową i powiedział do swego towarzysza po czesku:
– Bardzo słaba, bardzo słaba.
Dopisał te dwa nieszczęsne słowa na karcie naszej rodziny.
Mama ucałowała każdego z nas na pożegnanie, wzięła torbę z chlebem i kilkoma kartoflami i poszła szybko na swój tak okropny los. Nie zdobyłem się na tyle siły woli, żeby spojrzeć na nią przez okno. Tylko co chwila rzadkie spazmy nerwowe chwytały mnie za serce, ręce, usta i przełyk. Myślałem, że serce mi pęka.

Wkrótce do akcji włączyli się zresztą Niemcy, niezadowoleni z – ich zdaniem – opieszałego tempa, w jakim żydowska administracja przeprowadzała akcję. Tak sytuację opisał Adam Sitarek, na kartach cytowanej wielokrotnie książki *Otoczone drutem państwo*:

Siły niemieckie i policja żydowska otaczały kwartał za kwartałem, wchodzono do kolejnych posesji. Sygnałem zbiórki był wystrzał z pistoletu. Wszyscy mieszkańcy domu ustawiani byli na podwórzu w dwuszeregu, a następnie oficer niemiecki dokonywał selekcji, wybierając osoby niezdolne do pracy, które natychmiast kierowane były do czekających przed domem ciężarówek lub wozów. Przy każdej próbie oporu używano broni. W czasie selekcji grupy policjantów żydowskich przeszukiwały mieszkania w poszukiwaniu ukrywających się lub pozostałych w domach chorych lub starców.

Po zakończeniu Wielkiej Szpery Rumkowski wezwał pozostałych przy życiu do zachowania spokoju i powrotu do normalnej pracy.

Jak to możliwe, że tak straszliwa zbrodnia została w dużej mierze popełniona żydowskimi rękami? Antysemici dają nam na to prostą odpowiedź: bo Żydzi to podli ludzie, którzy gotowi są do najobrzydliwszych i najbardziej odstręczających czynów. To oczywiście odpowiedź nieprawdziwa i niesprawiedliwa.

Niemcy podczas Wielkiej Szpery nie wykorzystali bowiem ciemnej strony natury żydowskiej. Wykorzystali ciemną stronę natury ludzkiej. Policjanci i urzędnicy biorący udział w akcji deportacyjnej zostali postawieni przed prostym wyborem: albo wy – albo oni. Człowiek dla ratowania własnego życia i życia swoich bliskich gotowy jest zaś zrobić bardzo wiele. Pójść na daleko idące kompromisy.

Nie ma żadnego powodu, żeby tuszować czy też przemilczać haniebną rolę, jaką odegrała część łódzkich Żydów podczas Wielkiej Szpery. Historia jest taka, jaka jest, i nie wolno jej zakłamywać w imię politycznej poprawności. Ale warto się też powstrzymać od potępiania tych ludzi z wygodnych pozycji moralnej wyższości.

Uległej postawie Rumkowskiego przeciwstawia się często postawę szefa Judenratu w warszawskim getcie, Adama Czerniakowa. Kiedy Niemcy w lipcu 1942 roku zażądali od niego podpisania obwieszenia o wywiezieniu Żydów do Treblinki, Czerniaków odmówił. I popełnił samobójstwo, zażywając cyjanek potasu.

Czyn Czerniakowa przeszedł do historii jako akt heroizmu. Szef warszawskiego Judenratu bez wątpienia uratował swój honor. Sto-

łecznym Żydom jednak jego śmierć w niczym nie pomogła. „Zrobił źle" – pisał Henryk Makower – „bo po jego odejściu pozostało blisko 400 tysięcy ludzi bez kierownictwa. Powinien był, moim zdaniem, to przewidzieć i wykazać jeszcze większą odwagę, pozostając przy życiu".
Niemcy w drugiej połowie 1942 roku przykręcili śrubę i zwiększyli swoją kontrolę nad gettem. Żydowska autonomia w mieście Łodzi – jak ujął to Rumkowski – została skasowana. A kompetencje Prezesa poważnie ograniczone. Pracujące na pełnych obrotach łódzkie getto dotrwało do lata 1944 roku. Znajdujący się w rozpaczliwej sytuacji Niemcy podjęli wówczas decyzję o likwidacji dzielnicy zamkniętej, nie chcieli bowiem dopuścić, aby wyzwoliły ją nieprzyjacielskie wojska. W czerwcu 1944 roku rozpoczęły się kolejne deportacje.

Zawstydzający, wstrząsający widok ulicy – zapisano w *Kronice getta łódzkiego*. – *Żydzi urządzają polowanie na Żydów niczym na dziką zwierzynę. Prawdziwe polowanie na Żydów zorganizowane przez Żydów. Czegoś się jednak nauczyliśmy od naszych strażników…*

Tempo sowieckiej ofensywy było jednak zawrotne i wydawało się, że zdobycie Łodzi i jej getta przez Armię Czerwoną jest kwestią dni. Niemiecka administracja już szykowała się do ucieczki z miasta.
1 sierpnia 1944 roku wybuchło jednak powstanie warszawskie. Stalin, chcący doprowadzić do wykrwawienia Armii Krajowej i zniszczenia polskiej stolicy, zatrzymał swoje wojska na linii Wisły. Front stanął w miejscu na kilka miesięcy – niecałe 140 kilometrów od Litzmannstadt… To dało Niemcom czas na „posprzątanie" i usunięcie niewygodnych świadków swoich zbrodni. Czyli łódzkich Żydów.
Decyzję o likwidacji getta i jego mieszkańców podjął osobiście Reichsführer SS Heinrich Himmler. 8 sierpnia Niemcy wkroczyli na teren dzielnicy zamkniętej. Trzy tygodnie później ostatni transport z łódzkimi Żydami wyruszył do Auschwitz. W pociągu znalazł się Przewodniczący Starszeństwa Żydów Chaim Mordechaj Rumkowski.

7

Łzy dyktatora

Trafną ocenę Rumkowskiego przedstawił więzień getta Bencjon Borsztajn. „Nie był osobą o jednoznacznym charakterze" – pisał o Prezesie – „był wewnętrznie rozszczepiony, jeden jego rys był przeciwieństwem drugiego". Rzeczywiście Rumkowski był pełen kontrastów. Z jednej strony jak lew walczył o ratunek dla Żydów, z drugiej – dopuszczał się czynów najbardziej ordynarnych i niskich.

Sam Rumkowski nie miał sobie nic do zarzucenia. Choć oczywiście miał chwile zwątpienia, generalnie uważał, że droga, którą obrał, jest słuszna. Niemal do końca miał nadzieję, że jego strategia przyniesie sukces. Że uratuje przynajmniej część swoich ludzi. Miał nadzieję, że po wojnie zostanie zrozumiany i doceniony.

W rozmowach z bliskimi snuł marzenia, jak to po wojnie będzie jeździł po miastach Ameryki i wygłaszał prelekcje na temat tego, co się działo w Łodzi. Miał nadzieję, że za oceanem będzie fetowany przez czołowych profesorów. Przede wszystkim zamierzał jednak wyjechać do Palestyny i budować na tamtejszych piaskach państwo Izrael. „Moja żydowska dusza nie obawia się dnia sądu" – mówił.

Zarówno współcześni, jak i potomni mieli w tej sprawie jednak inne zdanie. Szczególnie krytyczna wobec Rumkowskiego – i urzędników innych Judenratów w okupowanej Europie – była Hannah Arendt. W swojej słynnej książce *Eichmann w Jerozolimie* znana żydowska intelektualistka pisała:

Eichmann nie oczekiwał naturalnie od Żydów, że będą podzielali powszechny entuzjazm z powodu własnej zagłady, oczekiwał jednak czegoś więcej niż uległości. Oczekiwał mianowicie – a jego oczekiwania spełniły się w stopniu nadzwyczajnym – współdziałania. Gdyby nie pomoc Żydów w pracy administracyjnej i działaniach policji, zapanowałby kompletny chaos bądź też doszłoby do poważnego obciążenia niemieckiej siły roboczej. Dla Żydów rola, jaką przywódcy żydowscy odegrali w unicestwieniu własnego narodu, stanowi niewątpliwie najczarniejszy rozdział całej tej ponurej historii.

Zarówno w Amsterdamie, jak i w Warszawie, w Berlinie, tak samo jak w Budapeszcie można było mieć pewność, że funkcjonariusze żydowscy sporządzą wykazy imienne wraz z informacjami o majątku, zagwarantują uzyskanie od deportowanych pieniędzy na pokrycie kosztów ich deportacji i eksterminacji, będą aktualizować rejestr opróżnionych mieszkań, zapewnią pomoc własnej policji w chwytaniu i ładowaniu Żydów do pociągów, na koniec zaś – w ostatnim geście dobrej woli – przekażą nietknięte aktywa gminy żydowskiej do ostatecznej konfiskaty.

Wiemy, jak czuli się funkcjonariusze żydowscy, kiedy przekształcili się w narzędzie mordu – czuli się jak kapitanowie, „których okrętom groziło zatonięcie, a mimo to zdołali bezpiecznie dopłynąć do portu, wyrzuciwszy znaczną część cennego ładunku", albo jak wybawcy, którzy „za cenę stu ofiar uratowali tysiąc ludzi, za cenę tysiąca – dziesięć tysięcy".

Doskonale pamiętamy twarze żydowskich przywódców z czasów hitlerowskich, poczynając od Chaima Rumkowskiego, prezesa Rady Żydowskiej w Łodzi, zwanego Chaimem I, który wprowadził do obiegu banknoty noszące jego podpis oraz znaczki pocztowe ze swoją podobizną i kazał się wozić zdezelowaną karetą, poprzez Leo Baecka, człowieka wykształconego, dobrze ułożonego, który sądził, że policjanci żydowscy będą „łagodniejsi i bardziej przydatni" i „uczynią męki znośniejszymi" (gdy w istocie byli oni, rzecz jasna, brutalniejsi i trudniej przekupni, bo mieli o wiele więcej do stracenia), kończąc na garstce tych, którzy popełnili samobójstwo.

To bardzo poważny akt oskarżenia. Nie można go zbyć wzruszeniem ramion czy oskarżeniem autorki o antysemityzm. Słowa Hannah Arendt dobrze oddają nastawienie wielu obserwatorów do problemu żydowskiej kolaboracji podczas II wojny światowej. Rzeczywiście Niemcom zależało na tym, żeby Holokaust został przeprowadzony szybko, gładko i bez większego rozgłosu. Bez nieprzyjemnych niespodzianek w rodzaju powstania w getcie warszawskim.

Wezwania Rumkowskiego do „zachowania spokoju" i „bezwzględnego posłuszeństwa" wobec zarządzeń władz okupacyjnych bez wątpienia były dla organizatorów Zagłady wielkim ułatwieniem. Z drugiej strony należy jednak pamiętać o intencjach Przełożonego Starszeństwa Żydów w Łodzi. Przyświecał mu odwrotny cel niż Niemcom. Chciał ocalić Żydów przez Zagładą, a nie wydać ich na śmierć.

Ostatecznie wielką grę, jaką podjął z Niemcami o życie swoich „poddanych", przegrał. A historia wystawiła mu niezwykle surową ocenę.

Wizerunek Chaima Mordechaja Rumkowskiego nie byłby pełny, gdyby nie pewna okoliczność jego śmierci. Otóż Biebow zaoferował mu możliwość ratunku. Prezes wcale nie musiał jechać do Auschwitz, mógł wyjechać razem z Niemcem do Rzeszy. Kiedy jednak odmówiono mu prawa do uratowania rodziny – odrzucił propozycję. Postanowił podzielić los swoich najbliższych i tysięcy mieszkańców getta. Dobrowolnie pojechał na śmierć.

> Obok mnie – pisał Moniek Kaufman o swoim przybyciu do Birkenau – na schodkach, jakich się używa pod szubienicę, siedział Rumkowski z rodziną. Siwe jego włosy były rozwiane, a oczy spuszczone. Siedział ten stary morderca i w ostatniej godzinie przed śmiercią przyglądał się zakończeniu getta. Po ustawieniu wszystkich piątek ruszyliśmy w drogę. Ominął nas samochód ciężarowy, na którym siedział Rumkowski z rodziną. Rumkowski, mijając szereg, płakał. Klątwy i wyzwiska, które przez cały okres jego panowania padały pod jego adresem, odprowadziły go i teraz w jego ostatniej podróży.

Niedawno w jednym z warszawskich kin odbył się pokaz zamknięty filmu poświęconego Rumkowskiemu. Na sali obecni byli głównie

Żydzi. Po projekcji miała się odbyć dyskusja, która przerodziła się jednak w niezwykle ostrą, emocjonalną awanturę. Sala podzieliła się na zdecydowanych obrońców i zdecydowanych krytyków Prezesa. Nie było mnie tam, ale jestem pewien, że obie strony miały mocne argumenty.

Rozszerzona wersja artykułu, który ukazał się w „Historii Do Rzeczy" 6/2016

Część VI

Zdrajcy czy patrioci?

Historia granatowej policji w Generalnym Gubernatorstwie

1

Dobry i zły policjant

Granatowy policjant Wincenty Wątorowski służył w Bieczu w powiecie gorlickim. Kiedy Niemcy zamknęli miejscowych Żydów w getcie, Wątorowski stał się tam stałym bywalcem. Szantażował Żydów, wyłudzał od nich pieniądze i odzież. Nie stronił od przemocy. Swoje ofiary bił, czasami pociągał za spust.

> Niemcy rozstrzelali na cmentarzu żydowskim trzydzieści jeden osób – wspominał Salomon Kurz. – Wśród ofiar był Samuel Holländer, kupiec, inwalida, około 40 lat. Został tylko lekko zraniony, ukrył się między trupami i potem niepostrzeżenie opuścił cmentarz. Spotkał go Wątorowski. Na własne oczy widziałem, jak Wątorowski kazał mu zrobić parę kroków naprzód i zastrzelił go.

Według innej wersji wydarzeń to sami Żydzi, w obawie przed niemieckimi represjami, przyprowadzili krwawiącego Holländera do Wątorowskiego. On zaś wydał go w ręce swoich przełożonych, czyli niemieckich żandarmów.

W sumie własnoręcznie miał uśmiercić co najmniej dziesięcioro Żydów. Nie potrzebował do tego niemieckiego nadzoru – działał z własnej inicjatywy. Sam tropił uciekinierów z gett, sam przeszukiwał domy, urządzał obławy i organizował doraźne egzekucje. Łączył to z grabieżą żydowskiego mienia.

W kwietniu 1943 roku Wątorowski otrzymał donos, że dwóch uciekinierów z getta – Naftali Kurz i Kiwa Wasserstrum – ukrywa się w miejscowości Rozembark (dziś Rożnowice) w stajni Stanisława Makowca. Natychmiast podjął interwencję. Wraz ze swoimi ludźmi otoczył i ostrzelał budynek gospodarczy, w którym znajdowała się kryjówka Żydów. Wasserstrum został ciężko ranny w brzuch, a Kurz schował się pod żłobem.

Wtedy Wątorowski kazał Kurzowi wyjść w pole – zeznał po wojnie Stanisław Makowiec – rozebrać się do naga i położyć twarzą do ziemi. A gdy ten to zrobił, strzelił mu w tył głowy. Wasserstruma rozbierali pozostali posterunkowi. Wątorowski zastrzelił go, podobnie jak i Kurza.

Jeszcze większa tragedia rozegrała się we wsi Głęboka. Dzielna polska rodzina Syzdków dożywiała tam troje uciekinierów z obozu przejściowego: Gitlę Schuman i dwoje jej małych dzieci – Minkę i Salka. Żydowska rodzina została jednak wytropiona i zamordowana przez Wątorowskiego.

Zaledwie trzynaście kilometrów od Biecza znajduje się miasto Gorlice. Komendantem posterunku granatowej policji w tej miejscowości był Jan Fereński. Mimo że funkcjonariusz ten był pod ścisłą kontrolą Niemców, starał się postępować przyzwoicie. Współpracował z podziemiem i pomagał Żydom.

W 1940 roku w Gorlicach pod zarzutem nielegalnego posiadania parafiny aresztowanych zostało dwóch żydowskich kupców. Ich rodziny natychmiast skontaktowały się z Fereńskm, prosząc o ratunek. Polski policjant pojechał do Jasła, gdzie przekupił komendanta niemieckiej policji kryminalnej Ernesta Hildebranda. Niemiec dostał pięć kilogramów kawy, a żydowscy kupcy – cali i zdrowi – wyszli na wolność.

Kiedy w sierpniu 1942 roku Gestapo podjęło decyzję o pacyfikacji gorlickiego getta, Jan Fereński dowiedział się o planowanej akcji z wyprzedzeniem. Dzięki temu mógł ostrzec o nadchodzącym niebezpieczeństwie przewodniczącego miejscowej Rady Żydowskiej, doktora

Jakuba Blecha. W efekcie wielu gorlickim Żydom udało się w ostatniej chwili uciec z miasta i schronić u polskich znajomych na prowincji. Nie zrobiła tego niestety pani Jadwiga Mielowska. Miała polskiego męża, uznała więc, że nic jej nie grozi, i została w domu. Była to fatalna decyzja. Jeden z „życzliwych" sąsiadów doniósł Gestapo, że Mielowska jest Żydówką. Niemcy ją aresztowali, groziło jej rozstrzelanie. Wówczas do akcji wkroczył Fereński. Pojechał na Gestapo i zaświadczył, że Mielowska jest „pochodzenia aryjskiego". Kobieta została zwolniona.

Innym razem Jan Fereński telefonicznie ostrzegł właścicieli podgorlickiego folwarku, że zatrudnionym u nich Żydom grozi wywiezienie do obozu. Udało mu się w ten sposób ocalić szereg ludzkich istnień.

Historie te zaczerpnąłem z wydanej w 2015 roku przez IPN książki Elżbiety Rączy i Michała Kalisza *Dzieje społeczności żydowskiej powiatu gorlickiego podczas okupacji niemieckiej 1939–1945.*

Obaj opisani Polacy nosili te same mundury, należeli do tej samej formacji i służyli na tym samym terenie. Należeli do tej samej grupy zawodowej i do tego samego narodu. Obaj byli katolikami. W godzinie próby przyjęli jednak diametralnie różną postawę. Jeden z nich został zbrodniarzem, a drugi Sprawiedliwym. Jeden żydowskich bliźnich mordował, drugi ratował. Dlaczego tak się stało? Skąd taka różnica?

Psycholodzy społeczni, historycy czy socjolodzy zapewne odpowiedzieliby na to pytanie w długich specjalistycznych artykułach, snuliby skomplikowane, wieloaspektowe teorie. Wytłumaczenie postaw tych dwóch granatowych policjantów wydaje się jednak proste i prozaiczne: jeden był kanalią, a drugi – przyzwoitym człowiekiem.

2

Mniejsze zło

Historię okupacji niemieckiej opowiada się u nas w sposób komiksowy. Z jednej strony krwiożerczy niemiecki okupant, który pali, gwałci, rabuje i dokonuje masowych egzekucji. Z drugiej – niepokorny, bohaterski naród polski, nieugięty patriotyczny monolit, który z pogardą i nienawiścią odnosi się do „odwiecznego teutońskiego wroga". I toczy przeciw niemu bezkompromisową wojnę totalną. Oba te światy – niemieckiego barbarzyństwa i polskiego heroizmu – oddziela gruby, nieprzenikniony mur.

Zgodnie z tą sztampą pisało się historię w PRL. I zgodnie z tą sztampą pisze się historię obecnie, w niepodległej Polsce. Trudno się więc dziwić, że badacze dziejów najnowszych niechętnie zajmują się Policją Polską Generalnego Gubernatorstwa, od koloru mundurów noszonych przez jej funkcjonariuszy nazywaną powszechnie granatową policją.

Skoro jednak w okupowanej Polsce wszystko było takie proste i jednoznaczne, jak wytłumaczyć to, że na jej terenie służyło kilkanaście tysięcy uzbrojonych w broń palną i umundurowanych Polaków? Jak wytłumaczyć to, że ludzie ci byli pod niemiecką komendą i wykonywali rozkazy okupanta? A część z nich brała nawet udział w akcjach wymierzonych w rodaków pochodzenia żydowskiego?

Proste wytłumaczenie fenomenu grantowej policji zaproponował niedawno IPN. W „Oświadczeniu w sprawie zbrodni Rzeszy Niemieckiej w okupowanej Polsce oraz fałszywych informacji pojawiających się w obiegu publicznym" z 23 lutego 2018 roku czytamy:

> Za skuteczność realizacji zarządzeń i wykonywanie zbrodni na Żydach schwytanych poza gettami odpowiadali funkcjonariusze służb państwowych Rzeszy Niemieckiej. Byli to członkowie różnego rodzaju niemieckich służb, w tym Gestapo, Kripo, SS, Żandarmerii, Wehrmachtu, a także nowych służb policyjnych stworzonych przez Rzeszę Niemiecką z obywateli podbitych państw. [...] Tak jak w gettach Niemcy wykorzystywali do zbrodniczych akcji powołaną do życia przez Rzeszę Niemiecką policję „gettową" złożoną z Żydów, tak poza gettami wykorzystywali do zbrodniczych akcji stworzoną przez Rzeszę Niemiecką tzw. „granatową" policję złożoną w większości z Polaków, a w mniejszym zakresie także z Ukraińców i Volksdeutschów. Policja ta [...] bezwzględnie podlegała rozkazom cywilnych i policyjno-wojskowych władz niemieckich.

Policja Polska Generalnego Gubernatorstwa uznana więc została za służbę niemiecką, stojącą w jednym szeregu z takimi zbrodniczymi formacjami jak SS czy Gestapo. Zgodnie z taką optyką granatowi policjanci jawią się jako odpowiednik peerelowskich ubeków. Czyli zaprzańcy, zdrajcy i kolaboranci, którzy zaprzedali dusze diabłu – śmiertelnemu wrogowi swojego państwa i narodu.

Takie postawienie sprawy wydaje się zbytnim uproszczeniem. Twórcy oświadczenia mają rację, gdy przypominają, że granatowa policja była podporządkowana służbom niemieckim. I że to Niemcy wpadli na zbrodniczy pomysł masowej eksterminacji Żydów. Nie oznacza to jednak, że wszyscy funkcjonariusze Policji Polskiej GG brali udział w tym barbarzyństwie. Że całą tę formację należy uznać za zbrodniczą.

Obok zdegenerowanych, pozbawionych skrupułów bandziorów w granatowej policji byli prawi ludzie, którzy – mimo ekstremalnych warunków, w jakich przyszło im pracować – nie ulegli demoralizacji i uczciwie służyli społeczeństwu. Nie zhańbili munduru. Mało tego, starali się wykorzystywać możliwości, jakie stwarzała im służba w policji, do czynienia dobra. Tacy ludzie jak komendant Jan Fereński z Gorlic.

Wszystko zaczęło się 27 września 1939 roku, w dniu upadku Warszawy. Na mocy układu kapitulacyjnego zawartego między polskimi obrońcami a Wehrmachtem stołeczna policja otrzymała prawo zachowania broni i pozostania w służbie. To ona miała zadbać o utrzymanie ładu i porządku na ulicach wygłodzonego, zniszczonego bombardowaniami i ostrzałem artyleryjskim miasta. Obie strony – zwycięzcy i pokonani – porozumiały się w tej sprawie bez trudu. Interes był bowiem obopólny.

Prezydentowi Stefanowi Starzyńskiemu zależało na tym, aby okupacja była jak najmniej dotkliwa dla mieszkańców. Żeby w stolicy działała sprawna siła policyjna, która energicznie zwalczałaby przestępczość i dbała o bezpieczeństwo ludności. Było zaś oczywiste, że rodzimi funkcjonariusze – profesjonalni, znający teren warszawscy policjanci – są do tego lepiej przygotowani niż Niemcy.

Nie mówiąc już o tym, że ich nastawienie wobec rodaków było znacznie przychylniejsze niż policjantów z Rzeszy. W założeniu Stefana Starzyńskiego grantowi policjanci mieli osłabiać obostrzenia i represje okupanta.

Niemcy z kolei zupełnie nie orientowali się w realiach wielkiego, obcego miasta. Nie znali jego topografii, jego środowisk przestępczych, nie dysponowali siatką informatorów. Mieli znikomą liczbę funkcjonariuszy władających językiem polskim. Wszystko to sprawiało, że skuteczna walka z przestępczością w Warszawie byłaby dla nich zadaniem niezwykle trudnym, jeśli nie niewykonalnym.

Pozostawiając polską policję na ulicach Warszawy, Niemcy upiekli więc dwie pieczenie przy jednym ogniu. Zapewniali utrzymanie ładu w mieście, a własne siły porządkowe mogli skierować do innych, pilniejszych zadań. Był to jeden z nielicznych przejawów niemieckiego pragmatyzmu w Europie Środkowo-Wschodniej.

W efekcie przedwojenna warszawska policja w niemal nie zmienionym składzie kadrowym kontynuowała służbę po upadku Polski. Łapała kieszonkowców, ścigała rabusiów, gwałcicieli i pospolitych morderców. Interweniowała podczas domowych rozrób i tępiła bimbrownictwo. Spędzała z ulic prostytutki. Pełniła niezwykle pożyteczną funkcję, stawiając opór rosnącej fali wojennej przestępczości.

Model warszawski świetnie się sprawdził i szybko został przeniesiony do innych miast i na prowincję. 30 października 1939 roku dowódca SS i policji w Generalnym Gubernatorstwie Friedrich Wilhelm Krüger wezwał wszystkich przedwojennych policjantów, aby wrócili na swoje stanowiska. Uchylającym się od służby groził zaś „najsurowszymi karami".

Część policjantów zgłaszała się z ociąganiem, inni przeciwnie – wracali do szeregów bardzo chętnie. W Generalnym Gubernatorstwie trudno było o pracę, a do powrotu do szeregów zachęcały czynniki podziemne i lokalne autorytety. Ludzie ci wychodzili bowiem z takiego samego założenia jak prezydent Starzyński. Lepiej, żeby polskie społeczeństwo miało na co dzień do czynienia z własną policją niż z Gestapo.

W założeniu policja ta miała być apolityczną, fachową służbą działającą na takich samych zasadach jak inne polskie instytucje w Generalnym Gubernatorstwie: samorządy, straż pożarna, sądy, poczta, Bank Emisyjny, Rada Główna Opiekuńcza czy Polski Czerwony Krzyż. Z tym, że granatowa policja została podzielona na dwa piony – zwykłą porządkową i kryminalną – „polskie Kripo". Ta ostatnia zajmowała się najcięższymi przestępstwami i składała się z przedwojennych polskich detektywów.

Początkowo utrzymanie granatowej policji Polacy przyjęli z zadowoleniem. Dla wielu była ona symbolem polskiej państwowości. Granatowi służyli w przedwojennych mundurach z okrągłą „blachą" opatrzoną numerem osobistym na górnej prawej kieszeni kurtki. W pierwszym okresie okupacji Niemcy pozwolili im nawet pozostawić orzełki na czapkach i guzikach. A także, polskim zwyczajem, salutować dwoma palcami. W policji obowiązywała polska komenda, a rozkazy wydawali przedwojenni oficerowie.

W Warszawie funkcję komendantów grantowej policji sprawowali kolejno podpułkownik Marian Kozielewski (brat słynnego kuriera Jana Karskiego), podpułkownik Aleksander Reszczyński i podpułkownik Franciszek Przymusiński. Wszyscy trzej byli dobrymi Polakami. Starali się na wszelkie sposoby utrzymywać w szeregach dyscyplinę i wysokie morale. Uświadamiać podkomendnym, że służą polskiemu społeczeństwu, a nie okupantowi.

Historyk Adam Hempel – autor jedynej monografii granatowej policji *Pogrobowcy klęski* – wyliczył, że w jej skład weszło 35 procent przedwojennych policjantów. A więc przytłaczająca większość funkcjonariuszy, którzy przeżyli kampanię 1939 roku i znaleźli się na terenie Generalnego Gubernatorstwa.

Na terenach włączonych do Rzeszy – Pomorzu, Śląsku i w Wielkopolsce – Niemcy stworzyli oczywiście własne służby policyjne. Z kolei policjanci, którzy we wrześniu 1939 roku znajdowali się w Polsce wschodniej, zostali wyłapani przez bolszewików i bestialsko wymordowani w ramach zbrodni katyńskiej.

Braki kadrowe w granatowej policji wypełniane były ochotnikami. Kandydatom stawiano ostre wymagania: nie mogli być karani, musieli mierzyć co najmniej 165 centymetrów i mieć od dwudziestu do trzydziestu lat. Musieli się też wykazać aryjskim pochodzeniem. Ten ostatni wymóg obowiązywał także ich żony. Młodych ludzi, którzy spełniali te kryteria i przeszli badania lekarskie, kierowano do szkoły policyjnej w Nowym Sączu.

Inna sytuacja była w dystrykcie galicyjskim, włączonym do Generalnego Gubernatorstwa w 1941 roku, po ataku na Związek Sowiecki. Tam władze okupacyjne zastosowały system mieszany. Zwykła policja porządkowa składała się z Ukraińców, a Kripo z Polaków. Wynikało to z tego, że w społeczności ukraińskiej brakowało wykwalifikowanych detektywów zdolnych do prowadzenia śledztw kryminalnych. Przed wojną Ukraińcy nie mieli bowiem szans na karierę w polskiej Policji Państwowej.

W sumie pod koniec wojny w Policji Polskiej Generalnego Gubernatorstwa służyło około 15 tysięcy mężczyzn. Była to więc niebagatelna siła.

Dowódcy granatowej policji w Warszawie nie tylko starali się chronić swoich ludzi przed wojenną demoralizacją i utrzymać w szeregach dyscyplinę. Robili również wszystko, co w ich mocy, aby Niemcom nie udało się wciągnąć podległej im formacji do represyjnych działań wymierzonych we własne społeczeństwo. Aby nie stała się ona elementem okupacyjnego aparatu terroru.

Podpułkownik Przymusiński w 1943 roku wydał kategoryczny zakaz przekazywania aresztowanych Polaków niemieckiej żandarmerii. Jego zdaniem wszystko powinno być załatwiane „między Polakami". A kiedy Niemcy próbowali używać warszawskich granatowych do wykonywania wyroków na skazanych na śmierć Żydach i Polakach – oficerski korpus policji zdecydowanie zaprotestował.

Adam Hempel opisał charakterystyczne wydarzenie, do którego doszło we wrześniu 1943 roku w Lublinie. Niemcy postanowili wykorzystać oddział granatowej policji do przeprowadzenia łapanki. Polscy funkcjonariusze wypowiedzieli im jednak posłuszeństwo i odmówili. Oddział został natychmiast rozbrojony.

Gdy wieść o tym dotarła do Warszawy, tamtejsi policjanci zapowiedzieli, że postąpią tak jak ich lubelscy koledzy. Była to otwarta groźba buntu. O dziwo, Niemcy ustąpili i od tamtej pory używali polskiej policji jedynie do „zewnętrznego blokowania terenu akcji".

3

Demoralizacja i konspiracja

Okres II wojny światowej był dla Polaków czasem próby. Część z nich wzniosła się na moralne wyżyny i dziś słusznie uznawana jest za bohaterów narodowych. Część jednak uległa typowej dla czasu wojny deprawacji. Nie inaczej sytuacja wyglądała w szeregach granatowych. W wielu wypadkach dowódcy, którzy starali się utrzymać morale podkomendnych na wysokim, przedwojennym poziomie, ponieśli fiasko.

Podstawowym błędem, jaki na wstępie popełnili Niemcy, było przyznanie policjantom głodowych pensji. Granatowi przeciętnie zarabiali około 250 złotych miesięcznie. Była to śmieszna suma, za którą nie mogli utrzymać rodzin. Pokusa popełniania rozmaitych nadużyć była więc niezwykle silna.

Wśród granatowych zaczęło się szerzyć łapownictwo. A wraz z nim pijaństwo. W niektórych komisariatach i posterunkach z biegiem czasu doszło do takiego rozprężenia, że sytuacja stała się nie do opanowania.

Alarmowała w tej sprawie konspiracja. Świadczą o tym choćby te dwa meldunki kontrwywiadu Armii Krajowej cytowane przez Adama Hempla:

> Wiarygodni świadkowie stwierdzają – napisano w raporcie z maja 1942 roku dotyczącym obławy na warszawskim targowisku Kercelaku – że policja grantowa w poszukiwaniu towaru, eskortowaniu zatrzymanych

gorliwością prześcigała policję niemiecką. Czynnych było 60 ciężarówek częściowo obsługiwanych wyłącznie przez granatowych. Były wypadki, gdy policjanci granatowi zgadzali się zwolnić już załadowanych do samochodów wyłącznie za łapówkę, zabierając ludziom ostatnią gotówkę. Wiadomości te otrzymałem od jednego z oficerów policji, są w 100 procentach pewne, więc tym bardziej potworne.

Z kolei na prowincji nieuczciwi policjanci dawali się we znaki chłopom i kupcom, od których ściągali haracze.

Policjant Rzepa z posterunku Lisia Góra – pisał autor meldunku z 24 sierpnia 1942 roku – okazuje się stale najzaciętszym wrogiem polskości. Na jednego tarnowskiego kupca – Mulowskiego – napadł i aresztował, mimo że 300 metrów przed nim przepuścił go policjant niemiecki i polski komendant posterunku. Zażądał od niego zapłaty 50 złotych, a jak Mulowski odpowiedział mu, czy to nie za dużo, Rzepa pobił go łańcuchem żelaznym po głowie i pokrwawił. Kupca zwolniono o szóstej rano.

Oficerowie zdawali sobie sprawę, że część ich podwładnych dopuszcza się takich ekscesów, rujnując prestiż całej policji. Starali się więc ich dyscyplinować. Oto fragmenty rozkazów i okólników wydawanych przez podpułkownika Reszczyńskiego:

Oficerowie mają oddziaływać przez swoją kadrę podoficerską – mówił podpułkownik 10 kwietnia 1942 roku – nie dopuszczając do dalszego obnaszania munduru Policji Polskiej po mieście z piętnem brutala, łapownika i łajdaka, który zasługuje tylko na takie traktowanie ze strony społeczeństwa, aby mu przyzwoici ludzie nie podawali ręki. Niechże policjanci wiedzą o tym, że ich władze przełożone nie zawahają się z wykorzystaniem uprawnień i sankcji kodeksowych w sensie karnego ścigania ich występków.

Zachowanie się i postępowanie policjantów wywołuje oburzenie. Zwłaszcza w miejscach publicznych, na ulicach jest dowodem bezprzykładnego rozprężenia. Na posterunkach toczą rozmowy, palą papierosy, trzymają ręce w kieszeniach, noszą szaliki, odwracają się tyłem do terenu obserwacji.

Pomimo wielokrotnych zarządzeń i surowych kar powtarzają się nadal wypadki picia wódki przez policjantów podczas służby. Tego rodzaju postępowanie jest najczęstszą przyczyną różnych wykroczeń służbowych, a nawet ciężkich występków. Przestrzegam tedy ponownie lekkomyślnych policjantów przed skutkiem raczenia się wódką podczas służby. Nietrzeźwy policjant, zamiast być opiekunem i obrońcą, staje się niebezpiecznym dla otoczenia. Picie wódki nie jest nikomu potrzebne do szczęścia, a pociąga za sobą zwykle bardzo przykre następstwa dla zainteresowanego i jego rodziny, często uginającej się pod brzemieniem niedostatku materialnego. Policjant, który nadużył alkoholu, przynosi ujmę ogółowi policyjnemu, naraża się na śmieszność i złośliwe uwagi, podważając powagę policji w ogóle.

Konkretne przykłady? Proszę. Jeden z warszawskich policjantów usiłował po pijanemu zarżnąć przełożonego scyzorykiem. Inny wyrzucił przez okno z pierwszego piętra ciężarną żonę. Inny w zamroczeniu alkoholowym strzelając na oślep po ulicy, położył trupem przypadkowego przechodnia. A jeszcze inny cisnął granat do budynku mieszkalnego.

Granatowych policjantów deprawowały nie tylko głodowe pensje. Olbrzymi udział miały w tym niemieckie władze, które nakazały im egzekwować drakońskie przepisy okupacyjne.

Policjanci łapali na dworcach wiejskie kobiety, które przyjeżdżały do Warszawy z żywnością na zakazaną sprzedaż. Zwalczali czarny rynek i szmugiel, bez których mieszkańcy byłej stolicy przymieraliby głodem. Na wsiach ściągali kontyngenty żywnościowe i tropili chłopów, którzy nielegalnie hodowali nie kolczykowane świnie.

Wlepiali mandaty, konwojowali więźniów, patrolowali ulice razem z niemieckimi żandarmami. Ściągali podróżnych ze schodków przepełnionych tramwajów. Wyłapywali młodych ludzi ukrywających się przed wywózką na roboty do Rzeszy. Pilnowali również kin, by harcerze z Szarych Szeregów nie mogli w nich odpalać ładunków dymnych.

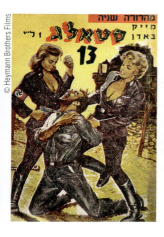

Okładki „Stalagów", pornograficznych powieści rozgrywających się w niemieckich obozach jenieckich. W latach 60. cieszyły się one zawrotnym powodzeniem w Izraelu.

Plakat filmu *Ilsa – wilczyca z SS* z 1974 roku. Był to sadomasochistyczny erotyk klasy B rozgrywający się w obozie koncentracyjnym.

Kibice Bejtaru Jerozolima są znani z licznych zadym i radykalnych poglądów politycznych.

Sektorówka grupy La Familia, najbardziej niebezpiecznej bojówki kibicowskiej na Bliskim Wschodzie.

Masakra na lotnisku Lod pod Tel Awiwem. 30 maja 1972 roku japońscy terroryści zamordowali tam 26 osób.

Jeden z napastników, Kōzō Okamoto, przed izraelskim sądem. Został skazany na dożywocie, a w więzieniu przeszedł na judaizm.

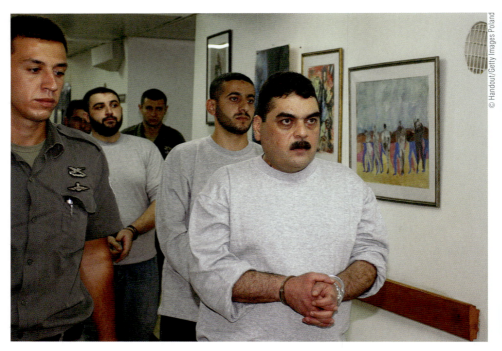

Samir Kuntar, morderca żydowskiej dziewczynki, jeszcze w rękach izraelskiej policji.

Kuntar fetowany jako bohater narodowy na wielkim wiecu w Bejrucie. 16 lipca 2008.

Twarz zabójcy.

PRO
SPECJALNY ...
w KRAKOWIE

dnia 28 czerwca 1946 r.

I Dz spec 151/46

LIST GOŃCZY.

Nazwisko: BRANDSTATTER

Imię: STEFA

Przezwisko: Dworzak Maria

Wiek: lat około 30.

Ma obecnie przebywać w Pressowie jako żona inż Pressmanna.
Brak dalszych personaliów.(Fotografia przyłega)
Przestępstwo zarzucane: zbr z art 1 dekr z 31/8 1944 poz 29/45 DURP
przez to popełnione,że w Krakowie od roku 1942 idąc na rękę władzy okupacyjnej niemieckiej wskazywała i wydawała Gestapu Polaków i Żydów poszukiwanych z powodu ich przynależności rasowej lub pracy niepodległościowej,
wskutek czego wiele osób zostało aresztowanych i zesłanych do Obozów lub
zabitych.-
Postanowienie o aresztowaniu wydane dnia 21 czerwca 1946 r Ko spec 1374/46
Wszystkie Władze Cywilne i Wojskowe powinny zatrzymać poszukiwaną i odstawić do Więzienia w Krakowie ul Senacka 3.-
Ekstradycja będzie żądana.-

Wiceprokurator
(J. Gosiński)

Wydany przez komunistyczne władze list gończy za żydowską agentką Gestapo Stefanią Brandstätter.

Niemieccy policjanci i Żydzi przed bramą krakowskiego getta.

Symche Spira, sadystyczny komendant Służby Porządkowej z krakowskiego getta, dokonuje przeglądu podwładnych.

5 września 1972. Jeden z palestyńskich terrorystów podczas krwawego ataku na izraelskich sportowców w wiosce olimpijskiej w Monachium.

Agenci Mosadu dopadli Alego Hasana Salamę 22 stycznia 1979 roku. Zginął w zamachu bombowym w Bejrucie. W wybuchu śmierć poniosło czterech przypadkowych przechodniów.

Miss Universe Georgina Rizk, żona jednego z najgroźniejszych terrorystów świata – Alego Hasana Salamy zwanego Czerwonym Księciem.

Przywódca Hamasu i organizator ataków terrorystycznych Chalid Maszal z wnuczką. Katar 2013.

Terroryści samobójcy z Hamasu na pogrzebie Palestyńczyków zabitych przez izraelską artylerię. Strefa Gazy, październik 2002.

Izraelski autobus wysadzony w powietrze przez palestyńskiego zamachowca samobójcę. Jerozolima, 18 czerwca 2002.

Ciała ofiar w plastikowych workach. Tego dnia zginęło 18 Izraelczyków.

Izraelscy terroryści z Irgunu 22 lipca 1946 roku wysadzili w powietrze hotel King David w Jerozolimie.

W wyniku eksplozji runęło jedno skrzydło olbrzymiego budynku. Spod gruzów wydobyto 91 ciał.

W ataku zginęli Arabowie i Brytyjczycy, ale również 17 Żydów.

Szef Irgunu Menachem Begin z rodziną.

Okładka „Daily Express" informująca o makabrycznym znalezisku pod Netanją. Żydowscy ekstremiści z Irgunu zamordowali dwóch brytyjskich sierżantów i powiesili ich zakapturzone ciała na drzewach. 1 sierpnia 1947.

Ciało negocjatora pokojowego ONZ hrabiego Folkego Bernadotte'a. 17 września 1948 roku szwedzki arystokrata został zastrzelony przez żydowskich terrorystów z Lechi.

Godła dwóch terrorystycznych organizacji żydowskich – Lechi oraz Irgunu.

Członkowie Irgunu po wcieleniu do izraelskich sił zbrojnych. Wojna 1948 roku.

Terroryści z Lechi 6 września 1944 roku zamordowali w Kairze brytyjskiego ministra lorda Moyne. Do dziś izraelska nacjonalistyczna prawica uważa ich za bohaterów. W muzeum Lechi w Tel Awiwie można obejrzeć makietę sytuacyjną przedstawiającą zabójstwo.

Przy telawiwskiej plaży płonie ostrzelany przez izraelską armię statek *Altalena*, którym przypłynęła broń dla żydowskich ekstremistów. 20 czerwca 1948.

W rezultacie spora część społeczeństwa z czasem odwróciła się od policji i zaczęła uznawać ją za integralną część okupacyjnego aparatu przemocy. Było to błędne przekonanie, Niemcy bowiem traktowali Policję Polską GG ze skrajną nieufnością. Jej funkcjonariusze byli ściśle kontrolowani i szpiegowani. Wielu z nich zostało oskarżonych o „polityczną nielojalność" i wywiezionych do obozów koncentracyjnych. Spotkało to między innymi podpułkownika Kozielewskiego, który trafił do Auschwitz.

Ze względów bezpieczeństwa granatowi nigdy nie dostali broni maszynowej – na ich uzbrojenie składały się tylko pistolety, karabiny powtarzalne i gumowe pałki. Każdy przydzielony im nabój był ściśle ewidencjonowany. Spod ich jurysdykcji (pomijając wyjątkowe przypadki) wyłączeni zostali obywatele narodowości niemieckiej. A na wypadek polskiego powstania powszechnego Gestapo przygotowało plany internowania całej Policji Polskiej GG.

Im dłużej trwała okupacja, tym ściślejszy był niemiecki nadzór. W 1943 roku władze okupacyjne wprowadziły zarządzenie, zgodnie z którym w razie dezercji policjanta jego rodzinę zsyłano do obozu koncentracyjnego.

Obawy Niemców były uzasadnione. Spora część policjantów – w tym większość oficerów – rzeczywiście była powiązana z konspiracją niepodległościową. Należeli głównie do Polskiego Korpusu Bezpieczeństwa, czyli podziemnej policji. Często współpracowali z wywiadem. Pracując na co dzień z Niemcami, mogli dostarczać konspiracji niezwykle ważnych informacji o nieprzyjacielskim aparacie bezpieczeństwa.

Według szacunków podpułkownika Reszczyńskiego z podziemiem powiązana była aż połowa policjantów z warszawskich komisariatów.

Zdarzało się, że policjanci z bronią w ręku uciekali do lasu i dołączali do oddziałów partyzanckich. Inni przechwytywali i niszczyli trafiające na komisariaty donosy, uprzedzali rodaków przed grożącymi im aresztowaniami i obławami. Umożliwiali ucieczki i sugerowali, jak składać zeznania, by uwolnić się od zarzutów. A podczas wspólnych z Niemcami akcji w terenie występowali w obronie rodaków.

Na przykład w kwietniu 1944 roku major Kazimierz Mięsowicz z Krosna wyperswadował niemieckim żandarmom zamiar spacyfikowania wsi Dylągowa. Uratował kilkaset osób przed masakrą.

Gdy patrolujący ulice granatowy policjant był przypadkowym świadkiem akcji Armii Krajowej, to na ogół odwracał wzrok i dyskretnie się wycofywał. Choć oczywiście zdarzało się, że policjanci podejmowali interwencję i walczyli przeciwko akowcom ramię w ramię z Niemcami. Tak było choćby podczas słynnej akcji pod Arsenałem.

Wszystko to sprawiało, że stosunek Armii Krajowej do grantowej policji był niejednoznaczny.

Z jednej strony władze podziemne piętnowały policjantów, którzy gorliwie wysługiwali się Niemcom i szkodzili Polakom. Funkcjonariusze tacy otrzymywali listy ostrzegawcze, a gdy to nie skutkowało, byli likwidowani z wyroku podziemnych sądów. Negatywnej oceny indywidualnych kolaborantów podziemie nie rozciągało jednak na całą Policję Polską Generalnego Gubernatorstwa.

Władze konspiracyjne rozumiały, że istnienie takiej formacji jest konieczne dla normalnego funkcjonowania okupowanego kraju. I że wielu służących w niej ludziom trudno cokolwiek zarzucić. Dlatego dowództwo AK kategorycznie zabroniło swoim żołnierzom rozbrajania policjantów – za utratę służbowego pistoletu granatowi byli bowiem surowo karani przez Niemców. AK nie chciała narażać rodaków na represje.

Zupełnie inne stanowisko wobec grantowych zajęła działająca w okupowanej Polsce sowiecka agentura, czyli Polska Partia Robotnicza i Armia Ludowa. Dla bolszewików nie było większej różnicy między polskimi policjantami a gestapowcami. Jedni byli sługusami „reakcyjnego reżimu sanacyjnego", a drudzy pachołkami „niemieckiego faszyzmu". Na to ideologiczne przekonanie nakładały się przedwojenne doświadczenia, gdy funkcjonariusze Policji Państwowej tępili komunę.

W efekcie bojówkarze AL bez skrupułów rozbrajali granatowych i do nich strzelali. Dopuszczali się też skrytobójczych mordów, z których najgłośniejszym było popełnione 4 marca 1943 roku zabójstwo podpułkownika Reszczyńskiego, dobrego polskiego patrioty, który współpracował z polskim podziemiem. Innym zamordowanym przez komunistów policjantem był kapitan Teofil Kierski, oficer znany ze swoich antybolszewickich poglądów.

Bolszewicy tropili również oficerów policji po „wyzwoleniu" Polski. W 1945 roku sowiecka bezpieka aresztowała podpułkownika Franciszka Przymusińskiego. Został on uprowadzony w głąb Związku Sowieckiego, gdzie stracił życie.

W tej sytuacji część policjantów podjęła z Niemcami współpracę wymierzoną w czerwonych. Na przykład dzieląc się z nimi informacjami na temat przedwojennych środowisk komunistycznych lub biorąc udział w nalotach na komunistyczne meliny. Trudno uznać te działania policji za wymagające szczególnego potępienia.

4

Granatowi a Holokaust

Generalne Gubernatorstwo stało się areną jednej z najstraszniejszych zbrodni ludobójstwa w dziejach – Holokaustu. Tę upiorną operację przeprowadziły niemieckie służby bezpieczeństwa, którym podlegała granatowa policja. To zaś rodzi zasadnicze pytania: Czy polscy funkcjonariusze przyłożyli rękę do masowych mordów na Żydach? A jeżeli tak, to w jakiej mierze?

Przez wiele lat problem ten traktowano marginalnie. Wystarczy wspomnieć, że w jedynej istniejącej monografii granatowej policji – *Pogrobowcach klęski* Adama Hempla – rozdział poświęcony tej sprawie liczy zaledwie szesnaście stron. Badania historyczne prowadzone w ostatnich latach wskazują jednak, że skala zjawiska była niestety większa, niż wcześniej sądzono.

Zacznijmy od Warszawy. Tak jak w całej okupowanej Europie niemiecka polityka antyżydowska z upływem lat się radykalizowała. W byłej polskiej stolicy szykany zaczęły się od nakazu noszenia opasek z gwiazdą Dawida. Zadaniem granatowej policji było kontrolowanie, czy Żydzi przestrzegają tego przepisu.

Kolejnym krokiem władz okupacyjnych było skoncentrowanie Żydów w getcie, które w listopadzie 1940 roku zamknięto i odgrodzono od reszty miasta. Polscy policjanci zostali wówczas skierowani do pilnowania jego zewnętrznych murów (od środka robiła to Żydowska

Służba Porządkowa), przejść i bram. I znów możemy tu zaobserwować rozmaite postawy.

Część granatowych zachowywała się przyzwoicie. Przymykała oko na szmugiel żywności i ucieczki. Wywoływało to irytację Niemców, którzy składali w tej sprawie liczne skargi. Mimo to znajdowali się nawet tacy granatowi, którzy dożywiali Żydów lub organizowali dla nich kryjówki po aryjskiej stronie muru. Robili to, mimo że za pomaganie Żydom groziła kara śmierci.

Część policjantów przyjęła jednak odmienną postawę. Od szmuglerów żywności domagała się łapówek, uciekając się nawet do wymuszeń. Najbardziej zdeprawowani strzelali do uciekinierów. Zdarzały się przypadki bestialskiego katowania głodnych żydowskich dzieci, które próbowały przedostać się na aryjską stronę w poszukiwaniu chleba. Pewien policjant chełpił się przed kolegami, że zdarł pończochy z zastrzelonej Żydówki, gdy „jeszcze się ruszała".

Bardzo krytyczny obraz granatowych policjantów wyłania się ze wspomnień Stanisława Adlera. Według niego polscy dzielnicowi nadal obchodzili swoje rewiry, które znalazły się na terenie getta, i pobierali haracze od żydowskich przedsiębiorców.

> Wielokrotnie widziałem – pisał Adler – jak policjant polski w najokrutniejszy i wyrafinowany sposób znęcał się nad młodocianym szmuglerem. Bicie pałką po głowie, wyłamywanie rąk na oczach zgromadzonej publiczności było objawem codziennym. Najchętniej przepychano dzieciaka przez druty kolczaste, w ten sposób, że po przedostaniu się broczył cały we krwi, lub przeciskano przez wąski otwór ściekowy, o ile zapchany był nieczystościami.

17 listopada i 15 grudnia 1941 roku granatowi policjanci na rozkaz Niemców dokonali egzekucji skazanych na śmierć dwudziestu czterech Żydów. Rozstrzelania odbyły się na dziedzińcu znajdującego się na terenie getta Aresztu Centralnego. Początkowo Niemcy wykonanie wyroków nakazali Żydowskiej Służbie Porządkowej. Jej komendant, pułkownik Józef Szeryński, zdecydowanie jednak odmówił. Zagroził

nawet, że popełni samobójstwo. Niemcy ustąpili i polecili wykonanie „nieprzyjemnego zadania" granatowym.

Za każdym razem – wspominał anonimowy świadek – zginęło kilkunastu więźniów płci obojga, różnego wieku: od dzieci nieledwie, do starców i staruszek. Przygotowano paliki, więźniowie zostali przyprowadzeni i przywiązani przez straż więzienną. Na dany przez prokuratora znak oficer Polskiej Policji dowodzący plutonem wydał rozkaz, lufy karabinów zniżyły się, gruchnęła salwa – sprawiedliwości stało się zadość. Nie było tam scen rozpaczliwych, nie było jęków ni płaczów okropnych. Co najwyżej kilka kobiet w drodze do pala męczeńskiego zemdlało. Zemdleli nawet dwaj policjanci polscy z plutonu egzekucyjnego. Inni bardziej twardzi, mocni, nie zemdleli – natomiast za furtką czy zaraz na placu zdradzali aż nadto wyraźne objawy choroby morskiej. Ten czysto fizjologiczny objaw był wspaniały w swej wymownej prostocie, wymioty stanowią podobno odruch wstrętu i obrzydzenia.

Część policjantów mdlała i wymiotowała, ale wśród trzydziestu dwóch funkcjonariuszy biorących udział w egzekucji znalazł się również renegat – Wiktor Załek – który do zabijania zgłosił się na ochotnika. Jak podkreśliła profesor Barbara Engelking, został za to potępiony w polskiej prasie konspiracyjnej.

Gdy 19 kwietnia 1943 roku w getcie wybuchło powstanie, do jego tłumienia Niemcy skierowali niespełna czterystuosobowy oddział granatowych. Na szczęście jednak ich rola ograniczyła się tylko do otoczenia żydowskiej dzielnicy.

A jak postępowali wobec Żydów ukrywających się po aryjskiej stronie muru? Różnie. Obowiązkiem policjantów było tropienie takich ludzi i doprowadzanie ich do niemieckich posterunków. Wielu funkcjonariuszy jednak uchylało się od tego. Inni przeciwnie – z tropienia żydowskich kryjówek uczynili sobie rodzaj sportu.

Różny był także stosunek granatowych policjantów do szmalcownictwa. Część z nich stanowczo zwalczała ten haniebny proceder. Niektórzy zastawiali pułapki na bandytów trudniących się szantażowaniem

Żydów. Gdy ofiara wręczała okup, wyskakiwali z ukrycia i łapali szmalcownika.

Inni granatowi sami trudnili się szmalcownictwem i współpracowali z licznymi na terenie Warszawy gangami szantażystów. Schemat działania był na ogół taki, że szmalcownicy łapali Żyda i doprowadzali go na komisariat, gdzie akurat nocny dyżur miał zblatowany z nimi posterunkowy. Zamykał on Żyda w celi, ale nie wprowadzał go do ewidencji. Chodziło o to, żeby przez noc spędzoną w celi nieszczęśnik pękł i wydał szantażystom resztę ukrytych pieniędzy. Pomocny policjant dostawał oczywiście swoją działkę. Co działo się potem z ograbionym Żydem? To już szmalcowników nie interesowało.

Doszło do tego, że major Przymusiński we wrześniu 1942 roku wydał swoim podkomendnym rozkaz, w którym zdecydowanie potępiał wymuszanie okupu od osób „niearyjskiego pochodzenia". Interweniowało również podziemie. Wiadomo, że egzekutorzy AK w odwecie za szkodzenie obywatelom pochodzenia żydowskiego zastrzelili trzech warszawskich policjantów. Podziemie stosowało w tych sprawach zasadę zero tolerancji.

Osobną, niechlubną rolę w wyłapywaniu Żydów odegrała policja kryminalna, czyli wspomniane już polskie Kripo. Latem 1943 roku niemieckie władze bezpieczeństwa uznały, że w Warszawie i okolicach ukrywa się olbrzymia liczba Żydów, a polskie i niemieckie służby policyjne, które miały się zajmować tym „problemem", nie wywiązują się z zadania.

Dlatego powołana została specjalna jednostka policyjna, której zadaniem miało być wytropienie ukrywających się w Warszawie żydowskich uciekinierów. Formacja ta została nazwana Oddziałem Poszukiwań Wojennych. Wzorowano ją na cieszącej się ponurą sławą grupie uderzeniowej Paryskiej Prefektury Policji, której funkcjonariuszy nazywano „pożeraczami Żydów".

Polscy pracownicy warszawskiej Kripo nazywali tę komórkę po prostu „referatem żydowskim" – pisał profesor Jan Grabowski w tekście poświęconym warszawskiej jednostce („Zagłada Żydów" nr 10). – W jej skład oprócz kilkunastu tajniaków z Polskiej Policji Kryminalnej, ściągniętych z różnych komisariatów, weszło kilku policjantów niemieckich, kilku volksdeutschów oraz dwóch Ukraińców.

Dowódcą grupy był Niemiec, komisarz kryminalny Werner Balhause. Detektywi z Oddziału Poszukiwań Wojennych uruchomili swoje siatki konfidentów i analizowali donosy napływające do Gestapo. Sami również przeczesywali miasto w dwu- lub trzyosobowych patrolach. Wytropionych i schwytanych Żydów przyprowadzali na posterunek. Zdarzało im się również eskortować swoje ofiary na miejsce egzekucji.

Mówiono u nas – zeznawał po wojnie policjant Karol Frankowski – że referat ten zarabia dużą forsę. Opinia o tym referacie była jak najgorsza. Do referatu przydzielano ludzi o specjalnym zaufaniu. Był nawet przypadek, że jeden z pracowników, który nerwowo nie mógł wytrzymać tej pracy, popełnił samobójstwo.

Zachowały się powojenne zeznania policjantów z Oddziału Poszukiwań, w których opisują oni, jak wyciągali z kryjówek Żydów ukrywających się na aryjskich papierach i zmuszali ich do wyjawienia prawdziwych nazwisk. Czasami mający „dobre oko do Żydów" funkcjonariusze Kripo zatrzymywali podejrzane osoby wprost na ulicy. Aresztowaniom na ogół towarzyszyły grabieże. Gotówki, biżuterii, mebli, kosztowności. Wszystkiego, co przedstawiało jakąkolwiek wartość.

Największym „sukcesem" polskich funkcjonariuszy Kripo był udział w likwidacji kryjówki „Krysia" przy ulicy Grójeckiej 81. W schronie ziemnym znajdującym się pod szklarnią ogrodnika Mieczysława Wolskiego ukrywało się ponad trzydzieści osób. Byli to ludzie z żydowskiej elity, między innymi słynny kronikarz getta warszawskiego Emanuel Ringelblum z żoną i synkiem Urim.

Dzięki pomocy Wolskiego – który zaopatrywał Żydów w wodę i jedzenie – kryjówka przetrwała aż do wiosny 1944 roku. Był to prawdziwy fenomen, bez odpowiednika w historii okupowanej Warszawy. Niestety na początku marca na policję wpłynął donos, że przy Grójeckiej ukrywa się grupa Żydów. Donosicielką była najprawdopodobniej dziewczyna Wolskiego, która chciała się na nim zemścić za zerwanie związku.

7 marca 1944 roku specjalne komando sformowane z funkcjonariuszy Gestapo i polskiego Kripo otoczyło szklarnię i dom ogrodnika. Policjanci wpadli do środka z pistoletami w rękach. Wolski został sterroryzowany.

– Ty przeklęty żydowski pachołku! – krzyczeli na niego Niemcy. – Zachciało ci się Żydów ukrywać?! Zapłacisz za to, głupcze!

Następnie oprawcy nakazali wszystkim Żydom wyjść na powierzchnię. W przeciwnym razie – zagrozili – wszyscy w schronie zostaną „wytruci jak szczury". Przerażeni Żydzi opuścili kryjówkę. Zostali obrabowani, a następnie wywiezieni w ruiny getta. Tam wszystkich rozstrzelano. Za ukrywanie Żydów zgładzony został również Mieczysław Wolski i pomagający mu siostrzeniec. Kryjówkę Niemcy wysadzili w powietrze granatami.

Co ciekawe, w 1950 roku władze komunistyczne osądziły i skazały dwóch funkcjonariuszy Kripo, którzy brali udział w tej akcji. Zygmunt Głowacki dostał dziesięć, a Władysław Nowiński siedem lat więzienia. Obaj odwołali się od wyroku, uznawszy go za niesprawiedliwy. Nowińskiemu sąd obniżył karę do czterech lat pozbawienia wolności, a Głowacki został objęty amnestią i opuścił mury więzienia w 1955 roku.

5

Polowanie na Żydów

Największych niegodziwości na Żydach granatowi policjanci nie dopuścili się jednak w Warszawie i innych dużych miastach, lecz na prowincji. Wszystko zaczęło się w roku 1942, gdy Niemcy przystąpili do ludobójczej operacji „Reinhardt". Czyli do wywożenia ludności żydowskiej z gett do obozów zagłady.

Operacja była ogromna i niezwykle skomplikowana logistycznie, a siły policyjne w Generalnym Gubernatorstwie Niemcy mieli szczupłe. Okupacyjne władze bezpieczeństwa wykorzystywały więc do pomocy w niej granatowych policjantów.

Było to o tyle wygodne, że posterunki polskiej policji były rozrzucone w terenie po małych miejscowościach, a ich komendanci bezpośrednio podlegali lokalnym dowódcom niemieckiej żandarmerii. Wyżsi oficerowie przedwojennej policji z Warszawy nie mogli wydawać im rozkazów, nie mieli na nich żadnego wpływu.

Jakie zadanie Niemcy przydzielili granatowym? Przede wszystkim chodziło o otoczenie szczelnym kordonem gett w małych miasteczkach. Niestety część polskich funkcjonariuszy nie ograniczała się tylko do pilnowania opłotków. W niektórych gettach granatowi wkraczali do dzielnicy zamkniętej, aby wytropić ukrywających się Żydów. Wyciągali ich ze strychów oraz piwnic i dołączali do kolumn marszowych. Kolumny te konwojowali do stacji kolejowych, z których odjeżdżały transporty do obozów zagłady.

Najaktywniejszą rolę granatowi odegrali jednak w tak zwanej trzeciej fazie Holokaustu. Mowa o tropieniu Żydów, którzy ukrywali się we wsiach i lasach Generalnego Gubernatorstwa. Byli to uciekinierzy z gett, transportów i obozów pracy. Część z nich koczowała w leśnych ziemiankach, część znalazła schronienie u polskich gospodarzy. Jeszcze inni włóczyli się nocami od wsi do wsi, żebrząc o chleb.

Wszystkich tych ludzi Niemcy skazali na śmierć. I rozpoczęli wielkie polowanie na Żydów. Biorący w nim udział granatowi policjanci urządzali obławy, tropili i aresztowali uciekinierów. Schwytanych często rozstrzeliwali na miejscu i okradali z resztek własności.

Niechlubną rolę polscy funkcjonariusze odegrali między innymi w miejscowości Markowa. Gehenna dziewięcioosobowej rodziny Ulmów, która 24 marca 1944 roku zapłaciła życiem za ukrywanie Żydów, znalazła się ostatnio na sztandarach polskiej polityki historycznej. Opowieść ta ma służyć za symbol poświęcenia i bohaterskiej postawy Polaków podczas Holokaustu.

Mniej chętnie mówi się jednak o tym, że na Ulmów doniósł granatowy policjant Włodzimierz Leś.

Szereg zabójstw dokonanych przez funkcjonariuszy policji działających na prowincji opisał profesor Jan Grabowski, polski historyk z Uniwersytetu w Ottawie. W 2011 roku wydał on monografię *Judenjagd* poświęconą polowaniu na Żydów w powiecie Dąbrowa Tarnowska. Wśród antybohaterów książki znalazło się dwóch policjantów z posterunku w Otfinowie – zastępca komendanta Wacław Lewandowicz i jego podwładny Eugeniusz Niechciał.

> Ekspedycją dowodził Lewandowicz – wspominał uczestnik jednej z akcji. – Po dotarciu nad Wisłę nakazał nam otoczenie wskazanej kryjówki, po czym ruszył do niej tylko z Niechciałem. Prawdopodobnie spodziewał się znaleźć przy Żydach pieniądze lub kosztowności, którymi nie zamierzał się z nikim dzielić. Naszym zadaniem było zatrzymanie Żydów, którzy próbowaliby szukać ocalenia w ucieczce. Po chwili usłyszałem strzały w nadrzecznych wiklinach, a zaraz potem dostrzegłem kilka osób uciekających przecinką w nadrzecznych zaroślach, które szybko zniknęły mi z oczu.

Niechciał i Lewandowicz zastrzelili w kryjówce dwóch Żydów. Gdy dołączyliśmy do nich, zarówno zwłoki, jak i kryjówka były już przeszukane. Niechciał nie był zadowolony – machnął tylko ręką i skomentował jednym słowem – „bidoki".

Gdy tylko wyszliśmy z trzcin, ten sam informator przybiegł z wieścią, że w Karsach przy przewozie rozpoznał oczekującą na prom Żydówkę, której prawdopodobnie udało się zbiec z nadbrzeżnej kryjówki w wiklinach. Lewandowicz i Niechciał rzucili się biegiem i po chwili od strony przewozu usłyszałem kobiece krzyki, następnie strzały, po czym wszystko umilkło. Według relacji Niechciała Żydówkę zastrzelił Lewandowicz. Zwłoki zastrzelonych pogrzebał sołtys.

Lewandowicz nie tylko osobiście uśmiercał i grabił uciekinierów. Do swojego procederu wciągał podlegających mu młodych policjantów. O tym, jak dramatyczne były to sytuacje i jak ciężko było się oprzeć presji przełożonego, świadczyć mogą powojenne zeznania Jana Szewczyka. Razem z Lewandowiczem brał on udział w akcji schwytania dwóch młodych Żydówek – sióstr Salomei i Heli Süss.

Lewandowicz mówił do mnie i do młodego policjanta Stachowicza, że macie ich zrobić, bo jeszcze nic nie zrobiliście – relacjonował Szewczyk. – Oznaczało to, że ja z wymienionym mam zastrzelić prowadzone żydówki. Odpowiedziałem mu, że jeżeli dotychczas nikogo nie zastrzeliłem, to i tej żydówki nie chcę strzelać, na co on mi odpowiedział, że jestem dupa, a nie policjant.

Następnie kazał żydówkom skręcić z drogi do znajdujących się przy drodze krzaków. Wówczas młody policjant Stachowicz oddał jeden strzał z karabinu do żydówek. Jedna z nich upadła na ziemię, natomiast druga żydówka poczęła krzyczeć i biec do upadniętej żydówki i ja wówczas wystrzeliłem z karabinu jeden strzał do niej. Ta poczęła krzyczeć jeszcze więcej i upadła na ziemię przy tej, która poprzednio została postrzelona.

Na widok ten komendant Lewandowicz począł krzyczeć na nas słowami „co się pieprzycie". Oznaczało to, dlaczego zaraz na miejscu żydówki nie zostały zastrzelone, i wówczas komendant oddał do leżących jeszcze dwa strzały z karabinu i te umilkły. Nadmieniam, że jeszcze przed zastrzeleniem żydówek kom[endant] Lewandowicz polecił gospodarzowi Dudce wykopać dół w Olszynie, w którym miały być pogrzebane żydówki.

Według profesora Jana Grabowskiego mordowanie Żydów stało się dla części policjantów rutyną. Aby dodać sobie animuszu, na ogół przed akcją pili alkohol. Libacja była kontynuowana również po egzekucji. Jak można się domyślić – w celu utopienia w wódce wyrzutów sumienia.

Jeden z policjantów opisanych w *Judenjagd* zażądał ćwiartki wódki, bo – jak powiedział – „mają żyda i czeba go zastrzelić, a bez wódki na sucho to będzie go źle strzelać". Inny policjant w powojennym procesie tłumaczył się zaś tak: „Osobnika narodowości żydowskiej zabiłem, bo byłem wówczas pijany".

Spośród 239 znanych mordów na Żydach ukrywających się w powiecie Dąbrowa Tarnowska 91 dokonała niemiecka żandarmeria, a 93 – granatowi policjanci. Dla Polaka to wstrząsająca statystyka.

Czy wydarzenia w powiecie Dąbrowa Tarnowska były wyjątkowe? Czy też do takich zbrodni dochodziło w całym Generalnym Gubernatorstwie? Odpowiedź na to pytanie przyniosła wydana niedawno książka *Dalej jest noc*, w której historycy przeanalizowali dziewięć powiatów okupowanej Polski.

W pierwszej kolejności – napisali we wstępie redaktorzy tomu profesor Jan Grabowski i profesor Barbara Engelking – należy podkreślić złowrogą rolę Policji Polskiej Generalnego Gubernatorstwa, która stanowiła istotny element niemieckiej strategii wyniszczania Żydów. Polscy policjanci brali – często, lecz nie zawsze, na rozkaz niemieckich przełożonych – udział w obławach na ukrywających się Żydów, a także rozstrzeliwali tych, których doprowadzono na posterunek. Ponadto z własnej inicjatywy i bez rozkazu wyszukiwali i mordowali Żydów w wielu mniejszych miejscowościach oraz na obszarach wiejskich.

W książce *Dalej jest noc* badacze opisali wiele przerażających czynów dokonanych przez granatowych policjantów z prowincjonalnych posterunków. Weźmy choćby Władysława Królika, który grasował na terenie powiatu węgrowskiego.

[Policjanci] zapytali się mnie, gdzie są te „pudle" – wspominała Aleksandra Janusz. – Ja ich się pytam, co to są za „pudle", gdyż nie wiedziałam, o co im się rozchodzi. Więc oni jeden do drugiego mówili: „są, są". I wtedy Królik wzioł widły, poszedł do sąsiedniego pustego mieszkania, gdzie była piwnica, która była przyłożona gnojem i w której byli ukryci dziewięciu Żydów.

Nieszczęśni ludzie zostali odkryci. Policjanci kazali im wyjść z piwnicy. Jednym z uciekinierów był szewc Rubin, znany Królikowi. Policjant odebrał Żydom pieniądze i obiecał im, że ich oszczędzi. Powiedział, że odprowadzi ich pod las, odda kilka strzałów w powietrze i pozwoli im uciec.

I rzeczywiście, wkrótce spod lasu dobiegły strzały. Królik i jego kamraci niebawem wrócili i poprosili o wodę. Musieli obmyć ręce z krwi...

A oto relacja świadka poczynań granatowych z posterunku w Łochowie:

Widziałem na własne oczy, jak policjant Matusiak rozstrzelał czterech Żydów z jednego wystrzału. Ustawił tych Żydków jednego przed drugim i strzelał im z tyłu przez plecy. A wśród tych Żydów było jedno małe dziecko, to do niego strzelił z osobnego pocisku. Jeden Żyd był tylko ranny, który prosił: „panie władzo, niech pan mnie dobije". A Lucjan Matusiak, policjant, odpowiedział: „szkoda dla ciebie pocisku, ty zdechniesz!". Po ich zakopaniu przyszedłem w to miejsce zobaczyć, to ziemia się ruszała i było słychać głos Żyda, jak stękał.

Wiele mordów na Żydach granatowi policjanci z prowincji popełnili – jakkolwiek by to brzmiało – ze względów praktycznych. Doprowadzenie schwytanego Żyda na oddalony często o wiele kilometrów niemiecki posterunek wiązało się ze stratą wielu godzin. Potem należało zaś napisać szczegółowy raport. Po co się więc tyle trudzić, jeśli niemieccy żandarmi i tak zastrzelą aresztanta? Zabójcy Żydów w granatowych mundurach na swoje usprawiedliwienie często podawali jeszcze jeden argument. Otóż wmieszanie w całą sprawę Niemców groziło sprowadzeniem na wieś ekspedycji karnej. Gospodarze, którzy pomagali Żydom, mogli zostać zamordowani z całymi rodzinami. Policjanci zabijali więc Żydów sami, żeby ustrzec rodaków przed represjami. Ocenę tej argumentacji pozostawiam każdemu czytelnikowi.

6

„Synu! Synu! Synu!"

Pocieszające jest to, że na kartach książki *Dalej jest noc* znalazły się również informacje o polskich policjantach, którzy nie splamili munduru. Nie tylko nie brali udziału w tropieniu Żydów, ale nawet starali się im pomagać. Kategorycznie odmawiali strzelania do schwytanych uciekinierów, narażając się tym samym na surowe konsekwencje służbowe.

Przykładem może być dwóch funkcjonariuszy z powiatu biłgorajskiego, Stanisław Jarkiewicz i Aleksander Świtaj, którzy – jak pisze doktor Alina Skibińska – „mimo kilkuletniej służby w formacji mundurowej podporządkowanej rozkazom okupanta nie ulegli całkowicie wojennej deprawacji i zasłużyli ze strony polskiego otoczenia na dobrą opinię".

W listopadzie 1942 roku, po likwidacji getta w Krzeszowie, na posterunek granatowej policji zgłosił się szewc Gerson Berk. Kilka dni wcześniej został ranny w głowę i teraz przedstawiał potworny widok. Całą twarz miał w stanie rozkładu. Poprosił funkcjonariuszy, aby skrócili jego męki i zastrzelili go. Wśród Polaków nie znalazł się jednak żaden ochotnik. Żyda zastrzelił nocą niemiecki żołnierz.

Z kolei legendarny izraelski as pancerny „Cwika" Greengold, bohater wojny Jom Kipur, w rozmowie z polskim dziennikarzem Jakubem Ostromęckim tak przedstawił okoliczności uratowania swojej matki:

Rodzice mieli tak zwany „dobry wygląd". Jasna skóra, blond włosy. Mogli więc przy dobrych papierach żyć jak reszta Polaków. Przez dwa lata utrzymywali się z handlu. W 1942 r. matkę Niemcy złapali w Białymstoku i wsadzili do więzienia jako Polkę. Pomógł jej wtedy polski policjant, umożliwiając ucieczkę.

Byli więc policjanci dobrzy i policjanci źli. A żeby sprawa była jeszcze bardziej skomplikowana, byli i tacy, którzy mieli na swoim sumieniu czyny straszne, ale dokonywali również czynów bohaterskich. Sylwetkę jednej z takich osobliwych postaci – Piotra Sałabuna z powiatu miechowskiego – przedstawił doktor Dariusz Libionka.

Sałabun w bezwzględny sposób tropił i mordował ukrywających się na jego terenie Żydów. Zastrzelił niejakiego Saula Rafałowicza, a pewną żydowską kobietę pobił kolbą rewolweru. W tym samym czasie w swoim mieszkaniu w Działoszycach udzielał schronienia Fabianowi Schlangowi. Schlang dzięki Sałabunowi przeżył wojnę i w powojennych procesach karnych występował jako świadek obrony policjanta.

Jak traktować mordy dokonane na Żydach przez polskich policjantów? Należy o nich pisać prawdę. Niestety wielu obław, grabieży i zabójstw nie dokonali oni z rozkazu okupanta, ale z własnej inicjatywy. Z własnej, nieprzymuszonej woli. Próby zakłamywania czy zacierania tych faktów to niedopuszczalne manipulowanie historią.

Z drugiej strony należy jednak pamiętać o kontekście. O tym, że to Niemcy stworzyli przerażający, nieludzki system panujący w Generalnym Gubernatorstwie. To oni zdemoralizowali i zdeprawowali funkcjonariuszy granatowej policji. I dali im ponury przykład. Znakomicie pokazuje to napisana zaraz po wojnie powieść Stanisława Rembeka *Wyrok na Franciszka Kłosa*, którą po latach zekranizował Andrzej Wajda.

Bohaterem tej opartej na prawdziwych wydarzeniach książki jest granatowy policjant z małej miejscowości pod Warszawą. Franciszek Kłos najpierw terminuje u boku Niemców. Obserwuje ich zbrodnie, potem w nich pomaga, a wreszcie sam staje się mordercą. Wszystko to dzieje się za sprawą jego niemieckiego przełożonego, żandarma Kranca. Człowiek ten stopniowo wciąga Kłosa do swojej krwawej roboty, wyręcza się nim i zrzuca na niego najpodlejsze obowiązki. Wszystko to dzieje się w oparach pitej przez obu w olbrzymich ilościach wódki. Stanisław Rembek pokazuje postępującą degrengoladę funkcjonariusza i rozkład jego osobowości. Upadek moralny. Ale również pogardę, z jaką spotyka się Kłos ze strony polskiego otoczenia. Od policjanta odwracają się żona, znajomi, sąsiedzi. A wreszcie Armia Krajowa wydaje na niego wyrok śmierci.

Stosunek społeczeństwa do postępków Kłosa świetnie ukazuje scena, która rozgrywa się w małomiasteczkowej knajpie. W środku siedzi Kłos, kierownik lokalnej szkoły i restaurator. Nauczyciel ma pretensje do karczmarza, że stawia wódkę odwiedzającym go gestapowcom.

– Niechbym spróbował nie postawić – mówi restaurator. – Niech Kłos powie.

– Toteż będziesz dyndał za zdrowie Najjaśniejszej Rzeczypospolitej. W Warszawie dawno by cię już wykończyli. W Warszawie żaden fotograf nie wystawi fotografii niemieckich, bo mu rozwalą kamieniami szyby wystawowe.

– Co innego Warszawa, a co innego Brodnia.

– Nie co innego. Polak jest Polakiem, a niemiecki fagas niemieckim fagasem. A Kłosem się nie zasłaniaj, bo z niego właśnie możesz brać przykład, jak się wychodzi na fagasowaniu Niemcom. Prawda to, Franek, że ci przysłali wyrok śmierci?

Kłos roześmiał się przymilnie swoim przykrym uśmiechem, aż mu zajaśniały w ciemnej twarzy zdrowe, długie zęby.

– Tak jest, panie kierowniku.

– Ale własnych rodaków mordujesz w dalszym ciągu?

– Ja Polakom krzywdy nie robię, tylko Żydom.

– Ci Żydzi są lepszymi obywatelami od ciebie. Walusiak, coś go wypatroszył, nie był zresztą pochodzenia żydowskiego. W każdym bądź razie, dopóki cię nie stukną, bądź łaskaw nikomu nie wspominać, żeś był moim uczniem. Nie przynosisz mi bynajmniej chluby.

Kłos spoważniał i stropił się widocznie.

– Nie stukną mnie, bo by Niemcy rozstrzelali za mnie pięćdziesięciu Polaków.

W oczach zamigotały mu mściwe błyski.

– Nie bądź tylko taki pewny swoich opiekunów, że tak będą rozpaczali po twojej stracie.

W kulminacyjnej scenie książki Kłos rzeczywiście dostaje kulę od egzekutorów AK. A jedyną osobą, która go żałuje, jest matka. Stojąc nad otwartą trumną, kobieta krzyczy: „Synu! Synu! Synu!". Można się domyślać, że ta dramatyczna scena ma symbolizować ojczyznę rozpaczającą nad utraconym dzieckiem.

Kluczowe jest tu jednak pytanie: Jak rozkładały się proporcje? Czy w zbrodnie na Żydach zaangażowana była większość polskich funkcjonariuszy? Czy też tych haniebnych czynów dopuszczała się mniejszość? Tego nie wiadomo, sprawa bez wątpienia wymaga dalszych, wnikliwych badań.

Jedno jest natomiast pewne – policjanci nie byli monolitem.

Różna, bardzo różna była mentalność tych ludzi – mówił komendant policji w powiecie Nowy Targ kapitan Józef Wraubek. – Byli wśród nich ludzie etycznie wysoko stojący, przede wszystkim ludzie szczerze patriotycznie myślący, ludzie ofiarni. Ale byli wśród nich i tacy, którzy w służbie policji widzieli okazję do nadużyć wobec społeczeństwa. A byli i tacy, którzy niepomni swojej przedwojennej przysięgi służbowej, stali się narzędziem Gestapo i zdradzali dla swej doraźnej korzyści swój własny naród. Stali się konfidentami Gestapo lub co najmniej żandarmerii hitlerowskiej.

Zamiast posługiwać się łatwymi uogólnieniami, każdego funkcjonariusza granatowej policji należy więc oceniać indywidualnie. Historia tej formacji nie jest czarno-biała. Tu nie ma łatwych odpowiedzi i prostych uogólnień. Jest za to wiele szarości, półcieni i niejednoznaczności…

Rozszerzona wersja artykułu, który ukazał się w „Historii Do Rzeczy" 6/2018

Część VII

Zagłada, Izrael, komunizm

1

Holokaust i pornografia

Helga jest funkcjonariuszką SS-Totenkopfverbände. Nosi długie oficerki wypastowane na wysoki połysk. Na ramieniu ma krwistoczerwoną opaskę ze swastyką, a jej kształtne ciało opina obcisły czarny mundur. Bryczesy uwydatniają jej krągłe pośladki, a kurtka jest do połowy rozpięta. Inaczej być nie może, bo Helga ma wyjątkowo bujny biust, który nie mieści się w mundurze SS. Jej piersi dosłownie wylewają się z dekoltu. Stroju dopełniają skórzane rękawiczki, pejcz i czapka z trupią czaszką, spod której wypływają blond loki.

Helga jest komendantką w obozie jenieckim o zaostrzonym rygorze. Za dnia pilnuje, żeby nikt z niego nie uciekł, a w nocy zaspokaja swój nienasycony temperament seksualny. Każe sprowadzać do swojej kwatery młodych, przystojnych jeńców i dokonuje na nich czynów lubieżnych. Gwałci ich, bije i upokarza.

Pewnej nocy jeden z jeńców, dzielny amerykański pilot – nazwijmy go John – wyłamuje zamek w drzwiach swojego baraku. Obezwładnia strażnika i zdobywa broń. Nie rzuca się jednak do ucieczki. Zamiast w stronę drutów i majaczącej za nimi ciemnej ściany lasu kieruje się do kwatery demonicznej Helgi...

Przerażona Niemka zostaje bezceremonialnie wyrwana z łóżka. Jest w samej bieliźnie. Z lękiem patrzy na mierzącego do niej z parabellum Amerykanina. Teraz John kontroluje sytuację. Kobieta bez munduru, pejcza i pistoletu jest bezradna, bezbronna. Młody mężczyzna może z nią zrobić, co chce. Rzuca Helgę na podłogę, a drugą ręką powoli rozpina rozporek. Nadszedł czas zemsty.

To typowy zarys fabuły „Stalagów", czyli tanich brukowych powieści pornograficznych osadzonych w stylistyce Trzeciej Rzeszy. Książeczki te, sprzedawane na izraelskich dworcach i w kioskach, na początku lat sześćdziesiątych cieszyły się zawrotnym powodzeniem. Wabiące krzykliwymi, ociekającymi seksem okładkami, były dosłownie rozchwytywane przez młodych Żydów.

Proces Eichmanna

– Konwencja była na ogół taka sama – tłumaczy profesor Hanna Jablonka z Uniwersytetu Ben Guriona. – Narratorem pisanej w pierwszej osobie opowieści był młody amerykański lub brytyjski pilot zestrzelony przez Luftwaffe nad terytorium wroga. Wzięty przez Niemców do niewoli trafiał do obozu jenieckiego.

Tam wpadał w oko wyuzdanej, jurnej teutońskiej strażniczce o niezdrowych skłonnościach. Potem następował ciąg ostrych pornograficznych scen, w których bohater z najdrobniejszymi szczegółami opisywał kolejne perwersyjne praktyki, których padł ofiarą. – Były to praktyki sadomasochistyczne – podkreśla profesor Jablonka.

Wyobraźnia autorów tej „literatury" przekraczała wszelkie granice. Obok klasycznego batożenia, ściskania genitaliów, przeczołgiwania po podłodze i szczucia owczarkami niemieckimi w „Stalagach" można było znaleźć opisy wyrafinowanych tortur. Jedna z esesmanek na przykład wysmarowała jądra swojej ofiary miodem, a następnie wypuściła na niego rój rozwścieczonych os.

Wyobraźnię czytelnika pobudzały liczne fetysze: swastyki, runy SS, wysokie buty na obcasach, pejcze i skórzane pasy, pistolety maszynowe oraz drut kolczasty.

Prawdziwa i brutalnie szczera opowieść o życiu jeńców dręczonych przez sadystyczne dziewczęta – głosiła notka reklamowa na odwrocie jednego ze

„Stalagów". – Esencją ich działań jest przepełnione pożądaniem czerpanie perwersyjnej przyjemności z bólu. Bezwzględne wykorzystywanie męskości jeńców, którzy znajdują się na ich łasce.

Największym wrogiem pornografii jest monotonia, wszystko więc rozgrywało się w rozmaitych konfiguracjach. Dwie panie z jednym panem, dwóch panów z jedną panią. Czasami opisywane były całe orgie, a niekiedy strony zamieniały się rolami. W części książek to sadystyczni niemieccy strażnicy znęcali się nad niewinnymi anglosaskimi dziewczętami.

Niezależnie od pomniejszych różnic „fabuły" finał „Stalagów" zawsze był taki sam: ofiary krwawo mściły się na swoich dręczycielach. Gwałciły ich, upokarzały, a następnie brutalnie uśmiercały.

Choć wydawcy informowali, że „Stalagi" są hebrajskimi tłumaczeniami autentycznych wspomnień byłych anglosaskich jeńców – było to kłamstwo. A raczej chwyt marketingowy. W rzeczywistości książki były taśmowo produkowane na miejscu, w Izraelu.

Pod pseudonimami pisali je żydowscy literaci. To oni wymyślali imiona rzekomych jeńców – Mike Longshot, Ralph Butcher czy Mike Bader – i ich niesamowite, pełne seksu i przemocy przygody. Czasy dla ludzi pióra były wówczas w Izraelu trudne, a pisanie „Stalagów" uznawano za nieźle płatną chałturę.

Książki te pojawiły się w sprzedaży na początku lat sześćdziesiątych. Był to w historii Izraela okres szczególny. W Jerozolimie w kwietniu 1961 roku ruszył bowiem proces Obersturmbannführera SS Adolfa Eichmanna, uprowadzonego z Argentyny narodowosocjalistycznego zbrodniarza, jednego z organizatorów masowej eksterminacji Żydów podczas II wojny światowej.

To właśnie na fali zainteresowania procesem Eichmanna i Holokaustem wydawcy „Stalagów" odnieśli największy komercyjny sukces. Izraelscy czytelnicy dosłownie rzucili się na książki o gwałtach i bezeceństwach dokonywanych w hitlerowskich obozach.

W tych samych gazetach, które ze szczegółami informowały o przebiegu jerozolimskiego procesu, drukowane były reklamy „Stalagów" z kiczowatymi rysunkami półnagich esesmanek wymachujących batami. Bohaterem jednej z pornograficznych książeczek był zresztą sam Eichmann.

Najpopularniejsza pozycja tej serii, *Stalag 13*, sprzedała się w 25 tysiącach egzemplarzy. Biorąc pod uwagę, że w Izraelu mieszkały wówczas zaledwie 2 miliony ludzi, był to zawrotny sukces. Wydawcy „Stalagów" zarabiali krocie.

Trauma Zagłady

Kto czytał „Stalagi"? Głównie młodzi mężczyźni (choć nie tylko), w przeważającej części synowie ocalałych z Holokaustu. Dlaczego izraelskie nastolatki sięgały po ten rodzaj literatury? Dziś, po latach, część z nich odpowiada na to pytanie bez ogródek:

– Byliśmy młodzi, nasze hormony szalały – mówi mój znajomy Izraelczyk, który do Palestyny przyjechał po wojnie jako mały chłopczyk – „Stalagi" były zaś jedyną pornografią dostępną wówczas w państwie żydowskim. Służyły nam do bardzo prozaicznej rzeczy. Do czego? Do pobudzenia się w trakcie masturbacji. Ot i całe wytłumaczenie. Nie ma sensu dorabiać do tego jakiejś wielkiej historii.

Zdaniem badaczy tego fenomenu przyczyny popularności „Stalagów" były jednak znacznie głębsze.

– Przede wszystkim był to protest przeciwko rodzicom i ich wartościom – tłumaczy profesor Hanna Jablonka. – Izraelskie społeczeństwo w tamtych czasach było bardzo konserwatywne, zachowawcze. Ówczesne nastolatki buntowały się przeciwko temu. A jednym z przejawów było czytanie pod kołdrą z wypiekami na twarzy kolejnych „Stalagów". To był ówczesny owoc zakazany.

Nie przypadkiem jednak szczyt popularności „Stalagów" przypada na proces Adolfa Eichmanna. Do tego czasu w Izraelu niewiele bowiem mówiło się i pisało o Holokauście.

– Lata czterdzieste i pięćdziesiąte to w dziejach Izraela okres niezwykle trudny – mówi profesor Jablonka. – Żydzi z mozołem budowali swoje państwo, borykając się przy tym z poważnymi problemami ekonomicznymi. Musieli przyjąć i zintegrować olbrzymie masy imigrantów. I toczyć walkę z otaczającymi ich Arabami. Wszystko to sprawiało, że Holokaust nie był wówczas tematem z pierwszych stron gazet. Izraelczycy mieli inne, bardziej palące problemy. Zajmowała ich teraźniejszość, a nie przeszłość.

Jest jeszcze jeden powód milczenia na temat Zagłady. Część bliskowschodnich Żydów wstydziła się za swoich krewniaków z Europy, którzy poszli do komór gazowych jak „owce prowadzone na rzeź". Ocalałych z Holokaustu – którzy dzisiaj w Izraelu mają status świętych – w latach czterdziestych i pięćdziesiątych część współobywateli traktowała z niechęcią i pogardą. Ich traumatyczne przeżycia nikogo nie interesowały.

Mało tego, według niezwykle rozpowszechnionego, krzywdzącego stereotypu, Żydzi, którym udało się przeżyć niemieckie obozy, musieli mieć coś na sumieniu. Kobiety zapewne oddawały się esesmanom, a mężczyźni sprawowali funkcje obozowych kapo. Aby ratować życie – uważano – musieli się dopuścić jakichś niegodnych czynów.

Była to oczywiście fałszywa generalizacja. Opinie te docierały jednak do dzieci ocalałych z Holokaustu i wywoływały w nich wstyd i frustrację. Wstyd za rodziców, którzy nie walczyli z nazistami, więc byli bezwolnymi tchórzami. Frustrację z powodu tego, że oprawcy ich bliskich nie ponieśli kary za swe potworne czyny.

Według części badaczy lektura „Stalagów" pozwalała to wszystko odreagować. Młodzi czytelnicy książek identyfikowali się z dręczonymi i gwałconymi jeńcami – a na koniec mogli poznać słodki smak zemsty. Z wypiekami na twarzy czytali, jak role się odwracają i teraz hitlerowskie strażniczki wiją się i pełzają u stóp swoich ofiar.

– Nie jestem zwolenniczką tej teorii – mówi profesor Hanna Jablonka. – Choć rzeczywiście w ówczesnej kulturze masowej skierowanej do młodzieży pojawiały się podobne wątki. Weźmy choćby niezwykle popularne komiksy z cyklu „Dan-Tarzan", czyli izraelską wersję przygód Tarzana. Główny bohater tych opowieści był żydowskim mścicielem, który łapał i przykładnie karał ukrywających się na całym świecie niemieckich zbrodniarzy.

Według części badaczy uczynienie głównymi postaciami „Stalagów" amerykańskich pilotów było kamuflażem. Czytelnicy doskonale zdawali sobie sprawę, że te książki tak naprawdę dotyczą Holokaustu. To żydowskie ofiary Zagłady miały być prawdziwymi bohaterami „Stalagów".

Duchowym ojcem „Stalagów" był popularny izraelski pisarz Jechiel De-Nur. Był to polski Żyd z Sosnowca, który dwa lata przesiedział w Auschwitz. Po wojnie wyjechał do Palestyny, gdzie zrobił zawrotną karierę literacką. Napisał tam szereg wspomnieniowych książek pod pseudonimem Kacetnik 135633, łączącym popularne określenie więźnia niemieckiego kacetu z numerem obozowym autora.

Choć De-Nur utrzymywał, że jego książki są w stu procentach prawdziwe, w rzeczywistości były fikcją literacką. Autor mocno popuszczał wodze wyobraźni, a jego dzieła roiły się od wymyślonych, ale niezwykle naturalistycznych opisów seksu i przemocy.

Jego najsłynniejszą książką był wydany w 1955 roku *Dom lalek*. De--Nur przedstawił w niej losy swojej siostry, która trafiła do Auschwitz, gdzie została zmuszona do pracy jako prostytutka w słynnym burdelu w bloku 24. Gdy zamieniła się w strzęp człowieka – została przez Niemców zgładzona.

Wszystko to było konfabulacją. Jechiel De-Nur nie miał siostry, a do bloku 24 nie przyjmowano Żydówek. W Izraelu *Dom lalek* cieszył się jednak wielkim powodzeniem. Nieco mniej pikantne fragmenty powieści trafiły nawet do kanonu lektur szkolnych. Uczniowie czytali je jako autentyczną, wstrząsającą opowieść o Holokauście.

Sześć lat później De-Nur poszedł za ciosem i napisał książkę *Piepel*. Tym razem jej bohaterem był jego rzekomy brat, który miał być w obozie gwałcony przez homoseksualnych esesmanów. Choć proza De-Nura stała na nieco wyższym poziomie niż „Stalagi", to właśnie on wyznaczył kierunek tego nurtu.

Warto dodać, że De-Nur wystąpił na procesie Eichmanna i był to najbardziej dramatyczny moment całego spektaklu. Pisarz miał zeznawać jako świadek. Zamiast tego wygłosił płomienne oświadczenie o horrorze Auschwitz. A potem spojrzał w oczy Eichmannowi i teatralnie zemdlał. Policjanci musieli wynieść go z sali rozpraw.

– Bez wątpienia twórczość Kacetnika wywarła duży wpływ na autorów „Stalagów" – mówi profesor Jablonka. – W jego książkach i zeznaniach ocalałych składanych na procesie Eichmanna pojawiły się niezwykle drastyczne opisy prześladowań, których ofiarą padli Żydzi. Między innymi przemocy seksualnej. To wtedy izraelskie społeczeństwo po raz pierwszy zetknęło się z relacjami o Szoah mówionymi w pierwszej osobie. Holokaust, który do tej pory był abstrakcją, nagle zyskał ludzkie, namacalne oblicze. Był to przełomowy moment w procesie kształtowania się świadomości narodu izraelskiego.

Tajne archiwum

Wydawcy i autorzy „Stalagów" ukrywali, że prawdziwymi bohaterami książek z tego cyklu są Żydzi, nie tylko dlatego, że „amerykańskie powieści" lepiej się sprzedawały. Chodziło również o to, by zbytnio nie przeciągnąć struny i nie prowokować władz.

Rozmaite izraelskie urzędy i tak były zasypywane skargami oburzonych obywateli i obywatelek. Według nich „Stalagi" „wypaczały młode pokolenie" i „siały zgorszenie", przyczyniały się do epidemii onanizmu wśród nastolatków i wzrostu przestępczości na ulicach izraelskich miast.

Wydawcy „Stalagów" stąpali więc po kruchym lodzie. O tym, że ich obawy były uzasadnione, świadczy historia najgłośniejszej książki tego nurtu. Mowa o wydanej w 1963 roku powieści *Byłam prywatną suką pułkownika Schultza*. Po raz pierwszy autor odważył się wówczas uczynić głównym bohaterem Żyda. A konkretnie Żydówkę.

Była to kobieta, która znalazła się w obozie koncentracyjnym – i napotkała tam tytułowego pułkownika Schultza. Ten zdeprawowany do szpiku kości, zboczony oficer SS uczynił z nieszczęsnej dziewczyny swoją seksualną niewolnicę. Zrobił to w sposób osobliwy, bo... kazał jej udawać psa.

Kobieta musiała chodzić na czworakach na smyczy, jeść z miski, szczekać i spełniać wszystkie lubieżne zachcianki swojego niemieckiego

„pana". W finale powieści doszło jednak do nieoczekiwanego zwrotu akcji. Tak, nietrudno się domyślić – bohaterowie zamienili się rolami. Pułkownik Schultz został psem Żydówki.

Powieść wywołała eksplozję oburzenia Izraelczyków. Władze nie miały wyjścia – musiały wkroczyć do akcji. Na nic zdały się zapewnienia wydawcy, że *Byłam prywatną suką pułkownika Schultza* ma „cenne walory edukacyjne". Sąd uznał, że zawiera ona antysemicką pornografię, i wydał bezwzględny zakaz jej sprzedaży. Mało tego, nakazał konfiskatę wszystkich wydrukowanych egzemplarzy.

Zaczęło się od policyjnego rajdu na kioski przy dworcu autobusowym w Tel Awiwie. W miejscu tym przecinały się wszystkie drogi ówczesnego Izraela i było to jednocześnie prawdziwe zagłębie „Stalagów". Cały teren dworca został otoczony przez policję, a następnie metodycznie przeszukany. Wszystkie egzemplarze zakazanej powieści trafiły do radiowozów. To samo powtórzyło się w innych miastach.

Był to początek wojny, którą państwo Izrael wypowiedziało „Stalagom". Wkrótce wszystkie pornograficzne książki musiały zniknąć z kiosków i cały przemysł zszedł do podziemia. „Stalagi" od tej pory sprzedawano spod lady. Było to jednak nieopłacalne, bo nakłady siłą rzeczy były znacznie niższe, a za dystrybucję pornopowieści groziły wysokie grzywny.

W efekcie fenomen „Stalagów" przeminął. Egzemplarze skonfiskowane przez władze zostały zniszczone. A te, które się zachowały, trafiły do prywatnych kolekcjonerów. Do dzisiaj w Izraelu prężnie działa niewielkie środowisko fanów i zbieraczy pornograficznych książek sprzed sześćdziesięciu lat. Interesuje się też nimi kilku badaczy izraelskiej kultury popularnej.

Konwencja „Stalagów" jednak miała się dobrze. Zainspirowały one filmowców z kilku innych krajów do nakręcenia szeregu filmów klasy B. Najsłynniejszym z nich była bez wątpienia kultowa *Ilsa – wilczyca z SS*. Ten powstały w 1974 roku w Kanadzie film wyreżyserował Amerykanin żydowskiego pochodzenia David F. Friedman.

W główną rolę wcieliła się obdarzona nadzwyczaj obfitym biustem Dyanne Thorne, była striptizerka z Las Vegas. Grała ona esesmankę, która na zmianę gwałciła więźniów i poddawała ich dziwacznym, okrutnym eksperymentom medycznym.

Podobnych filmów powstało więcej, głównie we Włoszech i Francji. Aby wyrobić sobie o nich zdanie, wystarczy kilka tytułów: *Nazistowski obóz miłości 7*, *SS Girls*, *Fräulein Diablica*, *Piekielny pociąg miłości SS*, *Ostatnia orgia Gestapo*. Miejscem akcji tych „dzieł" był albo obóz, albo burdel.

Wróćmy jednak do „Stalagów". W całym Izraelu zachowała się tylko jedna pełna kolekcja tych książek. Znajduje się ona w Bibliotece Narodowej w Jerozolimie. Instytucja ta ma obowiązek przechowywać wszystkie druki, które kiedykolwiek zostały wydane na terenie państwa żydowskiego.

„Stalagi" zostały tam jednak potraktowane w sposób szczególny – trafiły do prohibitów. Znajdują się w zamkniętym na klucz pomieszczeniu, do którego wpuszczani są tylko nieliczni naukowcy zaopatrzeni w odpowiednie zezwolenie. Zakaz wydany przez izraelski sąd w 1963 roku wciąż bowiem obowiązuje. „Stalagi" są zakazane.

Tekst nigdy wcześniej nie publikowany

2

Kibole, bastion izraelskiej prawicy

Na trybunie jest jak w piekle. Gęsty, zbity tłum młodych ludzi faluje i wije się konwulsyjnie. Nad głowami kibiców łopoczą flagi i płoną czerwone race. Całą trybunę spowijają kłęby szarego, gryzącego dymu. Z tysięcy gardeł dobywa się ryk:

— To myyyy! To właśnie myyyy! Najbardziej rasistowski klub w tym kraaaaaaaaaju!!!

Kibice z napięciem obserwują wydarzenia na boisku. Każde dojście przeciwnika do piłki kwitowane jest ogłuszającymi gwizdami. Gdy sędzia podejmuje niekorzystną dla ich drużyny decyzję, młodzi ludzie wściekle tłuką w bandy reklamowe. Płonące race, butelki i zapalniczki padają na murawę.

Kordon ochroniarzy ledwie powstrzymuje napierających kibiców od wtargnięcia na boisko. Część fanów pozdejmowała koszulki i zasłania nimi twarze. Widać gołe spocone torsy z wytatuowanymi klubowymi herbami. Zaciśnięte pięści i złowrogie spojrzenia.

Drużyna sobie nie radzi i kibice są coraz bardziej rozsierdzeni. Zaczynają demolować stadion i skandować szowinistyczne hasła:

— Arabowie to świnie!
— Mahomet był pedałem!

– Izrael tylko dla Żydów!

Nagle jednak los cudownie się odmienia. Jedno, drugie celne podanie. Strzał. Bramkarz wyciąga się jak struna, ale piłka przelatuje mu między rękawicami. Gooooooool!!!!!!!! Trybuny dosłownie eksplodują w szale radości. Słychać huk petard. Nad stadionem niesie się triumfalna pieśń.

Dzisiaj Święte Miasto długo nie zaśnie. Bejtar – duma Jerozolimy – właśnie rzucił na kolana drużynę ze znienawidzonego Tel Awiwu.

Tłumy rozszalałych kibiców w żółto-czarnych szalikach wylewają się ze stadionu. Większość idzie w stronę przystanków autobusowych, ale część pędzi w stronę centrum handlowego Malha. Wpadają do niego z okrzykiem:

– Śmierć Arabom!!!

I rozbiegają się po sklepach oraz alejkach. Ku przerażeniu obecnych w galerii ludzi rozpoczyna się regularny pogrom. Kibice wyłapują arabskich pracowników i klientów. Przewracają na ziemię. Kopią i okładają drągami. Plują na kobiety w hidżabach. Wbiegają do żydowskich sklepów i domagają się noży i kijów.

Jedną z nieszczęsnych ofiar kibice Bejtaru łapią za ręce i nogi i rzucają w okno wystawowe. Szyba pęka i rozsypuje się na tysiące drobnych kawałków. Fruwają krzesła i stoły. Na podłogach widać plamy krwi.

– Oni chcieli nas zlinczować – relacjonuje kilka godzin później jeden z arabskich sprzątaczy, Mohammad Jusuf.

Centrum handlowe zostało zamknięte i ewakuowane. Przybyła na miejsce policja z trudem opanowała sytuację. Do galerii natychmiast zjechali się reporterzy. Pogrom w centrum handlowym trafił na pierwsze strony izraelskich gazet. Dziennikarze okrzyknęli go „jednym z najpoważniejszych rasistowskich incydentów w historii kraju".

– Pracuję tu od wielu lat, ale nigdy nie widziałem czegoś podobnego – powiedział reporterom dyrektor galerii handlowej Gideon Awrahami. – To był obrzydliwy, szokujący, rasistowski incydent. Po prostu straszny.

Od 2012 roku, gdy doszło do tego aktu chuligaństwa, za każdym razem, gdy gra Bejtar, wprowadzane są nadzwyczajne środki bezpieczeństwa.

Terror La Familii

Polowanie na Arabów w galerii handlowej to jeden z niezliczonych wybryków La Familii. Najgroźniejszej, najbardziej agresywnej grupy kibiców piłkarskich w państwie żydowskim. Ta nieformalna organizacja liczy kilka tysięcy członków, głównie młodych sefardyjczyków z klasy robotniczej, potomków Żydów przybyłych do Izraela z krajów Bliskiego Wschodu i Afryki. Na pierwszy rzut oka trudno ich odróżnić od Arabów.

Podczas moich pobytów w Jerozolimie kibiców Bejtaru spotykałem wielokrotnie. Szwendali się w dniu meczu w kilku–kilkunastoosobowych grupach po deptaku Ben Jehudy i głównej arterii miasta, ulicy Jafskiej. Wystawali pod sklepami nocnymi i ulicznymi barami z szawarmą. Zawsze z nieodłącznymi atrybutami: żółto-czarnymi szalikami na szyjach i puszkami taniego piwa w dłoniach.

Kilka razy nawet zdarzyło mi się z nimi porozmawiać. Jedną z tych rozmów zapamiętałem szczególnie. Mój rozmówca miał na imię Eli, a jego dziadkowie przyjechali do Ziemi Obiecanej w latach pięćdziesiątych z Maroka. Na co dzień Eli pracował w jednym z miejskich przedsiębiorstw. Miał dziewiętnaście, góra dwadzieścia lat.

– Co was tak bardzo wkurza w Arabach? – zapytałem.
– Człowieku, nie zrozumiesz tego – odpowiedział. – To jest wojna. Wojna, która trwa od pokoleń. Mój dziadek nienawidził Arabów, mój ojciec nienawidził Arabów i ja też nienawidzę Arabów. Jak będę miał syna, to on też będzie nienawidził Arabów. I oczywiście kibicował Bejtarowi.

– Co byś z nimi zrobił?
– Z Arabami?
– Aha.
– Wypierdoliłbym ich wszystkich w pizdu z Izraela. To jest żydowskie państwo i tu nie ma miejsca dla tych brudasów. Niech spierdalają do Egiptu czy innej Syrii.

– Arabowie żyją tu jednak od wielu pokoleń.
– Gówno prawda! To my byliśmy tu pierwsi. To jest nasza ziemia,

a nie tych kozojebców. Każdy Arab to terrorysta. Oni mordują naszych braci, wysadzają w powietrze nasze autobusy. Nie rozumiem, dlaczego mielibyśmy się z nimi cackać. Pierdolę ich.

– Ale Arabowie to nie są jedyni przeciwnicy Bejtaru. Nienawidzicie również kibiców innych żydowskich drużyn. Choćby fanów Hapoela Tel Awiw. Co macie z kolei przeciwko nim?

Eli uśmiechnął się szeroko i pociągnął solidny łyk izraelskiego piwa Goldstar.

– Jak to co? – odpowiedział. – Przecież każdy wie, że Hapoel to banda lewaków i pedałów.

Radykalni kibice są we wszystkich krajach świata, w których zawodowo kopie się piłkę. Wszędzie tam dochodzi do większych lub mniejszych burd i zadym. Kibice Bejtaru stanowią jednak pewien fenomen. Począwszy od swego powstania w 1936 roku, żółto-czarni to klub ściśle powiązany z izraelską prawicą. La Familię można uznać za ekstremistyczne, najbardziej skrajne skrzydło tej formacji politycznej.

Sama nazwa klubu wzięła się od młodzieżówki faszyzującego ruchu syjonistów rewizjonistów. Członkowie tamtego, pierwotnego Bejtaru paradowali po ulicach przedwojennej Polski w piaskowych mundurach i wznosili ramiona w „rzymskim pozdrowieniu". No i regularnie wdawali się w krwawe bójki z krewkimi chłopcami z ONR-u. W ruch szły kastety, laski i żyletki.

Bejtar Jerozolima łączy szereg bardziej i mniej formalnych nici z rządzącą partią Likud premiera Binjamina Netanjahu. Sam szef rządu jest zresztą wielkim fanem tej drużyny. Gdy na stadionie próbowano uczcić minutą ciszy pamięć lewicowego premiera Icchaka Rabina (żydowski ekstremista zastrzelił go w 1995 roku za podpisanie porozumień pokojowych z Palestyńczykami), fani Bejtaru buczeli, gwizdali i znieważali zmarłego. Skandowali również nazwisko jego mordercy.

Członkowie La Familii znani są z ataków na arabskich graczy i kibiców oraz wywieszania rasistowskich flag. Na przykład sztandaru z zaciśniętą białą pięścią na tle czarnej gwiazdy Dawida. To złowrogi symbol terrorystycznej organizacji rabina Kahane, zdelegalizowanego ugrupowania ekstremistycznego, które ma na koncie liczne krwawe zamachy na Palestyńczyków. Jego zwolennicy znani są również z profanowania meczetów na Zachodnim Brzegu Jordanu.

Nie dla Arabów

Bejtar jest najczęściej karaną za wybryki kibiców drużyną w historii izraelskiej piłki nożnej. A jego stadion jest najczęściej zamykanym za karę stadionem w Izraelu. Kibice żółto-czarnych stanowią istne utrapienie dla policji i federacji piłkarskiej. Siedzibę tej ostatniej kilkakrotnie zresztą podpalali. A jej szefowi grozili śmiercią.

– Wiem, że dla polskich czytelników to, co powiem, może być zdumiewające. Ale w klubie Bejtar obowiązuje niepisana zasada, że jego barw nie może reprezentować arabski gracz. Gdyby tę zasadę złamano, kibice chyba spaliliby stadion i pół miasta – mówi znany izraelski dziennikarz Nir Chason.

Gdy w 2009 roku ówczesny kapitan drużyny Awiram Baruchian (później grał w Polonii Warszawa) powiedział, że nie miałby nic przeciwko temu, aby w Bejtarze zagrał Arab, rozpętała się burza. Kibice domagali się, aby gracz, który „pohańbił honor klubu", natychmiast odszedł z drużyny. Baruchian został zmuszony do publicznych przeprosin.

– Ubolewam, że tak bardzo uraziłem uczucia kibiców Bejtaru – oświadczył.

Członkowie La Familii łaskawie mu wybaczyli.

Radykalni fani nie akceptują w swoim klubie nie tylko graczy arabskich, ale w ogóle wszelkich muzułmanów. Klub przekonał się o tym dwukrotnie. Po raz pierwszy w 2005 roku, gdy zatrudnił obiecującego gracza z Nigerii. Niestety był on mahometaninem. Kibice obrażali go na każdym meczu, rzucali w niego bananami. Presja była tak silna, że ledwie minęła połowa sezonu, Murzyn musiał się pożegnać z Bejtarem.

Z kolei w 2013 roku żółto-czarne trykoty włożyło dwóch piłkarzy czeczeńskich. Kibice wpadli w furię. W proteście podpalili klubowe biura – z dymem poszły bezcenne sportowe trofea. A kiedy jeden z Czeczenów strzelił bramkę, fani demonstracyjnie opuścili stadion. Wcześniej rozwinęli olbrzymi transparent: „Bejtar zawsze pozostanie czysty". Obaj obcokrajowcy wrócili do ligi rosyjskiej.

– Kibice Bejtaru są synami swojego miasta – tłumaczy Nir Chason. – Jerozolima to obecnie najbardziej prawicowe miasto Izraela. Każdego dnia na jej ulicach toczy się zacięty konflikt z Arabami. To spływa w dół, na trybuny zajmowane przez radykalnych kibiców piłkarskich. W liberalnym Tel Awiwie sytuacja wygląda zupełnie inaczej. Kibice tamtejszego Hapoelu wywieszają na stadionie flagi z sierpem i młotem. Nie muszę chyba mówić, co się dzieje na trybunach, gdy grają ze sobą te drużyny.

Hapoel to – jak mawiają jego kibice – kosa Bejtaru. Jest to bowiem klub założony przed laty przez członków socjalistycznej partii Mapai i do dzisiaj kojarzony z lewicą. *Hapoel* to po hebrajsku „robotnik". Bejtarowcy tłuką się ze znienawidzonymi czerwono-białymi nie tylko na meczach. Polują na nich przy każdej nadarzającej się okazji.

Tak było w 2015 roku, gdy bojówka bejtarowców pojechała do Tel Awiwu „przywitać" kibiców Hapoela wracających do swojego miasta po jednym z meczów wyjazdowych. Zasadzili się na nich przy magazynie, w którym ultrasi „Robotnika" trzymali flagi i bębny. Zaskoczeni przez La Familię hapoelowcy próbowali podjąć walkę, ale jeden z nich otrzymał potężny cios młotkiem w głowę. Chłopak ze zgruchotaną czaszką trafił w stanie krytycznym do szpitala.

Największą wojnę kibice z Jerozolimy prowadzą jednak z kimś innym. Z fanami Bnei Sachnin, jedynej arabskiej drużyny, która gra w izraelskiej pierwszej lidze. Mecze Bnei–Bejtar przypominają plemienną wojnę. Zawsze dochodzi wtedy do dziesiątków poważnych incydentów i naruszeń porządku publicznego.

Tak było choćby w listopadzie 2014 roku, gdy bejtarowcy zrobili prawdziwy najazd na Sachnin, arabskie miasto położone na północy Izraela. W drodze na ufundowany przez szejków naftowych stadion żółto-czarni powybijali szyby w zaparkowanych na ulicach samochodach i obrażali przechodniów. Na samym stadionie zdewastowali toalety.

W stronę sektorów gospodarzy bejtarowcy skandowali hasła obrażające proroka Mahometa i Arabów.

– Spalimy wasze wioski, zgwałcimy wasze kobiety! – wyśpiewywali przybysze z Jerozolimy, a była to tego dnia jedna z ich najłagodniejszych gróźb.

W odpowiedzi arabscy kibice wymachiwali flagami Palestyny i głośno wychwalali terrorystów samobójców.

– Wy żydowskie świnie! – krzyczeli. – Zaszlachtujemy was! Nie wyjedziecie stąd w jednym kawałku!

Kibice obu klubów szybko przeszli od słów do czynów. Zaczęli demolować stadion i obrzucać się rozmaitymi przedmiotami. Kilkuset policjantów ledwo zdołało rozdzielić zwaśnione, pałające żądzą krwi grupy. Wielu kibiców z obu stron barykady wróciło do domu z rozbitymi głowami i rozkwaszonymi nosami.

Awantury przeniosły się również na murawę, gdzie pod koniec meczu gracze Bejtaru i Bnei zaczęli okładać się pięściami. Sędzia, aby ostudzić nastroje, musiał pokazać im siedem żółtych kartek. A frustrację kibiców pogłębiło to, że Bejtar przerżnął mecz 0:1.

To w dużej mierze z powodu bojowego nastawienia izraelskich kibiców palestyńskie drużyny grają we własnej lidze. Między innymi najsłynniejszy i najmocniejszy klub arabskiej Wschodniej Jerozolimy – Dżabal al-Mukabir. Choć stadiony obu drużyn dzieli zaledwie kilka kilometrów, Bejtar Jerozolima i Dżabal al-Mukabir Jerozolima nigdy ze sobą nie grały. I nie zapowiada się, żeby miało się to zmienić.

W zgodnej opinii policji i dziennikarzy, gdyby do derbów Świętego Miasta jednak doszło, ulice Jerozolimy spłynęłyby krwią. Nienawiść między arabskimi i żydowskimi mieszkańcami miasta jest bowiem ogromna.

Kibice Dumy Jerozolimy nie lubią również lewaków. W 2012 roku przekonała się o tym aktywistka i awangardowa malarka Reli Margalit, gdy stanęła na drodze przemarszu bejtarowców na stadion. Wysoko nad głową trzymała antyrasistowski napis. Natychmiast otoczył ją tłum młodych ludzi.

– Zaczęli na mnie pluć i wyzywać – relacjonowała Margalit gazecie „Haarec". – Wyrwali mi transparent, a jeden z nich przyłożył mi w głowę drzewcem klubowej flagi. Nikt nie zareagował. Nikt nie wziął mnie w obronę.

Mocne plecy

Policja stara się infiltrować środowisko izraelskich pseudokibiców, które uważa za potencjalną wylęgarnię groźnych ekstremistów. Co pewien czas władze bezpieczeństwa przeprowadzają zakrojone na szeroką skalę aresztowania. W domach zatrzymanych członków La Familii znajdują broń maszynową, materiały wybuchowe własnej produkcji, maczety, kastety i antyislamską literaturę propagandową.

O tym, że obawy władz są uzasadnione, może świadczyć tragedia z 2014 roku. W czerwcu tego roku doszło do wyjątkowo szokującej zbrodni. Palestyńscy terroryści uprowadzili z przystanku autobusowego trzech żydowskich nastolatków. Chłopcy zostali zastrzeleni z broni maszynowej, a ich zakrwawione ciała porzucono na polu w pobliżu Hebronu. Ich śmierć wywołała w Izraelu szok i oburzenie.

Nacjonalistyczni izraelscy politycy i dziennikarze otwarcie wzywali do krwawego odwetu. Na Facebooku powstał specjalny profil „Naród Izraela domaga się zemsty". W sieci szeroko kolportowano słowa publicysty Oriego Elicura: „Za każdym terrorystą stoi tuzin mężczyzn i kobiet, bez których terrorysta nie mógłby prowadzić swojej działalności. Oni wszyscy są wrogimi żołnierzami. Krew jest również na ich rękach".

Radykalni prawicowi rabini wzywali do „zdzierania skalpów Palestyńczykom". Podobne hasła pojawiły się również na wiecu zorganizowanym w Jerozolimie przez radykalnych kibiców Bejtaru. Chuligani nie tylko wznosili antyarabskie hasła, ale też atakowali palestyńskich przechodniów.

Kilku młodych ludzi powiązanych z La Familią postanowiło jednak zastosować „ostrzejsze środki". Szarym hyundaiem pojechali do jednej z arabskich dzielnic, gdzie wepchnęli do samochodu przypadkowego nastolatka. Był to szesnastoletni Mohammad Abu Chdeir.

– Tato! Tato! Ratuj mnie! – wołał chłopak, gdy porywacze z piskiem opon odjechali spod jego domu.

Nastolatek został wywieziony do lasu pod Świętym Miastem. Tam młodzi Izraelczycy pobili go kluczem francuskim, a następnie kazali mu się napić benzyny. Resztą paliwa oblali go i podpalili. Jak wykazała późniejsza autopsja, chłopak miał poparzone 90 procent powierzchni ciała. A mimo to, gdy oprawcy zakopywali go w lesie, wciąż oddychał. Został pogrzebany żywcem.

Zbrodnia i ujawnione przez policję zeznania jednego z morderców, Josefa Chaima Ben Dawida, wstrząsnęły izraelską opinią publiczną.

> Tłukłem tego gościa po głowie żelastwem, wymieniając imiona ofiar terroru – mówił. – Potem trzy razy kopnąłem go w nogi. Po razie za każdego zamordowanego izraelskiego nastolatka. Wyciągnąłem zapalniczkę i podpaliłem gościa. Nagle zrobiło się bardzo jasno. Oczywiście żałujemy tego, co się stało. My nie jesteśmy przecież tacy jak Arabowie. My jesteśmy Żydami, mamy serca. Popełniliśmy błąd. Jesteśmy litościwymi Żydami. Jesteśmy istotami ludzkimi.

W 2015 roku o kibicach Bejtaru zrobiło się głośno w Europie. Pojechali bowiem na „gościnne występy" do Belgii, gdzie w pucharach zmierzyli się z drużyną Sporting Charleroi. Już przed meczem na ulicach miasta żydowscy kibice atakowali miejscowych fanów i dokonywali aktów wandalizmu. W czasie spotkania zarzucili zaś boisko bombami dymnymi, monetami i zapalniczkami. Jeden z przedmiotów uderzył w głowę bramkarza Charleroi.

Zażenowany całą sytuacją właściciel klubu Eli Tabib zdecydował się po tym meczu wycofać z finansowania drużyny.

– Nie pozwolimy, żeby kibice Bejtaru kompromitowali za granicą nasz kraj! – grzmiał wówczas premier Netanjahu.

W ślad za tymi ostrymi słowami nie poszły jednak czyny. Według izraelskich dziennikarzy i obrońców praw człowieka działania władz wymierzone w radykalnych bejtarowców są pozorowane. A kolejne oświadczenia klubu w sprawie „wypowiedzenia wojny chuliganom" to deklaracje bez pokrycia, które mają zamydlić oczy mediom.

W rzeczywistości władze – twierdzą media – patrzą przez palce na wybryki La Familii, która ma możnych i wpływowych protektorów wśród prawicowego izraelskiego establishmentu. Nasi chłopcy muszą się wyszumieć – w tych słowach rzekomo zawiera się podejście wielu polityków do problemu stadionowego chuligaństwa w Świętym Mieście.

Cały czas mówią nam, że to tylko „garstka pseudokibiców" – napisał po słynnym meczu w Charleroi lewicowy dziennik „Haarec". – To nieprawda. To nie jest żadna garstka, tylko duża, licząca kilka tysięcy osób organizacja, która przejęła kontrolę nad klubem i trzyma go jako zakładnika. Niestety rasizm kibiców Bejtaru jest podsycany przez tych samych polityków, którzy potem potępiają w telewizji stadionowe akty przemocy. Dosyć pustych słów, dosyć potępień. Nadszedł czas na poważne, konkretne działania!

Za każdym razem, gdy kibice Bejtaru narozrabiają na krajowych lub europejskich stadionach, izraelskie media pełne są podobnych apeli. I za każdym razem kończy się tylko na gadaniu. La Familia wydaje się wieczna.

Tekst nigdy wcześniej nie publikowany

3

Japończycy strzelają w Izraelu

30 maja 1972 roku na międzynarodowym lotnisku Lod pod Tel Awiwem wylądował samolot linii Air France z Rzymu. Wśród pasażerów znajdowało się trzech obywateli Japonii – Kōzō Okamoto, Tsuyoshi Okudaira i Yasuyuki Yasuda. Była 22.00, gdy mężczyźni opuścili maszynę i weszli do terminalu. Ubrani w nienagannie skrojone garnitury nie zwracali na siebie uwagi. Pracowników lotniskowych służb bezpieczeństwa interesowali tylko pasażerowie wyglądający na Arabów.

Japończycy tymczasem skierowali się do strefy odbioru bagażu. Tam czekały na nich futerały na skrzypce. Mężczyźni otworzyli je. W środku zamiast instrumentów znajdowały się czeskie karabinki szturmowe vz. 58 z odciętymi kolbami. Zanim ktokolwiek zdążył zareagować, wyciągnęli i zarepetowali broń.

Japońscy terroryści zasypali gradem pocisków zaskoczonych pasażerów i pracowników lotniska. W skłębiony, tratujący się w panice tłum ciskali granaty.

Zakrwawieni, krzyczący ludzie, rozprute walizki, fruwające odłamki szkła. Detonacje, huk wystrzałów i dzikie bojowe okrzyki Azjatów. Ocalali z masakry opowiadali później, że na lotnisku rozegrało się istne pandemonium.

– Zobaczyłam faceta z pistoletem maszynowym w rękach – relacjonowała Kanadyjka Shelley Black. – Strzelał na wszystkie strony. Odgłos był taki jak przy odpalaniu fajerwerków. Tylko że to nie były fajerwerki. Bum, bum, bum. Wszyscy wokół mnie krzyczeli i płakali. Zakryłam głowę torebką, tak jakby mogła mnie przed czymkolwiek ochronić. Black razem z koleżanką schowała się za przenośnikiem taśmowym podającym bagaże. Gdy odważyła się wychylić głowę, zobaczyła makabryczny widok. Kobietę z podziurawioną piersią, z której tryskała fontanna krwi.

– Byłam wtedy w poczekalni, która od hali przylotów była oddzielona wielką, grubą szybą – wspominała z kolei Brytyjka Ros Sloboda. – Nagle usłyszałam strzały. Szyba rozpadła się na miliony drobnych kawałeczków, które wielką kaskadą runęły z hukiem na ziemię. Ludzie zaczęli się przewracać na podłogę, wszędzie było pełno krwi. Rzuciłam się do ucieczki, ale nagle poczułam, że zostałam postrzelona.

Ros Sloboda była ciężko ranna. Przewróciła się na ziemię i zaczęła czołgać w poszukiwaniu jakiejś kryjówki.

– Trudno oddać przerażenie człowieka, który jest pewien, że zaraz straci życie – mówiła w wywiadzie udzielonym BBC. – Leżałam i czekałam na kolejną kulę. Ale nagle strzelanina ustała. Nastała straszliwa, dzwoniąca w uszach cisza. Podniosłam się i moim oczom ukazał się cały ten horror. Obok mnie leżał martwy mężczyzna. Jego głowa spoczywała na kolanach zrozpaczonej żony...

Cieszące się znakomitą renomą izraelskie służby bezpieczeństwa tym razem zawiodły. Nie tylko nie udało im się zapobiec zamachowi, ale spośród trójki japońskich napastników unieszkodliwiły tylko jednego.

Yasudę w ferworze walki zastrzelił jeden z kolegów. Okudaira przedarł się na pas startowy, gdzie puścił kilka serii w pasażerów opuszczających akurat samolot izraelskich linii lotniczych El Al. Następnie Japończyk wysadził się w powietrze własnym granatem. Do dziś nie ma pewności, czy było to samobójstwo, czy wypadek.

Izraelscy strażnicy ranili, obezwładnili i ujęli jedynie Kōzō Okamoto. Mężczyzna również przedarł się na pas startowy i próbował wrzucić granat do stojącego samolotu. Został jednak w ostatniej chwili postrzelony.

Bilans zamachu był tragiczny. W sumie zginęło dwadzieścia sześć osób. Siedemnastu chrześcijańskich pielgrzymów z Puerto Rico, Kanadyjczyk oraz ośmiu Izraelczyków. W tym pochodzący z Łodzi wybitny elektrochemik profesor Aharon Kacir. Był on przewodniczącym Izraelskiej Akademii Nauk i w nadchodzących wyborach miał się ubiegać o prezydenturę państwa żydowskiego. Ostatecznie na stanowisko to wybrano jego brata Efraima.

– Po zamachu Izraelczycy zamknęli lotnisko i nikogo do niego nie dopuszczali – mówi profesor Patricia Steinhoff z Uniwersytetu Hawajskiego w Mānoa. – Od początku do końca kontrolowali śledztwo. A potem ogłosili światu, że trzej młodzi Japończycy dokonali krwawej rzezi. To jednak tylko część prawdy. Otóż w momencie, w którym członkowie Japońskiej Armii Czerwonej wyjęli broń z futerałów, na lotnisku wywiązała się dzika strzelanina. Pasażerowie znaleźli się w samym środku zaciętej bitwy między Japończykami a policją. Nie ma wątpliwości, że część z nich zginęła od kul izraelskiej ochrony.

Profesor Steinhoff, która jest badaczką japońskiej radykalnej lewicy, kilka miesięcy po masakrze przyjechała do Izraela. Tamtejsza prokuratura generalna pozwoliła jej bowiem przeprowadzić wywiad z jedynym ocalałym członkiem terrorystycznego komanda – Kōzō Okamoto.

– Gdy weszłam do terminalu, oniemiałam – mówi. – Wszędzie były dziury po kulach. Na ścianach, filarach, sufitach. Dziesiątki, setki. Wyglądało to jak krajobraz po bitwie. To niemożliwe, aby trzech słabo przeszkolonych Japończyków dokonało aż tak wielkich zniszczeń.

Studenci mordercy

Kim byli napastnicy? Bojownikami Japońskiej Armii Czerwonej (JAC). Była to grupa terrorystyczna, której głównym celem było obalenie monarchii i wprowadzenie w Japonii komunizmu. W ten sposób chcieli rozpocząć „globalną rewolucję", która miała obalić kapitalizm na całej planecie. Założycielką organizacji była fanatyczna lewaczka i działaczka studencka Fusako Shigenobu.

– Genezy tej grupy należy szukać w latach sześćdziesiątych – tłumaczy profesor Steinhoff. – Na japońskich kampusach miały one bardzo burzliwy przebieg. Wielu studentów, wzorując się na kolegach z Ameryki i Europy Zachodniej, mocno się zradykalizowało. Ci młodzi ludzie chcieli zniszczyć dotychczasowy system. Oburzało ich to, że na szczytach władzy jest wielu ludzi, którzy byli zaangażowani w działania imperialnej Japonii podczas II wojny światowej. Wzorem była dla nich rewolucja kubańska. Bohaterami – Fidel Castro i Che Guevara.

Najbardziej radykalni studenci założyli szereg komunistycznych ugrupowań, które z miejsca zaczęły wprowadzać w życie „ideały rewolucji". Dokonywali aktów sabotażu, zamachów, a nawet zabijali policjantów. Aby zdobyć fundusze, napadali na banki i urzędy pocztowe.

Jednym z takich gangów była Frakcja Czerwonej Armii, której członkowie 31 marca 1970 roku uprowadzili boeinga 727 japońskich linii lotniczych lecącego z Tokio na wyspę Kiusiu. Na pokładzie znajdowały się 122 osoby. Całe szczęście nikomu nic się nie stało. Komuniści wypuścili pasażerów, a sami polecieli do Korei Północnej, która udzieliła im azylu politycznego. Wszyscy mieszkają tam do dziś.

Dużo groźniejsza okazała się maoistowska Zjednoczona Armia Czerwona. Członkowie tej grupy w lutym 1972 roku zamieszkali w tajnym górskim ośrodku w prefekturze Gunma. Tam jej przywódcy – wzorując się na Józefie Stalinie i Nikołaju Jeżowie – uznali, że część działaczy „zdradziła rewolucję", i dokonali krwawej wewnętrznej czystki. Ośmiu „odszczepieńców" zostało zakatowanych na śmierć, sześciu innych przywiązano do drzew i pozostawiono na noc w lesie. Wszyscy zamarzli na śmierć.

– To, co się wydarzyło w tym ośrodku, do dzisiaj stanowi wielką zagadkę – mówi profesor Steinhoff. – W Japonii pisze się dziś na ten temat książki i rozprawy naukowe. W tej odciętej od świata grupie radykałów wytworzył się bardzo niebezpieczny mechanizm psychologiczny. Charyzmatyczny, nie znoszący sprzeciwu lider całkowicie podporządkował sobie resztę grupy. I zmuszał jej członków do mordowania kolegów. Odmówić nie mogli, bo równałoby się to wydaniu na siebie wyroku. Każda niesubordynacja karana była śmiercią.

Wkrótce na trop kryjówki Zjednoczonej Armii Czerwonej wpadła policja. Pięciu bojownikom udało się jednak wymknąć z obławy i lasami przedarli się do miejscowości Karuizawa w prefekturze Nagano. Tam opanowali ośrodek wypoczynkowy Asama Sansō. W środku była tylko żona właściciela, który akurat poszedł na spacer z psem, wszyscy goście zaś wybrali się na lodowisko. Terroryści wzięli kobietę na zakładniczkę.

Doszło do dziewięciodniowego policyjnego oblężenia. Sprawa nie była prosta, bo ośrodek był niczym twierdza. Zbudowany na wysokich betonowych filarach, tyłem opierał się o skaliste zbocze góry. Miał tylko jedno wejście, które komuniści zabarykadowali. Policja sprowadziła na miejsce rodziców części z nich, którzy przez potężne głośniki próbowali nakłonić grupę do kapitulacji.

Komuniści zapowiedzieli jednak, że będą walczyć do ostatniego pocisku. Policjanci nocami, za pomocą maszyny miotającej piłki baseballowe, bombardowali ośrodek kamieniami. Chodziło o to, aby rewolucjoniści nie mogli zmrużyć oka. Policja odcięła też od willi prąd. Wszystko to miało na celu osłabienie ich woli oporu.

Szturm rozpoczął się rano 28 lutego 1972 roku. Za pomocą ciężkiej kuli wyburzeniowej zawieszonej na dźwigu policja zaczęła druzgotać willę. Jednocześnie ubrani w hełmy i pancerze policjanci przystąpili do ataku. Po drabinach dostali się do budynku i po kilku godzinach ciężkiej walki opanowali dwa dolne piętra. Komuniści zamknęli się na trzecim.

Na nic się nie zdało polewanie piętra lodowatą wodą. Mimo że członkowie Zjednoczonej Armii Czerwonej przemokli do nitki, a temperatura była znacznie poniżej zera, dalej zaciekle się bronili. Strzelali do policji z broni maszynowej i rzucali bomby domowej roboty. W walce zginęło dwóch policjantów, a piętnastu zostało rannych. Zastrzelony został również nieostrożny ciekawski cywil, który zbytnio się zbliżył do pola bitwy.

Wreszcie policjanci wdarli się na górne piętro i aresztowali wyczerpanych, półprzytomnych komunistów. Jeszcze tego samego wieczoru ojciec jednego z radykałów powiesił się we własnym domu. Nie mógł znieść hańby, którą jego syn przyniósł rodzinie.

– Oblężenie było na żywo pokazywane w japońskiej telewizji – mówi profesor Patricia Steinhoff. – Początkowo część opinii publicznej, szczególnie młodzieży, sympatyzowała z komunistami. Imponowało jej to, jak dzielnie radykalni studenci stawili czoło policji. Wkrótce jednak wydało się, że komuniści bestialsko zamordowali w górach swoich kolegów. To było dla japońskiego społeczeństwa szokiem. Nikt nie rozumiał, jak mogło do czegoś takiego dojść. Do dziś sprawa ta jest dla Japończyków bardzo bolesna.

Arabski sojusznik

To właśnie po tych wydarzeniach Fusako Shigenobu i jej podwładni z Japońskiej Armii Czerwonej uznali, że w kraju zrobiło się dla nich za gorąco. Wyjechali więc na Bliski Wschód, gdzie nawiązali kontakty z lewacko-nacjonalistycznym Ludowym Frontem Wyzwolenia Palestyny.

– Połączyła ich ideologia. Jedni i drudzy byli marksistami. Jedni i drudzy chcieli rozniecić rewolucję – opowiada profesor Steinhoff. – Członkowie Japońskiej Armii Czerwonej nie byli antysemitami. Uważali się za przeciwników syjonizmu. Chcieli „wyzwolić" lud Palestyny spod izraelskiej opresji. Myśleli kategoriami klasowymi, a nie narodowymi. Zamach na lotnisko miał być przysługą dla bratniej palestyńskiej organizacji.

Japońscy zamachowcy przeszli szkolenie bojowe w palestyńskich ośrodkach w Libanie. Od Palestyńczyków dostali też karabinki, granaty oraz bilety lotnicze. Plan ataku opracował szef zbrojnego ramienia LFWP Wadi Haddad. A środki na jego przeprowadzenie pochodziły od… rządu Niemiec Zachodnich.

W lutym 1972 roku bojownicy LFWP uprowadzili bowiem należącego do Lufthansy boeinga 747 ze 192 pasażerami na pokładzie. Palestyńscy terroryści kazali pilotom wylądować w Jemenie, a od władz w Bonn zażądali 65 milionów dolarów okupu. Niemcy posłusznie zapłacili, a Palestyńczycy pozyskali środki na kolejne ataki. Między innymi ten w Tel Awiwie.

Co ciekawe, wśród pasażerów samolotu Lufthansy znajdował się dziewiętnastoletni Joseph Kennedy, syn Roberta Kennedy'ego, brata prezydenta Stanów Zjednoczonych. Robert, senator Partii Demokratycznej, planował wystartować w wyborach prezydenckich. W 1968 roku doszło jednak do tragedii. Po konwencji wyborczej w hotelu Ambassador w Los Angeles postanowił wyjść na zewnątrz przez kuchnię.

Tam, za maszyną z lodem, czekał już na niego młody Palestyńczyk Sirhan Sirhan. Gdy senator się zbliżył, zamachowiec wpakował w niego trzy kule z rewolweru. Jedna trafiła Kennedy'ego w głowę. Polityk zmarł na miejscu, a schwytany przez policję zamachowiec stwierdził, że był to odwet za wspieranie Izraela. Jak więc widać, palestyńscy terroryści wyjątkowo „upodobali sobie" tę gałąź rodziny Kennedych.

Wróćmy jednak do Japońskiej Armii Czerwonej. Organizacja ta po zamachu na izraelskim lotnisku z dnia na dzień stała się sławna. Usłyszał o niej cały świat. Jedyny zamachowiec, który ocalał – Kōzō Okamoto – stał się rewolucyjnym celebrytą.

– Osobiście nie mam nic przeciwko Izraelczykom – powiedział w jednym z wywiadów. – Musiałem jednak zrobić to, co zrobiłem, bo jestem żołnierzem rewolucji.

Zapytany, czy podczas ataku on i jego koledzy znajdowali się pod wpływem narkotyków, odparował:

– Naszym jedynym narkotykiem jest marksizm-leninizm. Naszym jedynym bodźcem jest nadzieja na stworzenie świata zgodnego z marzeniami Che Guevary.

Okamoto został skazany na karę śmierci, którą izraelski sąd zamienił na dożywocie. Profesor Patricia Steinhoff przeprowadziła z nim wywiad zaraz po wydaniu wyroku. Gdy Okamoto dowiedział się, że większość ofiar dokonanego przezeń zamachu nie stanowili Izraelczycy, lecz chrześcijańscy pielgrzymi z Puerto Rico – doznał szoku.

Samoloty i moździerze

Przebywająca w Libanie szefowa Japońskiej Armii Czerwonej triumfowała. „Nadszedł czas, by pokazać imperialistom, że walka zbrojna jest jedynym humanistycznym sposobem na wyzwolenie ciemiężonych ludów" – ogłosiła. I zaczęła wprowadzać to hasło w życie. Lista kolejnych ataków dokonanych przez japońskich terrorystów jest bardzo długa.

Członkowie grupy między innymi porwali nad Holandią japoński samolot pasażerski. Pasażerów wypuścili w Libii, a maszynę wysadzili w powietrze. Zaatakowali również rafinerię koncernu Shell w Singapurze i francuską ambasadę w Hadze. Wzięli zakładników w Malezji i urządzili strzelaninę na lotnisku w Stambule.

W 1978 roku uprowadzili zaś samolot malezyjskich linii lotniczych. Operacja ta zakończyła się tragicznie. Zamachowiec zastrzelił bowiem obu pilotów i maszyna runęła w bagna. Zginęło 100 osób, w tym kubański ambasador w Tokio Mario García Incháustegui.

Wszystkich tych ataków Japońska Armia Czerwona dokonała w latach siedemdziesiątych, które były „złotym okresem" tej organizacji. W latach osiemdziesiątych jej bojownicy ostrzelali z moździerzy ambasady Japonii, Kanady i Stanów Zjednoczonych w Dżakarcie. A także ambasady USA i Wielkiej Brytanii w Rzymie. Usiłowali również dokonać zamachu na terenie Ameryki. Był to już jednak schyłkowy okres działalności grupy.

Co się stało z ludźmi odpowiedzialnymi za zorganizowanie masakry na lotnisku w Tel Awiwie? Pomysłodawcę ataku, przywódcę zbrojnego ramienia Ludowego Frontu Wyzwolenia Palestyny Wadiego Haddada, dopadli specjaliści od mokrej roboty z Mosadu. Palestyński terrorysta zszedł z tego świata w 1978 roku w NRD, po tym jak Izraelczycy przesłali mu pudełko zatrutych belgijskich czekoladek.

Po latach – dzięki dokumentom ujawnionym przez byłego archiwistę KGB Wasilija Mitrochina – okazało się, że Haddad był agentem sowieckiego wywiadu o pseudonimie „Nacjonalista". A za zamachami zorganizowanymi przez jego organizację tak naprawdę stał Kreml.

Z kolei sprawca masakry Kōzō Okamoto, odsiadując wyrok w izraelskim więzieniu, ogłosił, że chce przejść na judaizm. Gdy mu tego odmówiono, próbował się obrzezać... obcinaczem do paznokci. Po trzynastu latach izraelski rząd wymienił Okamoto na żydowskich żołnierzy, których wzięli do niewoli Palestyńczycy.

Potem przez pewien czas schronienia udzielał mu pułkownik Muammar Kaddafi. Okamoto zamieszkał również w Syrii, a w końcu w Libanie. W tym ostatnim kraju przesiedział kilka lat w więzieniu za pospolite oszustwa. Ostatecznie przeszedł na islam. Żyje w Libanie do dziś i do dziś jest poszukiwany przez japońskie służby specjalne. Bejrut konsekwentnie odrzuca jednak kolejne wnioski Tokio o jego ekstradycję.

Na koniec mózg operacji, czyli fanatyczna komunistka Fusako Shigenobu. Kobieta nazywana w latach siedemdziesiątych „cesarzową terroru". Po spędzeniu trzydziestu lat na Bliskim Wschodzie zdecydowała się przyjechać do Japonii. W ojczyźnie pojawiła się w 2000 roku, posługując się fałszywym paszportem, i zatrzymała się w hotelu w Osace. Była ucharakteryzowana i przebrana za mężczyznę.

Została jednak rozpracowana przez japoński kontrwywiad i aresztowana. W 2006 roku skazano ją na dwadzieścia lat pozbawienia wolności. Shigenobu nigdy nie wyraziła skruchy za swoje zbrodnie. Do dziś uważa, że prowadziła słuszną „walkę o wolność i stworzenie lepszego społeczeństwa". I nie rozumie, dlaczego rząd w Tokio odrzuca jej kolejne prośby o ułaskawienie.

Japońska Armia Czerwona już nie istnieje. Shigenobu w 2001 roku wydała z więzienia specjalne oświadczenie, w którym poinformowała o rozwiązaniu grupy. Komunistyczna organizacja terrorystyczna została jednak unieśmiertelniona przez japońską kulturę masową. Powstały na jej temat liczne filmy i komiksy w stylistyce mangi.

Rozszerzona wersja artykułu, który ukazał się w „Historii Do Rzeczy" 1/2016

4

Afera Hotelu Polskiego

Jan Kowalski siedział przy kawiarnianym stoliku, palił papierosa i przeglądał „Nowy Kurier Warszawski". Gadzinówka na pierwszej stronie donosiła triumfalnie, że Warszawa jest już *Judenfrei*, czyli wolna od Żydów. Niemieckim siłom policyjnym udało się stłumić „ruchawkę" w getcie i wywieźć z miasta resztę warszawiaków wyznania mojżeszowego. W mieście – pisał dziennikarz „Kuriera" – nie ma już ani jednego Żyda!

Kowalski smutno pokręcił głową. Tylu niewinnych ludzi, tylu znajomych... Zgasił papierosa, dopił paskudną zimną kawę i wstał od stolika. Wkładając kapelusz, rzucił na talerzyk kilka monet. Gazetę odłożył na stojak, wyszedł na ulicę i... stanął jak wryty. Do jego uszu doleciała prowadzona głośno rozmowa w jidysz. Było lato roku 1943 i Kowalski nie słyszał tego języka już od dobrych kilku lat.

Tymczasem środkiem trotuaru szedł wprost na niego elegancki brodaty pan w czarnym garniturze. Obok niego stąpała godnie tęga pani w długiej sukni i pląsała dwójka wesołych dziewczynek. Nieśli zakupy, mężczyzna kręcił fantazyjne koła laseczką. Gawędzili wesoło, byli w szampańskich humorach.

Rysy ich twarzy nie pozostawiały żadnych wątpliwości. Byli Żydami. Nie mieli jednak opasek z gwiazdą Dawida, nie zdejmowali czapek przed mijanymi Niemcami. Czuli się pewnie i swobodnie. Do klapy marynarki mężczyzny przyczepiona była jakaś fantazyjna kolorowa kokarda. Kowalski był zdumiony. Odprowadził wzrokiem rodzinę i dopiero gdy Żydzi zniknęli za zakrętem – ochłonął.

Przecież to jacyś szaleńcy! Nie wiedzą, co im grozi! – pomyślał. I rzucił się pędem za żydowską rodziną, aby ją ostrzec o grożącym jej niebezpieczeństwie. Wbiegł na ulicę Długą, akurat żeby zobaczyć Żydów znikających w bramie budynku pod numerem 29.

Kowalski wskoczył do bramy i nagle znalazł się w innym świecie. Obszerny dziedziniec kamienicy wypełniony był po brzegi Żydami. Mężczyznami, kobietami i dziećmi. Długie brody, kapelusze. Ciemne garnitury. Gwar rozmów prowadzonych w jidysz i po polsku.

Z hotelowej restauracji dochodził brzęk szkła, zapach wyszukanych potraw i śmiech ucztujących. Kolejni Żydzi wychylali się z okien, jeszcze inni swobodnie wchodzili i wychodzili za bramę. Nigdzie nie było widać wykrzywionych nienawiścią twarzy esesmanów i ponurych gąb gestapowców.

W samym sercu okupowanej Warszawy – która rzekomo była *Judenfrei* – siedziały sobie spokojnie setki Żydów. Bez wieżyczek strażniczych z karabinami maszynowymi i bez drutów kolczastych. Bez niemieckich strażników. Bez strachu. Kowalski uznał, że albo trafił do domu wariatów, albo to, co widzi, jest po prostu snem.

To nie był jednak ani dom wariantów, ani sen. To był Hotel Polski.

Egzotyczne paszporty

W powojennej literaturze historycznej utarł się pogląd, że Hotel Polski był perfidną pułapką zastawioną przez warszawskie Gestapo. Niemcy zamierzali podstępem zwabić do niego zamożnych Żydów ukrywających się po aryjskiej stronie Warszawy, aby następnie wywieźć ich do obozów zagłady i spalić w krematoriach.

Agnieszka Haska, autorka książki *Jestem Żydem, chcę wejść*, udowodniła jednak, że to był mit, okupacyjna legenda bezmyślnie powtarzana przez kolejnych autorów. Prawda była zaś znacznie bardziej skomplikowana. I znacznie ciekawsza.

Od czego zacząć tę historię? Chyba od przypomnienia pewnego mało znanego faktu. Jak wielokrotnie zwracał uwagę profesor Tymothy Snyder, narodowi socjaliści w czasie Holokaustu mordowali Żydów bezpaństwowców. Czyli obywateli państw pokonanych lub zajętych przez Trzecią Rzeszę w czasie działań wojennych. Przede wszystkim z Polski, Związku Sowieckiego, państw bałtyckich, Czechosłowacji, a pod koniec wojny Węgier.

Otwierało to pewną szansę ratunku. Mowa o załatwieniu sobie obywatelstwa państwa neutralnego. Polscy Żydzi, którzy mieli zagraniczne paszporty, nie podlegali bestialskim szykanom, jakie spadały na resztę tej społeczności. Mogli również starać się o wyjazd z Generalnego Gubernatorstwa i całej okupowanej Europy.

W efekcie pracownicy polskiej placówki dyplomatycznej w Szwajcarii wpadli na kapitalny pomysł. Zaczęli kupować od konsulów krajów Ameryki Południowej wizy i promesy. Między innymi w ten sposób Żydom udało się zdobyć dokumenty Paragwaju, Hondurasu, Haiti, Urugwaju, Panamy, Wenezueli, Chile, Ekwadoru, Kostaryki, Peru, Gwatemali, Salwadoru, Nikaragui, Boliwii oraz Meksyku.

Agnieszka Haska szacuje, że w latach 1943–1944 do okupowanej Polski trafiło około 4 tysięcy paszportów. Z czego spora część do Warszawy. Dokumenty te były wyrabiane na nazwiska konkretnych polskich Żydów, które do polskiego konsulatu dostarczały zachodnie organizacje żydowskie.

Niestety tempo Zagłady było zawrotne i wiele południowoamerykańskich dokumentów dotarło do okupowanej Polski zbyt późno. Niemcy przeprowadzili w Warszawie wielkie akcje deportacyjne, a w kwietniu 1943 roku krwawo stłumili powstanie w getcie. Tymczasem urząd pocztowy w getcie – przy ulicy Zamenhofa 19 – był zalewany listami ze Szwajcarii, w których znajdowały się kopie paszportów lub promesy, czyli poświadczenia obywatelstwa. Zdecydowana większość z nich była jednak wystawiona na nazwiska ludzi, którzy już dawno zginęli w komorach gazowych Treblinki.

I wtedy na arenę wkroczyło dwóch żydowskich agentów Gestapo – Adam Żurawin i Leon Skosowski „Lonek". Ta ciesząca się fatalną sławą para renegatów w niejasnych do dziś okolicznościach położyła łapę na dokumentach. I zaczęła je odsprzedawać po zawrotnych cenach zamożnym Żydom ukrywającym się na terenie Warszawy.

Wkrótce ci świeżo upieczeni „obywatele" państw Ameryki Łacińskiej zaczęli się masowo zgłaszać do władz niemieckich. Żądali, aby natychmiast umożliwić im wyjazd z okupowanej Europy do ich „ojczyzn". Niemcy byli zaskoczeni, ale dokumenty z fantazyjnymi pieczęciami egzotycznych zamorskich krajów respektowali. Szczególnie że mieli nadzieję, iż uda im się internowanych zagranicznych Żydów wymienić na jeńców niemieckich.

Zgodnie z dotychczasową procedurą przebywający w Europie żydowscy obywatele krajów południowoamerykańskich byli internowani i wywożeni do obozu w Vittel we Francji. Tam oczekiwali na wyjazd – na ogół drogą morską przez port w Lizbonie – za Atlantyk. Tymczasem w Warszawie zgłaszało się tylu chętnych do wyjazdu, że niemieckie władze musiały znaleźć dla nich jakieś tymczasowe miejsce.

Azyl przy ulicy Długiej

Padło na Hotel Polski przy ulicy Długiej 29. Przedwojenny hotelik trzeciej kategorii idealnie nadawał się do tego celu. Obszerny, z dużą liczbą pokoi, położony w samym centrum miasta. Żydzi zostali w nim umieszczeni w czerwcu 1943 roku. A wkrótce z całego miasta zaczęli tu ściągać kolejni ocalali. Opuszczali kryjówki w ruinach getta i mieszkania w aryjskich dzielnicach.

> Wiadomość o tym, że istnieje możliwość wyjazdu z okupowanej Polski – pisze Agnieszka Haska w swojej książce – i ewentualnej wymiany na jeńców niemieckich internowanych przez aliantów, powodowała, że Hotel Polski jawił się jako niewiarygodny cud, który pozwoli się wyrwać z piekła. Wieść rozchodziła się szybko, z pewnością zadziałał tu mechanizm plotki.

W jednym z hotelowych numerów Żurawin i Skosowski urządzili biuro, w którym sprzedawali przybywającym dokumenty. Interes szedł bardzo szybko i „na rympał", nie było więc określonego cennika. „Lonek" oceniał interesantów na oko. Od zamożniejszych żądał nawet 300 tysięcy złotych. Od mniej zamożnych 30 tysięcy. A czasami – gdy miał dobry humor lub akurat targały nim wyrzuty sumienia – rozdawał dokumenty za darmo. „Ja już wtedy nie miałam pieniędzy na zapłacenie" – relacjonowała Felicja Blum. – „Gdyby zażądali ode mnie pieniędzy, to stanęłabym jak głupia. A Skosowski, patrząc na moją małą córeczkę, odezwał się: No, ja temu dziecku nie pozwolę zginąć".

Najdroższe były paszporty państw latynoskich, nieco tańsze – promesy. Najmniejszą wartość miały certyfikaty palestyńskie, czyli dokumenty upoważniające do wyjazdu do Palestyny wystawione przez brytyjskie władze mandatowe. W Hotelu Polskim uznano te papiery za najmniej pewne. Wielka Brytania była w końcu w stanie wojny z Trzecią Rzeszą, uważano więc, że certyfikaty nie gwarantują bezpieczeństwa.

W efekcie dokumenty te – było ich 272 – Skosowski sprzedał za grosze najbiedniejszym Żydom lub rozdał je za darmo.

Wyposażeni w zagraniczne paszporty i oczekujący na wyjazd Żydzi byli traktowani przez Niemców taktownie i uprzejmie. Mieli do dyspozycji restaurację, fryzjera i inne wygody. W żaden sposób nie ograniczano ich wolności, mogli się swobodnie poruszać po ulicach Warszawy.

> I oto spotykamy naszych znajomych – wspominał jeden ze świadków – zupełnie wolno chodzących ze znaczkiem-flagą jakiegoś egzotycznego kraju Ameryki Południowej w klapie marynarki. Mieszkają sobie w pokojach Hotelu Polskiego, wychodzą na miasto zupełnie nieskrępowani, gdzie chcą.

Pewnego razu zdezorientowani policjanci zatrzymali na ulicy przechadzającą się Żydówkę. Jej przyjaciele natychmiast interweniowali na Gestapo, w efekcie „obywatelka" zamorskiego kraju została wypuszczona i przeproszona.

Inna ocalona, Dwojra Szczucińska, dodawała: „Panie i panowie czuli się w hotelu jak na wytwornym okręcie".

I jeszcze relacja Simchy Korngolda:

> Dziedziniec był przepełniony wielką liczbą Żydów, wśród nich wielu znajomych. Wszyscy byli wolni, jak przystało na obcokrajowców. Ten cały obszar na ulicy Długiej został zamieniony na strefę neutralną. Podobnie ja zacząłem oddychać zagraniczną atmosferą. To nagłe poczucie wolności było jak epidemia.
>
> Trudniej było się jednak do Hotelu Polskiego przedrzeć. Żydzi bowiem dopiero na miejscu mogli kupić paszporty. Zanim tam dotarli, w każdej chwili mogli ich zatrzymać niemieccy żandarmi lub grasujące na ulicach hordy młodocianych szmalcowników. Ci ostatni mogli wciągnąć człowieka do bramy i ograbić z całej gotówki niezbędnej do zakupu dokumentów.
>
> Żydzi musieli się więc bardzo nagłowić, żeby się dostać na Długą. Pewna żydowska rodzina zleciła firmie przeprowadzkowej przewiezienie do Hotelu Polskiego dużej szafy. Nim na miejscu zjawili się robotnicy, rodzina ta schowała się w niej. Z szafy wyszła – ku uciesze zgromadzonych na dziedzińcu gapiów – dopiero gdy mebel trafił do hotelu. Inny Żyd przedarł się na miejsce kanałami.

Przedsionek raju

W lipcu 1943 roku w Hotelu Polskim znajdowało się około 2,2 tysiąca ludzi. W pierwszej połowie lipca Niemcy rozpoczęli ewakuację. Kierował nią Karl Brandt, szef referatu żydowskiego warszawskiego Gestapo.

> Kazano nam zejść na dziedziniec z bagażami – wspominał Simcha Korngold. – Ci, których nazwiska zostały wywołane, zaczęli ładować się do ciężarówek. Jeden z Niemców uprzejmie przyniósł krzesło z hotelu, żeby ludzie mogli łatwiej wchodzić na ciężarówki. Mordercy z SS byli pełni kurtuazji i pomocni. Radzili nam nie pchać się, żeby było nam wygodniej. Ledwie rozpoznawałem w ich nowym zachowaniu krwawych zabójców. Nastroje wśród ludzi były dobre, nawet radosne.

Żydzi zostali przewiezieni na Dworzec Gdański, gdzie czekały na nich eleganckie pociągi pasażerskie. Przedstawiciele Czerwonego Krzyża wręczyli każdemu z nich paczkę żywnościową. Błyskały flesze aparatów fotograficznych. Około 1,8 tysiąca pensjonariuszy Hotelu Polskiego – w dwóch oddzielnych transportach – zostało przewiezionych do specjalnie przygotowanego dla nich obozu internowania w Bergen-Belsen.

W budynku pozostało około czterystu osób. Byli to tak zwani dzicy lokatorzy. Czyli Żydzi pozbawieni gotówki, którym nie udało się uzyskać zagranicznych dokumentów. Dla nich Hotel Polski stał się pułapką. Nie mieli bowiem dokąd pójść i teraz znaleźli się w łapskach oprawców z Gestapo.

13 lipca nieszczęśników tych wywieziono na Pawiak. Dwa dni później 300 z nich zostało rozstrzelanych w ruinach getta. Egzekucje miały niezwykle drastyczny przebieg.

> Widzieliśmy, jak z bramy Pawiaka – relacjonował polski więzień Rudolf Sawicki – wyganiali grupkami po pięć osób, nagich mężczyzn, kobiety i dzieci w różnym wieku. Ukraińcy, uzbrojeni w ogromne kije, pędzili ich przed siebie w poprzek ulicy Dzielnej, do bramy numer 27. W początku podwórka wykopany był szeroki rów, przez który rzucony był drewniany mostek. Pędzono ofiary na ten mostek, wówczas zza węgła domu rozlegała się salwa i w mig cała piątka przewracała koziołka i już tylko trupy leżały w rowie.

Agnieszka Haska w swojej książce opisała warunki panujące w obozie w Vittel, do którego trafił pierwszy transport warszawskich Żydów z południowoafrykańskimi paszportami. Był to kompleks luksusowych hoteli – miejscowość przed wojną była wakacyjnym kurortem – otoczony wspaniałym parkiem. Na terenie kompleksu znajdowały się kinoteatr, kasyno, sklepy i korty tenisowe.

Całość została co prawda otoczona drutem kolczastym i była pilnowana przez uzbrojonych niemieckich strażników – ale na internowanych Żydów nie spadały żadne szykany. Mało tego, po uzyskaniu specjalnej przepustki mogli swobodnie wychodzić poza obóz. Internowani otrzymali nawet... odbiornik radiowy. Przyzwyczajeni do brutalnego traktowania polscy Żydzi czuli, że są w przedsionku raju. Uważali się właściwie za uratowanych.

Niestety ta historia nie ma happy endu. Latem 1943 roku Niemcy zaczęli podejrzewać, że zostali nabici w butelkę. Potwierdzenia te wkrótce się potwierdziły. W archiwach zachował się list z 23 sierpnia napisany przez Aloisa Brunnera – komendanta cieszącego się ponurą sławą obozu w Drancy – do Heinricha Himmlera.

> W obozie dla internowanych w Vittel – pisał ów oficer SS – znajduje się około 150 Żydów z Warszawy. Zostali oni przeniesieni z Warszawy do Vittel na podstawie posiadania obywatelstw południowoamerykańskich. Większość z tych Żydów wystarała się o obywatelstwo za pieniądze w 1942 roku przez konsulaty w Szwajcarii, nigdy nie widząc swojej tak zwanej ojczyzny. Proszę o sprawdzenie przez wykwalifikowanych urzędników prawdziwej narodowości pochodzących ze wschodu Żydów.

Niemcy zwrócili się do państw południowoamerykańskich, aby potwierdziły, że osoby internowane w Vittel i Bergen-Belsen rzeczywiście są ich obywatelami. Część rządów tych krajów nie ukrywała zdumienia i kategorycznie zaprzeczyła. Tak cała sprawa się wydała. Tym samym los polskich Żydów został przypieczętowany. Obozy dla internowanych nie okazały się przedsionkami raju, ale piekła.

W kwietniu 1944 roku SS otoczyło hotele w Vittel. Doszło przy tym do dramatycznych scen. Kilku Żydów popełniło samobójstwo, pewna kobieta w akcie desperacji rzuciła się z okna. Reszta została wywieziona do KL Auschwitz, gdzie trafiła wprost do komór gazowych. Wcześniej ten sam straszliwy los spotkał warszawskich Żydów więzionych w Bergen-Belsen. Gdy Niemcy wywozili ich do Auschwitz, powiedzieli im, że jadą do „lepszego obozu".

> Wszyscy deportowani byli pięknie ubrani – wspominał świadek. – Każdy włożył co miał najlepszego, myśląc, że obcokrajowcy powinni wyglądać

elegancko. Niektóre kobiety miały na sobie futra z lisów lub norek oraz duże aksamitne kapelusze w stylu modnym po aryjskiej stronie. Pończochy i specjalne buty podróżne. Inni trzymali torby podręczne ze świńskiej skóry i płaszcze w szkocką kratę przewieszone przez ramię.

Po przybyciu na rampę obozu Auschwitz wszyscy zostali ograbieni. Następnie ogolono im głowy i przerażonych oraz zdezorientowanych popędzono na „dezynsekcję". Kilkadziesiąt sekund później skonali w męczarniach, dusząc się oparami gazu Zyklon B.

Tego przerażającego losu uniknęło zaledwie około 270 Żydów z Hotelu Polskiego. Byli to... wszyscy, którzy mieli certyfikaty palestyńskie. A więc dokumenty uznawane przez Żydów za najmniej pewne, które trafiły do najbiedniejszych ludzi szukających ratunku w budynku przy ulicy Długiej 29.

W obozie nazywano ich „pasażerami czwartej klasy" – pisze Agnieszka Haska. – Okazało się jednak, że w tym wypadku pociągi pierwszej klasy zawiozły swoich pasażerów na śmierć.

Z czego wynikał ten paradoks? Oczywiście z tego, że prowadzące wojnę z Trzecią Rzeszą władze brytyjskie nie wyparły się Żydów z palestyńskimi dokumentami. Mało tego, w kolejnych rundach tajnych negocjacji z Niemcami wymieniały ich na niemieckich jeńców wojennych. W tej sprawie – co warto podkreślić, gdyż nie zdarzało się to często – Brytyjczycy zachowali się przyzwoicie.

Losy kolaborantów

Wszystko to jasno dowodzi, że utarta i powtarzana do dziś wersja zdarzeń jest nieprawdziwa. Zgodnie z nią „Afera Hotelu Polskiego" była skrupulatnie zaplanowaną operacją warszawskiego Gestapo. Niemiecka służba bezpieczeństwa za jej pomocą chciała rzekomo wywabić z kryjówek ostatnich warszawskich Żydów. Ograbić ich z pieniędzy i kosztowności, a następnie posłać do komór gazowych.

Gdyby tak rzeczywiście było, Niemcy prosto z hotelu wysłaliby Żydów do obozów zagłady w okupowanej Polsce, a nie do obozów internowania na zachodzie Europy. Nie zadawaliby sobie również trudu, żeby weryfikować ich dokumenty u rządów państw Ameryki Południowej.

Warto także nadmienić, że wspomniani agenci Gestapo – Leon Skosowski i Adam Żurawin – zaopatrzyli w zagraniczne paszporty i wysłali do obozów internowania własne rodziny. Ten drugi sam zresztą pojechał do Vittel. Jasno świadczy to, że obaj uważali całą operację za pewny sposób ratunku.

> Hotel Polski nie był zaplanowaną pułapką – pisze Agnieszka Haska. – Los tych, którzy zginęli, i tych, którzy przeżyli, wskazuje, że gdyby nie zbieg okoliczności, akcja ta miała pewne szanse powodzenia. Być może natychmiastowe uznanie paszportów i promes przez państwa południowoamerykańskie uratowałoby więcej ludzi.

Na koniec warto napisać, co się stało ze sprawcami całej afery, czyli żydowskimi agentami Gestapo Leonem Skosowskim i Adamem Żurawinem. Pierwszy 1 listopada 1943 roku w kontrowersyjnych okolicznościach został zastrzelony przez egzekutorów z Armii Krajowej (pisałem o tym szeroko w pierwszej części *Żydów*). Drugi uciekł z transportu z Vittel do Auschwitz, a po wojnie wyjechał do Stanów Zjednoczonych. Założył tam wytwórnię szczotek. W latach pięćdziesiątych został jednak zidentyfikowany i miał poważne kłopoty.

Żurawina dotknął ostracyzm ze strony amerykańskich Żydów, jako agentem Gestapo zainteresowała się nim nawet FBI. Wówczas – aby „oczyścić swoje dobre imię" – poddał się pod osąd sądu rabinackiego. To szacowne ciało z braku dowodów wydało wyrok uniewinniający.

Żurawin zmarł w roku 1992. A jego mieszkający w Nowym Jorku syn na kanwie życiorysu ojca zamierza nakręcić wielką hollywoodzką superprodukcję.

Tekst nigdy wcześniej nie publikowany

5

To jest, proszę pana, dżihad

*16 lipca 2008, Rosz Hanikra,
przejście graniczne między Izraelem a Libanem*

Po obu stronach granicy zgromadziły się gęste tłumy gapiów. Wszędzie widać uzbrojonych żołnierzy i policjantów, transportery opancerzone, radiowozy, karetki na sygnale. Na sąsiednim wzgórzu rozstawiły się wozy transmisyjne najważniejszych stacji telewizyjnych świata. Jest 8.30 rano.

Wszyscy w napięciu wpatrują się w półciężarówki, które nadjeżdżają od libańskiej strony. Pojazdy się zatrzymują. Mężczyźni w ciemnych garniturach i okularach przeciwsłonecznych wyciągają z nich dwie czarne jak heban trumny. Trumny zostają przeniesione do samochodów Czerwonego Krzyża, które przewożą je na stronę izraelską. Wita je tam szpaler żołnierzy oddających ostatni salut poległym.

Lekarze otwierają trumny i znajdują w nich szczątki młodych mężczyzn. Korzystając z przywiezionej aparatury, wykonują błyskawiczne testy DNA. Choć ciała są w fatalnym stanie, identyfikacja się udaje. Nie ma wątpliwości – to zwłoki Eldada Regewa i Ehuda Goldwassera, dwóch izraelskich żołnierzy uprowadzonych przez bojowników Hezbollahu.

Policjanci oczekujący na przejściu granicznym dostają zielone światło. Wkraczają do sali, w której siedzi pięciu Arabów. Wszyscy są w jednakowych szarych dresach. Ręce i nogi mają skute kajdankami. Izraelscy policjanci prowadzą więźniów na libańską stronę granicy. Zdejmują im kajdanki i puszczają wolno. Wśród zwolnionych zwraca uwagę zwalisty mężczyzna z wąsami. Ma ponure spojrzenie i grube przedramiona porośnięte gęstą czarną szczeciną.

Kilka godzin później mężczyzna ten jest już na lotnisku w Bejrucie. Witają go eksplozje fajerwerków i kompania honorowa libańskiej armii. Przebrany w wojskowy mundur były więzień kroczy po rozciągniętym na płycie lotniska czerwonym dywanie. Orkiestra gra hymn narodowy, błyskają flesze.

Sam prezydent Miszal Sulajman bierze go w ramiona i całuje w oba policzki. Potem mężczyzna wita się z premierem i przewodniczącym parlamentu. W tle słychać triumfalne okrzyki innych dygnitarzy.

– To wspaniała chwila – mówi prezydent. – Z twoim powrotem Liban odzyskuje utraconego syna.

Jeszcze tego samego wieczoru na głównym placu Bejrutu odbywa się wielki wiec. Nad szalejącymi ze szczęścia tłumami powiewają flagi Libanu i Palestyny oraz żółte sztandary Hezbollahu. Były więzień wygłasza płomienne przemówienie i wznosi ręce w geście zwycięstwa. Na głowę sypie mu się konfetti, pulsują kolorowe światła. Z głośników ryczy arabska muzyka. Publiczność wpada w ekstazę.

Wypuszczony przez Izraelczyków więzień otrzymuje tytuł bohatera narodowego Libanu i najwyższe odznaczenie państwowe. Podobny order nadaje mu Syria. Telewizja Al-Dżazira w emocjonalnym materiale namaszcza mężczyznę na „bohatera całego świata arabskiego". Kim jest ten człowiek? Czym sobie zasłużył na takie celebracje? Nazywa się Samir Kuntar. I jest mordercą czteroletniej dziewczynki.

Operacja „Naser"
22 kwietnia 1979, Morze Śródziemne

Jest bezksiężycowa noc. Czarna łódź pontonowa z pięćdziesięciopięciokonnym silnikiem sunie niepostrzeżenie wzdłuż północnej części linii brzegowej Izraela. Jest w niej czterech bojowników Frontu Wyzwolenia Palestyny. Na dziobie stoi szesnastoletni Libańczyk Samir Kuntar. Młodzi Arabowie płyną z Libanu, a ich celem jest położone zaledwie dziesięć kilometrów od granicy izraelskie miasto Naharija.

Około północy nie zauważony przez straż przybrzeżną ponton przybija do plaży. Bojownicy zeskakują na piasek i ruszają w stronę świateł miasta. Odbezpieczają broń. Rozpoczyna się polowanie na Żydów. Na drodze biegnących ulicą Arabów nieoczekiwanie staje policjant. Nazywa się Elijahu Szachar. Widząc podejrzanych typów, wyskakuje z radiowozu.

– Stój, bo strzelam! – krzyczy i oddaje w powietrze dwa strzały ostrzegawcze.

W odpowiedzi bojownicy Frontu Wyzwolenia Palestyny zasypują go gradem kul. Sam Kuntar wystrzeliwuje trzydzieści naboi. Elijahu Szachar nie ma najmniejszych szans, ginie na miejscu. A wyrwani ze snu mieszkańcy okolicznych domów wpadają w panikę. Barykadują mieszkania, dzwonią na policję, część próbuje uciekać. Ukryć się.

Napastnicy wiedzą, że mają już mało czasu. Za chwilę w całej okolicy zaroi się od policji. Biegną więc w stronę najbliższego budynku. To apartamentowiec przy ulicy Zewa Żabotyńskiego 61. Terroryści wpadają na podwórko. Samir Kuntar niemal zderza się z jednym z mieszkańców – pędzącym do schronu przeciwlotniczego Mosze Sassonem. Mężczyzna pod pachami ma dwie córeczki.

Samir Kuntar reaguje błyskawicznie: uderza Sassona w tył głowy pistoletem. Żyd pada na ziemię, ale nie wypuszcza dziewczynek. Wślizguje się z nimi pod zaparkowany pod domem samochód. Bojownicy nie zawracają sobie nim głowy – wbiegają na teren budynku. Pierwszy z Arabów wybiera na chybił trafił drzwi mieszkania i strzela w zamek. Zły wybór. W środku czeka bowiem uzbrojony w rewolwer Magnum

Charles Szapiro, emigrant z RPA. Gdy terrorysta przekracza próg, Szapiro kładzie go trupem.

Pozostała trójka arabskich radykałów biegnie dalej korytarzem. Przed nimi drzwi mieszkania państwa Haranów.

– Obudziły nas wystrzały i eksplozje granatów – relacjonuje pani Smadar Haran. – Podbiegłam do drzwi i otworzyłam je. W tej samej sekundzie zapaliło się światło na korytarzu. Oni zobaczyli mnie, a ja ich. Akurat ze schodów zbiegała nasza sąsiadka. Wciągnęłam ją do środka i zatrzasnęłam drzwi.

Mąż pani Haran, Danny, złapał żonę za rękę i pomógł jej się wdrapać do niewielkiej wnęki nad ich sypialnią. Umieścił w niej również sąsiadkę, żonę uratowanego cudem Mosze Sassona, i swoją dwuletnią córkę Jael. Dziecko głośno płakało z przerażenia. W tej samej chwili rozległ się trzask – drzwi do mieszkania wyleciały z futryn. Terroryści byli w środku.

Natychmiast pochwycili Danny'ego Harana i jego czteroletnią córeczkę Ejnat, drugie dziecko, którego nie zdążył ukryć we wnęce. Mężczyzna próbował się bronić, ale został sterroryzowany bronią.

– Oni wiedzieli, że w mieszkaniu jest więcej ludzi – wspomina Smadar Haran. – Dlatego zaczęli nas szukać. Nigdy nie zapomnę dzikiej radości i nienawiści, jaką słyszałam w ich głosach, gdy biegali po mieszkaniu i strzelali. Wiedziałam, że jeżeli Jael będzie płakać, wrzucą do wnęki granat i wszyscy zostaniemy rozerwani na strzępy. Zaciskałam więc rękę na jej ustach, modląc się, aby nie krzyczała. Z opowieści mamy wiedziałam, że ona przeżywała to samo podczas Holokaustu w okupowanej Polsce.

Tymczasem za oknami rozległo się wycie syren. Nadjeżdżała policja. Kuntar i jego towarzysze porwali Danny'ego oraz Ejnat i popędzili z nimi w stronę plaży. Do czekającego na nich pontonu.

Gdy wybiegli na zewnątrz, pani Smadar Haran zauważyła, że leżąca przy niej dwuletnia córeczka się nie rusza. Potrząsnęła dziewczynką. Ku swojemu przerażeniu zauważyła, że w przypływie strachu i paniki… zadusiła własne dziecko.

Tymczasem na plaży terroryści zostali osaczeni przez policję i ko-

mandosów z elitarnej jednostki Sajeret Golani. Pociski podziurawiły ponton jak sito, odcinając bojownikom Frontu Wyzwolenia Palestyny drogę ucieczki. Gdy jeden z nich został zastrzelony, Danny Haran wyrwał się oprawcom, zaczął machać rękami i krzyczeć w stronę żołnierzy:
— Nie strzelajcie! Nie strzelajcie, bo traficie moją córeczkę!

W tym momencie Samir Kuntar wymierzył w niego pistolet maszynowy. Nacisnął spust i trafił Danny'ego w plecy. Następnie zaciągnął bezwładnego Izraelczyka do morza i go utopił. Wszystko to działo się na oczach zmartwiałej z przerażenia czteroletniej Ejnat. Śmierć ojca była ostatnim, co widziała.

Po zamordowaniu Danny'ego Harana Kuntar wrócił bowiem na plażę. Wrócił po Ejnat. Ułożył główkę łkającej dziewczynki na przybrzeżnych skałach, zamachnął się potężnie i uderzył kolbą pistoletu maszynowego. A potem jeszcze raz. Dziecięca czaszka pękła na pół.

Po chwili walka dobiegła końca. Trafiony pięciokrotnie przez izraelskich żołnierzy libański morderca padł twarzą w piasek i stracił przytomność.

Samir Kuntar stanął przed izraelskim sądem. Podczas procesu nie wyraził skruchy za swoje czyny. Zaprzeczył również, że to on zabił Danny'ego i jego córeczkę. Według niego oboje zginęli od ognia żołnierzy.
— Żydzi próbują mnie wrobić — mówił.

Wersję tę obaliła ekspertyza jego broni. Na kolbie pistoletu maszynowego znaleziono fragmenty mózgu dziewczynki. Za poczwórne morderstwo popełnione ze szczególnym okrucieństwem Kuntar został skazany na czterokrotne dożywocie.

Uprowadzenie Achille Lauro

Odsiadując wyrok, Samir Kuntar ożenił się z arabską działaczką walczącą o prawa arabskich więźniów przetrzymywanych przez Izrael. Władze więzienne pozwalały parze na intymne spotkania, a pani Kuntar — jako żona więźnia — otrzymywała od rządu zapomogę. Ukończył również zaocznie studia politologiczne na jednym z izraelskich uniwersytetów.

Liban kilkakrotnie próbował wymienić go na ciała izraelskich żołnierzy – próby te były jednak blokowane przez panią Smadar Haran i rodziny innych poszkodowanych w ataku w Naharii. Wywoływało to frustrację towarzyszy Kuntara z Frontu Wyzwolenia Palestyny. Postanowili oni wydobyć swojego towarzysza z izraelskich rąk siłą. O uderzeniu na więzienie oczywiście nie było mowy.

Paradoksalnie okazja do uwolnienia Kuntara nadarzyła się, gdy terroryści płynący włoskim wycieczkowcem *Achille Lauro* z Genui na akcję do izraelskiego portu Aszdod... zostali zdemaskowani. Gdy statek znajdował się u wybrzeży Egiptu, do ich kabiny wszedł steward z powitalnym koszem owoców. Ujrzał niecodzienny widok. Czterech palestyńskich terrorystów suszarkami do włosów osuszało karabinki Kałasznikowa (broń szmuglowali wcześniej w samochodowym baku).

Aby się ratować, bojownicy postanowili uprowadzić statek. Wpadli na salę restauracyjną, krzycząc po arabsku, wymachując bronią i strzelając w sufit. Członkowie załogi i pasażerowie zostali sterroryzowani. Palestyńczycy zgromadzili ich w jednym miejscu i trzymali pod lufami. Dwóm przerażonym turystkom wcisnęli do rąk granaty i wyszarpnęli z nich zawleczki. Kobiety długimi godzinami musiały z całych sił zaciskać ręce na łyżkach granatów, żeby nie doszło do eksplozji.

Porywacze nakazali kapitanowi, aby obrał kurs na syryjski port Tartus. Po dotarciu na miejsce przekazali swoje żądania. Były one skierowane do rządu Izraela, który miał natychmiast zwolnić z więzienia Samira Kuntara i pięćdziesięciu palestyńskich jeńców. W przeciwnym razie – zagrozili – zaczną rozstrzeliwać zakładników.

Gdy czas ultimatum minął, terroryści postanowili spełnić groźbę. Na pierwszą ofiarę wybrali Amerykanina żydowskiego pochodzenia Leona Klinghoffera. Był to starszy schorowany weteran wojenny, który poruszał się na wózku inwalidzkim. Jeden z terrorystów zabrał go na rufę statku i dwukrotnie postrzelił z pistoletu. W głowę i klatkę piersiową.

Morderca następnie sprowadził na miejsce zbrodni dwóch członków załogi statku. Wymierzył w nich broń i nakazał wyrzucić Klinghoffera wraz z wózkiem za burtę. Przebywający w pobliżu turyści usłyszeli wy-

strzały i plusk wody. Na pokładzie zapanowała panika. A Palestyńczyk z dymiącym pistoletem przyniósł kapitanowi *Achille Lauro* paszport zabitego. Wskazał na zdjęcie i powiedział:
– Bum, bum.
Na wieść o egzekucji rząd Syrii nakazał porywaczom opuścić port. Statek skierował się w stronę Libii, a jego rejs z zapartym tchem obserwował cały świat. Izrael nie miał jednak najmniejszego zamiaru spełnić żądań terrorystów. W efekcie doszło do międzynarodowych mediacji. Włoski wycieczkowiec zawinął do Port Saidu w Egipcie, gdzie porywacze zwolnili zakładników i zeszli na brzeg.

Zgromadzone na nabrzeżach tłumy zgotowały im wielką owację jako „bohaterom" i „wiernym synom Allaha". I tylko nieliczni obserwatorzy zauważyli, że na rufie stojącego na redzie *Achille Lauro* widnieje długi, rdzawoczerwony zaciek. Była to krew wyrzuconego za burtę żydowskiego zakładnika.

Gdy sprawa zabójstwa wyszła na jaw, kierownictwo Organizacji Wyzwolenia Palestyny stanowczo zaprzeczyło, że to porywacze zabili Klinghoffera. Według organizacji Amerykanina najprawdopodobniej zamordowała towarzysząca mu na statku żona. Motywem miała być chęć wyłudzenia pieniędzy z ubezpieczenia...

Terrorystyczna operacja zakończyła się fiaskiem. Samir Kuntar pozostał w więzieniu. Opuścił je dopiero w 2008 roku, gdy wymieniono go za ciała dwóch uprowadzonych w Libanie żołnierzy. Nastoletni zabójca z Naharii, gdy znalazł się na wolności, miał czterdzieści sześć lat. W więziennej celi spędził ich trzydzieści. Dwie trzecie dotychczasowego życia.

Wielu Izraelczyków uważało, że ta wymiana była hańbą i katastrofalnym błędem. Jak można było wypuścić bestię, która zatłukła kolbą malutką dziewczynkę? Pytanie to zadałem Markowi Regewowi, który wówczas był rzecznikiem Ministerstwa Spraw Zagranicznych Izraela.

– Aż do momentu, gdy Libańczycy wyjęli trumny z ciężarówek, nie mieliśmy stuprocentowej pewności, że nasi dwaj żołnierze zostali zabici – odpowiedział. – Oczywiście szanse na to, że zostaną nam zwróceni żywi, były znikome. Ale jednak takie szanse były. To jest zresztą część naszego narodowego etosu. Fundamentalna zasada naszej armii: Nigdy nie zostawiamy swoich żołnierzy za linią wroga. Nieważne – żywych czy umarłych. Żołnierze i ich rodziny muszą mieć pewność, że zawsze będziemy o nich pamiętać. W Izraelu nikt się oczywiście nie cieszył z tej wymiany, ale nie mieliśmy wyboru.

Argumenty te nie przekonują Meira Indora, szefa stowarzyszenia Almagor. To wpływowa izraelska organizacja, która reprezentuje interesy ofiar zamachów terrorystycznych. Sam Indor jest ocalałym z ataku, wiele lat temu został ciężko ranny w wyniku eksplozji palestyńskiego pocisku.

Nawet dzisiaj, choć od wypuszczenia Samira Kuntara minęło dziesięć lat, Indor nie potrafi powstrzymać emocji.

– Stałem wówczas na czele wielkiej kampanii społecznej, której celem było zatrzymanie tego szaleństwa – opowiada. – Kuntar był bezwzględnym zbrodniarzem, który nigdy nie wyraził żalu z powodu swoich czynów. Zwolnienie go z więzienia było naruszeniem elementarnych zasad sprawiedliwości. I zachętą dla terrorystów do dokonywania kolejnych ataków. Mordujcie, zabijajcie Izraelczyków. Nic wam nie grozi, bo Izrael prędzej czy później wypuści was z więzienia. Taką wiadomość wysłał w świat nasz ówczesny rząd.

– A co z zasadą, że izraelska armia nigdy nie zostawia swoich żołnierzy za linią wroga?

– To pięknie brzmi. Jak poezja. Ale to pusty frazes. Czasami armia musi zostawić swoich żołnierzy za linią wroga. Na wojnie giną żołnierze – to element ich ryzyka zawodowego. Tak było, jest i będzie. Jeden żołnierz na tysiąc z wojny nie wraca. Trzeba się z tym pogodzić… Muszę panu powiedzieć, że ta wymiana była dla mnie osobistym ciosem. Szokiem. Długo nie mogłem w nią uwierzyć.

– Dlaczego?

– Bo Izraelem rządził wtedy prawicowy rząd. Ci faceci zgrywali wielkich twardzieli. Mówili, że są zwolennikami zasady zero tolerancji wobec terroru. A jak przyszło co do czego, to zawarli taki upokarzający układ z Hezbollahem. Okazali słabość wobec naszych wrogów. A to niewybaczalny błąd.

– W świecie arabskim zwolnienie Kuntara rzeczywiście zostało odebrane jako wielkie zwycięstwo nad Żydami.

– Feta, jaką zgotowano temu terroryście w Libanie, obnażyła prawdziwe oblicze kultury islamu – mówi Meir Indor. – Zasada, jaka przyświeca tym ludziom, jest prosta: Jeżeli masz problem, rozwiąż go nożem. A gdy już wyruszysz na świętą wojnę, to musisz wyrżnąć wrogów do nogi. Zabić ich samych, ich żony i dzieci. To się, proszę pana, nazywa dżihad.

Wybuch w Damaszku

19 grudnia 2015 roku na przedmieściach syryjskiej stolicy doszło do niecodziennego wydarzenia. Sześciopiętrowy budynek mieszkalny został trafiony rakietą. Potężna eksplozja wręcz go zdruzgotała. W całej okolicy wypadły szyby z okien.

Służby ratunkowe pod gruzami budynku znalazły dziewięć ciał. Należały do ośmiu Syryjczyków i pewnego libańskiego imigranta. Były to doczesne szczątki Samira Kuntara, zabójcy Danny'ego i Ejnat Haranów.

Rakietę, która uderzyła w budynek, wystrzelił myśliwiec, który pod osłoną nocy przekroczył południową granicę Syrii. Wypuścił pocisk, zawrócił i zniknął z radarów. Do dziś nie wiadomo, do którego państwa należał.

Tekst nigdy wcześniej nie publikowany

6

Piękna Stefa z Gestapo

Po parkowych alejkach ugania się grupka dzieci. Bawią się w berka. Jest przy tym dużo pisków, śmiechów i krzyków. Na sąsiednich ławeczkach siedzą guwernantki i opiekunki. Wymieniają najświeższe miejskie plotki, szydełkują, a jedna kruszy w palcach czerstwą bułkę i rzuca ją gołębiom.

Jest leniwe letnie popołudnie. Na krakowskie Planty ściągnęły dzieci z całej okolicy. Przechodnie patrzą na nie z czułością i rozrzewnieniem. Maluchy bawią się tak beztrosko, jakby nie było wojny i trwającej od trzech lat brutalnej niemieckiej okupacji.

Na skraju ławeczki przysiada młoda elegancka kobieta w zwiewnej sukience i rękawiczkach. Jest niezwykle piękna, przygląda się dokazującym dzieciom i uśmiecha do nich szeroko. Wyjmuje papierową torebkę z czekoladowymi cukierkami. Maluchy zbiegają się do niej i ze śmiechem wyciągają rączki po łakocie.

Sympatyczna nieznajoma częstuje wszystkich. Głaszcze dzieci po głowach, żartuje z nimi, prawi im komplementy. Szczególną uwagę poświęca drobnej dziewczynce o dużych ciemnych oczach. Rozmawia z nią przez dłuższą chwilę, zadaje kilka pytań. Potem kieruje się do siedzących w pobliżu opiekunek.

Zagaduje guwernantkę dziewczynki. Szybko zyskuje jej zaufanie i bez większego trudu wyciąga od niej adres i nazwisko opiekunów dziecka. Następnie wstaje z ławeczki, żegna się i odchodzi. Z parku kieruje się wprost na Pomorską 2, do ponurego gmachu, w którym znajduje się krakowska siedziba Geheime Staatspolizei. W skrócie Gestapo. Kobieta musi być tam znanym i częstym gościem. Nikt jej nie zatrzymuje, a mijani na korytarzu mężczyźni wesoło ją pozdrawiają. Wchodzi po schodach i puka do jednego z gabinetów. Przyjmuje ją oficer w czarnym mundurze. Na biurku leży parabellum i czapka z trupią czaszką na otoku. Niemiec gasi papierosa i wskazuje przybyłej krzesło.

– Wytropiłam małą Żydówkę – mówi. – Ukrywa się u... – podaje nazwisko i adres. – Jeżeli przyjdziecie dziś wieczorem, całą rodzinę na pewno zastaniecie w domu.

Niemiec skwapliwie zapisuje w notesie adres. Sięga po telefon, prosi o połączenie i rzuca kilka krótkich rozkazów. Odłożywszy słuchawkę, wyciąga z szuflady dwa banknoty. Kładzie je na blacie biurka i przesuwa w stronę kobiety. Ta składa je na pół i dyskretnie chowa do torebki. Po czym obdarza gestapowca czarującym uśmiechem.

– *Danke* – mówi słodkim głosem.

Los dziewczynki o dużych ciemnych oczach i ukrywającej ją polskiej rodziny został w tym momencie przypieczętowany. Zginęli jeszcze tej nocy.

Sypiając z wrogiem

Kim była kobieta, która zadenuncjowała żydowskie dziecko bawiące się na krakowskich Plantach? Nazywała się Stefania Brandstätter i była jedną z najgroźniejszych agentek niemieckiej policji bezpieczeństwa działających na terenie stolicy Generalnego Gubernatorstwa. W tej historii nie byłoby nic dziwnego, gdyby nie to, że owa kobieta sama była Żydówką.

Według dokumentów zachowanych w archiwum Instytutu Pamięci Narodowej Stefania Brandstätter urodziła się w województwie kieleckim w zamożnej kupieckiej rodzinie Rottenbergów. Jeszcze przed wojną przyjechała do Krakowa, gdzie uczyła się w jednym z tamtejszych żeńskich gimnazjów. Gdy wybuchła wojna, miała około dwudziestu pięciu lat.

Niezwykle atrakcyjna, pewna siebie dziewczyna zawsze świetnie dawała sobie radę w życiu. Potrafiła wykorzystywać walory, którymi obdarzyła ją natura. Mężczyzn – którzy w jej towarzystwie tracili głowę – urabiała jak wosk. Dlatego gdy Niemcy zaczęli wprowadzać przepisy dyskryminujące Żydów, nie miała najmniejszego zamiaru im się podporządkować.

Przede wszystkim nie poszła do getta. Zamieszkała pod przybranym nazwiskiem – Maria Dworzak – po aryjskiej stronie muru. Sąsiadom mówiła, że jest młodą mężatką, której mąż walczył w kampanii 1939 roku i trafił do niewoli. Aby zapewnić sobie bezpieczeństwo, nawiązała intymne kontakty z kilkoma gestapowcami.

> Przystojna, miła w obyciu, sprytna – napisano w raporcie polskiego podziemia. – Bywa u niej często gestapowiec Joseph Andre, który zwykle sypia u niej. Zwie ją krótko: „Meri", inni gestapowcy zwą ją „die kleine Frau". Przed mieszkaniem jej zatrzymują się często auta policyjne. Okna mieszkania zwykle zasłonięte storami.

Według tego dokumentu Stefania Brandstätter vel Maria Dworzak w 1941 roku miała osobliwy pomysł na wzbogacenie się. Rozkochała w sobie kilku naiwnych mężczyzn, a następnie poprosiła ich o pomoc w wyrobieniu fałszywych dokumentów. Zauroczeni atrakcyjną dziewczyną panowie zgodzili się pomóc, a wówczas Stefania wpadła na pomysł, by wydać ich Gestapo.

Co ciekawe, pomysł ten ponoć wywołał obrzydzenie i protest jej kochanka, oficera niemieckiej tajnej policji.

– Nie ważmi się tego robić! – podobno powiedział. – Wystarczy, że ja siedzę w tej świńskiej służbie. Co z tego, że zarobisz 2 lub 5 tysięcy złotych, skoro Polacy w końcu wpakują ci kulę w łeb.

Nie wiadomo, czy „piękna Stefa", jak ją nazywano, zrealizowała ten plan. Według Alicji Jarkowskiej-Natkaniec, autorki wydanej niedawno ciekawej książki *Wymuszona współpraca czy zdrada?*, informacje zawarte w raporcie podziemia są bardzo niepewne.

Na tropie Żydów

Pewne jest jednak to, że w 1942 roku Brandstätter nawiązała współpracę agenturalną z Gestapo. I że jej kochankiem był oficer niemieckiej bezpieki – nazywał się Rudolf Körner. Stefania mogła swobodnie poruszać się po mieście bez opaski z gwiazdą Dawida, a w domu miała aparat telefoniczny, żeby móc błyskawicznie połączyć się ze swoimi mocodawcami.

Jej zadaniem było tropienie i demaskowanie Żydów ukrywających się na „aryjskich papierach" na terenie Krakowa.

Pewnego razu, było to latem 1942 roku – opowiadał Henryk Landau – zauważyłem po drugiej stronie ulicy stojących Lejzora Landaua oraz Stefę Brandstätter. Oboje byli bez opasek. Po chwili widziałem, jak dokładnie w tym miejscu zatrzymało się auto Gestapo, z którego wysiadło kilku gestapowców w cywilu. Wyciągnęli oni z bramy jakiegoś mężczyznę i, opierającego się, wpakowali do auta. Słyszałem, jak mężczyzna ów krzyczał:

– *Ich bin kein Jude!*

Auto odjechało i razem z nim znikli Lejzor Landau i Stefania B.

Z kolei Herman Krischer zeznał po wojnie, że Stefania zdobyła zaufanie jego dwóch córek, Pauliny i Celiny. Namówiła je do ucieczki z getta i zwabiła do swojego mieszkania. A następnie obie nieszczęsne dziewczyny wydała Gestapo. Aresztowane próbowały ucieczki. Jedna została zastrzelona na miejscu, a druga zbiegła, lecz była tak skatowana przez Niemców, że wkrótce zmarła i ona.

Największych zysków Stefania Brandstätter nie czerpała jednak z denuncjacji, ale z wyłudzania pieniędzy, złota i biżuterii od rodzin osób przetrzymywanych na Gestapo i w więzieniu na Montelupich. Powoływała się na swoje wpływy w niemieckiej tajnej policji i obiecywała interwencję.

Za „pomoc" brała zawrotne sumy – na przykład złoto o równowartości 120 tysięcy złotych. W obronie więźniów jednak nie kiwnęła palcem. Nieszczęśnicy byli torturowani i mordowani przez Niemców, a Stefania Brandstätter wydawała pieniądze za ich ocalenie na drogie restauracje, ubrania i inne luksusy.

Ofiarami zdeprawowanej agentki padali często jej przedwojenni znajomi i przyjaciele. Spotkanym na ulicy ludziom nieświadomym jej współpracy z Niemcami oferowała pomoc i schronienie. Zwabiała ich do swojego mieszkania przy Zyblikiewicza 11, po czym sprowadzała na miejsce gestapowców.

Tak było między innymi ze szkolną koleżanką Stefanii Zofią Weindling, która akurat wiedziała o jej złowrogiej działalności. Obie panie wpadły na siebie w 1943 roku.

> Przypadkiem spotkałam Stefanię na ulicy – mówiła po wojnie Weindling – i zlękłam się, bo wiedziałam, że mieszka z Körnerem, do czego mi się zresztą przyznała. Przelękłam się, gdy ją ujrzałam, ale ona rzuciła mi się zaraz na szyję i udawała zmartwioną, że ja się jej boję.

Brandstätter w kolejnych dniach zabrała ją do kilku drogich knajp, w których chwaliła się przed nią swoim bogactwem: kosztownościami i pieniędzmi. Udawała najlepszą przyjaciółkę. Ale wkrótce bez mrugnięcia okiem wydała Weindling Gestapo. Dziewczyna została aresztowana i wywieziona do obozu pracy.

Inną ofiarą „pięknej Stefy" była Izabela Czecz, młoda Polka mieszkająca w tej samej kamienicy co Brandstätter. Pewnego dnia Czecz postanowiła urządzić w domu prywatkę. W samym środku zabawy do mieszkania bezceremonialnie wparowała Stefania.

– Komendant Gestapo Körner – powiedziała – znajduje się w tej chwili u mnie w mieszkaniu i po ciężkiej pracy odpoczywa. Rozejdźcie się w spokoju, bo w przeciwnym razie wasi chłopcy zobaczą, co to jest Oświęcim!

Po tym incydencie Izabela Czecz i jej przyjaciółka Anna Maria Heydel oświadczyły, że „z taką szumowiną nie chcą się zadawać". Agentka Gestapo zemściła się na nich okrutnie. Oskarżyła je o współpracę z komuną i zadenuncjowała policji bezpieczeństwa.

Gdy trafiły do więzienia, Stefania przejęła mieszkanie Anny Heydel wraz z umeblowaniem i rzeczami osobistymi zadenuncjowanej sąsiadki. Na koniec zaś... zgłosiła się do jej matki i zaoferowała pomoc w zwolnieniu dziewczyny w zamian za 50 tysięcy złotych!

Stefa – relacjonował przesłuchiwany po wojnie świadek – chodziła tam, gdzie się zwykle dzieci schodziły na Planty do parku. Zauważywszy znajome lub nawet nieznajome dziecko o rysach lub w zachowaniu niepewne, kręciła się tak długo, nie skąpiąc im łakoci ani zabawek, bawiąc się z dzieckiem i tak długo wkradała się w łaskę dziecka lub opiekunki, aż zyskała jej zaufanie. Nie każdy był skryty, a ona miała ładną buzię i dziecina zdradzała się. Dowiedziała się Stefa, gdzie ona mieszka i dziecko powiększało grono aniołków. A jaki to był słodki i dochodowy chleb, dostawało się 1000 zł za głowę. Gotówkę lub wszystko, co znaleziono u tej osoby. A więc garderobę, walutę, biżuterię, ewentualnie meble.

Ucieczka z Krakowa

Jak widać, Stefania Brandstätter wyzbyła się wszelkich oporów i hamulców. Na swoim procederze zarabiała krocie, jednak w maju 1944 roku musiała uciekać z miasta. Agentką zainteresowało się bowiem polskie podziemie, które wydało na nią wyrok śmierci.

Gestapowski kochanek załatwił jej przerzut do Budapesztu. Tam doczekała wkroczenia Armii Czerwonej. Po wojnie działalnością „pięknej Stefy" zainteresował się wymiar sprawiedliwości komunistycznej Polski. W czerwcu 1946 roku prokuratura w Krakowie wypuściła za byłą konfidentką Gestapo list gończy. Jego kopia – pod sygnaturą 01178/1672 – zachowała się w archiwum IPN.

Idąc na rękę władzy okupacyjnej niemieckiej – napisano w dokumencie – [oskarżona] wskazywała i wydawała Gestapu Polaków i Żydów poszukiwanych z powodu ich przynależności rasowej lub pracy niepodległościowej. Wskutek czego wiele osób zostało aresztowanych i zesłanych do obozów lub zabitych. Wszystkie władze cywilne i wojskowe powinny zatrzymać aresztowaną i odstawić do więzienia w Krakowie – ul. Senacka 3.

Z dołączonej do listu fotografii spogląda melancholijnie przystojna brunetka.

Od oskarżenia do skazania była daleka droga, bo Brandstätter nie zamierzała wracać do Polski. Według listu gończego zamieszkała w Czechosłowacji „jako żona inżyniera Pressmanna". Tam podobno na pewien czas aresztowało ją NKWD.

Stefania świetnie sobie jednak poradziła. Do władz komunistycznej Polski nadszedł bowiem donos od niejakiego Iźka, który twierdził, że pojawiła się w Paryżu jako towarzyszka życia znanego bolszewickiego dyplomaty.

Tu, w Paryżu – pisał 2 lipca 1946 roku informator – od czasu rozpoczęcia konferencji bawi Stefania Brandstätter w towarzystwie swojego męża. Jest to dygnitarz sowiecki, który przyjechał w towarzystwie Mołotowa na konferencję. Stefa była w Londynie, a obecnie mieszka w hotelu dla dyplomacji. Za nią chodzi stale francuski tajny, aby nic złego jej się nie stało. Jest nadal piękna, ubiera się bardzo elegancko. Jak widzicie – im większa kurwa, tym większe szczęście.

Komunistyczne władze bezpieczeństwa uznały wówczas, że Stefania... „została przewerbowana przez wywiad anglosaski".

Na wniosek władz w Warszawie Stefanię umieszczono tymczasem na międzynarodowej liście poszukiwanych zbrodniarzy wojennych. Komuniści szykowali się nawet do wydania wniosku o jej ekstradycję. Nic z tego jednak nie wyszło, Stefania wyjechała bowiem do Stanów Zjednoczonych. Tam wzięła ślub i dożyła spokojnej starości jako pani Kandel. „Piękna Stefa" znowu spadła na cztery łapy.

Co skłoniło tę piękną Żydówkę do takiej odrażającej działalności? Pieniądze? Strach? Chęć zemsty?

– Zachowany materiał źródłowy nie pozwala odpowiedzieć na pytanie, co kierowało Stefanią Brandstätter, gdy związała się z krakowskim

Gestapo – mówi Alicja Jarkowska-Natkaniec, autorka książki *Wymuszona współpraca czy zdrada?* – Jako historyk nie podejmuję się oceniać tej dziewczyny. Każdy czytelnik musi to zrobić sam.

Siatka Diamanta

Stefania Brandstätter była jednym z około dwudziestu żydowskich szpicli grasujących w aryjskich dzielnicach Krakowa. Już w czasie wojny nazywano ich – od nazwiska najsłynniejszego agenta – szajką Maurycego Diamanta. Według Alicji Jarkowskiej-Natkaniec gang taki jednak nigdy nie istniał. Konfidenci byli ze sobą powiązani bardzo luźno i na ogół działali na własną rękę.

Żydowscy renegaci byli dla Gestapo bardzo cenni. Doskonale znali środowisko i obyczaje Polaków wyznania mojżeszowego. Potrafili wytropić nawet najlepiej zakamuflowanego Żyda. Ich zadanie zaczynało się tam, gdzie kończyły się możliwości gestapowców i polskich szmalcowników.

W efekcie ukrywający się na „aryjskich papierach" Żydzi najbardziej obawiali się właśnie konfidentów z własnej nacji.

Na terenie gubernatorstwa – wspominał jeden z polskich konspiratorów – działała kilkunastoosobowa grupa konfidentów rekrutujących się z mętów społeczeństwa żydowskiego. Mężczyzn i kobiet. Inteligentni i śmiali, bezczelni, niezwykle sprytni i zręczni w swych poczynaniach. Dotrzeć było do nich bardzo trudno, gdyż byli bardzo czujni, ostrożni i podejrzliwi. Dobrze uzbrojeni i gotowi na wszystko.

Armia Krajowa na część żydowskich agentów Gestapo wydała wyroki śmierci. Między innymi na „szefa siatki", Maurycego Diamanta. Pierwszych kilka prób wykonania wyroku skończyło się jednak fiaskiem. Żołnierze podziemia skompromitowali się przy tym niebywałą niekompetencją i nieudolnością. Według legendy Diamant nie rozstawał się z pistoletem i... podarowanym mu przez Gestapo psem bojowym. Polscy egzekutorzy dopadli go dopiero w styczniu 1944 roku.

Do tropienia swoich ofiar żydowscy konfidenci używali znajomości i kontaktów w środowisku żydowskim. Często również patrolowali ulice, dworce i parki, starając się wyłuskać ofiary z tłumu „aryjczyków".

Witold Mędykowski w artykule *Przeciw swoim* opisał następujący przypadek: żydowski agent Gestapo Salomon Weininger rozpoznał młodego Żyda w tramwaju. Gdy ten zorientował się, że grozi mu śmiertelne niebezpieczeństwo, wyskoczył z jadącego pojazdu. Szpicel ze stanowiącym jego obstawę agentem policji rzucili się w pościg. Udało im się dopaść młodego Żyda, którego pobili, skuli i odstawili na komisariat.

Wspomniany agent Salomon Weininger miał na koncie również zadenuncjowanie osiemdziesięciu krakowskich Żydów, którzy zaopatrzyli się w fałszywe zagraniczne paszporty. I za ich pomocą zamierzali wyrwać się z okupowanej Europy. Na skutek donosu wszyscy zostali zamordowani w 1943 roku przez Niemców na terenie dawnego cmentarza żydowskiego przy ulicy Jerozolimskiej.

Innym wyjątkowo niebezpiecznym agentem był Mojżesz Brodman. On z kolei zajmował się wyszukiwaniem bunkrów i skrytek, w których Żydzi ukrywali się na terenie getta.

> Podczas likwidacji getta – relacjonował Aaron Goldwert – ukryłem się wraz z żoną i trojgiem dzieci razem ze 110 osobami na strychu jednego z domów. Kryjówka nasza była zamurowana, niewidoczna z zewnątrz, mieliśmy wodociąg, ubikacje i nagromadzoną żywność. Ukrył się z nami szwagier Brodmana, który nazajutrz po niego przyszedł i obiecał, że nas wszystkich uratuje. Przeczuliśmy jednak wszyscy, że jesteśmy straceni, że nas Brodman wyda. I rzeczywiście, nazajutrz zaraz nas szukał [gestapowiec] Kunde i kiedy go ujrzeliśmy przez zamaskowane okienko, wiedzieliśmy, że nas wydano. Kunde podszedł do właściwej ściany, gdzie wyjście było bardzo kunsztownie zamaskowane starymi cegłami i wapnem. Gdyśmy schodzili, mój syn Salomon ujrzał Brodmana i powiedział, że będzie miał koniec gorszy od nas, że Bóg zapłaci mu za to. Wiedzieliśmy, że

dzień przedtem schwytano także około 100 ludzi z bunkra i na miejscu ich rozstrzelano.

Jak wynika z zachowanych relacji i dokumentów, większość Żydów, którzy zdecydowali się na współpracę z Gestapo, robiła to dla pieniędzy. Mogli na tym zarobić fortunę. Przede wszystkim wyłudzając pieniądze od rodzin aresztowanych, których zwodzili możliwością pomocy.

Żydowscy zdrajcy byli również zwolnieni z niemieckich obostrzeń. Nie musieli mieszkać w getcie, nosić opasek z gwiazdą Dawida ani chodzić do pracy przymusowej. Prowadzili normalne życie, niewiele różniące się od życia przed wojną.

W 1942 roku Trzecia Rzesza zaostrzyła jednak swą antyżydowską politykę i Niemcy przystąpili do realizacji „ostatecznego rozwiązania". Żydzi z krakowskiego getta byli systematycznie wywożeni do obozu zagłady w Auschwitz i mordowani w komorach gazowych. Ich doczesne szczątki palono w krematoriach.

Wówczas stawka gry prowadzonej przez agentów znacznie się podniosła. Walka o złoto zamieniała się w walkę o życie. Często zakończoną sukcesem. Części żydowskich konfidentów Gestapo – tak jak Stefanii Brandstätter – udało się bowiem przeżyć wojnę i uniknąć odpowiedzialności. Reszta zginęła z rąk egzekutorów AK lub... Niemców.

Mowa tu między innymi o parze konfidentów Gestapo Jakubie Selingerze i jego żonie Róży Feingold. Pod koniec wojny małżeństwo to zwróciło się do swego oficera prowadzącego Kurta Heinemeyera o pomoc w ucieczce na Węgry. Gestapowiec zgodził się i dał Selingerom zaklejony list do naczelnika policji w Nowym Targu. Oficer ten miał przeprowadzić ich przez granicę.

Małżeństwo agentów dotarło do Nowego Targu i przekazało list. Niemiec otworzył kopertę. W środku był... rozkaz rozstrzelania Selingerów. Wyrok Niemcy wykonali od ręki, ale tylko na Róży, bo Jakubowi cudem udało się uciec. Jak widać, oboje do końca ufali swojemu niemieckiemu mocodawcy.

– Działalność żydowskich agentów Gestapo wywołuje olbrzymie emocje i często przywoływana jest w antysemickim kontekście – mówi Alicja Jarkowska-Natkaniec. – Zachowane dokumenty archiwalne wskazują jednak, że żydowskich konfidentów było w Krakowie około 20, a w sumie z niemieckimi władzami na terenie miasta współpracowało co najmniej 800 osób.

– Kim było pozostałych 780 agentów?

– Według ustaleń konspiracji krakowskiej byli to przede wszystkim Polacy, Volksdeutsche, a także Ukraińcy – dodaje pani Jarkowska-Natkaniec.

Tak, warto pamiętać, że w każdej społeczności znajdą się czarne owce.

Źródło: „Historia Do Rzeczy" 8/2018

7

Wpadki zabójców z Mosadu

Autobus zatrzymał się na przystanku. Otworzyły się drzwi i wyszedł z niego młody mężczyzna. Odwrócił się i podał rękę kobiecie. Pomógł jej opuścić pojazd, bo sama już z trudem się poruszała. Była w zaawansowanej ciąży. Młody człowiek wziął ją pod rękę i ruszyli w stronę mieszkania. Wracali z kina i byli w znakomitych humorach. Żartowali, co pewien czas przystawali, żeby się pocałować.

Zajęci sobą nie zauważyli, że za nimi powoli sunie biały osobowy peugeot z czterema mężczyznami w środku. Nagle kierowca przyspieszył, po czym gwałtownie zahamował przed idącą chodnikiem parą. Chłopak i dziewczyna zatrzymali się zaskoczeni. Z samochodu wyskoczyło dwóch ludzi. Światło latarni błysnęło na lufach pistoletów. Były to beretty.

Ciszę nocy przerwał huk wystrzału, potem drugi, trzeci i czwarty… Z kilkudziesięciu centymetrów zabójcy wpakowali w chłopaka czternaście pocisków kalibru 5,6 mm. Został podziurawiony jak sito. Zanim upadł na chodnik, już nie żył. Jego dziewczyna zaczęła przeraźliwie krzyczeć, a zabójcy wskoczyli do samochodu. Kierowca wcisnął pedał gazu i biały samochód ruszył z piskiem opon.

W środku siedzieli agenci Mosadu, którzy właśnie wykonali wyrok na Alim Hasanie Salamie zwanym Czerwonym Księciem. Przywódcy słynnego „Czarnego Września", organizatorze szeregu krwawych zamachów terrorystycznych. Tak się przynajmniej wydawało Izraelczykom. Nazajutrz, ku swemu przerażeniu, dowiedzieli się bowiem, że zabili niewinnego człowieka.

Ich ofiarą padł Ahmed Boucziki, kelner marokańskiego pochodzenia. A ponieważ do zabójstwa doszło na obcym gruncie – w górskim kurorcie Lillehammer w Norwegii – oznaczało to dla izraelskich egzekutorów poważne kłopoty. Tej fatalnej pomyłki dopuścili się 21 lipca 1973 roku, a już tego samego dnia norweska policja wpadła na ich trop.

Jedna z sąsiadek Bouczikiego i jego norweskiej żony widziała zabójstwo z okna swojego mieszkania. I zapisała numer rejestracyjny pojazdu zabójców. Nazajutrz dwaj funkcjonariusze operacyjni Mosadu przyjechali do lotniskowej wypożyczalni samochodów, aby zwrócić białego peugouta. Był to zdumiewający błąd. Oczywiście natychmiast zostali aresztowani.

Przesłuchani przez policję zdradzili adres tajnego mieszkania Mosadu w Lillehammer. Tam policja aresztowała kolejnych dwóch Izraelczyków. Oni również załamali się w śledztwie i wydali kolejnych kolegów. Jeden z nich cierpiał na klaustrofobię i zgodził się zeznawać za... przeniesienie go do większej celi.

W efekcie norweskie służby aresztowały agentów Mosadu jednego po drugim. Przy tej okazji przejęły również ściśle tajne dokumenty izraelskich służb oraz klucze do kryjówki Mosadu w Paryżu. Francuska policja nie traciła czasu – wkroczyła do mieszkania i rozbiła w drobny mak izraelską siatkę szpiegowską działającą nad Sekwaną. W ręce Francuzów wpadły nazwiska, adresy i numery telefonów izraelskich agentów!

Norwescy detektywi nie mogli uwierzyć, że Mosad – który uchodził za jedną z najsprawniejszych służb świata – przeprowadził całą operację tak po dyletancku. A jego agenci wpadli jak dzieci. Zabójcy marokańskiego kelnera poszli pod sąd, który posłał ich do więzienia, a Izrael musiał wypłacić rodzinie zamordowanego chłopaka 400 tysięcy dolarów odszkodowania.

Reputacja państwa żydowskiego, a szczególnie jego tajnych służb, legła w gruzach.

Operacja „Gniew Boży"

Zabójstwo w Lillehammer było elementem operacji „Gniew Boży", czyli akcji odwetowej podjętej przez izraelskie tajne służby po słynnej masakrze w Monachium w 1972 roku. Komando palestyńskich terrorystów z organizacji „Czarny Wrzesień" zaatakowało wówczas wioskę olimpijską i na oczach zszokowanego świata zamordowało jedenastu izraelskich sportowców i trenerów.

Izraelska premier Golda Meir uznała wówczas, że tak straszliwej zbrodni nie można puścić płazem. Że świat musi zobaczyć, że nie można już bezkarnie zabijać Żydów. Na jej rozkaz w Mosadzie utworzona została ściśle tajna jednostka zabójców o kryptonimie „Kidon", co po hebrajsku znaczy „oszczep".

W jej skład weszli najlepsi izraelscy komandosi. Zostali wszechstronnie wyszkoleni w metodach sabotażu, walki wręcz i nożem. Potrafili prowadzić każdy pojazd mechaniczny. Ale przede wszystkim nauczono ich, jak błyskawicznie pozbawić życia człowieka. A następnie pozbyć się ciała.

Członkowie „Kidonu" przez kolejne dwadzieścia lat jeździli po świecie i likwidowali bojowników „Czarnego Września". Strzelali do nich, podawali im zatrute czekoladki, dusili i wysadzali w powietrze. Jednego z organizatorów monachijskiej masakry, Mohammada Dauda Audę, znanego jako Abu Daud, „nieznani sprawcy" w 1981 roku sześciokrotnie postrzelili w brzuch w warszawskim hotelu Victoria.

Jednym z dowódców „Kidonu" był Rafi Ejtan, legendarny oficer izraelskich tajnych służb. Człowiek, który w 1960 roku uprowadził z Buenos Aires Adolfa Eichmanna.

Rozmawiając dziś z Ejtanem, trudno uwierzyć, że ma się do czynienia z jednym z najgroźniejszych, najlepiej wyszkolonych agentów służb specjalnych okresu zimnej wojny. Człowiekiem, który wielokrotnie stawał oko w oko ze śmiercią i sam niejednokrotnie naciskał na spust. Organizatorem i wykonawcą najbardziej karkołomnych operacji.

Dziś to niski starszy pan. Z charakterystycznymi okularami w grubych, rogowych oprawkach na nosie. Z jego okrągłej twarzy nie schodzi szeroki uśmiech. Mimo że ma ponad dziewięćdziesiąt lat, tryska energią. Gdy mówi, żywo gestykuluje.

– Nie czuliśmy żadnej satysfakcji – opowiada o akcjach likwidacyjnych. – Do tej roboty podchodziliśmy bez emocji. Nie uważaliśmy się za mścicieli, którzy wykonują jakąś świętą misję. Pełniliśmy raczej funkcję katów albo lekarzy, którzy wstrzykują truciznę skazanemu na śmierć. Po prostu wykonywaliśmy wyroki sankcjonowane przez naszego premiera.

W 2005 roku historię jego oddziału w głośnym filmie *Monachium* przedstawił Steven Spielberg. Ejtan, gdy słyszy to nazwisko, wyraźnie się zżyma.

– To był bardzo kiepski i stanowczo za długi film – mówi. – Oglądałem go z żoną i bardzo się wynudziłem. Przedstawiono nas jako gang kryminalistów, a nie oddział karnych, doskonale wyszkolonych i ideowych agentów Mosadu. Film jest całkowicie nieprawdziwy – dodaje, machając ręką.

Film Spielberga wzbudził wiele kontrowersji. Znanemu hollywoodzkiemu reżyserowi zarzucono nie tylko, że przedstawił izraelskich agentów jako paranoicznych morderców, ale przede wszystkim, że zatarł różnice pomiędzy terrorystami a ludźmi wymierzającymi im sprawiedliwość.

– To, co robiliśmy, nigdy nie było prymitywną zemstą – podkreśla Ejtan. – Chodziło nie tylko o to, żeby winni zapłacili za swoje zbrodnie, ale również żeby kolejni terroryści zastanowili się dwa razy przed dokonaniem kolejnego ataku.

„Kidon" był – i jest – niezwykle skuteczny i bezwzględny. Nie ma miejsca na świecie, w którym wrogowie Izraela mogliby czuć się bezpiecznie. Na temat kolejnych brawurowych operacji Mosadu krążą legendy. Kręci się o nich filmy, pisze książki sensacyjne. W akademiach służb specjalnych całego świata szczegółowo omawia się ich akcje.

Zdecydowanie mniej uwagi poświęca się zaś wpadkom Mosadu. Czyli takim operacjom, jak zabójstwo Bogu ducha winnego kelnera w Lillehammer. A przecież nawet najlepsi czasem się mylą. Nie inaczej jest z izraelskimi tajnymi służbami. Choć bez wątpienia należą one do światowej czołówki, im również czasem powinie się noga.

Trudno choćby uznać za w pełni udany kolejny zamach na „Czerwonego Księcia". Mimo kompromitacji w Lillehammer „Kidon" nie zrezygnował bowiem z planu wyeliminowania Alego Hasana Salamy. Główny organizator masakry izraelskich sportowców w Monachium musiał zginąć.

Była to postać nietuzinkowa. Arabski terrorysta-playboy, który uwielbiał markowe garnitury, szybkie samochody, luksusowe jachty i piękne kobiety. Wystarczy napisać, że jego żoną była... Miss Universe. Salama był stałym bywalcem najmodniejszych i najdroższych klubów Bliskiego Wschodu i Europy. Ale był też niezwykle czujny i ostrożny.

Szczęście odwróciło się od niego 22 stycznia 1979 roku w Bejrucie. Agentka Mosadu zdetonowała silny ładunek wybuchowy ukryty w samochodzie pułapce, gdy obok przejeżdżał konwój pojazdów „Czerwonego Księcia". Bejrutem wstrząsnęła potężna eksplozja – w promieniu kilometra wszystkie szyby wyleciały z okien.

Palestyński terrorysta zginął ze swoimi czterema ochroniarzami. Ulica jednak nie była pusta. W eksplozji straciło życie czworo przypadkowych osób, a kilkanaście zostało rannych. Mosad znowu musiał się gęsto tłumaczyć.

Antidotum dla terrorysty

Jedną z największych wpadek Mosadu był zamach na prominentnego działacza Hamasu Chalida Maszala, do którego doszło 25 września 1997 roku. O ile sprawa zabójstwa w norweskim kurorcie Lillehammer ma wymiar tragiczny, o tyle ta bardziej przypomina komedię pomyłek. Jedną z parodii przygód agenta 007 z „Jasiem Fasolą" w roli głównej.

Otóż agenci Mosadu postanowili uderzyć w Ammanie, gdzie na stałe mieszkał Maszal. Szkopuł w tym, że Jordania jest jednym z niewielu państw arabskich żyjących w pokoju z Izraelem. Mało tego, jordańskie służby często współpracują z izraelskimi w walce z Palestyńczykami. Mimo to Mosad postanowił podjąć ryzyko. Do Ammanu wyjechało kilkuosobowe izraelskie komando, które wzięło Maszala pod obserwację.

Pomysł był prosty. Palestyński terrorysta miał zostać otruty za pomocą zabójczego spreju wyprodukowanego w jednym z tajnych izraelskich laboratoriów biochemicznych. Wystarczy kilka kropel tej groźnej substancji, by wysłać człowieka na tamten świat. A objawy są mniej więcej takie same jak w wypadku zawału serca. Wydawało się więc, że ludzi z „Kidonu" czeka czysta, gładka robota.

Na wszelki wypadek w jednym z hoteli w jordańskiej stolicy umieszczono jednak izraelską lekarkę z antidotum. Miało ono zostać podane agentom Mosadu, gdyby któryś z nich przypadkowo miał kontakt z trucizną. Lekarka nie domyślała się jednak, że w całej aferze odegra zupełnie inną, nieoczekiwaną rolę.

Wróćmy jednak do samej akcji. Izraelczycy planowali zaatakować nad ranem, gdy Maszal będzie wchodził do biura Hamasu w Ammanie. Jeden z zabójców miał niepostrzeżenie rozpylić mu truciznę na karku, mijając go na schodach budynku. Maszal miał się przewrócić, a Izraelczyk niepostrzeżenie się oddalić.

Nic jednak nie poszło zgodnie z planem. Maszal tego dnia nieoczekiwanie wziął do samochodu dwójkę swoich dzieci, które jego kierowca miał odwieźć do szkoły. Gdy uzbrojony w truciznę Izraelczyk zbliżał się do ofiary, córeczka Maszala wybiegła z samochodu i zaczęła wołać ojca. Terrorysta zawrócił.

W efekcie zaskoczony egzekutor z Mosadu rozminął się z Maszalem i żeby dosięgnąć go trucizną, musiał do niego doskoczyć. I choć udało mu się psiknąć nią w ucho Palestyńczyka, jego gwałtowny ruch dostrzegł szofer Maszala. Rzucił się on na ratunek szefowi. Doszło do walki, do której włączył się jeszcze jeden członek Hamasu.

Egzekutor i ubezpieczający go agent zdołali się wyrwać i wskoczyć do czekającego na nich samochodu. Po kilku przecznicach postanowili jednak uciekać piechotą. Bali się, że ludzie Maszala zapisali numery rejestracyjne ich auta. Był to fatalny błąd. Wspomniany bojownik Hamasu biegł bowiem za samochodem i teraz rzucił się na wysiadających Izraelczyków.

Znów wybuchła zacięta bójka. W ruch poszły pięści, wymierzano sobie kopniaki. Natychmiast zbiegł się tłum gapiów, który otoczył trzech szamoczących się mężczyzn. Co bardziej krewcy Jordańczycy dołączyli do walczących. Uliczną awanturę przerwał dopiero przyjazd jordańskiej policji. Groźni zabójcy z Mosadu grzecznie wsiedli do radiowozu i pojechali na komisariat razem z poturbowanym przez nich hamasowcem.

Tam zapewnili funkcjonariuszy, że nie mają nic wspólnego z zamachem na Maszala. Są tylko zwykłymi kanadyjskimi turystami. Na dowód pokazali paszporty. Jordańska policja skontaktowała się z ambasadą Kanady, która przysłała na komisariat dyplomatę. Wówczas sprawa oczywiście się wydała. Okazało się, że obaj „turyści" nigdy nie widzieli swojej „ojczyzny". I że ich paszporty zostały sfałszowane.

Król Jordanii Husajn na wieść, że Mosad dopuścił się zamachu w jego kraju, wpadł w szał. Uznał to za osobisty akt obrazy. Dowód nielojalności i perfidii Żydów, którzy nie potrafią uszanować jego majestatu. Rozwścieczony monarcha zapowiedział, że każe uśmiercić schwytanych agentów. I zaatakować ambasadę Izraela, w której schronili się pozostali uczestnicy operacji.

W efekcie do Ammanu, aby przebłagać monarchę, musiał w ekspresowym tempie przylecieć śmigłowcem sam premier Binjamin Netanjahu. Król ostentacyjnie go nie przyjął. Izraelski przywódca spotkał się tylko z jego bratem. W wyniku długotrwałych negocjacji udało się osiągnąć satysfakcjonujące Jordańczyków porozumienie. Do łóżka konającego Maszala sprowadzono wspomnianą izraelską lekarkę, która podała pacjentowi antidotum. Żydówka uratowała od pewnej śmierci arabskiego terrorystę, śmiertelnego wroga swojego narodu.

Na tym jednak upokorzenia strony izraelskiej się nie skończyły. Premier Netanjahu musiał solennie przepraszać swoich jordańskich sojuszników, a w zamian za wypuszczenie schwytanych w Ammanie agentów Mosadu zwolnić kilkudziesięciu arabskich więźniów. Na czele z niewidomym demonicznym starcem na wózku inwalidzkim, przywódcą Hamasu szejkiem Ahmadem Jasinem.

Skutki operacji były więc opłakane. Nie dość, że poważnie nadszarpnęła ona stosunki państwa żydowskiego z Jordanią, to jeszcze wylansowała Chalida Maszala na palestyńskiego bohatera narodowego.

Po śmierci szejka Jasina – w 2004 roku zginął w eksplozji izraelskiej rakiety – Maszal stanął na czele Hamasu. I jest obecnie uznawany za wroga numer jeden Izraela.

– Umrę wtedy, gdy zdecyduje o tym Allah, a nie Mosad – powiedział Maszal w jednym z wywiadów.

Zabójstwo w pokoju numer 230

Mahmud al-Mabuh był niezwykle ostrożny. I trudno mu się dziwić, bo gdy ktoś znajduje się na samym szczycie izraelskiej listy poszukiwanych terrorystów, powinien mieć się na baczności. Dlatego gdy 19 stycznia 2010 roku zameldował się w pięciogwiazdkowym dubajskim hotelu Al Bustan Rotana, poprosił o klimatyzowany pokój bez balkonu z zaśrubowanymi oknami. Tak aby nikt nie mógł się do niego dostać z zewnątrz.

Nie zwrócił jednak uwagi na dwóch mężczyzn w strojach tenisowych i z rakietami w rękach, którzy weszli z nim do windy. A następnie opuścili ją na tym samym piętrze co on. Mężczyźni ci dyskretnie sprawdzili numer pokoju, w którym się zatrzymał. Był to pokój numer 230. Informacja została przekazana dalej i po chwili do recepcji zadzwonił „turysta", który zarezerwował znajdujący się po drugiej stronie korytarza pokój numer 237.

Mahmud al-Mabuh tymczasem odświeżył się po podróży i wyszedł na zakupy. Gdy spacerował po alejkach centrum handlowego, do hotelu przybyło czterech mężczyzn. Skierowali się oni prosto do pokoju numer 237 i zamknęli się w nim. Na korytarz wyszli dopiero wieczorem, około 20.00. Przeprogramowali elektroniczny zamek w drzwiach pokoju Al-Mabuha i weszli do środka.

Al-Mabuh wrócił do hotelu o 20.24. Nie spodziewając się żadnego niebezpieczeństwa, otworzył drzwi i wszedł do pokoju. Gdy tylko przekroczył próg, rzuciło się na niego czterech napastników. Doszło do desperackiej walki o życie. Al-Mabuh był jednak na straconej pozycji. W czasie szamotaniny jeden z napastników zrobił mu zastrzyk.

Mężczyzna zwalił się na ziemię. Substancja chemiczna zadziałała w ten sposób, że Al-Mabuh nie mógł się poruszać, ale zachował pełną świadomość. Doskonale zdawał sobie sprawę, co się z nim dzieje... Mordercy zaciągnęli go na łóżko. Tam udusili go poduszką i – na wszelki wypadek – potraktowali bardzo silnym paralizatorem. Przez jego głowę przepuszczona została potężna dawka prądu.

Upewniwszy się, że ofiara nie żyje, egzekutorzy opuścili pokój. Zawiesili na klamce kartkę z napisem „Nie przeszkadzać" i pojechali prosto na lotnisko. Gdy nad ranem personel sprzątający znalazł trupa, zabójców nie było już w Dubaju. Mahmud al-Mabuh, jeden z najgroźniejszych palestyńskich terrorystów, założyciel zbrojnego skrzydła Hamasu, Brygad Ezedina al-Kasama, został wyeliminowany z gry.

Choć Izrael nigdy się do tego oficjalnie nie przyznał, wyrok w luksusowym dubajskim hotelu wykonali agenci Mosadu.

– Czy to zrobił Mosad? Mam nadzieję, że tak – mówi, uśmiechając się, Ehud Jaari, znany izraelski ekspert do spraw terroryzmu. – Mieliśmy z tym facetem niewyrównany rachunek. W 1989 roku zabił dwóch naszych żołnierzy. Al-Mabuh kierował również groźną siatką szmuglującą broń z Iranu do Strefy Gazy. Hamas tą bronią zabijał izraelskie kobiety i dzieci. Al-Mabuh załatwiał swoje interesy właśnie w Dubaju. Po jego śmierci działania tej terrorystycznej komórki zostały sparaliżowane.

Dwóch żołnierzy, o których mówi Jaari, to Awi Sasportas i Ilan Saadon. Pierwszego z nich zabójcy kierowani przez Al-Mabuha porwali, gdy jechał do domu na przepustkę. Bezbronnemu strzelono z bliskiej odległości w głowę i zakopano. Drugiego żołnierza porwano przy pustynnym skrzyżowaniu i również zabito. Obie ofiary chętnie wsiadły do samochodu terrorystów, bo Palestyńczycy przebrali się za... ultraortodoksyjnych Żydów. Byli w chałatach i kapeluszach, do skroni przykleili sobie fałszywe pejsy.

Ciało Saadona zostało odnalezione szybko, Hamas jednak przez siedem lat odmawiał ujawnienia, gdzie znajdują się szczątki Sasportasa. Dopiero w 1997 roku władze Autonomii Palestyńskiej przekazały Izraelowi mapę z zaznaczonymi pięcioma miejscami, w których mógł być pochowany. Aby wydobyć ciało, buldożery musiały rozpruć drogę, którą tymczasem znacznie poszerzono.

– Nie usprawiedliwiam tego, co zrobił Al-Mabuh – mówi palestyński działacz niepodległościowy Mohammad Dżarabat. – Ale Izraelczycy powinni go byli za to postawić przed sądem. Jeżeli udowodniono by mu winę, powinien zostać ukarany. Od tego są sądy. Skrytobójczy mord jest czymś całkowicie bezprawnym i godnym potępienia. Izrael twierdzi, że walczy z terroryzmem. Coraz bardziej jednak upodabnia się do swoich przeciwników. Nie kieruje się zdrowym rozsądkiem, lecz zemstą. Przywódcy Hamasu ogłosili Al-Mabuha męczennikiem i zapowiedzieli, że w odwecie zgładzą wielu Żydów. Takie akcje jak zabójstwo w Dubaju nakręcają tylko spiralę obopólnej przemocy.

– Nie zgadzam się – ripostuje Ehud Jaari. – Tu chodzi o elementarną sprawiedliwość. Terroryści, którzy krzywdzą niewinnych ludzi, nie mogą się czuć bezkarni.

Skoro operacja w Dubaju się powiodła, to dlaczego znalazła się w tym rozdziale? Dlatego, że to, co najciekawsze w tej historii, wydarzyło się w kolejnych dniach.

Na fałszywych paszportach

Jednym z powodów, że Mosad wybrał ów arabski emirat na miejsce ataku, był lekceważący stosunek tej izraelskiej służby do miejscowej policji. Uznała ona Dubajczyków za partaczy, którzy nie zdołają wyjaśnić, co się wydarzyło w pokoju 230.

Był to błąd o fatalnych konsekwencjach. Dubajska policja pod wodzą charyzmatycznego generała Dahiego Chalfana Tamima zabrała się poważnie do roboty. Tamim zorganizował wkrótce konferencję prasową, podczas której na oczach całego świata ośmieszył Mosad.

Okazało się, że Izraelczycy popełnili wręcz szkolne błędy. Do Dubaju przyjechali w małych grupkach z różnych krajów świata, zamieszkali w rozmaitych hotelach i używali podrobionych paszportów Wielkiej Brytanii, Irlandii, Francji, Australii i Niemiec. Wszyscy używali jednak kart MasterCard wydanych przez spółkę Payoneer. Spółkę tę założył zaś... znany były agent izraelskich służb specjalnych.

Mało tego, Izraelczycy wszystkie połączenia komórkowe na terenie Dubaju wykonywali za pośrednictwem tego samego numeru w Austrii. W efekcie namierzenie dwudziestu siedmiu izraelskich agentów biorących udział w zabójstwie Palestyńczyka było dla dubajskich służb dziecinnie proste.

Podczas konferencji prasowej – która była w zasadzie pokazem multimedialnym – Tamim ujawnił nagrania z lotniskowych i hotelowych kamer, na których znajdowali się Izraelczycy. I krok po kroku zrekonstruował całą operację. Poinformował, że agenci mieli przyklejone sztuczne brody i wąsy, nosili peruki i kapelusze. Używali rozmaitych przebrań.

Zabójcy podzielili się na pięć zespołów. Łączność zabezpieczały im szyfratory. Cztery zespoły miały się zająć obserwacją i ubezpieczeniem, piąty zaś – wykonaniem wyroku.

Tym samym ujawnione zostały ściśle tajne metody działania Mosadu. Mało tego, Tamim przekazał dziennikarzom skany paszportów zrobione na dubajskim lotnisku. „Spalił" najlepszych izraelskich zabójców, których żmudne szkolenie zajęło całe lata. Niemal cały skład tajnej jednostki Mosadu od mokrej roboty został zdekonspirowany.

Był to dla tej służby potężny cios, po którym długo musiała się podnosić. Pomijając już gigantyczne koszty i straty osobowe, poważnie ucierpiał również prestiż Mosadu. Rzekomo niepokonani izraelscy agenci – szydził Tamim – okazali się amatorami i nieudacznikami.

Ośmieszony został również sam Izrael. Afera doprowadziła do poważnego kryzysu w relacjach z państwami, których podrobionych paszportów Mosad użył podczas operacji. Szczególnie wściekli byli Brytyjczycy, którzy z hukiem wyrzucili z Londynu jednego z izraelskich dyplomatów, a w rzeczywistości szefa miejscowej rezydentury Mosadu.

– Jestem przerażony – powiedział prasie Brytyjczyk Melvyn Adam Mildiner, pod którego podszył się jeden z zabójców. – Nigdy nie byłem w Dubaju. Paszport mam w domu. A na skanie opublikowanym przez Dubajczyków znajduje się gęba zupełnie innego faceta.

Sprawa jest o tyle drażliwa, że Mosad już wcześniej używał do swoich zagranicznych akcji paszportów należących do Izraelczyków z podwójnym obywatelstwem. Na ogół potomków ofiar Holokaustu. Państwa Zachodu, kierując się wyrzutami sumienia i polityczną poprawnością, dokumenty takie wydają bardzo łatwo. A Mosad bez skrupułów wykorzystuje tę słabość.

Tak było w wypadku jednego z zamachowców z Dubaju, który posługiwał się niemieckim paszportem na nazwisko Michael Bodenheimer. Mężczyzna ten w urzędzie w Kolonii przedstawił akt ślubu rodziców, którzy w latach trzydziestych rzekomo uciekli z Trzeciej Rzeszy przed Adolfem Hitlerem. Paszport otrzymał błyskawicznie. A kilka miesięcy później, posługując się tym dokumentem, pojechał do Dubaju zamordować człowieka.

Oburzeni Niemcy wszczęli śledztwo. Okazało się, że zarówno podany przez Bodenheimera adres w Izraelu, jak i miejsce urodzenia były fałszywe. Nigdy nie istnieli również jego rodzice, rzekomi „uciekinierzy przed Hitlerem". Choć Bodenheimer znajdował się poza zasięgiem niemieckich służb, wpadły one na trop jego wspólnika z Mosadu, Uriego Brodskiego. To on pomógł zabójcy załatwić niemieckie obywatelstwo.

Uriemu Brodskiemu udało się w ostatniej chwili uciec z Niemiec, ale niedaleko. W czerwcu 2010 roku na lotnisku Okęcie został zatrzymany przez polską policję na mocy rozesłanego przez Berlin listu gończego. Sąd postanowił o jego aresztowaniu, a Polska znalazła się między młotem a kowadłem. Niemcy domagały się natychmiastowego wydania zbiega, a Izrael naciskał, aby go wypuścić i potajemnie przewieźć do państwa żydowskiego.

Stosowali przy tym osobliwe argumenty.

– Nie wierzę, żeby Polacy, którzy tyle wycierpieli podczas okupacji, mogli wydać tego biednego chłopaka Niemcom – powiedział mi wówczas Rafi Ejtan, legenda izraelskich tajnych służb. – On pewnie jest potomkiem ocalałego z Holokaustu. Jego proces w Berlinie byłby żenującym spektaklem.

Ostatecznie sprawa zakończyła się kompromisem. Polska wydała Niemcom agenta Mosadu, ale przedtem upewniła się, że nie trafi do więzienia. Mężczyzna stanął przed niemieckim sądem, zapłacił wysoką kaucję i został wypuszczony. Mosad natychmiast ewakuował go do Izraela.

„Nie ma zadań niewykonalnych" – brzmi jedno z haseł izraelskich służb. Jak widać, nie jest to prawdą. Takie zadania istnieją.

Tekst nigdy wcześniej nie publikowany. Wykorzystałem w nim fragmenty kilku moich artykułów z „Rzeczpospolitej".

8

Ponary – ludzka rzeźnia

Ach, a ten co robi?!!! Ten tam, obok, o czterdzieści kroków, nie dalej, w czarnym mundurze! Co on chce zro... Rozkraczył nogi koło słupa, stanął ukosem, zamachnął się dwiema rękami... Sekunda jeszcze... Co on ma w ręku?! Co on ma w tych rękach?!!! Na rany Jezusa Chrystusa! Na rany Boga! Coś wielkiego, coś strasznie strasznego!!! Zamachnął się i – bęc głową dziecka o słup telegraficzny!... Aaaa! Aaa! Aaa! – zakrakał ktoś koło mnie, kto taki – nie wiem. A w niebie... nie w niebie, a na tle tylko nieba, zadrgały od uderzenia przewody drutów telegraficznych.

Ten oszalały kompletnie policjant chwyta Żydówkę za prawą nogę i usiłuje wlec ją pomiędzy szynami, cały zgięty, z gębą tak przekrzywioną, jakby ciętą na ukos szablą, dokąd?! Po co?! Nogi kobiecie się rozstawiają, lewa zaczepia za szynę, spódnica zjeżdża do pasa, odsłaniając szare z brudu majtki, a dziecko łapie włóczące się po kamieniach włosy matki i ciągnie je ku sobie i nie słychać, a widać jak wyje: «Mammme!»... Z ust wleczonej kobiety bucha teraz krew... Gęsta ściana mundurów zasłania na chwilę widok... A później jakiś Łotysz podniósł kolbę nad zwichrzonymi włoskami uwiązanymi na ciemieniu kawałkiem łachmanka w kokardkę i... zamknąłem oczy.

To fragmenty tekstu *Ponary-Baza*, opublikowanego w 1945 roku na łamach „Orła Białego". Zdaniem Czesława Miłosza – i trudno nie zgodzić się z opinią poety – jest to najbardziej wstrząsające, a jednocześnie najbardziej prawdziwe świadectwo Holokaustu w całej światowej literaturze.

Jego autorem był Józef Mackiewicz, który w październiku 1943 roku wybrał się na Ponary, by odwiedzić znajomego. I przypadkowo zobaczył masakrę transportu Żydów, który przyjechał na miejsce kaźni. Na bocznicy kolejowej wybuchła panika, dlatego też oprawcy wymordowali żydowskie ofiary od razu przy pociągu, na oczach świadków. A nie – jak mieli w zwyczaju – nad pobliskimi dołami śmierci.

To właśnie Mackiewicz pierwszy użył określenia „ludzka rzeźnia", tak bardzo pasującego do koszmaru, który rozegrał się na podwileńskich Ponarach. Jest to jedna z najbardziej przerażających, a jednocześnie najbardziej zapomnianych niemieckich zbrodni popełnionych na terenie naszego kraju.

Gdzie?

Wielkie Księstwo Litewskie było wielonarodowe i dlatego każda jego miejscowość miała co najmniej kilka nazw. To, co dla Polaków było Ponarami, Litwini nazywali Paneriai. W jidysz mówiono zaś po prostu Ponar. Dzisiaj jest to dzielnica Wilna, ale przed wojną Ponary były podmiejskim letniskiem. Miejscowość słynęła z tego, że nad ranem krewcy wilniucy załatwiali w niej swoje honorowe spory, urządzając pojedynki pistoletowe.

Według części relacji pierwsi zaczęli na Ponarach mordować bolszewicy. Gdy 17 września 1939 roku Armia Czerwona przekroczyła granicę Rzeczypospolitej, z miejsca przystąpiła do mordowania polskich żołnierzy, policjantów i urzędników. Sowieckie zbrodnie wojenne z tego okresu to do dzisiaj właściwie nie zbadany temat. Jedno z miejsc straceń znajdowało się ponoć właśnie w podwileńskim letnisku.

Informacje na ten temat potwierdzili Żydzi, którzy pod koniec wojny na rozkaz Niemców palili trupy swoich rodaków. Okazało się, że na dnie dołów śmierci znaleźli ciała w mundurach polskich oficerów.

W 1941 roku, gdy Stalin rozpoczął przygotowania do ataku na Europę, bolszewicy przeznaczyli Ponary na bazę, w której zamierzali składować paliwo. W tym celu wykopali olbrzymie okrągłe doły – miały po pięć–sześć metrów głębokości i od ośmiu do czterdziestu metrów średnicy. Ocembrowali je kamieniami, a docelowo zamierzali wyłożyć blachą i zamknąć od góry. Cały teren otoczyli wysokim płotem zwieńczonym zwojami drutu kolczastego.

Budowę przerwał atak Hitlera. Gdy Niemcy przepędzili bolszewików z Wileńszczyzny, w ślad za prującym do przodu Wehrmachtem przybyły tam oddziały morderców z SS zwane Einsatzgruppen. Ponarska baza szybko zwróciła uwagę ich dowódców. Ze względu na przygotowaną przez Sowietów „infrastrukturę" idealnie nadawała się na miejsce zbiorowych egzekucji.

Zdecydowało również położenie – w pobliżu stacji kolejowej i szosy na Grodno, a przy tym nieco na uboczu, w otoczeniu gęstego sosnowego lasu, który tłumił odgłosy wystrzałów. W efekcie już w lipcu 1941 roku doszło do pierwszej akcji eksterminacyjnej, która wkrótce przeistoczyła się w regularną masakrę trwającą do lipca 1944 roku.

Jak?

Ofiary docierały na Ponary ciężarówkami, pieszo lub pociągami. Te ostatnie zatrzymywały się na bocznym torze stacji. W wypadku Żydów niemal do końca służbę porządkową przy transporcie pełniła uzbrojona w pałki żydowska policja. Z pociągów pędzono ludzi nad doły. Na miejscu kaźni oprawcy prowadzili ich na skraj jamy i strzelali do nich z karabinów maszynowych.

Metoda ta okazała się nieefektywna. Nie tylko bowiem „marnowano" wiele amunicji, ale jeszcze sporo skazanych przeżywało egzekucje. Wykopywali się później spod zwału trupów i uciekali. Dlatego wprowadzono nowy system: jednorazowo przyprowadzano nad doły dziesięciu skazańców, przed którymi stawiano dziesięciu żołnierzy. Każdy z nich miał zastrzelić jedną ofiarę.

Jeżeli była nią matka z dzieckiem, osobny kat przypadał na kobietę, a osobny na dziecko. Jedynie z niemowlętami nie zadawano sobie tyle trudu – roztrzaskiwano im czaszki kolbami albo wrzucano je żywcem do dołu. Wiadomo było, że tak małe dziecko się już z niego nie wydostanie. Jeżeli któryś ze skazanych przeżył pierwszy strzał, dobijał go kolejnym ten sam żołnierz.

Postawili mnie nad tym dołem – pisała Ita Staż, której relacja zachowała się w archiwum Yad Vashem. – Pomyślałam sobie: „To już koniec. I co ja w życiu widziałam?". Miałam wtedy 19 lat. Musieli chyba strzelić. Ale ja tego strzału nie słyszałam. Pewnie ze strachu upadłam natychmiast w rów. A oni pewnie chybili. Zrozumiałam to po chwili, gdy uczułam, że żyję. Leżałam na trupach, sama nieruchoma jak trup. Czułam, że ktoś na mnie upadł i że ciekne po mnie coś ciepłego, co miało zapach krwi. Tego zapachu nigdy nie zapomnę i zapachu tych ciał. Policjanci wciąż strzelali. Potem usłyszałam, że nawołują, żeby już na dziś skończyć, bo się ściemnia. Zanim odeszli, strzelali jeszcze do tych, którzy leżeli w rowie. Wtedy dostałam strzał w rękę. Poczułam ból. Nie zdążyli zasypać rowu piaskiem, bo było coraz ciemniej. Zaczekałam jeszcze trochę, aż zrobiło się zupełnie cicho. Wtedy podniosłam się i poszłam.

Po egzekucji kilku pozostawionych w tym celu więźniów przysypywało trupy warstwą piasku i wapna, po czym również ci ostatni nieszczęśnicy byli mordowani. Następnego dnia wszystko zaczynało się od nowa. Przybywał kolejny transport i znowu prowadzono ludzi dziesiątkami na stracenie. W cały proceder wdała się pewna automatyczność, która sprawiła, że Ponary zaczynały wyglądać niczym fabryka śmierci.

„Pomysłowość" morderców przeraża. Na przykład, gdy okazało się, że stosowana metoda eksterminacji nie gwarantuje równego zapełniania dołów – trupy piętrzyły się przy brzegach – zbudowano rodzaj mostków nad jamami. Ofiary musiały na nie wchodzić i strzelano do nich, gdy były pośrodku. Dzięki temu masowe mogiły zapełniały się równomiernie.

Nad ofiarami przed śmiercią się znęcano. Ludzie czekający w długich kolejkach na śmierć – czasami trwało to dziesięć godzin – byli katowani gumowymi pałkami. Wyszydzano ich, dręczono i lżono. Znudzeni rutyną mordów oprawcy urządzali polowania na ludzi.

Wśród przywiezionych wagonami była grupa 30 dzieci w wieku 5–7 lat – wspominał świadek Józef Waniewski. – Po wyprowadzeniu z wagonów kazano im biec wzdłuż torów, a gdy dobiegły do pewnego miejsca, szaulisi otworzyli do nich ogień z broni maszynowej. Pomordowane dzieci kazali zbierać dorosłym Żydom, którzy wlekli je przez bramę do dołów na „bazie śmierci".

A oto zeznanie Janiny Żygiewicz:

Widziałam, jak konwojent strzelił do małego chłopca w wieku 10–11 lat i przestrzelił mu rękę. Chłopiec upadł, a ten doszedł do niego i dobił go. Litwini wskakiwali na brzuchy ciężarnych kobiet, które uciekając, kładły się na ziemię. Małe dzieci brali za nóżki i rozbijali im głowy o pnie sosen.

Z kolei ocalała Żydówka Sara Menkes zapamiętała taką scenę, która rozegrała się nad dołem śmierci:

Ofiary zgrupowano w szeregu. Kazano im się rozebrać i stali w samej bieliźnie. Oficer Einsatzgruppe spojrzał na kobiety i jego wzrok zatrzymał się na Sernie Morgenstern. Miała wspaniałe oczy, była wysoką dziewczyną o długich, splecionych włosach. Patrzył na nią badawczo przez dłuższy czas, a potem uśmiechnął się i powiedział:
– Zrób krok naprzód.
Była oszołomiona jak wszyscy inni. Nie dochodziło do niej to, co mówił, nie wystąpiła z szeregu. Wtedy on powtórzył rozkaz i zapytał:
– Hej, nie chcesz żyć? Jesteś taka piękna. Mówię ci, abyś zrobiła krok do przodu.
Więc zrobiła ten krok naprzód i wówczas Niemiec powiedział jej:

– Szkoda byłoby pogrzebać pod ziemią taką piękność. Idź! Ale nie patrz w tył. Tam jest ulica. Znasz przecież ten bulwar, po prostu podążaj nim do przodu.

Serna zawahała się przez chwilę, a potem zaczęła maszerować. Wpatrywaliśmy się w nią szeroko otwartymi oczami. Nie wiem, czy to był strach, czy też może zazdrość, że pozwolono jej odejść wolno. Nagle jednak oficer wyciągnął rewolwer i strzelił jej w plecy.

Po takich masakrach całe tory były usłane trupami. Litwini mimo to przepuszczali nimi pociągi, co powodowało, że szyby wagonów były całe pokryte krwawą ludzką miazgą. Mimo to wielu skazanym udało się uciec.

W lasach biegali Żydzi – wspominał Mackiewicz – którzy się wyrwali z kręgu konwoju, przeważnie postrzeleni, zupełnie tak samo, jak biega ranna zwierzyna. Pewien stary Żyd, ze szczęką oderwaną przez kulę, umarł aż w odległości 10 kilometrów od Ponar, zaszyty w rojsty na torfiastej łące. Tropiono ich tak samo jak zwierzynę. Szli więc policjanci-strzelcy, z psami, z nagonką. Kobieta, dziecko, dziewczyna młoda, mężczyzna-Żyd, to nie robiło różnicy. Ranny czy zdrowy, czy umierający właśnie gdzieś pod krzakiem jałowca strzelany był po prostu na miejscu i tropiciele szli dalej.

Kogo?

Na Ponarach w latach 1941–1944 zamordowano około 70 tysięcy ludzi. W przytłaczającej większości ofiarami byli Żydzi. Pochodzili z getta wileńskiego oraz pobliskich miejscowości: Święcian, Mołodeczna, Smorgoni, Oszmiany, Turgiel. Tych przywożono wagonami bydlęcymi. Zdarzało się jednak, że przybywały również pociągi osobowe. A w nich eleganccy Żydzi z Europy Zachodniej. W drogich futrach, ze skórzanymi walizkami i neseserami. Towarzyszyła im często służba, guwernantki zajmujące się dziećmi. Ich los był jednak taki sam jak biednych Żydów z litewskich sztetli.

Na Ponarach nie mordowano tylko Żydów. W dołach śmierci znalazło się również od 1,5 do 2 tysięcy Polaków. Profesorów Uniwersytetu Stefana Batorego, lekarzy, księży, adwokatów, żołnierzy, harcerzy. Przedstawicieli wileńskich elit. Ludzie ci zostali zatrzymani jako zakładnicy lub aresztowani za działalność w podziemiu. Wystarczył jeden donos, by znaleźć się na liście śmierci.

Wśród zabitych był młody żołnierz AK Bronisław Komorowski „Korsarz", stryj byłego prezydenta Polski, na którego cześć nadano mu zresztą imię. Aresztowany na ulicy przez litewską tajną policję, Saugumę, został osadzony w więzieniu, gdzie poddano go brutalnemu śledztwu. W styczniu 1944 roku zamordowano go wraz z innymi Polakami na Ponarach. Był to dzień jego osiemnastych urodzin.

Mordowanym Polakom drutem krępowano ręce na plecach. Kaci obawiali się bowiem, że żołnierze AK w ostatniej chwili stawią im opór.

Niemcy i szaulisi puścili psy na nich – opisywał świadek egzekucji grupy polskich skazańców – ludzi męczyli, bo nie mieli czym się obronić, ręce mieli związane do tyłu. Psy rwały ich ciało. A [oprawcy] tak się śmiali jak maszynowe karabiny.

Jak wynika z relacji świadków, wielu straconych Polaków zachowywało się w obliczu śmierci bohatersko. Krzyczeli: „Niech żyje wolna Polska!" lub złorzeczyli oprawcom.

Strzelano polskich adwokatów i doktorów – zapisał w swoim dzienniku mieszkający w pobliżu Kazimierz Sakowicz. – Strzelano po dwóch naraz, rozebranych. Trzymali się fajnie, nie płakali i nie prosili, tylko żegnali się ze sobą i przeżegnawszy się – szli.

Kto?

Pierwsze rozstrzeliwania na Ponarach były dziełem Einsatzgruppen. Mordami kierował Obersturmführer SS Franz Schauschütz. Niemieckich oprawców szybko jednak zastąpili Litwini. Konkretnie Sonderkommando nazywane przez Litwinów Ypatingasis būrys, a przez Polaków pogardliwie strzelcami ponarskimi. Jego członkowie nosili charakterystyczne rude koszule i okrągłe czapki z trupią główką. Dowódcą komanda został litewski oficer Juozas Šidlauskas „Diabeł", po pewnym czasie zastąpił go Balys Norvaiša. Rola Niemców ograniczała się do nadzorowania procederu. Robił to oficer SD Martin Weiss. Przeszkolenie było bardzo powierzchowne, przed samym rozstrzelaniem oficerowie pokazywali zabójcom plansze z sylwetką człowieka. Były na niej zaznaczone żywotne narządy, w które należało celować.

Jeden z ponarskich oprawców, Vincas Sausaitis, zeznawał po wojnie:

> Zarepetowaliśmy karabiny i wycelowaliśmy w głowy stojących w dole skazańców. Weiss dał znak do strzelania, machając ręką. Wystrzeliłem razem z innymi i zobaczyłem, jak padł człowiek, w którego głowę mierzyłem. Niektórzy ze skazańców byli tylko ranni. Weiss dobił ich z pistoletu. Następnie wydał rozkaz zakopania trupów. Zakopywałem ich.
>
> Po rozstrzeliwaniu ciała nie zawsze zakopywaliśmy. Z reguły zostawialiśmy nie pogrzebane do następnego rozstrzału nazajutrz. Wtedy zakopywali je inni skazańcy, których potem rozstrzeliwano.

Aby w mordercach zabić wyrzuty sumienia, Niemcy przywozili na miejsce egzekucji wódkę. Była ona wlewana do kadzi, do której każdy z żołnierzy miał swobodny dostęp. Józef Mackiewicz zapamiętał, że podczas masakry, której był świadkiem, na rozkładanym stoliku oprócz wódki umieszczono zwoje kiełbasy. Przypominało to wiejski festyn. Mordercy z Ponar byli więc po prostu urżnięci. To tłumaczy ich dzikie ryki, czerwone twarze i niebywałą agresję, o których opowiadali świadkowie i ocalali.

Mimo to Litwini często załamywali się psychicznie, zdarzało się nawet, że odmawiali wzięcia udziału w eksterminacji. Kara za to była straszna – opornych mordowano razem z ofiarami. Witold Gilwiński, jeden z członków Sonderkommanda, który po wojnie był sądzony przez władze komunistyczne w Olsztynie, zeznawał, co następuje:

Powiedziałem podporucznikowi Norwaiszy, że nie mogę strzelać. Na to on podniósł pistolet, którego lufę skierował w moją stronę, mówiąc: „Stawaj do szeregu, bo znajdziesz się w dole razem z Żydami. To jest mój rozkaz i masz go wykonać". Zrozumiałem, że za chwilę mnie zastrzeli, więc padłem na kolana i powiedziałem: „Przecież ja nie jestem Żydem", wówczas Norwaisza powiedział: „Stawaj na miejscu do szeregu i strzelaj". Podniosłem się więc i stanąłem w szeregu. Następnie zacząłem strzelać.

Żołnierze twierdzili, że byli sterroryzowani i zastraszeni. W oddziale miało się krzewić donosicielstwo. Skargi na „ciężkie warunki pracy" i „obciążenie psychiczne" niewiele dawały, stąd też część z nich, aby się wydostać z jednostki, posuwała się do samookaleczenia. Były to jednak rzadkie przypadki.

W jednostce służono na ogół chętnie, ze względu na profity. „Strzelcy ponarscy" okradali bowiem ofiary. Przed samą egzekucją wyrywali im złote zęby, odbierali gotówkę i biżuterię, lepsze ubrania oraz buty. Następnie zaś sprzedawali wszystko na czarnym rynku. Działo się to wbrew wyraźnym rozkazom Niemców, którzy kazali sobie oddawać wszystkie znalezione przy mordowanych cenne przedmioty.

Przynajmniej część oprawców kierowała się również chęcią zemsty, utożsamiała bowiem wszystkich Żydów z bolszewizmem. I uważała, że są oni odpowiedzialni za koszmar sowieckiej okupacji lat 1940–1941. Wiemy o tym dzięki relacji pewnego niemieckiego kierowcy wojskowego, który przypadkowo znalazł się na miejscu straceń na Ponarach, a po wojnie złożył na ten temat obszerną relację.

400 Żydów zostało rozstrzelanych w ciągu około godziny – mówił Niemiec. – Egzekucja odbyła się bardzo szybko. Jeśli któraś z ofiar w dole śmierci wciąż się poruszała, oddawano do niej jeszcze kilka pojedynczych strzałów. Po rozstrzelaniu około stu Żydów inni Żydzi musieli posypać warstwą piasku ich ciała. Po tym, jak cała grupa została stracona, pluton egzekucyjny odłożył karabiny na bok.

To dało mi okazję porozmawiać z jednym z żołnierzy. Zapytałem go, jak może coś takiego robić, dowodziłem, że ci Żydzi nie zrobili mu przecież nic złego. Na to odpowiedział:

– Po tym, przez co przeszliśmy pod panowaniem sowieckich komisarzy żydowskich, gdy bolszewicy najechali Litwę, rozstrzeliwanie nie jest wcale trudne.

Człowiek ten powiedział mi, że Sowieci podejrzewali go o szpiegowanie Rosjan. Został aresztowany i siedział w kilku więzieniach NKWD, choć był całkowicie niewinny. Był zwykłym kierowcą ciężarówki i nigdy nikogo nie skrzywdził. Jedną z metod, za pomocą których bolszewicy próbowali go zmusić do zeznawania, było wyrywanie paznokci. Powiedział mi, że każdy z członków plutonu egzekucyjnego za czasów sowieckiej okupacji znosił straszliwe cierpienia.

Przed samym wkroczeniem bolszewików, latem 1944 roku, Niemcy przystąpili do usuwania śladów zbrodni. Jeńcom sowieckim i ocalałym Żydom kazali wykopać szczątki zamordowanych i ułożyć je w wielkie stosy. Całość została następnie oblana smołą i spalona. Góry ludzkich ciał płonęły po siedem–osiem dni. Najgrubsze kości, których nie udało się spalić, roztarto między żeliwnymi płytami i zmieszano z piaskiem.

Świat miał się nigdy nie dowiedzieć o koszmarze, który rozegrał się na podwileńskich Ponarach.

Rozszerzona wersja artykułu, który ukazał się w „Historii Do Rzeczy" 6/2014

9

Izraelskie lobby w USA, czyli jak ogon kręci psem

14 maja 2018 roku prezydent Donald Trump przeniósł amerykańską ambasadę z Tel Awiwu do Jerozolimy. Tak oto Stany Zjednoczone oficjalnie uznały Święte Miasto za stolicę państwa żydowskiego. Tego samego dnia cały świat islamu eksplodował z wściekłości. Przez kraje, w których mieszkają wyznawcy Allaha, przetoczyły się gwałtowne uliczne demonstracje. Ludzie palili amerykańskie flagi i wznosili hasła wrogie Stanom Zjednoczonym.

Do najbardziej dramatycznych wypadków doszło oczywiście na Bliskim Wschodzie. Bojownicy Hamasu odpalili w stronę Izraela grad pocisków rakietowych. Tłumy Palestyńczyków próbowały sforsować płot oddzielający Strefę Gazy od państwa żydowskiego. Izraelscy snajperzy otworzyli ogień... W krwawej masakrze zginęło kilkudziesięciu palestyńskich cywilów, a tysiące zostało rannych.

Decyzję tę Trump podjął mimo zdecydowanych protestów niemal wszystkich sojuszników. Przeciwko przeniesieniu amerykańskiej stolicy do Jerozolimy byli wszyscy pozostali członkowie Rady Bezpieczeństwa ONZ, Unia Europejska i oczywiście cały świat arabski. Odradzali ją czołowi amerykańscy eksperci oraz Departament Stanu. Ba, jak wynikało z sondaży, przeciwko było 63 procent Amerykanów.

Skutki tej decyzji były więc opłakane. Doszło do wielkiej ludzkiej tragedii, a Stany Zjednoczone i prezydent Donald Trump ponieśli kolosalne straty. W krajach muzułmańskich – i nie tylko – nastroje antyamerykańskie nasiliły się na niespotykaną wcześniej skalę. Islamscy radykałowie wezwali do nowego dżihadu przeciwko „szatanowi zza Wielkiej Wody". A to może mieć w przyszłości dla amerykańskich obywateli poważne konsekwencje.

Waszyngton skonfliktował się ze swoimi sojusznikami, a Donald Trump poważnie naraził się własnym wyborcom. Bliskowschodni proces pokojowy – na którym tak bardzo zależy Stanom Zjednoczonym – po raz kolejny ugrzązł na mieliźnie.

Jakie zaś były zyski z tej decyzji? Otóż zysków nie było żadnych.

Kogoś, kto nie zna realiów amerykańskiej polityki, może to zdumieć. Dlaczego prezydent Stanów Zjednoczonych z pełną świadomością podjął decyzję, która jest tak bardzo szkodliwa dla interesów jego własnego kraju? Ktoś, kto zna amerykańską politykę, zna jednak odpowiedź na to pytanie. Jest ona krótka: izraelskie lobby.

Mowa o najpotężniejszej grupie interesu, jaka istnieje w Stanach Zjednoczonych. Grupie, która rozdaje karty w amerykańskim Kongresie i w świecie polityki. Dzięki mieszaninie nacisków finansowych i szantażu moralnego grupa ta tak steruje polityką zagraniczną Stanów Zjednoczonych, aby realizowała ona interesy Izraela.

Jak działanie lobby wyglądało w wypadku Donalda Trumpa? Na początku swojej kampanii wyborczej ekscentryczny miliarder zajmował wobec konfliktu między Izraelem a Palestyńczykami postawę umiarkowaną i racjonalną. Zapowiadał, że będzie wobec niego neutralny i obiektywny. Podawał w wątpliwość bezwarunkowe wsparcie, jakiego Waszyngton udzielał państwu żydowskiemu.

Nagle jednak dokonał zwrotu o sto osiemdziesiąt stopni i stał się namiętnym orędownikiem Izraela. Jego bezkrytycznym admiratorem. Dlaczego? Otóż w życiu Trumpa pojawił się niejaki Sheldon Adelson, bajecznie bogaty magnat branży hazardowej, najbardziej hojny darczyńca Partii Republikańskiej i zażarty izraelski patriota w jeden osobie. Przeniesienie ambasady do Jerozolimy od lat stanowiło jego ideé fixe.

Biznesmen ów wsparł kampanię republikańskiego kandydata sumą kilkudziesięciu milionów dolarów. A Trump po zdobyciu prezydentury mu się odwdzięczył, ogłaszając tę kontrowersyjną decyzję. Adelson tak się ucieszył, że zaoferował, iż z własnej kieszeni sfinansuje budowę nowej ambasady w Jerozolimie. Według ekspertów koszty budowy mogłyby wynieść... miliard dolarów.

Ten jeden przykład pokazuje, jak kolosalnymi możliwościami i środkami dysponuje izraelskie lobby w Stanach Zjednoczonych.

Senatorowie i serwetka

Czym jest izraelskie lobby? Najpełniejszą, najbardziej kompetentną odpowiedź na to pytanie dało dwóch amerykańskich naukowców, profesor John J. Mearsheimer i profesor Stephen M. Walt, autorzy wydanej w 2007 roku głośnej książki *Lobby izraelskie w USA*. Książka ta wywołała furię owego lobby, obaj badacze zostali oskarżeni o antysemityzm i snucie teorii spiskowych. Przedstawiciele izraelskiego lobby próbowali zablokować jej wydanie i złamać kariery autorów.

Histeryczna i niezwykle agresywna reakcja na tę książkę potwierdziła tylko postawione w niej tezy. Nie mogąc pokonać jej autorów na argumenty, lobby uciekło się do kampanii zniesławiania i zastraszania.

Według Mearsheimera i Walta izraelskie lobby nie jest żadnym „spiskiem". Nie ma ono bowiem jednego kierownictwa. To luźna koalicja rozmaitych organizacji pozarządowych i wpływowych prywatnych osób, w przytłaczającej większości – choć nie tylko – Amerykanów pochodzenia żydowskiego. Flagową jej organizacją jest Amerykańsko--Izraelski Komitet Spraw Publicznych (AIPAC).

Podstawową metodą działania izraelskiego lobby jest wpływanie na polityków startujących w wyborach powszechnych. Kandydatów na kongresmanów, senatorów i prezydenta. Jak? Dysponujące olbrzymimi funduszami lobby wspiera tylko tych kandydatów, którzy deklarują całkowite i bezkrytyczne poparcie dla Izraela. A tych, którzy starają się traktować równo obie strony konfliktu na Bliskim Wschodzie, niezwykle skutecznie i bezwzględnie zwalcza.

Mearsheimer i Walt opisali w *Lobby izraelskim w USA* wiele przypadków amerykańskich polityków, którzy ośmielili się skrytykować jakieś działania Izraela – na przykład łamanie praw człowieka na terytoriach okupowanych – i tracili szanse na wybór do Kongresu. Zajęcie stanowiska nieprzychylnego wobec państwa żydowskiego uznawane jest w Stanach Zjednoczonych za „polityczne samobójstwo".

Trudno się więc dziwić, że nikt nie chce kłaść głowy pod topór. Republikanie i demokraci, którzy niemal we wszystkich sprawach mają odmienne zdanie, w jednej kwestii mówią tym samym głosem. Oczywiście w kwestii Izraela. W kampaniach wyborczych politycy obu partii prześcigają się w proizraelskich deklaracjach i licytują się, kto jest większym przyjacielem Izraela. Jeżdżą do Izraela i występują na konferencjach organizowanych przez AIPAC.

> Zarówno republikanie, jak i demokraci – napisali we wspomnianej książce Mearsheimer i Walt – obawiają się reprymendy ze strony lobby. Zdają sobie bowiem sprawę z tego, że każdy polityk, który odważy się zakwestionować politykę Izraela, ma małe szanse, żeby zostać prezydentem.

W efekcie wszystkie czołowe instytucje – na czele z Kongresem – obsadzane są ludźmi siedzącymi w kieszeni izraelskiego lobby. Najlepiej wyraził to w 2005 roku Steve Rosen, jeden z czołowych lobbystów AIPAC. Podczas rozmowy z dziennikarzem „New Yorkera" wskazał na leżącą na stole serwetkę.

– W ciągu dwudziestu czterech godzin możemy zdobyć na niej podpisy siedemdziesięciu senatorów – powiedział.

Rzeczywiście w Kongresie nie można usłyszeć głosów krytycznych wobec Izraela i amerykańskiej polityki wspierania państwa żydowskiego. Jeżeli Kongres zajmuje się Bliskim Wschodem, przemawiają tylko „przyjaciele Izraela" lub Izraelczycy. Gdy zaś należy wesprzeć Izrael jakąś rezolucją lub ustawą, ręce kongresmanów podnoszą się automatycznie. AIPAC dostarcza im nawet broszury, w których informuje, jakie mają zajmować stanowisko i jak głosować.

Media i uniwersytety

Izraelskie lobby stara się również zdominować amerykańską debatę publiczną. Tak aby telewizyjne, radiowe, prasowe i internetowe materiały dotyczące Bliskiego Wschodu prezentowały tylko i wyłącznie izraelski punkt widzenia. Izrael ma być przedstawiany jako szlachetny bastion demokracji walczący z terrorem, a Palestyńczycy jako rozszalałe dzikusy z nożami w wyszczerzonych zębach.

Amerykanie żydowskiego pochodzenia – czytamy w książce Mearsheimera i Walta – wykorzystują swoje wysokie stanowiska w mediach do prezentowania określonych poglądów na temat Izraela i Bliskiego Wschodu. „Wall Street Journal", „Chicago Sun-Times", „New York Sun", „Washington Times" regularnie publikują artykuły redakcyjne, które wyglądają tak, jakby zostały napisane przez biuro prasowe premiera Izraela.

Jeżeli amerykański dziennikarz zdecyduje się zająć stanowisko sceptyczne wobec jakichś działań Izraela, może spodziewać się kłopotów. Jadowitych napaści na łamach proizraelskich gazet, lawiny telefonów i e-maili od zmobilizowanych przez organizacje żydowskie „oburzonych czytelników". A jeżeli okaże się krnąbrny i niereformowalny, może stracić pracę.

W 1991 roku spotkało to nawet reportera gazety „The Jewish Washington Week", Larry'ego Cohlera. Szefowie AIPAC uznali, że w swoich artykułach nie dość entuzjastycznie opisuje on politykę Izraela na Bliskim Wschodzie. Gdy Cohler próbował oprzeć się naciskom, organizacja interweniowała u kilku członków zarządu gazety. Cohler musiał odejść z redakcji.

Podobne praktyki stosowane są wobec niewygodnych wykładowców akademickich. Lobby stara się utrzymywać stały nadzór nad uczelniami. Wykładowcy, którzy pozwolą sobie na uwagi krytyczne wobec Izraela, muszą się liczyć z poważnymi konsekwencjami. Włącznie z relegowaniem z uczelni.

W 2002 roku znany proizraelski działacz Daniel Pipes uruchomił nawet specjalną stronę internetową, na której publikował dane „podejrzanych wykładowców". A żydowskich studentów zachęcał do składania na nich donosów.

Lobby stara się wstrzymywać druk książek stawiających Izrael w niekorzystnym świetle. Doświadczył tego choćby profesor Norman Finkelstein, gdy w 2003 roku wydawał swoją głośną *Wielką hucpę*.

„Działania te" – piszą Mearsheimer i Walt – „mają na celu niedopuszczenie, by Amerykanie zapoznali się z jakąkolwiek krytyką Izraela". I tak się dzieje w istocie.

Ostre kroki podejmowane przez AIPAC, Ligę Przeciwko Zniesławieniu i inne organizacje wchodzące w skład lobby sprawiają, że dziennikarze i naukowcy zaczynają stosować autocenzurę. Stają się konformistami, sami zakładają sobie knebel.

Chodzi o obawę przed utratą pracy i niechęć do odpierania agresywnych ataków. Ale przede wszystkim o strach przed oskarżeniem o antysemityzm. Lobby twierdzi bowiem, że każda krytyka Izraela jest de facto przejawem antysemityzmu. Tyle że zakamuflowanym w „antysyjonistycznym opakowaniu".

Oskarżeniem o antysemityzm lobby szafuje niezwykle łatwo i chętnie. Wydaje się to najskuteczniejszym sposobem na zamknięcie ust krytykom Izraela.

Pieniądze i bomby

Politycy wspierani przez izraelskie lobby, kiedy wygrywają wybory – starają się odwdzięczyć swoim hojnym darczyńcom. W efekcie Stany Zjednoczone od lat prowadzą skrajnie proizraelską politykę. Nawet nie ukrywają, że w konflikcie między Palestyńczykami a Izraelczykami faworyzują tych drugich.

Ameryka wspiera Izrael zawsze i wszędzie. Niezależnie od tego, czy państwo żydowskie ma akurat rację, czy jej nie ma, czy postępuje moralnie, czy niemoralnie. Izrael mógł więc liczyć na Amerykę, nawet gdy atakował sąsiednie państwa i dopuszczał się zbrodni wojennych na masową skalę.

Tylko w latach 1972–2006 Stany Zjednoczone zawetowały czterdzieści dwie rezolucje Rady Bezpieczeństwa ONZ potępiające Izrael. Podczas izraelsko-palestyńskiego procesu pokojowego Amerykanie, zamiast odgrywać rolę neutralnego, skłaniającego obie strony do kompromisu mediatora, twardo reprezentowali stanowisko izraelskie.

Drugi sposób na wspieranie Izraela ma wymiar materialny. Co roku Stany Zjednoczone pompują w państwo żydowskie grube miliardy dolarów. Mearsheimer i Walt wyliczyli, że w 2005 roku wojskowe i gospodarcze wsparcie dla Izraela wyniosło w sumie 154 miliardy dolarów! W przytłaczającej większości były to darowizny lub bezzwrotne pożyczki.

Amerykańska pomoc finansowa dla Izraela wypłacana jest z góry, a Stany Zjednoczone muszą się zapożyczyć, żeby ją wypłacić. W efekcie izraelski boom gospodarczy i prosperity zostały w dużej mierze sfinansowane przez amerykańskiego podatnika.

> Co niesłychane – czytamy w *Lobby izraelskim w USA* – Izrael jest jedynym beneficjentem amerykańskiej pomocy gospodarczej, który nie musi się rozliczać z jej wydatkowania. Taka hojność szczególnie uderza, gdy zdamy sobie sprawę, że Izrael nie jest biednym czy zdewastowanym krajem. Przeciwnie, Izrael to obecnie nowoczesna potęga przemysłowa. Mimo to ten relatywnie bogaty kraj pozostaje największym odbiorcą amerykańskiej pomocy.

Również swą militarną przewagę nad państwami arabskimi Izrael w dużej mierze zawdzięcza Stanom Zjednoczonym. Amerykanie przekazują Izraelowi olbrzymie ilości swojego najnowocześniejszego uzbrojenia i dzielą się z nim najnowocześniejszymi technologiami wojskowymi.

W efekcie amerykańska broń jest często używana wbrew amerykańskiemu prawu. Tak było choćby w czasie wojny z Libanem w 2006 roku, gdy w izraelskich bombardowaniach zginęło blisko tysiąc cywilów, w tym kilkaset dzieci. Izraelczycy zrzucili wówczas na Liban dziesiątki tysięcy niezwykle groźnych amerykańskich bomb kasetowych.

Szerokiego strumienia dolarów i broni płynącego z Ameryki do Izraela nie wstrzymały nawet tak groteskowe sytuacje jak sprzedaż przez Izrael tajnych amerykańskich technologii wojskowych Chińczykom.

Według Government Accountability Office – piszą Mearsheimer i Walt – państwo żydowskie przeprowadza najbardziej agresywne operacje szpiegowskie przeciwko Stanom Zjednoczonym spośród wszystkich sojuszników. Izrael ciągle usiłuje wykraść amerykańskie tajemnice wojskowe.

Izraelskie służby do tych operacji werbują często Amerykanów żydowskiego pochodzenia uplasowanych na ważnych stanowiskach w przemyśle i armii. Najgłośniejsza była bez wątpienia sprawa analityka wojskowego Jonathana Pollarda. W latach osiemdziesiątych wykradał on tajne amerykańskie dokumenty wywiadowcze i przekazywał je Mosadowi. Został schwytany i trzydzieści lat spędził w więzieniu.

Izrael jest więc wobec Ameryki nieszczery. Mearsheimer i Walt w swojej książce opisali, jak izraelscy przywódcy wielokrotnie łamali słowo dane amerykańskim prezydentom podczas negocjacji pokojowych z Palestyńczykami. Najpierw godzili się na jakieś ustępstwa, za co inkasowali od Stanów Zjednoczonych pokaźne sumy, a następnie – ku konsternacji Waszyngtonu – wycofywali się z wszelkich ustaleń. Nigdy jednak nie wyciągnięto wobec nich za to żadnych konsekwencji.

Ktoś mógłby pomyśleć – napisali Mearsheimer i Walt – że hojność Stanów Zjednoczonych da Waszyngtonowi znaczny wpływ na postępowanie Izraela, ale to nieprawda. W trakcie negocjacji z Izraelem amerykańscy przywódcy mogą jedynie używać marchewki (więcej pomocy), ale nie kija (groźba jej wstrzymania).

Amerykański polityk, który ośmieliłby się zasugerować coś podobnego, byłby skończony. Zostałby okrzyknięty antysemitą, a pieniądze na jego kampanie przestałyby płynąć i już nigdy nie zostałby wybrany na żadne stanowisko.

Efekt działań izraelskiego lobby jest więc kuriozalny. Najpotężniejsze globalne imperium w dziejach naszej planety spełnia wszelkie zachcianki malutkiego kraju położonego na światowych peryferiach. Ogon kręci psem.

Wojna z terrorem

Izraelskie lobby zdaje sobie sprawę z kuriozalności tej sytuacji. Usilnie stara się więc przekonać amerykańską opinię publiczną, że bezwarunkowe wsparcie Stanów Zjednoczonych dla państwa żydowskiego wcale nie jest irracjonalne. Że interesy Izraela zawsze pokrywają się z interesami Ameryki.

Tak zaś oczywiście nie jest. Bardzo często interesy obu państw są sprzeczne. A konsekwencje proizraelskiej polityki bywają dla Stanów Zjednoczonych opłakane.

Pierwszy dogmat, który lobby stara się wpoić Amerykanom, jest doskonale znany: „Izrael jest sprawdzonym sojusznikiem w walce z terrorem". Innymi słowy, jakieś nie znane bliżej działania podejmowane przez Izraelczyków mają powodować, że Ameryka jest bezpieczniejsza. Mniej narażona na ataki islamskich terrorystów.

Jak udowadniają Mearsheimer i Walt, w rzeczywistości jest odwrotnie. Bezkrytyczne wsparcie udzielane Izraelowi przez Stany Zjednoczone jest główną przyczyną występowania nastrojów antyamerykańskich w świecie islamu. A co za tym idzie, główną przyczyną ataków terrorystycznych wymierzonych w amerykańskie cele.

Według autorów książki modelowym tego przykładem były zamachy z 11 września 2001 roku. Szokujący atak na Amerykę dokonany przez Al-Kaidę, który pochłonął blisko 3 tysiące ofiar śmiertelnych.

> Osama Bin Laden – piszą autorzy *Lobby izraelskiego w USA* – przed 11 września wielokrotnie potępiał Stany Zjednoczone za wsparcie udzielane Izraelowi wymierzone przeciwko Palestyńczykom i wzywał na tej podstawie do dżihadu przeciwko Ameryce. Komisja do sprawy 11 września potwierdziła, że motywacją Bin Ladena i pozostałych najważniejszych członków Al-Kaidy było zarówno izraelskie postępowanie wobec Palestyńczyków, jak i amerykańskie poparcie udzielane Izraelowi.

Sojusz amerykańsko-izraelski nie sprawia więc, że Stany Zjednoczone są bezpieczniejsze. Sprowadza on na Stany Zjednoczone i na amerykańskich obywateli poważne niebezpieczeństwo.

Według Mearsheimera i Walta Izrael przestał być dla Stanów Zjednoczonych „strategicznym atutem", a stał się poważnym ciężarem. Przekonanie, że Izrael jest „wielkim amerykańskim lotniskowcem" na Bliskim Wschodzie jest bowiem mitem.

Przykładem może być choćby wojna w Zatoce Perskiej w 1991 roku. Amerykanie, aby nie zniszczyć kruchej koalicji wymierzonej w Saddama Husajna, robili wówczas wszystko, żeby Izrael stał się „niewidzialny" i żeby utrzymać państwo żydowskie jak najdalej od konfliktu. Stany Zjednoczone nie korzystały z baz na terenie Izraela ani z izraelskiej pomocy wojskowej. Mało tego, musiały chronić izraelskie terytorium przed irackimi pociskami *Scud*!

Izrael w żaden znaczący sposób nie pomógł również USA podczas wojen w Afganistanie i w Iraku. Mało tego, w 2003 roku swoją katastrofalną w skutkach decyzję o zaatakowaniu Iraku prezydent George W. Bush podjął między innymi pod wpływem izraelskiego lobby. Jego przedstawiciele przekonali go bowiem, że broń masowego rażenia – którą rzekomo miał Saddam – stanowi śmiertelne zagrożenie dla Izraela.

Kto jest słabszy?

Izraelskie lobby bardzo chętnie sięga po argumenty natury moralnej.

Po pierwsze, Stany Zjednoczone muszą popierać Izrael ze względu na „wspólnotę wartości" łączącą oba narody. Izrael ma być „jedyną demokracją na Bliskim Wschodzie" i jedynym krajem regionu przestrzegającym praw człowieka.

Po drugie, w tradycji Ameryki leży wspieranie słabszych. Czyli właśnie Izraela. Malutkiego państewka, bastionu zachodniej cywilizacji, otoczonego morzem agresywnej arabsko-islamskiej dziczy.

Po trzecie, ponieważ Żydzi padli ofiarą Holokaustu, zasługują teraz na szczególną ochronę i specjalne traktowanie.

Mearsheimer i Walt udowadniają, że wszystkie te argumenty są bez pokrycia. To izraelska propaganda, którą bezkrytycznie powtarzają amerykańskie media.

To Izrael jest bowiem silniejszy od wszystkich swoich sąsiadów razem wziętych. Nowoczesna, znakomicie uzbrojona izraelska armia dysponuje miażdżącą przewagą nad armiami państw arabskich. Izrael jest również jedynym krajem regionu posiadającym broń nuklearną. A co za tym idzie – jego istnienie wcale nie jest zagrożone.

Trudno również uznać Izrael za „bastion praw człowieka". Wystarczy przypomnieć metody stosowane przez to państwo na palestyńskich terytoriach okupowanych i w Libanie. Regularne bombardowania dzielnic mieszkaniowych, masakry ludności cywilnej, codzienna dyskryminacja ludności arabskiej...

> Nie da się kwestionować tego, że Żydzi często byli ofiarami w Europie – piszą Mearsheimer i Walt – ale w ciągu ostatniego stulecia często stawali się prześladowcami na Bliskim Wschodzie. A najczęściej ich ofiarą padali Palestyńczycy. Można znaleźć dobre argumenty za tym, że obecna polityka Stanów Zjednoczonych jest niezgodna z fundamentalnymi amerykańskimi wartościami. Gdyby Stany Zjednoczone miały opowiedzieć się po którejś ze stron, biorąc pod uwagę jedynie moralność, wspierałyby Palestyńczyków, a nie Izrael. W końcu Izrael jest bogaty i ma najsilniejsze wojsko na Bliskim Wschodzie. Żaden kraj nie rozpoczynałby z nim celowo wojny. Izrael ma poważny problem z terroryzmem, ale jest to konsekwencją kolonizacji palestyńskich terytoriów okupowanych. Z kolei Palestyńczycy nie mają swojego państwa, są biedni, a przed nimi niepewna przyszłość.

Kraj jak każdy inny

Wnioski wypływające z książki Johna J. Mearsheimera i Stephena M. Walta trudno podważyć. Autorzy wykazali, że potężne żydowskie lobby działa na szkodę interesów Stanów Zjednoczonych, a także – w perspektywie długoterminowej – na szkodę Izraela. Gdyby Ameryka prowadziła wobec tego kraju normalną, racjonalną politykę, już dawno wymusiłaby na nim zawarcie pokoju z Palestyńczykami.

Jaką receptę mają obaj autorzy? Bardzo prostą.

Nadszedł czas – napisali – by traktować Izrael jak każde inne państwo oraz by Stany Zjednoczone udzielały mu pomocy pod warunkiem zakończenia okupacji Palestyny i podporządkowania izraelskiej polityki amerykańskim interesom.

Jak pokazały ostatnie wydarzenia – przede wszystkim przeniesienie przez Donalda Trumpa ambasady USA do Jerozolimy – wezwanie obu badaczy było wołaniem na puszczy. Niepoprawni romantycy!

Książkę *Lobby izraelskie w USA* po raz pierwszy przeczytałem dobre dziesięć lat temu. Traf chciał, że krótko potem przechadzałem się wąskimi uliczkami starej Jerozolimy. Na jednym z pstrokatych straganów z pamiątkami między tandetnymi breloczkami i magnesami na lodówkę zobaczyłem ciekawą koszulkę.

Widniała na niej groźna sylwetka obwieszonego bombami, pikującego do ataku myśliwca F-16. Na ogonie maszyny rysownik umieścił wielką gwiazdę Dawida. Napis na koszulce głosił: „America don't worry, Israel is behind you" – Ameryko, nie martw się, Izrael stoi za tobą.

Pamiętam, że uśmiechnąłem się wtedy szeroko. Czy można sobie wyobrazić lepszy przykład słynnego żydowskiego poczucia humoru?

Recenzja książki *Lobby izraelskie w USA* (Fijorr Publishing), nigdy dotąd nie publikowana

10

Ten ksiądz jest Żydem!

Czarny opel kadett zatrzymał się przed bramą sierocińca. Szofer zgasił silnik i z auta wysiadło dwóch mężczyzn. Jeden był w mundurze SS z gestapowskim rombem na rękawie, drugi – w czarnym skórzanym płaszczu. Podeszli do furty i zadzwonili. Raz, drugi i trzeci. Nikt nie odpowiadał, zaczęli więc tłuc pięściami w drzwi.

Po chwili po drugiej stronie rozległ się niepewny kobiecy głos:
– Kto tam?
– Gestapo! Otwierać! – ryknął mężczyzna w skórzanych płaszczu. Jego towarzysz wyjął z kabury parabellum i odbezpieczył broń.

Zamek furty otworzył się ze szczękiem, skrzypnęły zawiasy otwieranych powoli masywnych drzwi. Gestapowiec pchnął je zniecierpliwiony. Po drugiej stronie zobaczył siostrę zakonną w czarnym habicie. Była wyraźnie spłoszona.

– My do księdza Tadeusza – powiedział Niemiec i z drugim funkcjonariuszem wszedł na podwórko. W tej samej chwili znaleźli się w tłumie małych dzieci. Sieroty miały akurat przerwę w nauce i wyszły na dwór.

Siostra zakonna odezwała się do przybyłych:
– Proszę chwilę poczekać. Już proszę księdza. – Po czym ruszyła do kaplicy. Tam podeszła do konfesjonału, w którym kapłan spowiadał akurat jakąś kobietę.

– Najmocniej przepraszam, że przeszkadzam – zwróciła się do niego zakonnica i powiedziała mu coś na ucho.

Twarz młodego księdza w jednej chwili stała się biała jak papier.

– To już mój koniec – wyszeptał, a następnie padł na kolana i zaczął się żarliwie modlić.

Dopiero po dłuższym czasie, gdy dokończył posługę i udzielił komunii wyspowiadanej kobiecie, wyszedł na podwórzec. Był zupełnie spokojny. Pewnym krokiem podszedł do gestapowców.

– Czym mogę panom służyć?

W odpowiedzi jeden z drabów chwycił go za przeguby dłoni i sprawnie zamknął na nich kajdanki.

– Jest ksiądz aresztowany – powiedział.

Przyglądające się tej scenie dzieci podniosły wrzawę. Z krzykiem rzuciły się w stronę księdza. Błagały Niemców, aby puścili kapłana. Gestapowcy tylko wzruszyli ramionami. Jeden wyjął z kieszeni lśniące czerwone jabłko. Rzucił je dzieciom i powiedział obojętnie:

– To jest Żyd.

Żadna ręka nie wyciągnęła się po owoc. Jabłko zatoczyło łuk w powietrzu i pękło na bruku. Niemcy poprowadzili księdza w stronę furty.

Żyd i żydoznawca

Ta dramatyczna scena rozegrała się 22 kwietnia 1941 roku na terenie Domu Sióstr Rodziny Maryi w podwarszawskiej Białołęce Dworskiej. Aresztowany ksiądz nazywał się Tadeusz Puder i rzeczywiście był żydowskiego pochodzenia. W 1917 roku, jako dziewięcioletni chłopiec, wraz z matką i dwoma braćmi został ochrzczony.

Wszyscy, którzy zetknęli się z księdzem Pudrem, podkreślali jego wyjątkowe zalety. Żarliwą pobożność, chęć bezinteresownego służenia bliźnim i osobistą uczciwość. A także jego intelekt. W czerwcu 1938 roku w życiu księdza Pudra nastąpiła jednak wielka zmiana, która miała fatalnie zaciążyć na jego losie.

Otóż ksiądz Puder został mianowany rektorem kościoła Świętego

Jacka przy ulicy Freta w Warszawie. Był to niewątpliwy awans, ale stał się on dla młodego kapłana przyczyną wielkich przykrości i upokorzeń. Na tym stanowisku zastąpił bowiem księdza Stanisława Trzeciaka.

W tym miejscu na arenę wchodzi główny szwarccharakter tej opowieści. Warto go szerzej przedstawić. Ksiądz Trzeciak był czołowym „żydoznawcą" II Rzeczypospolitej. Miał bardzo wyraziste poglądy – był wojującym polskim nacjonalistą, a sporą część swojej energii poświęcał walce o „odżydzenie" Polski. Uważał bowiem Żydów za niebezpiecznego „czwartego zaborcę".

Ksiądz Trzeciak stał na stanowisku, że *Protokoły mędrców Syjonu* są autentyczne, wierzył w wielki żydowski spisek, który swoimi mackami oplata cały świat. Celem tego spisku miało być zniszczenie cywilizacji łacińskiej. Kapłan popierał Obóz Narodowo-Radykalny, który cenił za bezkompromisowy antyżydowski program.

Ksiądz Trzeciak z Żydami walczył jednak głównie piórem. W latach trzydziestych napisał takie dzieła, jak *Talmud, bolszewizm i projekt prawa małżeńskiego w Polsce*, *Żyd jako obrońca ślubów cywilnych i rozwodów dla katolików*, *Program światowej polityki żydowskiej*, *Talmud o gojach a kwestia żydowska w Polsce*, *Ubój rytualny w świetle Biblii i Talmudu*.

Ta ostatnia broszura była związana z prowadzoną przez niego kampanią na rzecz zakazu uboju rytualnego. Ksiądz Trzeciak uważał tę praktykę za „barbarzyński zabobon" i „ohydę dwudziestego wieku". Gdy w 1936 roku Sejm Rzeczypospolitej zajął się projektem zakazu uboju rytualnego – ksiądz Trzeciak został powołany na rzeczoznawcę.

> Bolszewizm to nie choroba dusz – pisał – ale wielkie oszustwo żydowskie, a kto mówi o komunizmie, a nie mówi o żydach, ten nie ma wprost pojęcia, co to jest komunizm, bo komunizm i judaizm to obecnie prawie równoznaczne pojęcia.

Dlatego wzywał do bezwzględnej, wyzbytej sentymentów walki z żydostwem. Potępiał przy tym rodaków, którzy „zachowują się biernie i neutralnie, usprawiedliwiając swoją w tej kwestii bezczynność niby chrześcijańską miłością bliźniego, przyczyniają się żydowskiego zwycięstwa".

Niestety niektórzy jego zwolennicy brali to dosłownie i po publicznych odczytach księdza Trzeciaka dopuszczali się przemocy. Na przykład w 1937 roku w Łodzi niejaki Jan Antczak, ledwie wyszedł z jego wykładu, rzucił się z nożem na trzech przechodniów. Jeden z zaatakowanych zginął.

Renomą czołowego „żydoznawcy" ksiądz Trzeciak cieszył się zresztą nie tylko w Polsce. Jego bojowe antysemickie wystąpienia zwróciły na niego uwagę w Niemczech. Na zaproszenie narodowych socjalistów polski kapłan pojechał do Erfurtu na międzynarodowy zjazd antysemitów. A w maju 1939 roku na łamach „Małego Dziennika" wychwalał antyżydowską politykę Trzeciej Rzeszy – między innymi stworzenie gett i nakaz noszenia żółtych łat. Politykę tę uważał za „drogowskaz" dla Polski.

Trudno się więc dziwić, że gdy ksiądz Trzeciak stracił stanowisko na rzecz młodego kapłana żydowskiego pochodzenia, jego zwolennicy wpadli w amok. Przez łamy nacjonalistycznej prasy przewaliła się fala haniebnych artykułów wymierzonych w księdza Pudra. Była to prawdziwa kampania nienawiści. Cóż z tego, że Puder uważa się za Polaka – pisał tygodnik „Prosto z Mostu" – skoro „muszą go jeszcze za Polaka uznać Polacy".

Pisano o „żydowskim nacjonaliście", który dla niepoznaki przebrał się w sutannę, aby rozsadzić od środka Kościół katolicki. „Wyrosły w atmosferze żydowskiej" – pisał jeden z oskarżycieli – „mimo kapłaństwa nie wyzbył się jeszcze całkowicie pojęć, w których wyrósł, i dlatego nie może być wychowawcą polskiej inteligencji".

Ksiądz Tadeusz Puder stał się dla antysemitów wrogiem numer jeden. Tym bardziej że w ramach swojej działalności duszpasterskiej starał się nawracać i chrzcić Żydów. A więc przyczyniał się do dalszego „zażydzania" i „psucia szlachetnej polskiej krwi".

W piśmie „Samoobrona Narodu" ukazał się tekst *Niezrozumiały awans stuprocentowego Żyda*. Jego autor nominację księdza Pudra uznał za „niesłychaną w naszych dziejach" i dokonaną „wbrew woli narodu".

W Warszawie kolportowano zaś broszurę pod tytułem *Tragedia księdza Trzeciaka*, w której tytułowy bohater przedstawiony został jako ofiara żydowskich machinacji.

Na nic się zdały wezwania Episkopatu do opamiętania oraz upokarzające oświadczenie księdza Pudra: „W kilku pismach ukazała się notatka, jakobym deklarował narodowość niepolską. Oświadczam wobec tego kategorycznie, że nigdy takiego twierdzenia nie wypowiadałem, gdyż zawsze uważałem i uważam się za Polaka".

W niedzielę 3 lipca 1938 roku jeden z wiernych spoliczkował księdza Pudra podczas Mszy Świętej.

– A masz, Żydzie! – krzyknął przy tym histerycznie.

Wierni rzucili się w obronie księdza – donosiła Katolicka Agencja Prasowa – wyprowadzili napastnika z kościoła i dotkliwie go poturbowali. Przybyła policja odprowadziła do komisariatu napastnika, którym okazał się niejaki Rafał Michalski, zamieszkały przy ulicy Piwnej. Musimy z całą stanowczością napiętnować barbarzyńską napaść na kapłana, która świadczy niestety o posuwającym się u nas zdziczeniu obyczajów. Tak że nawet świątynie nasze, święte czystości i Sakrament Kapłaństwa nie powstrzymują zbrodniarzy od takich napaści.

Ten gorszący incydent wywołał gigantyczny skandal, o którym dyskutowała cała Polska.

Jest tylko jedno uczucie, które mogło uzbroić pięść tego człowieka – pisała z kolei „Nowa Rzeczpospolita" – brutalną pięść zbrodniarza, przeciwko kapłanowi. Uczuciem tym jest nienawiść najzupełniej obca psychice polskiej. Niejednokrotnie podnosiliśmy na naszych łamach szkodliwość szczepienia obcych doktryn rasistowskich żywcem przeniesionych od zachodniego sąsiada. Ponura robota wydaje plon. Tak daleko nie posunęli się nawet szturmowcy w Trzeciej Rzeszy.

W sprawie ataku na księdza Pudra interweniował Episkopat, a Julian Tuwim poświęcił incydentowi jeden z wierszy w *Kwiatach polskich*:

> *Ksiądz Trzeciak w Norymberdze*
> *Hołd składał parteitagom wrażym*
> *A księdza Pudra o tym czasie*
> *Policzkowano przed ołtarzem.*

Nieszczęsny ksiądz Puder był załamany. Upokorzony i spostponowany czuł się jednak również ksiądz Stanisław Trzeciak. W końcu stracił stanowisko na rzecz Żyda! Głęboko w sercu kapłana utkwiła zadra...

Zemsta

Ksiądz Puder po aresztowaniu został przewieziony do budynku Gestapo przy alei Szucha. Tam poddano go brutalnym przesłuchaniom. Był bity i maltretowany. Już wówczas gestapowcy niedwuznacznie zasugerowali mu, kto na niego doniósł. Kto ich poinformował, że kapłan pracujący w sierocińcu na Białołęce ma żydowskie korzenie.

Informacja na temat tożsamości donosiciela dotarła do rodziny księdza Pudra, a po kilkudziesięciu latach do historyków. Większość z nich nie kwapiła się jednak, żeby go publicznie zdemaskować. Tym bardziej że donosiciel ma do dziś sporą rzeszę wpływowych sympatyków. Tak, łatwo się domyślić – księdza Pudra w ręce hitlerowskich oprawców wydał ksiądz Stanisław Trzeciak.

Katolicki kapłan wydał w ręce oprawców katolickiego kapłana.

Szokujące dokumenty, które nie pozostawiają w tej sprawie cienia wątpliwości, odnalazł w jednym z warszawskich archiwów historyk doktor Dariusz Libionka. I opublikował je w periodyku „Zagłada Żydów" (nr 13, przy współpracy profesora Jana Grabowskiego). Wytworzyły je niemieckie organy okupacyjne i dotyczą one śledztwa oraz procesu księdza Pudra.

Pierwszy w tych dokumentów podchodzi z 10 marca 1941 roku. Do warszawskiego Gestapo zgłosił się wówczas funkcjonariusz policji pomocniczej Erhard Janke. Poinformował on Niemców, że pracujący w katolickim sierocińcu ksiądz jest obrzezany. Według Jankego bliższych informacji na ten temat „powinien móc udzielić profesor i ksiądz doktor Trzeciak, zamieszkały w Warszawie, ul. Senatorska 31/319".

– To była klasyczna ustawka – tłumaczy doktor Dariusz Libionka. – To ksiądz Trzeciak poinformował o sprawie Jankego i za jego pośrednictwem zaoferował swoje usługi Gestapo.

– Dlaczego?

– Bo nigdy nie wybaczył księdzu Pudrowi, że zajął jego stanowisko. To była dla niego sprawa osobista.

Ksiądz Trzeciak został wezwany na Gestapo 22 marca 1941 roku. Spotkał się z nim sam Untersturmführer SS Karl Georg Brandt z wydziału IV B zajmującego się kwestiami żydowskimi i kościelnymi, przyszły kat warszawskiego getta.

Zachowane w aktach zeznanie księdza Trzeciaka warte jest obszernego cytatu:

> W odniesieniu do zapytania o wikarego Pudra stwierdzam, że znam tego duchownego. Wiem, że jego rodzice byli Żydami pełnej krwi (*Volljuden*). Jego ojciec spoczywa na żydowskim cmentarzu tutaj w Warszawie. Sam nigdy nie wspominał mi o tym, że ma pochodzenie żydowskie, ale przypadkowo dowiedziałem się, że Puder jest obrzezany. Ponieważ już długo przed wojną byłem zdecydowanym przeciwnikiem Żydów, więc zainteresowałem się przypadkiem Tadeusza Pudra.
>
> Według mojej wiedzy jego matka mieszka w Warszawie.
>
> Puder jest obecnie wikarym w ośrodku wychowawczym dla chłopców w Płudach k. Warszawy. Powszechnie wiadomo, że wikary Puder zawsze wstawiał się za Żydami. W kazaniach wielokrotnie głosił i dosłownie stwierdzał, że „jeżeli my, katolicy, zwalczamy Żydów, to tym samym występujemy przeciwko naszej własnej religii".

Pod zeznaniem widnieje podpis księdza Trzeciaka.

Konsekwencje donosu mogły być tylko jedne. Gestapowcy pojechali do sierocińca na Białołęce i aresztowali księdza Tadeusza Pudra. Przewieziony na Szucha został poddany nieludzko okrutnemu śledztwu.

Niestety nic nie wiadomo o tym, by wyższe władze kościelne interweniowały w sprawie zatrzymanego kapłana. Jedyny list w jego obronie – do samego gubernatora warszawskiego Ludwiga Fischera! – napisała zakonnica z sierocińca na Białołęce, siostra Agnes Dymna.

Nasz sierociniec wiele mu zawdzięcza – argumentowała. – Obok duchowej posługi pomagał nam całymi dniami przy żniwach, jak również przy wszystkich innych pracach polowych i gospodarskich. Dlatego też ośmielam się skierować do Pana moją prośbę. W imieniu rannych żołnierzy niemieckich, którymi się opiekowałam i którzy mi przyrzekli: „Siostro, wszystko to, co dla nas uczyniłaś, będzie ci odpłacone". I wstawiam się za kapłana w imieniu poległych żołnierzy niemieckich, bo on troszczył się o ich groby, aby nie uległy zniszczeniu. Błagam teraz o łaskę dla niego, o jego zwolnienie, tak aby mógł wrócić do naszego sierocińca – tu, gdzie go zatrzymano, i tu, gdzie na niego czekamy.

Do tego listu dzielna zakonnica dołączyła zaświadczenie wydane jej przez lekarza polowego Wehrmachtu doktora Stedinga, który potwierdzał, że siostra przełożona w 1939 roku udzielała „daleko idącej pomocy" w opiece nad rannymi niemieckimi żołnierzami.

Mimo to Fischer prośbę odrzucił, a ksiądz Puder został oskarżony o czyn, który – w świetle drakońskich okupacyjnych przepisów – traktowany był jako poważne przestępstwo. Chodziło o to, że zataił swe żydowskie pochodzenie, nie nosząc opaski z gwiazdą Dawida, i mieszkał poza terenem getta.

Nigdy nie uważałem się za Żyda – przekonywał gestapowców ksiądz Puder – ponieważ jestem katolickim duchownym i głoszę wyłącznie słowo Boże. Zarządzenie dotyczące oznakowania Żydów w GG jest mi znane. Jestem katolickim duchownym i jest wykluczone noszenie przeze mnie opaski, gdyż wtedy nie mógłbym być duchownym. To, że nie nosiłem opaski, nie wynikało stąd, że próbowałem się kryć, ale stąd, że jako duchowny katolicki nie mogę nosić opaski żydowskiej.

Tłumaczenia te oczywiście na nic się nie zdały. 1 września 1941 roku ksiądz Puder został skazany przez niemiecki sąd specjalny na rok i osiem miesięcy pozbawienia wolności, z zaliczeniem czasu spędzonego w areszcie. Karę odbywał w więzieniu przy Rakowieckiej. Jak wynika z dokumentów, poważnie zapadł tam na zdrowiu.

Dolegliwości – raportował w marcu 1942 roku więzienny lekarz doktor Tadeusz Mrożek – bóle głowy, zawroty głowy, migotanie w oczach, ogólne osłabienie. Bóle w okolicach serca, trwające 2–3 minuty, z towarzyszeniem zimnego potu. Silne bóle w podbrzuszu, przypominające kolkę. Zatwardzenia i biegunki. Kwaskowate odbijanie się. Wzdęcia żołądka. Diagnoza: Anemia.

Wreszcie, w lipcu 1942 roku Niemcy zgodzili się przenieść księdza do Szpitala Świętej Zofii na terenie getta. Stało się tak dzięki temu, że poczciwy lekarz więzienny dał mu zastrzyk, który wywołał bardzo poważne, ale krótkotrwałe objawy. W szpitalu przydzielono księdzu stałego strażnika, który miał pilnować każdego kroku kapłana. Mimo to kilka miesięcy później ksiądz Puder wykorzystał moment nieuwagi swojego „anioła stróża" i czmychnął ze szpitala.

– To była naprawdę brawurowa ucieczka! – opowiada ksiądz Henryk Linarcik, autor biografii dzielnego kapłana. – Według jednej wersji ksiądz Puder wyszedł przez okno na gzyms i spuścił się na chodnik po linie zrobionej z prześcieradeł. Według innej zeskoczył do podstawionego wcześniej wozu z węglem. Całą operację zorganizowały oczywiście dzielne siostrzyczki z sierocińca na Białołęce.

Ucieczka księdza Pudra, który zagrał na nosie warszawskiemu Gestapo, doprowadziła Niemców do wściekłości. Do końca wojny – mimo usilnych starań – nie udało się już im go wytropić.

Dwa oblicza księdza Trzeciaka

– Czy ksiądz Trzeciak, wydając księdza Pudra, wiedział, co mu grozi? – pytam doktora Dariusza Libionkę.

– Nie ma co do tego najmniejszych wątpliwości. Ksiądz Trzeciak nie był dzieckiem. Doskonale zdawał sobie sprawę z tego, co grozi Żydowi, gdy znajdzie się w rękach Gestapo. Wiedział, że naraża księdza Pudra na utratę wolności i zdrowia, a być może nawet życia. Nienawiść do Żydów była jednak w tym człowieku silniejsza niż przyzwoitość.

– Tego właśnie nie rozumiem. Skoro Tadeusz Puder wyrzekł się swojego żydostwa i został księdzem, antysemici powinni go byli hołubić i stawiać za przykład.

– To nie tak – mówi Dariusz Libionka. – Wbrew temu, co się dzisiaj opowiada, antysemityzm księdza Trzeciaka nie był antysemityzmem religijnym. To był antysemityzm rasowy. Chrzest i przyjęcie święceń kapłańskich nie miały dla księdza Trzeciaka żadnego znaczenia. Puder pozostał dla niego Żydem.

Dokumenty odkryte w warszawskim archiwum będą poważnym ciosem dla współczesnych zwolenników księdza Trzeciaka. Mowa o publicystach i historykach związanych z ruchem narodowym. W swoich książkach i artykułach starali się oni bagatelizować jego antyżydowskie wystąpienia i kontakty, które podczas wojny utrzymywał z niemieckimi władzami okupacyjnymi.

Obrońcy księdza Trzeciaka uwypuklali jego – zresztą niekwestionowane – zasługi, między innymi działalność dobroczynną w czasie I wojny światowej i po niej. A także to, że podczas okupacji wykorzystywał swoje berlińskie kontakty do zwalniania aresztowanych Polaków.

Co jednak najważniejsze, ksiądz Trzeciak pomagał ponoć również żydowskim dzieciom. Świadczy o tym relacja, która znalazła się w głośnej książce Władysława Bartoszewskiego *Ten jest z ojczyzny mojej. Polacy z pomocą Żydom 1939–1945*. To świadectwo siostry Wandy Garczyńskiej, która przyjmowała do prowadzonego przez siebie internatu małe Żydówki posługujące się fałszywymi papierami.

Ponieważ niektóre matki „aryjki" miały jej za złe, że ochrania niekatolickie dzieci w katolickim zakładzie, Wanda zwróciła się o radę do księdza... Trzeciaka – pisał Bartoszewski. – Zapytał ją, komu grozi większe zagrożenie w przypadku usunięcia z internatu. Powiedziała, że pierwszym grozi nauka w gorszych warunkach lub zaprzestanie nauki, a drugim pewna śmierć. Ksiądz Trzeciak miał odpowiedzieć: „siostrze nie wolno się wahać i zastanawiać, pierwszeństwo tu mają te małe, zagrożone Żydóweczki".

Zwolennicy księdza Trzeciaka, powołując się na tę relację, przekonują, że jego antysemityzm nie był znowu aż tak głęboki. I że kapłan, będąc świadkiem niemieckich bestialstw podczas II wojny światowej, zweryfikował swoje przedwojenne poglądy. Z pisanych w tym duchu artykułów wyłania się obraz prawego, niezłomnego kapłana, który w pełni zasłużył na tytuł Sprawiedliwego wśród Narodów Świata.

Z kolei przeciwnicy księdza Trzeciaka podważają wartość przytoczonej przez Bartoszewskiego „relacji z drugiej ręki". Wskazują na to, że kapłan do końca pozostał zatwardziałym przeciwnikiem Żydów. Dokumenty odsłaniające okoliczności aresztowania księdza Pudra niewątpliwie wzmacniają ich argumenty.

Inną hipotezę stawia ksiądz Henryk Linarcik.

– Podczas pracy nad biografią księdza Pudra również natknąłem się na informację, że człowiekiem, który go wydał, był ksiądz Stanisław Trzeciak – mówi ów kapłan. – Dużo wówczas o tej sprawie myślałem. Z jednej strony donos na Gestapo, a z drugiej pomaganie żydowskim dzieciom. Jak to pogodzić? Być może księdza Trzeciaka gnębiły wyrzuty sumienia. Być może się zreflektował i swoimi późniejszymi działaniami chciał odkupić swoją winę. To jedyne wytłumaczenie, które przychodzi mi do głowy.

Tragiczny koniec

Jak potoczyły się losy obu bohaterów tej opowieści? 8 sierpnia 1944 roku do warszawskiego kościoła Świętego Antoniego – w którym posługiwał ksiądz Stanisław Trzeciak – wtargnęła niemiecka piechota. Żołnierze wypędzili na dwór grupę mieszkańców okolicznych kamienic, która w czasie powstania warszawskiego szukała schronienia w świątyni.

Przerażeni cywile zostali razem z księdzem popędzeni w stronę Woli. Towarzyszyły temu kopniaki, obelgi i ciosy. Niemcy strzelali do opornych lub spowalniających marsz. Wszystko odbywało się w upiornej scenerii – na tle płonących budynków, w akompaniamencie huku dział, eksplozji granatów i ryku czołgowych silników.

Ksiądz Trzeciak szedł obok grupki wiernych, gdy nagle gruchnął pojedynczy strzał. Ksiądz padł martwy na bruk. Wokół niego pojawiła się rosnąca plama krwi. Autor książki *Program światowej polityki żydowskiej* został zastrzelony w marszu przez zwykłego niemieckiego szeregowca. A według innej wersji na progu swojego kościoła.

Z kolei ksiądz Tadeusz Puder ukrywał się na terenach klasztornych w Białołęce. Siedział w kryjówce, za którą służył pokój przedzielony na pół szafami. A potem w piwnicy, do której siostry znosiły mu jedzenie ukryte w wiadrze na węgiel. Kłopoty zaczęły się podczas powstania warszawskiego, gdy Niemcy nakazali ewakuować sierociniec.

– Ksiądz Tadeusz Puder znalazł się w śmiertelnym niebezpieczeństwie – opowiada ksiądz Henryk Linarcik. – Wówczas siostry wpadły na nieco szalony pomysł. Otóż przebrały kapłana w habit zakonnicy. Ksiądz Puder przeparadował w nim tuż pod nosem Niemców, którzy nie zorientowali się, że mają do czynienia z mężczyzną. Nie był to zresztą pierwszy raz, kiedy ksiądz Puder używał tego przebrania. Wcześniej pojechał w nim koleją na spotkanie z matką.

– Trudno chyba znaleźć drugiego księdza, który miał takie przygody.
– O, tak. Ksiądz Tadeusz Puder był postacią nietuzinkową – odpowiada ksiądz Linarcik. – To kandydat na ołtarze, a jednocześnie idealny bohater sensacyjnego filmu. Raz nawet odwiedził mnie pewien znany filmowiec, który powiedział, że gdyby tylko miał pieniądze, nakręciłby o księdzu Pudrze wielki film.

W nowej kryjówce ksiądz Puder bezpiecznie dotrwał do końca okupacji. Niestety wkrótce szczęście go opuściło.

23 stycznia 1945 roku wraz z siostrą zakonną Ireną Waśniewską szedł ulicami zburzonej Warszawy. Nagle zza zakrętu wypadła sowiecka ciężarówka. Nie wiadomo, czy kierujący nią sołdat był pijany, czy po prostu nieuważny. Przyczepa z impetem huknęła w idących ulicą.

Ksiądz i zakonnica znaleźli się na ziemi. W śniegu, między gruzami zgruchotanej bombami kamienicy.

Gdy się ocknęłam, nie umiałam zdać sobie sprawy z tego, co się stało – relacjonowała siostra Irena. – Z trudem wygrzebałam się spod warstwy śniegu, szukając księdza. Zaczęłam wołać, krzyczeć, ale nikt nie odpowiadał. Naraz spostrzegłam czarną plamę na jezdni. Podbiegłam, nachyliłam się i z przerażeniem rozpoznałam. Był to ksiądz Tadeusz. Leżał z rozkrzyżowanymi rękoma, nieruchomo. Przy nim okulary, teczka z dokumentami i torba z żywnością. Zgarnęłam to wszystko i ukryłam pod gruzami. Sama zaczęłam się rozglądać za jakimś środkiem lokomocji. Ksiądz wprawdzie dawał znaki życia, ale był nieprzytomny.

Ciężko rannego kapłana przewieziono do szpitala przy Grochowskiej. Lekarze stwierdzili, że ma pękniętą czaszkę i silny wylew. Ksiądz Tadeusz Puder nie odzyskał już mowy. Przyjął sakrament ostatniego namaszczenia i skonał 27 stycznia 1945 roku. Po wszystkich niebezpieczeństwach i przeciwnościach, które pokonał w czasie wojny, zginął w wypadku drogowym.

Źródło: „Historia Do Rzeczy" 9/2018, wersja rozszerzona

11

Żydokomuna czy chamokomuna?

Rola Żydów w tworzeniu systemu komunistycznego to jeden z najdrażliwszych tematów historii najnowszej. Wymaga on niezwykłej ostrożności, bo poruszając go, łatwo można się narazić na oskarżenie o antysemityzm. Lub odwrotnie – o usprawiedliwianie czerwonych zbrodniarzy.

W debacie na ten temat bardzo często podnoszą się skrajne głosy. Według części jej uczestników komunizm był w zasadzie systemem żydowskim, a za wszystkie sznurki na Kremlu pociągali wyłącznie Żydzi. Według innych nie mieli oni nic wspólnego z komunizmem, a każdy, kto twierdzi inaczej, jest oszołomem i zwolennikiem teorii spiskowych.

W tej sytuacji trudno się dziwić, że ta emocjonalna dyskusja przeradza się często w dziką awanturę. Obie strony okopują się na swoich stanowiskach, całkowicie ignorując argumenty adwersarzy. W efekcie w tumulcie wzajemnych oskarżeń i epitetów gubią się podstawowe pytania.

Skąd wziął się stereotyp żydokomuny? Ilu Żydów tak naprawdę poparło ten system? Dlaczego wizja radykalnej rewolucji społecznej była tak atrakcyjna dla części narodu żydowskiego? Spróbujmy na te pytania odpowiedzieć.

W państwie carów

W kastowych społeczeństwach europejskich XIX wieku Żydzi czuli się obywatelami drugiej kategorii. Na społeczność tę nakładane były rozmaite ograniczenia. Najbardziej widoczne i dotkliwe były one na terenie Imperium Rosyjskiego. W państwie carów obowiązywała wprowadzona przez Katarzynę II strefa osiedlenia, czyli zakaz zamieszkiwania przez Żydów poza zachodnimi guberniami.

Wywoływało to przeludnienie żydowskich miasteczek, a w konsekwencji nędzę. Żydzi nie mogli być oficerami w armii, trudno im było zrobić karierę w administracji rządowej. Mieli ograniczony dostęp na uczelnie. Wszystko to skutkowało poczuciem krzywdy. Jeżeli dodać do tego falę pogromów z lat 1880–1881, nie dziwi, że Żydzi chcieli zmiany.

Część z nich zaangażowała się w działalność ruchu syjonistycznego, marzyła o państwie żydowskim w Palestynie. O własnym domu, w którym to Żydzi – a nie goje – byliby gospodarzami. Część jednak nie miała ochoty na egzotyczne eksperymenty. Czuli się związani z ziemią swoich przodków i dążyli do zmiany warunków na miejscu.

> Naród, który wycierpiał takie prześladowania – pisał Dawid Szturman – nie mógł nie stać się w znacznej swej części nosicielem rewolucyjnej socjalistycznej doktryny socjalizmu. Dawała ona swym żydowskim adeptom nadzieję na to, że przestaną być odszczepieńcami na tej ziemi, a nie w mglistej Palestynie praojców.

Dlatego właśnie w szeregach organizacji wywrotowych było tylu Żydów. A kiedy wybuchła rewolucja lutowa i upadł carat, Żydzi entuzjastycznie powitali nowe porządki. Trudno im się zresztą dziwić. Rząd Tymczasowy Aleksandra Kierenskiego natychmiast zniósł wszystkie antyżydowskie ograniczenia.

Zaangażowanie w rewolucję lutową nie było niczym zdrożnym. Ba, było w pełni zrozumiałe. Po lutym przyszedł jednak październik. A z nim pucz bolszewików.

Szczegółowo kwestię udziału Żydów w tym przewrocie opisał Aleksander Sołżenicyn w drugim tomie swojego słynnego fresku o rosyjskim żydostwie *Dwieście lat razem*. Ukazuje on olbrzymią nadreprezentację Żydów niemal w każdej sowieckiej instytucji. Począwszy od ścisłego kręgu przywódców skupionych wokół Lenina (Zinowjew, Kamieniew, Trocki, Swierdłow, Uricki, Sokolnikow), poprzez armię, wszelkie komisariaty i prasę, na bezpiece kończąc.

Nie ulega żadnej wątpliwości – pisał żydowski badacz Izaak Osipowicz Lewin – że liczba Żydów należących do partii bolszewików oraz przypadająca im rola kierownicza nie były zgodne z procentowym stosunkiem tej społeczności do całej ludności Rosji. Fakt to bezsporny, który należy wyjaśniać. Negowanie go jest niedorzeczne i bezcelowe.

Władza sowiecka dobrze wiedziała, jak bardzo jest to widoczne. I starała się to maskować. Lew Rosenfeld stał się Lwem Kamieniewem, Lejba Bronstein został Lwem Trockim, Karol Sobelsohn Karolem Radkiem, a Hirsz Brilliant Grigorijem Sokolnikowem.

Pogromy

Oczywiście nie wszyscy Żydzi poparli bolszewizm. Trudno nawet powiedzieć, że poparła go większość tej społeczności. Wśród Żydów było wielu ludzi religijnych, którzy nie mogli sprzyjać partii wojującej z Bogiem. A także zamożnych kupców, którzy nie mogli sprzyjać partii głoszącej potrzebę zniesienia własności prywatnej i wolnego rynku. Starsze pokolenie Żydów ostrzegało, że angażowanie się tak otwarcie po stronie rewolucji jest bardzo ryzykowne.

Te głosy rozsądku zakrzyczały jednak rzesze młodych, rewolucyjnie nastawionych Żydów, przed którymi obalenie starego porządku otworzyło zawrotne perspektywy. Dla nich było to spełnieniem marzeń, a dla Rosjan szokiem. Nagle Żydzi, którzy do tej pory nie sprawowali funkcji publicznych, zapełnili urzędy i inne instytucje państwowe.

Wszędzie nieprawdopodobne niechlujstwo i bałagan – notował rosyjski pisarz Iwan Fiodorowicz Nażywin. – W każdym miejscu Łotysze, Łotysze, Łotysze i Żydzi, Żydzi, Żydzi. Antysemitą nigdy nie byłem, ale ich liczba dosłownie biła po oczach. I wszyscy oni to straszne młokosy.

Władimir Gałaktionowicz Korolenko, rosyjsko-polsko-ukraiński publicysta i działacz społeczny, dodawał zaś:

Wśród bolszewików jest wiele Żydów i Żydówek. Charakteryzuje ich skrajny brak taktu i pewność siebie, która rzuca się w oczy i drażni. Komunizm wszędzie spotyka się z nienawiścią. Pojawienie się fizjonomii żydowskich wśród działaczy bolszewickich (szczególnie w czerezwyczajce) rozpala tradycyjne i bardzo żywotne instynkty judeofobiczne.

Warto dodać, że tradycyjne rosyjskie elity, których miejsce zajęli Żydzi, zostały eksterminowane przez bolszewików. Nasilało to nienawiść zwykłych Rosjan, która wkrótce objęła całą społeczność żydowską.

Każda rewolucja obnaża w ludziach rzeczy paskudne, zazdrość i złość – pisał Sołżenicyn. – To samo przydarzyło się narodowi rosyjskiemu, w którym już dawno osłabła wiara chrześcijańska. I wylewała się na Żydów – licznie awansujących i widocznych tam, gdzie wcześniej ich nie było, ponadto nie ukrywających swej rewolucyjnej radości, a jednocześnie nie dzielących biedowania kolejki – fala rozdrażnienia.

Ta fala narastała, aż w końcu spadła na Żydów w formie niezwykle brutalnych, bestialskich pogromów. Doszło do nich w 1919 roku na terenach opanowanych przez „białych" i władze ukraińskie. Aleksandr Sołżenicyn w swojej książce stara się udowodnić, że późniejsze twierdzenia, jakoby zaangażowanie Żydów w rewolucję było odpowiedzią na pogromy „białych", jest nieprawdziwe.

Według pisarza było na odwrót. To masowe poparcie Żydów dla „czerwonych" oraz ich udział w zbrodniach bolszewizmu – choćby w pogromie Cerkwi prawosławnej – wywołały eksplozję antysemityzmu, a w konsekwencji pogromy.

Tak było choćby w Kijowie. Gdy w 1919 roku miasto zostało odbite przez „białych", w kazamatach Czeka znaleziono zwały świeżych trupów. A według źródeł rosyjskich 75 procent funkcjonariuszy kijowskiej bezpieki stanowili Żydzi. W tej sytuacji rzucone przez żądny zemsty tłum hasło „Bij Żyda i bolszewika!" trafiło na podatny grunt.

Jak to często w historii bywa, za przestępstwa jednostek straszliwą cenę zapłaciła cała społeczność. Stwierdzenie tego faktu oczywiście w niczym nie usprawiedliwia sprawców pogromów. Był to karygodny ślepy odwet na niewinnych ludziach. Typowy przykład zastosowania odpowiedzialności zbiorowej.

Aleksandr Sołżenicyn w swojej książce podaje jeszcze jeden ważki argument przeciw tezie, że to pogromy „białych" sprowokowały Żydów do wsparcia „czerwonych". Otóż w tym samym czasie w Europie wybuchły jeszcze dwie komunistyczne rewolucje – na Węgrzech i w Bawarii. W obu pierwsze skrzypce grali żydowscy rewolucjoniści.

Na Węgrzech Żydami byli niemal wszyscy ważniejsi czerwoni komisarze, na czele z niesławnym krwawym Belą Kunem. Żydzi odegrali również znaczącą rolę w rozpętaniu „czerwonego terroru" w Budapeszcie.

Żydzi w Czeka

Paradoksalnie krwawe pogromy zacieśniły więź wielu Żydów z reżimem sowieckim. Uznali oni, że są z nim związani na dobre i złe.

> Cokolwiek by się działo, Żydzi muszą utrwalić zdobycze rewolucji – pisał rewolucyjny dziennikarz, prozaik i dramaturg Dawid Jakowlewicz Ajzman. – Tu nie ma i nie może być żadnych wahań. Jakichkolwiek ofiar wymagałaby ta sprawa, należy je ponieść. Tutaj wszelkie początki i wszelkie końce. Inaczej wszystko zginie. Zrozumiały to nawet najciemniejsze warstwy żydowskiego społeczeństwa.

Ajzman dowodził, że w razie triumfu kontrrewolucji los Żydów będzie przerażający. Rosjanie urządzą im powszechną rzeź. Wniosek z tego mógł być tylko jeden: kontrrewolucję trzeba zdusić wszelkimi sposobami. „Zły pęd należy zniszczyć, nim wykształci się z zarodka" – pisał. – „Trzeba uśmiercić samo jego nasienie. Żydzi potrafią obronić swą wolność".

Niestety wielu Żydów broniło tej wolności w czerezwyczajce. Choćby słynna Rozalija Ziemlaczka z domu Załkind, zwana „furiatką terroru" i „diabłem w spódnicy". Zasłynęła ona utopieniem we krwi Krymu, na którym organizowała masowe egzekucje oficerów i innych „wrogów ludu". Swoje ofiary kazała przywiązywać parami do desek i palić żywcem.

Na początku rewolucji nie-Rosjanie stanowili 50 procent aparatu kierowniczego Czeki, a wśród najwyższych stanowisk odsetek ten wzrastał do 70 procent. Oczywiście nie byli to tylko Żydzi. Wśród funkcjonariuszy policji politycznej było sporo Łotyszy, Węgrów, Chińczyków, a przede wszystkim Polaków, między innymi tacy zbrodniarze jak „krwawy Feliks" czy Wiesław Mienżynski.

Nadreprezentacja Żydów występowała w sowieckiej bezpiece jeszcze szereg lat po rewolucji. Dopiero gdy po Żydzie Gienrichu Jagodzie w 1936 roku aparatem NKWD zawładnął Nikołaj Jeżow, sytuacja zaczęła się zmieniać. Starzy żydowscy czekiści byli mordowani i zastępowały ich młode wilki o stosowniejszym pochodzeniu narodowościowym.

Było to typowe dla sowieckiej „wymiany kadr". Podobny proces dotknął bowiem żydowskich działaczy partyjnych, którzy padli ofiarą Wielkiego Terroru. Grigorij Zinowjew, Lew Kamieniew, Karol Radek i dziesiątki tysięcy innych Żydów zginęły w odmętach bolszewickich czystek. Wysłannik Stalina czekanem roztrzaskał głowę Trockiemu.

Udział Żydów w rewolucji i budowie Związku Sowieckiego jest w Rosji przedmiotem ożywionej debaty. Radykalni nacjonaliści twierdzą wręcz, że cała rewolucja była dziełem Żydów. To oni zafundowali tę krwawą łaźnię narodowi rosyjskiemu. Mit ten serwowany jest również w innej, szerszej wersji, według której za bolszewizm odpowiedzialni są „obcokrajowcy": Żydzi, Polacy, Węgrzy, Łotysze i Niemcy.

To absurd. Oczywiście ruch bolszewicki był ruchem internacjonalistycznym. Większość budowniczych Związku Sowieckiego stanowili jednak Rosjanie. Bez wsparcia, jakiego rewolucji w początkowej fazie udzieliły masy rosyjskich żołnierzy i marynarzy, pucz Lenina i Trockiego zakończyłby się fiaskiem.

Trzeba wyraźnie powiedzieć, że przewrót październikowy nie był inicjatywą żydostwa – pisał Aleksandr Sołżenicyn. – Zarzucają nam, w sumie słusznie, jak stusiedemdziesięciomilionowy naród mógł zostać wepchnięty w bolszewizm przez żydowską mniejszość. Tak, prawda, w 1917 roku swój los zmajstrowaliśmy sobie sami. Swoją durną głową.

Rok 1920

Podobna dyskusja jak w Rosji toczy się w Polsce. Nie jest bowiem tajemnicą, że Żydzi byli bardzo aktywni również w polskim ruchu komunistycznym. Wystarczy rzucić okiem na skład słynnego Polrewkomu, czyli marionetkowego bolszewickiego rządu, który w sierpniu 1920 roku szykował się do przejęcia władzy w Polsce. Obok Juliana Marchlewskiego i Feliksa Dzierżyńskiego znajdujemy w nim Feliksa Kona, Józefa Unszlichta i Bernarda Zaksa. Obrady tego „gabinetu" odbywały się w jidysz.

W relacjach i pamiętnikach polskich żołnierzy wojny 1920 roku znaleźć można wiele świadectw przychylności części Żydów bolszewizmowi. We wschodnich miasteczkach wznosili oni bramy triumfalne oraz witali czerwonych kozaków chlebem i solą. W walczących z Wojskiem Polskim jednostkach Armii Czerwonej funkcję politruków sprawowali na ogół młodzi Żydzi.

Oczywiście można te wszystkie relacje uznać za rojenia chorych z nienawiści polskich antysemitów. Trudno chyba jednak uznać za antysemitę marszałka Józefa Piłsudskiego, który cieszył się przecież powszechnym szacunkiem Polaków wyznania mojżeszowego.

Największymi agitatorami komunistycznymi są Żydzi – mówił Piłsudski w wywiadzie udzielonym w 1919 roku „Journal de Genève" – toteż ich propaganda nie wywiera wśród ludu tego wpływu, jakiego należałoby się obawiać, gdyby agitatorami byli rdzenni Polacy.

Piłsudski podkreślał zresztą, że wśród Żydów występowały różne postawy:

> Żydzi nie wszędzie zachowywali się źle. W Łomży i Mazowiecku dzielny stawiali opór bolszewikom. Natomiast, rzecz dziwna – tuż obok, w sąsiedztwie, miały miejsce liczne, czasami nawet masowe ze strony Żydów wypadki zdrady stanu.

W liście do Ignacego Paderewskiego z 4 maja 1919 roku Piłsudski w następujący sposób przedstawiał zaś wypadki, do których doszło po odbiciu z rąk bolszewików Wilna:

> Gdym na drugi dzień Świąt przyjechał do Wilna, przez parę dni widziałem całe miasto płaczące ze wzruszenia i radości. Znacznie gorzej było z Żydami, którzy przy panowaniu bolszewickim byli warstwą rządzącą. Z wielkim trudem wstrzymałem pogrom, który wisiał w powietrzu z powodu tego, że ludność żydowska strzelała z okien i rzucała stamtąd granaty ręczne.

List ten zawierał niestety nieprawdę. Otóż naczelnikowi państwa pogromu powstrzymać się nie udało. Żołnierze polscy grabili żydowskie sklepy i zamordowali kilkudziesięciu Żydów. Do incydentów takich dochodziło zresztą stosunkowo często.

Warto wymienić choćby słynną masakrę w Pińsku z 5 kwietnia 1919 roku. Polskie władze wojskowe zakazały zgromadzeń, a mimo to w jednym z budynków zebrało się kilkudziesięciu Żydów. Zostali aresztowani i trzydziestu pięciu z nich rozstrzelano z rozkazu majora Aleksandra Łuczyńskiego. Zaszła fatalna pomyłka – żołnierze byli przekonani, że nakryli zebranie komunistycznej jaczejki. W rzeczywistości była to narada miejscowych... syjonistów.

Podobnie jak w Rosji, za zbrodnie jednostek płacili życiem niewinni, przypadkowi ludzie. O nastroju epoki dużo mówi słynny polski plakat propagandowy z wojny 1920 roku. Przedstawiony na nim bolszewicki oprawca siedzący na stosie czaszek ma wyraźnie semickie rysy Lwa Trockiego.

Nie ma powodu, żeby pogromy dokonywane w latach 1919–1920 przez Wojsko Polskie zamiatać pod dywan w imię brązownictwa rodzimych dziejów. Do tych ubolewania godnych wydarzeń doszło. Należy je opisywać i współczuć ich ofiarom. Nie ma też jednak powodu, by nie pisać o tym, że wielu polskich Żydów współdziałało z sowieckim najeźdźcą.

17 września

W dwudziestoleciu międzywojennym na terenie II Rzeczypospolitej komuniści skupiali się w sowieckich agenturach. W Polsce centralnej była to Komunistyczna Partia Polski, a w Polsce wschodniej Komunistyczna Partia Zachodniej Białorusi i Komunistyczna Partia Zachodniej Ukrainy. Według krążących wówczas pogłosek były to organizacje czysto żydowskie.

To oczywiście nieprawda. W KPP Żydem był co czwarty aparatczyk (w całym społeczeństwie stanowili 10 procent), w KPZB i KPZU odsetek ten był zapewne nieco wyższy. Wielu ich działaczy skazywały polskie sądy. Między innymi w 1934 roku spotkało to jednego z czołowych działaczy KPZU Ozjasza Szechtera, ojca redaktora Adama Michnika.

KPP było jednak marginesem nie tylko na polskiej, ale i na żydowskiej scenie politycznej. Żydzi II Rzeczypospolitej masowo wspierali zupełnie inne partie: Bund, syjonistów i prawicowych syjonistów rewizjonistów. Skupiali się wokół ugrupowań religijnych. Komunistów traktowali jako odszczepieńców, którzy zdradzili własną społeczność i jej tradycje. Porzucili żydostwo dla złowrogiej ideologii internacjonalistycznej.

O Żydach komunistach „zrobiło się głośno" dopiero 17 września 1939 roku, gdy do Polski wkroczyła Armia Czerwona. Powtórzyły się wówczas sceny z roku 1920: bramy triumfalne, całowanie sowieckich czołgów, zrywanie z budynków państwowych godła Rzeczypospolitej, donosy na przedstawicieli polskich elit, udział w sowieckich represjach. Symbolem tych strasznych dni stał się żydowski wyrostek w skórzanej kurtce z czerwoną opaską na ramieniu i karabinem w ręku. Członek bolszewickiej milicji.

> Wyjrzałem oknem i zobaczyłem pięć czołgów otwartych – wspominał wkroczenie bolszewików pewien wilniuk. – Obsługa stała w otwartych włazach z pistoletami w ręku. Na każdym czołgu siedział Żyd z czerwoną opaską i pilotował. Aresztowali nas i zawieźli na Zawalną. Tam było pełno wojska, czołgów i tłumy mętów społecznych i żydostwa, wszystko z czerwonymi flagami i opaskami, wznoszące i wiwatujące na cześć bolszewików. Wieźli nas przez ten szpaler z naganem przy głowie. Odgrażano się nam, ciskano brudami. Przejazd był bardzo przykry. Coś tłoczyło i rwało wnętrze. Żal i groza.

Sytuacja na ziemiach wschodnich II Rzeczypospolitej w latach 1939–1941 do złudzenia przypominała sytuację w ogarniętej rewolucją Rosji. Znowu mądrzy Żydzi – kupcy, rabini, właściciele kamienic – ostrzegali rodaków przed angażowaniem się w bolszewizm. Część jednak nie posłuchała. Zapełnili oni stanowiska urzędnicze, z których Sowieci wyrzucili Polaków.

Niewiele pomogło to, że Sowieci wiosną 1940 roku wywieźli na Sybir tysiące Żydów – „bieżeńców" spod okupacji niemieckiej. W świadomości wielu Polaków utrwalił się obraz władzy żydokomunistycznej. Skutkiem była tragedia, która rozegrała się latem 1941 roku po wkroczeniu Niemców. Na Podlasiu Polacy dokonali serii antyżydowskich pogromów, z których najgłośniejszy odbył się w Jedwabnem.

Ubecja

Najlepiej znanym, a zarazem najbardziej kontrowersyjnym problemem związanym z działalnością Żydów komunistów jest ich udział w „utrwalaniu władzy ludowej" w Polsce po 1944 roku. Szczególne emocje wywołują losy tych Żydów, którzy zasilili aparat bezpieczeństwa i dręczyli polskich patriotów.

Gdy wyszedłem z karceru, zaraz wzięli mnie na górę – wspominał Jakub Górski „Jurand". – Enkawudzista Faber (kto on był, nie wiem, czy to Polak, czy Rosjanin, na pewno Żyd) kazał mnie związać. Zawiązali mi usta szmatą i między ręce i nogi wsadzili mi kij, na którym mnie zawiesili, po czym do nosa zaczęli mi wlewać chyba ropę. Po jakimś czasie przestali. Przytomności nie straciłem, więc wszystko do końca czułem. Dostałem od tego krwotoku.

A oto relacja Mieczysława Grygorcewicza z NSZ:

Na pytania zadawane przez Józefa Światłę początkowo nie odpowiadałem, byłem obojętny na wszystkie groźby i krzyki, opanowała mnie apatia, przede mną stanęła wizja śmierci. Przecież jestem w rękach wroga, i to w rękach żydowskich, których w UB nie brakowało. Poczułem do nich ogromny wstręt, przecież miałem do czynienia z szumowiną społeczną, przeważnie wychowaną w rynsztoku nalewkowskim.

Wszystkim, którzy interesują się polską historią najnowszą, dobrze są znane nazwiska „czerwonych gestapowców": Józef Różański, Mieczysław Mietkowski, Julia „Luna" Brystigerowa, Roman Romkowski, Józef Światło, Salomon Morel, Anatol Fejgin. Do tego zarządzający aparatem terroru członek KC Jakub Berman. Wszyscy ci ludzie byli Żydami.

W wyniku Holokaustu polscy Żydzi zostali niemal wszyscy zgładzeni. Po wojnie stanowili oni znikomy odsetek społeczeństwa. Mimo to, jak ustalił profesor Krzysztof Szwagrzyk, na 450 osób sprawujących wysokie funkcje w ubecji 167 było Żydami. A więc 37,1 procent.

Ogólna prawidłowość była prosta – im wyższy szczebel, tym Żydów było więcej. Im niższy, tym więcej Polaków. Choć żydowscy śledczy również bili przesłuchiwanych, na ogół do podobnych „przykrych czynności" wykorzystywali młodych polskich funkcjonariuszy. Po zwycięstwie komunizmu tysiące Polaków, i to nie tylko z lumpenproletariatu, wstąpiły do „aparatu". Na ogół nie byli to „wierzący" komuniści, lecz ludzie, którzy w bezpiece szukali szybkiej ścieżki kariery. Jednym z nich był choćby urodzony w 1925 roku Czesław Kiszczak.

Żydowscy ubecy przed długi czas stanowili jednak w służbach PRL wpływowy zakon. Dochodziło do tego, że polscy funkcjonariusze żenili się z Żydówkami tylko po to, żeby ułatwić sobie awans. Z czasem jednak Polacy zyskiwali coraz większe wpływy i zaczęli wypychać ze stanowisk żydowskich towarzyszy. Duża wymiana kadr dokonała się choćby w latach pięćdziesiątych pod hasłem „destalinizacji". Wielu Żydów zmuszono wówczas do odejścia ze służby, wielu wyjechało do Izraela.

Podobna rywalizacja jak w UB toczyła się zresztą i w aparacie partyjnym. Umownie nazwano ją starciem „Chamów" i „Żydów". Stąd właśnie tytułowe pytanie. Kto jest odpowiedzialny za wprowadzenie w Polsce komunizmu? Polacy czy Żydzi? Czy system panujący w Polsce był „żydo-" czy też może „chamokomuną"?

Obarczanie tym wszystkim Żydów byłoby takim samym przerzucaniem ciężaru winy, w jakim celują rosyjscy nacjonaliści. My jednak w przeciwieństwie do naszych wschodnich sąsiadów mamy ten komfort, że władza komunistyczna przyszła do nas z zewnątrz. Komunizmu do Polski nie przynieśli ani Żydzi, ani nie był on owocem spontanicznej rewolucji społecznej polskich robotników i chłopów.

Komunizm do Polski został przyniesiony w latach 1944–1945 na bagnetach Armii Czerwonej. To bolszewicy ponoszą za niego główną odpowiedzialność. Co nie zmienia faktu, że w „utrwalaniu władzy" ludowej wzięli udział zarówno Żydzi, jak i Polacy. Pierwsi odegrali rolę organizacyjną, drudzy posłużyli za muskuły nowego systemu. Bez protekcji Stalina ludzie ci nie mieliby jednak najmniejszych szans na sukces.

Źródło: „Do Rzeczy" 21/2016

Część VIII

Niewolnicy w fabryce śmierci

Tragedia członków Sonderkommanda w Auschwitz

1

Ofiary, a nie sprawcy

Rozmowa z profesorem Gideonem Greifem, *izraelskim badaczem Holokaustu*

Kim byli członkowie Sonderkommanda?

Niewolnikami. Niewolnikami w fabrykach śmierci.

Kto trafił do tej formacji?

Młodzi więźniowie wybrani przez Niemców i zmuszeni przez nich do tej upiornej pracy. W przytłaczającej większości byli to Żydzi.

Jakie były ich obowiązki w Auschwitz?

Byli obecni podczas sześciu faz masowego mordu na Żydach.

Jaka była pierwsza faza?

Rozbieranie ofiar. Przybyły do Auschwitz transport był poddawany selekcji. Ludzi skazanych na śmierć kierowano do specjalnej sali, w której kazano im się rozebrać. Członkowie Sonderkommanda pomagali im się rozebrać. To była jedyna faza, w której tak zwani Sonder mieli kontakt z żywymi ludźmi. W pozostałych pięciu fazach mieli już do czynienia z martwymi ciałami.

Czy więźniowie z Sonderkommanda rozmawiali z tymi ludźmi?

Czasami tak. Ludzie ci zadawali pytania. Chcieli wiedzieć, co się z nimi stanie. Byli przerażeni. Choć Niemcy powiedzieli im, że idą tylko do dezynfekcji, niektórzy przeczuwali, że dzieje się coś strasznego. Członkowie Sonderkommanda byli w dramatycznej sytuacji. Nie chcieli kłamać, ale nie mogli powiedzieć tym ludziom prawdy – że za kilka minut nie będą już żyli. W tych transportach były przecież kobiety, małe dzieci... Czasami nawet ich najbliżsi krewni.

Niewyobrażalne...

Tak, tego, przez co przechodzili ci ludzie, nie sposób sobie wyobrazić. Czasami jednak Sonder zdradzali im – na przykład znajomym – co ich czeka.

W wywiadach, które przeprowadził pan do książki ...płakaliśmy bez łez... niektórzy więźniowie z Sonderkommanda mówią, że starali się uspokoić tych ludzi. Mówili im, że idą tylko pod prysznice, że nic im nie grozi...

Nie można mieć o to do nich pretensji. Cóż mogli zrobić? Nie byli przecież w stanie nikogo ocalić. Nie mogli nawet ocalić siebie. Wszyscy Żydzi byli skazani na śmierć. Cóż więc dałoby powiedzenie prawdy? Wywołałoby tylko straszliwe cierpienia u ludzi idących na śmierć. Zamieniłoby ostatnie minuty ich życia w piekło. Uważam więc, że członkowie Sonderkommanda postępowali słusznie. Podobnie jak wtedy, gdy starali się ulżyć cierpieniom Żydów.

Jak?

Jeden z nich opowiedział mi, że kobiety, którym kazano rozebrać się do naga, często bardzo się wstydziły. On wtedy zawsze odwracał wzrok, żeby nie powiększać ich upokorzenia. Choć Niemcy chcieli zamienić ich na swoje podobieństwo w dzikie bestie – oni zachowali człowieczeństwo. To była klęska Niemców i zwycięstwo żydowskiego ducha. Fizycznie Niemcy nas pokonali, ale moralnie nie zdołali nas pobić.

Nie mówimy chyba jednak o wszystkich więźniach z Sonderkommanda? Zachowały się przecież relacje, które świadczą, że członkowie tej formacji brutalnie traktowali ofiary.

Oczywiście, ale to były wyjątki. W każdej dużej grupie ludzi znajdą się złe jednostki. Większość nie zatraciła jednak człowieczeństwa, mimo że przyszło im pracować w tak nieludzkich warunkach. A nawet ci, którzy postępowali źle, robili to ze względu na okoliczności.

W niektórych wspomnieniach z Auschwitz byli więźniowie pisali, że członkowie Sonderkommanda wpędzali Żydów do komór gazowych, pomagając sobie kijami i szczując ich owczarkami niemieckimi. Rozumiem, że to nonsens.

Nonsens! Psy w Auschwitz mieli tylko Niemcy. I to oni szczuli ludzi psami. Co do kijów – rzeczywiście Sonder mieli kije. Ale używali ich bardzo rzadko, tylko na polecenie Niemców. Sami z siebie nie byli jednak ani agresywni, ani okrutni.

Czyli Niemcy ich terroryzowali?

Bez przerwy. Niemcy utrzymywali ich w permanentnym strachu... Nie ma i nie było na świecie uniwersytetu, który mógłby przygotować człowieka na takie doświadczenie.

Przejdźmy do drugiej fazy.

Rozebrane do naga ofiary kierowano do komory gazowej. Tam mordowali je Niemcy. Drugim zadaniem Sonderkommanda było wyniesienie ciał z komory gazowej. Włączano wentylację i czekano przez pewien czas, aż gaz się ulotni. Potem otwierano hermetyczne drzwi i Sonder wkraczali do środka.

Widok musiał być przerażający.

Tego nie da się opisać! Ludzie leżeli jeden na drugim. Całymi zwałami. Ciała były ze sobą poplątane, zwarte. Ludzie z Sonderkommanda musieli je porozdzielać i – jedno po drugim – wynieść na zewnątrz.

Wymagało to olbrzymiej siły. Trwało to wiele godzin. W największej komorze mordowano przecież jednorazowo 2,5 tysiąca osób.

Mój Boże...

Od tego, co opowiadali mi członkowie Sonderkommanda, włos jeży się na głowie. Nie wiem, czy pańscy czytelnicy będą chcieli o tym czytać. Niektóre ciała były w strasznym stanie. Skóra zmieniała kolor, robiły się na niej pęcherze, które pękały. Cała podłoga komory gazowej była pokryta ekskrementami i krwią z wewnętrznych krwotoków. Sonder musieli to wszystko dokładnie wysprzątać.

Po co?

Żeby kolejna partia ludzi, którą po pewnym czasie wprowadzano do komory, niczego nie zauważyła. Komora była przecież zakamuflowana jako sala do dezynfekcji. Na suficie Niemcy umieścili atrapy pryszniców. Ofiara miała się dowiedzieć, co ją czeka, dopiero w ostatniej chwili, gdy już czuła woń gazu.

Jeden z pańskich rozmówców mówił, że ludzie – małżeństwa, rodzice z dziećmi – często w chwili śmierci mocno trzymali się za ręce, tulili się do siebie.

Tak, więźniowie z Sonderkommanda musieli ich później rozdzielać. Zdarzało się też, że ofiary jeszcze się ruszały. Raz gazowanie przeżyło malutkie dziecko, które miało główkę ukrytą w poduszce. To był prawdziwy cud. Niestety nie pozwolono mu żyć. Jeden z esesmanów – Otto Moll – rzucił dziecko na ziemię i zastrzelił. Zasady Auschwitz były jasne: komory gazowej nikt nie mógł przeżyć. Od tego nie było ucieczki. W całej historii Auschwitz nie przeżyła ani jedna ofiara, która przekroczyła próg komory gazowej.

Ani jedna z 1,1 miliona...

Ja wciąż uważam, że w Auschwitz zginęło 1,3 miliona Żydów i około 200 tysięcy nie-Żydów. W większości Polaków. To są liczby oficjalnie podane w 1993 roku przez muzeum Auschwitz-Birkenau i wyryte później na pomniku znajdującym się na terenie byłego obozu. Liczba 1,1 mln wydaje mi się zbyt niska. Ale oczywiście historycy mają w tej sprawie różne zdanie.

Co robiono z ciałami po wyjęciu ich z komór?

W krematoriach numer II i III członkowie Sonderkommanda umieszczali je na specjalnych elektrycznych windach, które wypychały ciała do góry. W pozostałych krematoriach takich wind nie było, więc po prostu przenosili je do miejsc spalenia.

Co tam się działo?

Rozpoczynała się faza trzecia. Czyli golenie włosów zamordowanych kobiet, zdejmowanie pierścionków i kolczyków, wyrywanie złotych zębów. Ciała pozbawiano wszystkiego, co przedstawiało jakąkolwiek wartość.

Te rzeczy zabierali Niemcy?

Tak. Niemcy bowiem nie byli tylko największymi mordercami w dziejach. Oni byli również największymi złodziejami w dziejach. Proszę te słowa dokładnie zacytować.

Nie omieszkam.

Ograbili swe ofiary ze wszystkiego. I – jak pan wie – większość własności zrabowanej przez Niemców w trakcie II wojny światowej wciąż jest w ich rękach i oni wcale nie chcą jej oddać. Niemcy bardzo wzbogacili się w czasie ostatniej wojny. Złoto z tych wyrwanych w Auschwitz zębów pewnie wciąż leży w ich bankach.

Wróćmy do Sonderkommanda. Ciała zostały ogolone i obrabowane. Co dalej?

Choć Holokaust był zbrodnią na gigantyczną skalę, w jednym aspekcie przypomina mord kryminalny. Niemcy – tak jak kryminaliści – chcieli się pozbyć ciał. Żeby nikt się nie dowiedział, co się stało. Ciała Żydów były więc spalane w zasilanych koksem krematoriach produkcji firmy Topf i Synowie z Erfurtu. To była faza czwarta.

To też robili więźniowie z Sonderkommanda?

Tak. Układali zamordowanych na specjalnych rusztach. Na raz mieściły się trzy ciała. W wypadku dzieci trochę więcej. Takich pieców było czterdzieści sześć. Ale to nie wystarczało. Przerób fabryki śmierci był zbyt duży. Niemcy za krematorium numer V kazali więc wykopać wielkie doły, w których palono ciała. Trwało to dzień i noc. Ludzie płonęli non stop. To był właśnie największy problem całego zbrodniczego procesu zachodzącego w fabryce śmierci. Jak spalić tak gigantyczną liczbę ludzkich ciał, których dostarczały komory gazowe.

Spalały się całe ciała?

Nie – pozostawały fragmenty, zwłaszcza kości. Dlatego Niemcy wyznaczyli grupę członków Sonderkomannda do miażdżenia ich młotami. W efekcie z całego transportu, często liczącego wiele tysięcy ludzi, pozostawały tylko prochy.

Rozumiem, że to była faza piąta. A szósta?

Załadowanie prochów na ciężarówki i wrzucenie ich do Wisły lub jej odnogi – Soły. Część prochów zakopano też na terenie Birkenau. Na tym kończył się proces zagłady. Ludzie znikali.

Więźniowie z Sonderkommanda mówili, że najgorszy był pierwszy dzień.

Pierwsza godzina! Najgorsza była pierwsza godzina. To byli młodzi mężczyźni. Wielu z nich nigdy nie widziało nieboszczyka. Nagle pokazywano im komory gazowe wypełnione setkami ciał. I kazano im te ciała spalić. To było dla tych ludzi potwornym szokiem. Od tego, co widzieli, można było postradać zmysły.

Wielu z nich popełniło samobójstwa?

Nie, to się zdarzało niezwykle rzadko. Rzadziej niż w wypadku zwykłych więźniów. Dlaczego? Chyba dlatego, że ci ludzie chcieli opowiedzieć o tym, co widzieli. To właśnie dzięki zeznaniom ocalałych członków Sonderkommanda wiemy dokładnie, jak przebiegał proces „ostatecznego rozwiązania" w Auschwitz.

Niektórzy mówili, że wykonując tę makabryczną pracę, zachowywali się jak roboty.

Tak, wielu z nich wpadało w odrętwienie, w apatię. Wykonywało kolejne czynności jak w transie. To był ich mechanizm obronny, sposób, żeby nie oszaleć. Primo Levi miał rację, gdy pisał, że to była najbardziej demoniczna ze wszystkich zbrodni narodowego socjalizmu. Zmusić Żydów do pracy w miejscu, w którym mordowano Żydów. Niemcy przecież mogli do tej pracy zmusić innych więźniów innych narodowości. W Auschwitz były ich tysiące. A jednak wybrali Żydów...

Dlaczego?

Zadanie ofiarom śmierci im nie wystarczało. Oni chcieli jeszcze swoje żydowskie ofiary upokorzyć.

Jak zorganizowana była praca Sonderkommanda?

Sonderkommando pracowało w systemie zmianowym. Noc i dzień. Po dwanaście godzin. Zakończywszy tę straszliwą, niezwykle ciężką „pracę", Sonder wracali do swoich kwater. Na początku mieli osobny blok, a potem część z nich przeniosła się na strychy krematoriów. Byli ściśle odseparowani od reszty więźniów Auschwitz. Nikt nie mógł mieć z nimi kontaktu. Nikt nie mógł wiedzieć, czym się zajmują.

Ilu więźniów liczyło Sonderkommando?

Przez cały okres istnienia jednostki przewinęło się przez nią nieco ponad 3400 więźniów. Skład był płynny, bo Niemcy co pewien czas mordowali jej członków i dobierali na ich miejsce kolejnych z nadchodzących do Auschwitz transportów.

Powodem, że pozostali więźniowie Auschwitz odnosili się z taką niechęcią do członków Sonderkommanda, były chyba ich warunki życia.

Tak, to był jeden z powodów. Więźniowie z Sonderkommanda nosili porządne pasiaki, byli w dobrej kondycji fizycznej. Mieszkali w przyzwoitych warunkach. A przede wszystkim nie cierpieli głodu. Niemcy pozwalali im bowiem zabierać jedzenie, które ofiary prowadzone na śmierć zostawiały z ubraniami. W efekcie członkowie Sonderkommanda mieli więcej jedzenia, niż było im potrzebne. To wzbudzało oburzenie innych więźniów, który nie brali pod uwagę grozy sytuacji, w jakiej znaleźli się ci ludzie. Te specjalne warunki miały – w zamierzeniu Niemców – sprawić, by członkowie komanda pracowali bardziej „entuzjastycznie". Chcieli ich w ten sposób przekupić. Warto dodać, że Żydzi z Sonderkommanda często dzielili się jedzeniem z innymi więźniami Auschwitz.

W tak zwanej literaturze obozowej więźniowie z Sonderkommanda często są przedstawiani jako ludzie zdemoralizowani. Wiecznie pijani, używający wulgarnego języka, agresywni.

Jestem jedynym historykiem na świecie, który rozmawiał ze wszystkimi żyjącymi członkami Sonderkommanda. W sumie spotkałem ich trzydziestu jeden. I mogę pana zapewnić, że to byli dobrzy ludzie. Szlachetni, wielu z nich było bardzo religijnych. Bardzo wrażliwych. Nie byli zdemoralizowanymi okrutnikami. Wiem, co mówię, bo świetnie ich poznałem.

Byli pogardzani przez innych więźniów. Lecz to oni jedyni w Auschwitz chwycili za broń i przeciwstawili się Niemcom.

Powstanie, do którego doszło 7 października 1944 roku, powinno zostać zapisane złotymi zgłoskami w historii narodu żydowskiego. Zapytani o swoje pobudki, uczestnicy tego buntu mówili: „Jeżeli kiedyś powstaną książki o Zagładzie, chcemy, żeby napisano w nich, że Żydzi byli nie tylko bezwolnymi ofiarami, ale także wojownikami". I tak się stało. Razem z Itamarem Lewinem napisałem książkę o powstaniu wywołanym przez Sonderkommando.

Członkowie Sonderkommanda rzucili się na esesmanów z tym, co mieli pod ręką. Z nożami, kijami, prętami.

Także granatami, które wcześniej sami potajemnie wyprodukowali. Udało im się zabić trzech esesmanów i wrzucić do pieca jednego niemieckiego kapo. Pewna liczba Niemców została również ranna.

Sonder podpalili lub wysadzili w powietrze krematorium IV. Oczywiście nie mieli szans. Powstanie zakończyło się tragedią. Esesmani zamordowali 451 członków Sonderkommanda. Ci ludzie pokazali jednak Niemcom, że choć udało im się zgładzić miliony Żydów, to nie udało im się złamać żydowskiego ducha. W tym sensie to było zwycięstwo.

Poznał pan trzydziestu jeden byłych więźniów z Sonderkommanda. Jak przeżyli? Niemcy przecież zamierzali ich zamordować, żeby pozbyć się świadków swej straszliwej zbrodni.

Ci ludzie wykorzystali chaos, jaki zapanował podczas ewakuacji obozu. Najpierw Niemcy kazali im zniszczyć komory gazowe i krematoria, aby zatrzeć ślady zbrodni. Potem doszło do zamieszania i członkowie Sonderkommanda wmieszali się między innych więźniów. Mimo że Niemcy ich szukali, udało im się ukryć w tłumie.

Przeżyli słynny marsz śmierci z Auschwitz w styczniu 1945 roku?

Tak, przeżyli go wszyscy. Co do jednego. Proszę pamiętać, że ci ludzie byli w lepszej kondycji fizycznej niż pozostali więźniowie.

Są ludzie, którzy uważają członków Sonderkommanda za współsprawców Holokaustu.

To niedopuszczalny, krzywdzący pogląd! Po prostu głupi. Oni nie byli sprawcami – oni byli ofiarami. Muszę teraz podkreślić coś niezwykle ważnego. Powtarzałem to tysiąc razy i powtórzę kolejny tysiąc. Członkowie Sonderkommanda nie byli mordercami. Żaden nigdy nikogo nie zabił. Mordercami byli Niemcy. Od tej zasady w Auschwitz nie było żadnych wyjątków. W innych obozach zresztą też.

Gaz zawsze do komory wrzucał esesman?

Zawsze. Cyklon B był przywożony w puszkach karetką Czerwonego Krzyża. Samochód parkował przed komorą gazową. Sanitariusz esesman otwieraczem podważał wieczko puszki, po czym wrzucał kryształki gazu do środka. Żydzi nigdy nie wykonywali tej czynności.

To skąd brało się to negatywne postrzeganie członków Sonderkommanda?

Z niewiedzy. Najgorzej było przez pierwsze lata po wojnie – wizerunek więźniów z Sonderkommanda rzeczywiście był fatalny. Nawet wielu ocalałych z Auschwitz uważało ich za zbrodniarzy, którzy prowadzili swoich braci, swoje matki i siostry do komór gazowych. Całe szczęście ten pogląd się zmienił. Ludzie – między innymi dzięki mojej książce – zrozumieli, że ci nieszczęśni żydowscy więźniowie byli w sytuacji bez wyjścia.

Czy to ze względu na społeczny ostracyzm członkowie Sonderkommanda nie chcieli po wojnie opowiadać o swoich przeżyciach?

Tak, niestety tak. To była dla nich wielka trauma. Nie znajdowali zrozumienia. W efekcie o tym, przez co przeszli, nie mówili nie tylko obcym, lecz także najbliższym. Starali się to ukryć. Nawet gdy rozmawiali ze mną, historykiem, wielu z nich bardzo ciężko było wracać myślami do piekła Auschwitz.

Co ciekawe, ciężkie oskarżenia na więźniów z Sonderkommanda rzucali także Żydzi. Na przykład Hannah Arendt, która uważała ich za oprawców.

Powiem coś panu. Moja opinia na temat pani Hannah Arendt jest fatalna. Ona nie rozumiała Holokaustu, a mimo to niezwykle łatwo ferowała wyroki. Była osobą bez uczuć. W pewnym sensie była żydowską antysemitką.

Pan żartuje…

Uważam ją za osobę pozbawioną żydowskich uczuć i żydowskiej solidarności. Hannah Arendt wyrządziła wielkie szkody pamięci Holokaustu. Ponieważ miała wielki wpływ na poglądy tysięcy ludzi, wypaczyła ich opinię na temat Sonderkommanda.

Wspomniał pan o Primo Levim. W eseju Szara strefa *ten były więzień Auschwitz napisał, że nie możemy z dzisiejszej perspektywy osądzać ludzi, którzy znaleźli się w tak straszliwym położeniu jak więźniowie z Sonderkommanda.*

Nie powinniśmy ich osądzać, bo nie jesteśmy sędziami. Naszym zadaniem jest badanie prawdy. Wielu ludzi łatwo ferujących wyroki nie zna nawet podstawowych faktów. Gdy już poznamy fakty, powinniśmy się starać zrozumieć tych ludzi. Zrozumieć, dlaczego postępowali tak, jak postępowali. Zrozumienie jest lepsze niż potępienie.

Prof. GIDEON GREIF *(rocznik 1951) jest izraelskim badaczem Holokaustu. Wykłada na University of Texas. Specjalizuje się w historii Sonderkommand. Napisał m.in.* Auschwitz, fabryka śmierci. Topografia i codzienność obozu koncentracyjnego oraz zagłady. *W Polsce ukazała się też jego książka* …płakaliśmy bez łez… *(Żydowski Instytut Historyczny).*

Źródło: „Historia Do Rzeczy" 11/2018

2

Ocalali z piekła mówią

Szlama Dragon:
„Powiedział nam, że dostaniemy jedzenie, będziemy spać w obozie, ale musimy ciężko pracować. W przeciwnym razie ukarzą nas chłostą. Kiedy otworzył drzwi, wypadły z nich zwłoki. Poczuliśmy woń gazu. Patrzyliśmy na zwłoki ludzi w różnym wieku, obu płci, wszystkie były nagie. Jedne na drugich. Prawie dla wszystkich był to szok. Każdy tylko gapił się na drugiego bez słów. Czegoś takiego nie widzieliśmy jeszcze nigdy. Pierwszy raz widziałem zwłoki. Ja miałem siedemnaście lat".

Henryk Mandelbaum:
„Stosy nieboszczyków, takich «nagazowanych», bo był upał, a obsługa nie nadążała z paleniem. Zobaczyłem, jak pracownicy ciągną zwłoki, w innym miejscu strzygą włosy, wyrywają zęby. Dym i ogień. Przypomniały mi się słowa matki, że jeżeli nie będę dobrym człowiekiem, trafię do piekła. Dokładnie takie piekło zobaczyłem. Ale zdałem sobie sprawę, że żadnym bohaterem tutaj nie będę i muszę robić to, co każą, bo inaczej za chwilę sam znajdę się w piecu. Byłem młodym chłopakiem, chciałem przeżyć".

Filip Müller:
„Wówczas pierwszy raz w życiu dotknąłem martwego ciała. Ona jeszcze nawet nie była zimna".

Leon Cohen:
„Grupa więźniów Sonderkommanda czekała na ofiary w rozbieralni. Ich zadanie polegało na uspokajaniu ludzi, jeśli zdradzali objawy niepokoju. To się czasami zdarzało. Cały proces musiał przebiegać w spokoju, bez emocji i nieporządku. Niemcy tego nie cierpieli. Najbardziej obawiali się tego, że zapanuje chaos i wybuchnie bunt, który zakłóci cały spokojnie przebiegający proces. Mieliśmy dodawać ofiarom otuchy i nie straszyć ich. To była taka polityka, żeby cicho i spokojnie szli do komory gazowej, która była wyposażona w atrapy pryszniców i przypominała łaźnię".

Eliezer Eisenschmidt:
„Nagi człowiek jest całkowicie bezbronny. Traci siłę i pewność siebie".

Josef Sackar:
„Dzieci zachowywały się jak dzieci. Chwytały za ręce swoich rodziców, obejmowały ich. Cóż one wiedziały? Dzieci nic nie mogły wiedzieć".

Filip Müller:
„Wielu powstrzymywało łzy, bojąc się, że to zaniepokoi dzieci i znowu zaczną zadawać pytania. Dzieci także rozglądały się ze smutkiem w oczach".

Jaakow Silberberg:
„Komora gazowa wyglądała zupełnie tak samo jak zwykła łaźnia. Na suficie były zainstalowane prysznice. Esesmani wpychali do środka coraz więcej ludzi, którzy stali tam jak śledzie w beczce. Następnie zamykano drzwi".

Shlomo Venezia:
„Nadzorujący przebieg operacji Niemiec często dla rozrywki pastwił się nad ofiarami, które i tak stały już w obliczu śmierci. Czekając na esesmana wprowadzającego gaz, włączał i wyłączał światło, żeby je nastraszyć. Kiedy gasło światło, z komory gazowej wydobywał się szcze-

gólny dźwięk, jakby ludzie dusili się ze strachu, pojmując, że zaraz umrą. Kiedy się zapalało, jakby oddychali z ulgą, być może wierząc, że operację odwołano".

Shaul Chasan:
„Niemcy przyjeżdżali samochodem oznaczonym Czerwonym Krzyżem i przywozili puszki z gazem. Jeden z nich miał założoną maskę i właśnie on wrzucał z góry gaz. Jedną puszkę przez pierwszy wlot, drugą przez drugi. A co to był za gaz?! Wyglądał jak małe kawałki krzemienia. Po kilku sekundach albo minutach – nie mogliśmy myśleć o tym, co się tam działo – wszyscy byli martwi".

Shlomo Venezia:
„W końcu pojawiał się Niemiec z gazem. Brał dwóch więźniów z Sonderkommanda, żeby podnieśli z zewnątrz klapę nad komorą gazową, a potem wprowadzał Zyklon B przez otwór. Pokrywa była betonowa i bardzo ciężka. Nigdy dotąd o tym nie mówiłem, ale z ogromnym bólem przyznaję, że musiałem podnosić tę pokrywę i zakładać ją, kiedy gaz był już w komorze".

Jaakow Silberberg:
„Po otwarciu drzwi komory gazowej widzieliśmy stos zwłok ludzkich złączonych ze sobą. Małe dzieci na dole, dorośli na górze, otyli na dole. Każdy chciał być jak najwyżej, żeby złapać powietrze. Straszne. Ciała były napuchnięte, czarne, sklejone ze sobą. Ciężko je było rozdzielić, żeby przeciągnąć do krematorium. Zwłoki są ciężkie jak ołów, sztywnieją. Dzień pracy w krematorium dłużył się jak cały rok".

Henryk Mandelbaum:
„Nie chciałem nieboszczyków ciągnąć za ręce, bo ciała leżały dość długo, czekając na spalenie, i zdarzało się, że skóra złaziła z ręki jak rękawiczka. Wymyśliłem więc, żeby zrobić specjalną pętlę z koszuli. Zrobiłem sobie coś w rodzaju postronków i ciągnąłem ciała przy pomocy pętli. To znaczy ciągnęliśmy we dwójkę, bo jak się ciągnie za rękę, przeszkadza

głowa nieboszczyka. Jak się wyciąga nieboszczyków z windy, to trzeba ich ciągnąć po zagłębionym lekko betonie. Taka jakby rynna. Ja polałem ten beton wodą, żeby był poślizg. Bo skóra zawsze trochę hamuje i ciągnięcie jest utrudnione".

Szlama Dragon:
„Czasami po wejściu do komory słyszeliśmy jeszcze czyjeś jęki. Raz znaleźliśmy żywe niemowlę, które było zawinięte w poduszkę. Kiedy ją odsunęliśmy – dziecko otworzyło oczy. Zanieśliśmy zawiniątko do Oberscharführera Molla, meldując, że dziecko żyje. Moll zaniósł je na skraj dołu, położył na ziemi, przydeptał szyjkę i wrzucił do ognia".

Dov Paisikovic:
„Przystępując do usuwania ciał zagazowanych z komory gazowej, więźniowie z Sonderkommanda spotykali zwłoki krwawiące, podrapane, w ręku mieli niektórzy pęki wyrwanych włosów, a kobiety ciężarne umierały podczas rodzenia lub często przed śmiercią urodziły. Nie sposób tych scen opisać, ludzie krwawili w komorze, oddawali mocz i kał, wymiotowali, nim nastąpiła śmierć".

Josef Sackar:
„Na podłodze w komorze leżało coś, co przypominało drobny żwir, zielone, jakby małe kostki – resztki kryształków gazu".

Shlomo Venezia:
„Nigdy dotąd o tym nie opowiadałem. To takie ciężkie i smutne, że aż trudno mi opisywać owe sceny z komór gazowych. Zdarzało się nam znajdować ludzi, którym oczy wyszły z orbit z ostatniego wysiłku, na jaki zdobywał się ich walczący organizm. Inni krwawili wszystkimi otworami ciała albo leżeli we własnych odchodach czy odchodach innych. Działanie gazu i strachu powodowały, że niektórzy wydalali całą zawartość jelit. Zdarzały się ciała czerwone i inne bardzo blade. Każdy reagował na swój sposób. Jednak wszyscy konali w potwornych cierpieniach. Mogłoby się wydawać, że wpuszczono gaz i ludzie umierali. Ale jaką śmiercią!"

Jaakow Gabai:
„Każdy bał się odnaleźć wśród zwłok członków swojej rodziny".

Josef Sackar:
„Czasami cała skóra schodziła z ciał wskutek działania gazu. Wyglądało to jak przy oparzeniach. Popękane pęcherze. Odciągaliśmy zwłoki rękami lub za pomocą lasek, takich, z jakimi chodzą dziadkowie. Niech pan już lepiej o to nie pyta".

Leon Cohen:
„Zanim zwłoki trafiły do pieców, musiałem sprawdzać jamy ustne i wyrywać złote zęby. Niemcy nie chcieli rezygnować z tego złota. Miałem dwa rodzaje kleszczy do wyrywania zębów. Nie takie zwykłe obcęgi, tylko prawdziwe kleszcze dentystyczne. Muszę powiedzieć, że to była straszna robota, okropna. Fetor zwłok był nie do zniesienia. Mnie i kolegów, którzy wykonywali podobne zadania, nazywano «Dentisten». To było wstrętne, ale robiłem to. Musi pan wziąć pod uwagę, że nie miałem żadnej możliwości się przed tym bronić. Podczas jednej akcji czyszczenia pieców Niemcy znaleźli w popiele dwa złote zęby. Wie pan, co ze mną zrobili? Dostałem dziesięć razy w tyłek skórzanym pejczem wysadzanym kawałkami metalu. Powiedzieli, że to sabotaż z mojej strony".

Henryk Mandelbaum:
„Głowa, nogi i ręce płonęły szybko, ale pozostawał tułów i uda. To tak jak z drzewem: najpierw palą się gałęzie, a pień tli się powoli. Tłuszcz nie zdążył się spalić, spływał rowkami do dołków. Wybierało się ten tłuszcz garnczkami i polewało stos. Więc w dołach nieboszczyk się raczej smażył, niż palił. Żeby zaczęły się palić jelita, wątroba czy serce, musi być odpowiednia temperatura. A w dołach ciało skwierczało jak skwarki. Pękało jak kasztany wrzucane do ognia. Dlatego przy opróżnianiu dołów hakami przerzucało się uda i wnętrzności do drugiego dołu. Spalanie w dołach było niedobrze pomyślane. Roboty było przy tym mnóstwo, a nieboszczyk i tak nie palił się tak, jak należy".

Henryk Tauber:
„Najpierw ładowaliśmy do pieca zwłoki dwojga ludzi dorosłych, a później tyle dzieci, ile weszło. Najczęściej 5–6 zwłok dzieci. Robiliśmy to tak dlatego, aby zwłoki dzieci nie leżały wprost na rusztach, które były szeroko rozstawione i zwłoki dzieci mogły przez nie przelecieć do popielnika".

Jaakow Silberberg:
„Niemcy wymyślili specjalny system. Stwierdzili, że mężczyźni są szczuplejsi, kobiety mają więcej tłuszczu, a dzieci są miękkie. Dlatego mężczyźni, kobiety i dzieci należy palić razem. Spalanie jest wtedy skuteczniejsze. Kazali kłaść dziecko pomiędzy mężczyznę a kobietę. Dziecko było – jak mówili Niemcy – jako culaga. Od tego czasu zawsze palono troje zwłok na raz: mężczyzny, otyłej kobiety i dziecka. Zwłoki zapalały się jedne od drugich, tak samo było z tłuszczem".

Jaakow Silberberg:
„Po otwarciu drzwiczek pieca widzieliśmy ogień i zarysy ciał, które ruszały się wskutek gorąca. Wszystkie członki, które były w piecu, zaczęły się ruszać jak pobudzone do życia".

Jaakow Gabai:
„W Auschwitz-Birkenau pracowały cztery krematoria. Pierwsze piętnaście minut goniliśmy z widłami i przewracaliśmy zwłoki, żeby były bliżej ognia, a dokładnie po kwadransie, już po wsunięciu zwłok, były gotowe. I wsuwało się następne cztery ciała. Na raz wchodziły maksymalnie cztery ciała dorosłych, a zwłok dzieci – może sześć do ośmiu. Brało się dwie kobiety, a do środka mężczyznę, bo kobiety miały więcej tłuszczu. Na końcu krematorium były drzwi, przez które rzucało się dzieci".

Schaul Chasan:
„Z 10 000 do 20 000 ludzi, którzy przybyli w ciągu dwóch tygodni, została tylko kupka «żwiru»... Potem braliśmy takie okrągłe drewniane

kloce z dwoma uchwytami, którymi ubijaliśmy kości, aż rozpadły się w proch. Proszę policzyć – tysiące ludzi, a zostawała z nich tylko kupka prochu. Co parę dni lub co tydzień przyjeżdżały niemieckie ciężarówki z więźniami i zwoziły te prochy do rzeki. Żeby nic nie zostało. Raz ktoś się zapytał, co to jest, a w odpowiedzi usłyszał: «Pokarm dla ryb»".

Miklós Nyiszli:
„Poznaję dzieje Sonderkommanda. Obecnie to już dwunaste z rzędu. Soderkommando żyje tylko kilka miesięcy".

relacja zakopana na terenie Auschwitz:
„Sonderkommando nie stanowiło jednolitej całości. Zdarzali się tacy, dla których najważniejszy był dodatkowy talerz zupy, alkohol, mienie pozostałe po zagazowanych, ale oni nie mieli żadnych uczuć. Prymitywni ludzie, którzy ulegli zezwierzęceniu. Ale byli i tacy, którzy nie spoczęli nawet na chwilę i już w pierwszych dniach zaczęli organizować ruch oporu. To prawda, że więźniowie Sonderkommanda pomagali esesmanom w potwornym mordzie, ale była też druga strona medalu".

Eliezer Eisenschmidt:
„Był bardzo wrażliwy i wyjątkowo troszczył się o zwłoki dzieci. Był chyba nauczycielem lub pisarzem. Szukał tylko zwłok dzieci, szedł do komory gazowej i wyciągał ich zwłoki. W naszym języku niemowlę nazywano «piccolo» i dlatego było to potem jego przezwisko. Zawsze wołaliśmy na niego «Picollo». Nikt nie wiedział, jak on się naprawdę nazywał. Brał zwłoki i zanosił je albo do dołów, albo do pieca.

Muszę też wspomnieć o jeszcze jednym więźniu, którego nazywano «Kondomiarz». Na stosach śmieci, które miały być spalone, zawsze szukał prezerwatyw. Stąd to przezwisko. Kiedy znajdował prezerwatywę, nadmuchiwał ją jak balon i bawił się nią jak małe dziecko".

Seweryna Szmaglewska:
„Sonderkommando, pijani Żydzi traktujący ginących braci-Żydów tak samo jak esesmani. Smutny przykład zagubienia się człowieka w płoną-

cej dżungli zwanej Birkenau. A jednocześnie pracownicy tegoż Sonderkommando przybiegają często pod druty i z narażeniem życia podają Żydówkom lub Żydom pozdrowienia przesłane spod krematorium".

Krystyna Żywulska:
„Pewnego dnia przyjechała transportem starsza Żydówka z Węgier. Syn jej pracował w Sonderkommando. Podbiegła do niego, uszczęśliwiona. Syn zdrętwiał przerażony. Matka spytała go, co z nimi zrobią. Odpowiedział, że tutaj wypoczną.
 – A skąd taki dziwny zapach?
 – Z palonych szmat.
 – A po co tu przyszliśmy?
 – Żeby się wykąpać.
Syn podał matce ręcznik i mydło i wszedł z nią razem do wnętrza. Zniknęli w czeluściach komina".

Shaul Chasan:
„Pamiętam jednego greckiego Żyda z Sonderkommanda, który skoczył w ogień. Widział, co się działo, i wskoczył do dołu. Koniec".

Henryk Mandelbaum:
„Esesman Moll miał około czterdziestki, rude włosy, piegi i jedno sztuczne oko. Był trochę sadystą. Ten sadyzm miał chyba wrodzony. Weźmy, co zrobił ze mną. Pewnego razu – a był wtedy ładny dzionek – kazał mi stanąć pod sosną na baczność, wsadził mi w usta patyk, nadział na niego mały kasztanek lub kartofelek – już nie pamiętam – i wycelował z «małokalibrówki». Trafił i dlatego możemy dziś rozmawiać".

Josef Sackar:
„Przybywały grupy pięciu czy dziesięciu osób. Dla nich nie potrzeba było komór gazowych. Prowadzono ich od razu na górę, do hali pieców. Trzymaliśmy ich mocno za uszy, a esesmani strzelali w tył głowy. Strzały oddawano z pistoletu z tłumikiem".

Filip Müller:
„Moje myśli krążyły tylko wokół jednej rzeczy – móc żyć dalej! Stosy zwłok, które widziałem i w usuwaniu których musiałem pomagać, wzmacniały jeszcze bardziej to pragnienie, żeby nie umrzeć w ten sam sposób. Nie leżeć pod stosem zwłok, nie zostać wepchniętym do pieca, nie być kłutym żelaznymi widłami, by na końcu zamienić się w dym i popiół. Wszystko, tylko nie to!"

Abraham Dragon:
„My, więźniowie z Sonderkommanda, nie mieliśmy zbytnich kłopotów z wyżywieniem. Kiedy przyjeżdżały transporty, Sonderkommando zabierało jedzenie, które zostawało w ubraniach. Jeżeli przyjeżdżały transporty z Grecji, to były tam figi, oliwki i suszone owoce. W transportach z Polski zawsze był alkohol, a w transportach holenderskich sardynki i ser. Żydzi węgierscy przywozili wędliny i wędzonkę".

Josef Sackar:
„Prowadzono interesy. Brali papierosy i wymieniali na to i tamto. Można było na tym zrobić świetny interes".

Eliezer Eisenschmidt:
„Najczęściej nosiliśmy ubrania cywilne z namalowanymi czerwonymi pasami, żeby można nas było lepiej rozpoznać. Pasy były po obu stronach na nogawkach. Na bluzie był jeden pas, na boku w poprzek. Takie same pasy mieliśmy na koszulach – czerwony pas z przodu i z tyłu krzyż".

Josef Sackar:
„Mieliśmy koce, a także poduszki. Materace były ze słomy, ale mogliśmy nałożyć na nie ubrania. Mieliśmy wszystko – niczego nam nie brakowało, ani odzieży, ani jedzenia czy snu. Wszyscy inni mogli o tym tylko pomarzyć. Warunki w naszym bloku były wspaniałe. Mieliśmy wanny do kąpieli w krematorium i w naszych blokach w obozie. W krematorium mieliśmy łazienkę na piętrze".

Miklós Nyiszli:
„Jeszcze za wcześnie na kolację. Sonderkommando przynosi przepisową futbolówkę. Ustawiają się dwie drużyny: SS kontra Sonderkommando. Po jednej stronie boiska stoją strażnicy, po drugiej więźniowie z Sonderkommanda. Kopią piłkę. Na podwórzu rozlega się głośny śmiech. Złożona z esesmanów i ludzi Sonderkommanda publiczność kibicuje i zachęca zawodników do gry, jakbyśmy się znajdowali na jakimś zwyczajnym boisku w małym miasteczku. Ze zdumieniem przyjmuję i to do wiadomości. Ale nie czekam zakończenia meczu, odchodzę do swojego pokoju. Spożywam kolację i połykam dwie tabletki luminalu 0,10 [Nyiszli był lekarzem Sonderkommanda]. Spać, tylko spać. Jestem bliski kompletnego załamania".

Eliezer Eisenschmidt:
„Pewnego dnia pod krematorium zajechała ciężarówka z więźniarkami z obozu. To były chore «muzułmanki», które już w zasadzie nie żyły. Jedna z dziewcząt, która mogła jeszcze stać o własnych siłach i mówić, odwróciła się do jednego z więźniów Sonderkommanda, Jankiela, dużego, silnego faceta, i powiedziała: «Mam 18 lat i nigdy jeszcze nie byłam z mężczyzną. Wyświadcz mi przysługę, chciałabym coś takiego przeżyć choć raz przed śmiercią. Czy mógłbyś mi wyświadczyć tę przysługę?». Jankiel ją odepchnął i schował się, żeby znowu do niego nie podeszła".

Josef Sackar:
„Sami nie mogliśmy decydować. Byliśmy tylko drobnymi śrubkami w całym mechanizmie tej machiny śmierci. Staliśmy się tam automatami, maszynami".

Jaakow Silberberg:
„Człowiek przyzwyczaja się do wszystkiego. Nawet do takiej pracy..."

Shaul Chasan:
„Widziałem to na własne oczy, tego nie można zapomnieć".

Josef Sackar:
„Nie śpię w nocy. Śpię dwie–trzy godziny i to wszystko. Już od lat. Z powodu wspomnień".

Henryk Mandelbaum:
„Nie ma Boga. Jakby był Bóg, to gdyby 100, 200, 500 ludzi poszło do gazu, powiedziałby: «Z jakiej racji?, przecież nikogo nie zamordowali, nikomu nic nie ukradli». Gdyby był, powiedziałby: «Dość tej ludzkiej krzywdy». A ludzie szli bez przerwy. To człowiek jest bogiem na ziemi. Albo raczej wilkiem. Piękne kobiety, o cudnych piersiach, rzucaliśmy w ogień, a Bóg patrzył?"

relacja zakopana na terenie Auschwitz:
„Członkowie Sonderkommanda w czasach śmierci i hańby byli więźniami ogromnej fabryki śmierci. Nie osądzajcie pochopnie!"

Fragmenty relacji więźniów z Sonnderkommanda wybrałem z następujących książek: Gideon Greif, ...płakaliśmy bez łez..., *Adam Willma, Igor Bartosik,* Ja z krematorium Auschwitz. Rozmowa z Henrykiem Mandelbaumem, *Miklós Nyiszli,* Byłem asystentem doktora Mengele, *Piotr M.A. Cywiński,* Zagłada w pamięci więźniów Sonderkommando *oraz Shlomo Venezia,* Sonderkommando. W piekle komór gazowych.

Część IX

Terroryści z gwiazdą Dawida

1

Zabójstwo hrabiego Bernadotte'a

Niewielki konwój samochodów osobowych jechał powoli ciasnymi zaułkami Jerozolimy. Ulice były opustoszałe, sklepy zamknięte. Był piątek wieczór i Żydzi obchodzili szabas. A arabscy mieszkańcy tej części miasta zostali kilka miesięcy wcześniej wypędzeni lub sami porzucili swoje domy.

Konwój otwierał samochód z niebieskimi chorągiewkami ONZ przytwierdzonymi do przednich lamp. Za nim jechała jasna limuzyna. Na jej tylnej kanapie siedziało dwóch mężczyzn. Wysoki dystyngowany cywil w nienagannie skrojonym garniturze i pułkownik francuskiej armii w mundurze galowym.

Samochody pokonały kolejny zakręt i oczom kierowców ukazał się punkt kontrolny. Szlaban, kilka metalowych beczek i wojskowy jeep. Obok pojazdu stało trzech izraelskich żołnierzy z pistoletami maszynowymi. Czwarty siedział w środku.

Jeden z żołnierzy wyszedł na drogę i niedbałym gestem ręki zatrzymał nadjeżdżający konwój. Kierowcy posłusznie nacisnęli na hamulce. Sytuacja nie wywołała w nich zaniepokojenia. W tych niespokojnych czasach na ulicach Jerozolimy bardzo często dochodziło do rutynowych kontroli drogowych.

Przez okno pierwszego samochodu wychylił się kapitan Mosze Hillman, izraelski oficer łącznikowy przy misji ONZ.

– Przepuście nas – rozkazał nie znoszącym sprzeciwu głosem po hebrajsku. – To konwój jego ekscelencji mediatora ONZ hrabiego Folkego Bernadotte'a.

Ku zaskoczeniu kapitana Hillmana żołnierze zignorowali jego polecenie i minęli jego samochód, kierując się wprost do stojącej z tyłu limuzyny. Hillman spojrzał w lusterko i zamarł z przerażenia. Zobaczył bowiem, że ludzie w izraelskich mundurach zdejmują z ramion pistolety maszynowe...

Kolejne wydarzenia rozegrały się w ułamkach sekund. Jeden z żołnierzy złapał za klamkę limuzyny, szarpnął ją gwałtownie i otworzył drzwi. Mężczyzna w garniturze przerwał rozmowę z siedzącym obok Francuzem i spojrzał na niego pytająco. Zamiast odpowiedzi zobaczył wylot lufy wymierzonego w siebie szmajsera.

Żołnierz pociągnął za spust. Rozległ się huk wystrzałów i brzęk tłuczonych szyb. W powietrze wyleciały łuski. Zamachowiec dosłownie zasypał wnętrze samochodu gradem pocisków kalibru 9 mm.

Pasażerowie nie mieli najmniejszych szans. Hrabia Bernadotte i siedzący obok niego pułkownik André Serot zostali zmasakrowani. Świadkowie, którzy widzieli potem ciała i wnętrze samochodu, zgodnie zeznawali, że była to istna jatka. Sufit, podłoga i rozpruta pociskami kanapa były całe podziurawione i pokryte krwią.

Szwedzki generał Åge Lundström, który jechał w przedniej części zaatakowanego samochodu, relacjonował:

> Uzbrojony człowiek wsunął pistolet maszynowy przez otwarte okno i otworzył ogień. Usłyszałem również strzały dobiegające z zewnątrz. Byliśmy zupełnie zdezorientowani. Pułkownik Serot padł na oparcie mojego siedzenia i zobaczyłem, że nie żyje. Hrabia Bernadotte pochylił się do przodu. Pomyślałem, że próbuje się skryć przed pociskami.
> – Jest pan ranny? – zapytałem.
> Skinął głową i opadł na wznak.

Strzały z zewnątrz, które słyszał generał Lundström, pochodziły z pistoletów maszynowych innych „izraelskich żołnierzy". Gdy ich wspólnik z zimną krwią mordował szwedzkiego hrabiego i francuskiego pułkownika, oni przestrzelili opony w pozostałych samochodach ONZ, aby uniemożliwić pościg.

Ludzie z konwoju nie mogli odpowiedzieć ogniem, bo na wyraźny rozkaz hrabiego Bernadotte'a nie byli uzbrojeni. Mediator ONZ chciał w ten sposób podkreślić pokojowy charakter swojej misji. Przyjechał na Bliski Wschód powstrzymać rozlew krwi, a nie strzelać do ludzi. Zgubiło go właśnie to pacyfistyczne nastawienie.

Największą odwagą i brawurą wykazał się jadący pierwszym samochodem pułkownik Frank Begley. Oficer ten, gdy padły strzały, wyskoczył z samochodu i rzucił się na zabójcę. Próbował wyrwać mu szmajsera. Napastnik nacisnął jednak na spust i wprawdzie kule poszły w powietrze, ale płomień wylotowy poparzył twarz Begleya. Dzielny mężczyzna odskoczył do tyłu, a trzej zamachowcy rzucili się do jeepa.

Wskoczyli do środka, a czekający na nich kierowca wcisnął pedał gazu. Z rykiem silnika i piskiem opon terenowy samochód gwałtownie ruszył do przodu i po chwili zniknął za zakrętem. Na miejscu pozostali oszołomieni pracownicy ONZ i leżący w kałuży krwi, konający hrabia Folke Bernadotte. Wszystko rozegrało się w ciągu kilkudziesięciu sekund.

Kiedy dotarliśmy do szpitala – wspominał generał Lundström – wniosłem hrabiego Bernadotte'a do środka i położyłem na łóżku. Zdjąłem z niego marynarkę, zerwałem koszulę i podkoszulek. Zobaczyłem wtedy, że jedna z kul trafiła go w okolicach serca. Hrabia silnie krwawił. Gdy nadbiegł doktor, zapytałem, czy można jeszcze coś dla niego zrobić. Lekarz przecząco pokręcił głową. Było za późno.

Podczas sekcji zwłok w ciele denata znaleziono sześć kul. Brutalne zabójstwo członka szwedzkiej rodziny królewskiej było najgłośniejszym zamachem w całej historii żydowskiego terroryzmu. Hrabia Bernadotte zginął bowiem z ręki Jehoszuy Cohena, członka ekstremistycznej paramilitarnej organizacji Lechi.

Arystokrata został zamordowany 17 września 1948 roku, a nazajutrz informacja o jego śmierci trafiła na pierwsze strony gazet na całym świecie. Zabójstwo wywołało w krajach Zachodu falę oburzenia. Bernadotte był bowiem postacią powszechnie znaną i szanowaną, cieszył się wielką popularnością, a jego bliskowschodnia misja wywoływała wielkie zainteresowanie opinii publicznej po obu stronach Atlantyku.

Rada Bezpieczeństwa ONZ natychmiast potępiła zabójstwo, nazywając je „aktem tchórzostwa popełnionym przez zbrodniczą grupę terrorystów". Podobne oświadczenia wydały czołowe mocarstwa świata. W ojczyźnie hrabiego mord wywołał szok i niedowierzanie. Społeczność międzynarodowa stanowczo zażądała od władz Izraela natychmiastowego schwytania i surowego ukarania sprawców.

Dlaczego Folke Bernadotte musiał zginąć? Dlatego, że w oczach kierownictwa organizacji Lechi jego działania poważnie zagrażały świeżo powstałemu państwu żydowskiemu. Ludzie ci obawiali się, że szwedzki dyplomata może zniweczyć ich marzenie o budowie wielkiego Izraela od morza do morza. Etnicznie homogenicznego, żydowskiego kraju tylko dla Żydów.

Hrabia został wysłany na Bliski Wschód w maju 1948 roku, wkrótce po ogłoszeniu deklaracji niepodległości Izraela. Deklaracja ta doprowadziła do eskalacji konfliktu między Żydami a palestyńskimi Arabami i wybuchu zaciętej wojny. Władze Izraela, korzystając z okazji, zaczęły wprowadzać w życie plan masowego wypędzenia Palestyńczyków.

Zadaniem mediatora ONZ było położenie kresu przemocy i doprowadzenie do zawarcia pokoju. Szwedzki dyplomata opowiadał się za rozwiązaniem kompromisowym. Proponował, aby zarządzana do tej pory przez Brytyjczyków Palestyna została podzielona na dwa suwerenne i niezależne państwa. Jedno arabskie, drugie żydowskie.

Folke Bernadotte był bardzo wrażliwy na ludzkie nieszczęście. Nędza i cierpienie, jakie zobaczył w obozach dla palestyńskich uchodźców, głęboko nim wstrząsnęły. Uważał, że Arabowie, którzy zostali wypędzeni przez Żydów ze swoich miast i wiosek, powinni otrzymać prawo do powrotu.

Pomysły te były jednak dla żydowskich nacjonalistów nie do zaakceptowania. Dowództwo Lechi obawiało się jednak, że lewicowy izraelski premier Dawid Ben Gurion ugnie się pod międzynarodową presją i przyjmie plan Bernadotte'a. Dlatego wydało na Szweda wyrok.

Co ciekawe, organizatorem zamachu był niejaki Icchak Szamir, przyszły prawicowy premier Izraela, aż za dobrze znany nad Wisłą. To on był bowiem autorem niesławnego stwierdzenia, że Polacy antysemityzm wyssali z mlekiem matki.

Wróćmy jednak do roku 1948. Pikanterii sprawie dodaje fakt, że hrabia Bernadotte był nastawiony niezwykle przychylnie do idei syjonistycznej. Mało tego, miał wielkie zasługi w ratowaniu Żydów. W ostatnich miesiącach II wojny światowej prowadził zakulisowe negocjacje z Heinrichem Himmlerem i innymi dygnitarzami Trzeciej Rzeszy, w wyniku których udało mu się skłonić Niemców do zgody na ewakuację do Szwecji tysięcy więźniów obozów koncentracyjnych. W tym wielu więźniów żydowskich. Ta spektakularna akcja humanitarna przeszła do historii jako operacja „białe autobusy", więźniowie zostali bowiem wywiezieni z Trzeciej Rzeszy w pomalowanych na biało autokarach skandynawskiego Czerwonego Krzyża. Żydzi zamordowali więc swojego dobroczyńcę.

Mord na członku szwedzkiej rodziny królewskiej największe oburzenie wywołał oczywiście w Sztokholmie. Władze Szwecji podejrzewały, że zabójstwo ukartował rząd Izraela. W podejrzeniu tym utwierdzało je nieudolne, opieszałe śledztwo przeprowadzone przez izraelską policję, której nie udało się złapać żadnego z zabójców. Mimo że pozostawili za sobą mnóstwo śladów, między innymi narzędzie zbrodni – pistolet maszynowy z odciskami palców.

Władze państwa żydowskiego trzy dni po zamachu wydały specjalne rozporządzenie o zapobieganiu terroryzmowi. Na jego mocy policja aresztowała około 200 bojowników Lechi – lecz akurat nie tych, którzy zamordowali dyplomatę – a sama organizacja została uznana za terrorystyczną. Wkrótce jednak dla członków Lechi ogłoszono amnestię i wszyscy wyszli na wolność.

2

Gang Sterna

Lechi to skrót od hebrajskiej nazwy Lochame Cherut Jisra'el, czyli Bojownicy o Wolność Izraela. Była to najbardziej radykalna, nacjonalistyczna organizacja żydowska działająca w Palestynie. Jej założycielem był przeszkolony przez polskie służby specjalne Abraham Stern (pisałem o tej sprawie szeroko w pierwszej części *Żydów*), a za wroga numer jeden grupa uznawała Wielką Brytanię.

Po upadku Imperium Osmańskiego Palestyna w 1920 roku – jako terytorium mandatowe – znalazła się pod zarządem Londynu. Nie chcąc drażnić swoich arabskich sojuszników, Brytyjczycy zdecydowanie blokowali żydowskie plany stworzenia w Palestynie własnego państwa. Mało tego, w 1939 roku zablokowali nawet napływ żydowskich osadników z Europy. W odpowiedzi utworzona w 1940 roku Lechi wypowiedziała władzom mandatowym wojnę na śmierć i życie. I sięgnęła po broń słabych – terror. Bojownicy Lechi podkładali ładunki wybuchowe pod brytyjskie posterunki, strzelali zza węgła do żołnierzy i policjantów. Rozbijali więzienia i wykolejali pociągi. Działalność grupy była finansowana z wymuszeń i napadów na banki.

Brytyjczycy wkrótce okrzyknęli organizację Gangiem Sterna i za głowę jej przywódcy wyznaczyli wysoką nagrodę.

Stern nie był jednak zwykłym terrorystą. Był to człowiek, który snuł wielkie polityczne plany. I miał równie wielkie ambicje. W styczniu 1941 roku zaproponował antybrytyjski sojusz samemu Adolfowi Hitlerowi. Propozycja ta została złożona na ręce attaché wojskowego niemieckiej ambasady w Turcji kontradmirała Ralfa von der Marwitza, on zaś przekazał ją niezwłocznie do Berlina.

Stern deklarował, że jego bojownicy na terenie Bliskiego Wschodu i Europy będą dokonywać aktów dywersji i sabotażu wymierzonych w Wielką Brytanię. Następnie Lechi miała stworzyć na terenie Polski i innych krajów okupowanej Europy armię złożoną z 40 tysięcy Żydów. Armia ta miała zostać przeszkolona i uzbrojona przez Niemców, a następnie u boku Wehrmachtu dokonać desantu na Palestynę.

Co by miał z tego układu Hitler? Otóż po przepędzeniu Brytyjczyków Abraham Stern stworzyłby w Palestynie nacjonalistyczne totalitarne państwo żydowskie o ustroju wzorowanym na ustroju Niemiec i Włoch. Państwo to byłoby satelitą Trzeciej Rzeszy i chętnie przyjęłoby miliony Żydów, których Führer chciał się pozbyć z Europy. Tę odważną, choć nieco fantastyczną propozycję Berlin pozostawił bez odpowiedzi.

Kontakty, jakie Lechi starało się utrzymywać z Niemcami i Włochami, nie wynikały tylko z geopolitycznej kalkulacji i starej zasady, że „wróg mojego wroga jest moim przyjacielem". Chodziło również o bliskość ideową. Ideologią grupy był bowiem skrajny szowinizm.

Terrorystycznej działalności Lechi nie zatrzymała nawet śmierć jej lidera. Abraham Stern w lutym 1942 roku został wytropiony w Tel Awiwie przez brytyjskich detektywów. Funkcjonariusze skuli mu kajdankami ręce na plecach, a następnie zastrzelili z zimną krwią w mieszkaniu. Zabójstwo to jeszcze bardziej zradykalizowało członków organizacji, którzy przystąpili do krwawego odwetu.

Doszło do kolejnych rabunków, napadów, zamachów bombowych i skrytobójstw. Historycy oceniają, że oprócz mordu na hrabim Folkem Bernadotcie Lechi dokonała co najmniej czterdziestu dwóch egzekucji. Co ciekawe, ofiarą sporej części z nich padli Żydzi, działacze wrogich frakcji – na przykład socjaliści – lub ludzie uznani za „brytyjskich kolaborantów".

Największym echem odbiło się zabójstwo Waltera Guinnessa lorda Moyne, brytyjskiego ministra rezydenta na Bliskim Wschodzie. Do zamachu doszło 6 listopada 1944 roku. Dwaj bojownicy Lechi zaczaili się na namiestnika Jego Królewskiej Mości przed jego willą w Kairze. Gdy pod dom podjechała limuzyna ministra, wyskoczyli z ukrycia. Pierwszą kulę dostał kierowca Arthur Fuller, który wysiadł z samochodu i otwierał lordowi Moyne drzwi. Postrzał był śmiertelny. Trzy następne pociski były przeznaczone dla brytyjskiego ministra. Pierwsza trafiła go w szyję, druga w brzuch, a trzecia przeszyła klatkę piersiową i poszarpała dłoń. Dyplomata w geście rozpaczy zasłonił się bowiem ręką przed nadlatującymi pociskami.

Ciężko ranny Moyne został pospiesznie przewieziony do brytyjskiego szpitala w Kairze. Mimo transfuzji krwi i skomplikowanej operacji, którą przeprowadzili najwybitniejsi chirurdzy, brytyjski minister następnego dnia skonał. Rany okazały się zbyt poważne.

Londyn wpadł w furię. Winston Churchill, blisko zaprzyjaźniony z zamordowanym, nie posiadał się z oburzenia. Do tej pory były brytyjski premier znany był z żarliwego poparcia, którego udzielał idei syjonistycznej. Teraz jednak był tak wściekły na Żydów, że swoje poparcie dla budowy państwa Izrael wycofał.

– Jeżeli nasze syjonistyczne marzenie – mówił w Izbie Gmin – ma się rozwiać w dymie pistoletów zamachowców, jeżeli efektem naszych wysiłków na rzecz syjonizmu ma być nowa grupa gangsterów w typie nazistowskich Niemców, to musimy przemyśleć swe dotychczasowe stanowisko. Ludzi, którzy dokonali tego mordu, należy unicestwić, wyrwać z korzeniami i gałęziami.

Jak wynika z zachowanych dokumentów dyplomatycznych, zamach na lorda Moyne był niedźwiedzią przysługą wyrządzoną idei syjonistycznej przez radykałów z Lechi. Otóż Brytyjczycy już w 1944 roku gotowi byli wprowadzić w życie plan stworzenia w Palestynie żydowskiego państwa, jednak w wyniku mordu dokonanego przez Lechi zamiary te zostały zamrożone na kilka lat.

Dwaj młodzi zamachowcy – Elijahu Bejt Curi i Elijahu Chakim – próbowali uciec z miejsca zbrodni na rowerach. Nie mieli jednak szczęścia. W pobliżu przejeżdżał bowiem akurat egipski policjant na motorze. Funkcjonariusz rzucił się w pościg. Jeden z bojowników Lechi próbował do niego strzelać, ale skończyła mu się amunicja. Na miejsce przybyli kolejni funkcjonariusze i aresztowali obu terrorystów. Po krótkim procesie mordercy zostali skazani na śmierć. Ich prośby o łaskę – podobno wskutek interwencji Winstona Churchilla – zostały odrzucone. Obu powieszono w Kairze 23 marca 1945 roku. Jak głosi legenda, gdy kat zaciągał im na szyjach pętle, głośno śpiewali syjonistyczną pieśń *Hatikwa*, przyszły izraelski hymn narodowy.

Ich ciała Egipt wydał Izraelczykom dopiero w 1975 roku w zamian za zwolnienie dwudziestu arabskich jeńców. Zamachowcy zostali pochowani z całym ceremoniałem wojskowym. Premier i prezydent Izraela oddali hołd „męczennikom". We wszystkich szkołach zaś uczniowie dostali propagandowe broszury, w których odpowiednio naświetlono „heroiczny czyn dwóch młodych syjonistów". Wkrótce państwo żydowskie wypuściło znaczki pocztowe z podobiznami Bejt Curiego i Chakima.

Wróćmy jednak do lat czterdziestych. Po zakończeniu II wojny światowej działania Lechi wyraźnie się zradykalizowały. W 1947 roku członkowie organizacji zaparkowali ciężarówkę wypełnioną materiałami wybuchowymi przed posterunkiem brytyjskiej policji w Hajfie. Potężna eksplozja zdemolowała pół ulicy. Zginęły cztery osoby, a 140 – głównie przypadkowych przechodniów – zostało rannych.

W 1948 roku żydowscy ekstremiści kilkakrotnie wysadzali w powietrze pociągi jeżdżące trasą Hajfa–Kair. W jednym z ataków życie straciło czterdziestu cywilnych pasażerów. Wskutek innego zamachu drastyczną śmierć poniosło trzyletnie dziecko.

Wszystko to sprawiło, że władze brytyjskie postanowiły stworzyć tajny lotny oddział do walki z żydowskim podziemiem. Jego zadaniem było działanie na granicy prawda. Terroryści mieli być zwalczani swoimi własnymi metodami. Jak się wyraził jeden z brytyjskich urzędników – trzeba im było „rozkwasić nos". Na czele grupy postawiony został nadużywający alkoholu znany brytyjski awanturnik kapitan Roy Farran.

Jego ludzie w przebraniu żydowskich cywilów patrolowali ulice Jerozolimy w samochodach firmy dostarczającej cytrusy i pralni. 6 maja 1947 roku doszło do brzemiennego w skutkach incydentu. Brytyjscy agenci schwytali na gorącym uczynku szesnastoletniego członka Lechi

Aleksandra Rubowicza. Chłopak rozklejał nocą plakaty swojej organizacji. Brytyjczycy wciągnęli go do samochodu i wywieźli za miasto. Tam rozbili mu głowę kamieniem. Chłopiec zginął, a sprawcą był najprawdopodobniej sam Farran. Gdy sprawa wyszła na jaw, doszło do wielkiej afery. Choć władze mandatowe próbowały postawić kapitana przed sądem polowym, udało mu się uniknąć odpowiedzialności.

Sprawy w swoje ręce postanowiła wówczas wziąć Lechi. Zgodnie z żelazną zasadą obowiązującą w szeregach organizacji przelaną krew należało pomścić. W rocznicę zabójstwa żydowskiego nastolatka Lechi wysłała do domu Roya Farrana w Codsall w Staffordshire paczkę z ukrytym w niej ładunkiem wybuchowym.

Kapitana nie było jednak w domu i przesyłkę otworzył jego młodszy brat Rex. Doszło do potężnej eksplozji – mężczyzna nie miał najmniejszych szans. Po latach wyszło na jaw, że członkowie Lechi nie wiedzieli, iż brytyjski oficer ma brata. Zaadresowali więc przesyłkę „R. Farran" i w efekcie zamordowali niewinnego człowieka. Roy Farran dożył zaś później starości – zmarł w roku 2006.

Wysyłanie ładunków wybuchowych pocztą z czasem stało się specjalnością i znakiem rozpoznawczym Lechi. W ten sposób bojownicy organizacji próbowali zgładzić dwudziestu jeden brytyjskich dygnitarzy, na czele z samym premierem Clementem Attlee. Sir Anthony Eden wrzucił zaadresowany doń „bombowy list" do teczki i przez cały dzień nosił go pod pachą. Życie uratowała mu policja, która w ostatniej chwili ostrzegła go przed niebezpieczeństwem.

Choć formalnie Lechi w 1948 roku została rozwiązana i uznana za organizację terrorystyczną, z czasem władze Izraela uznały działalność grupy za element „heroicznej walki o niepodległość państwa żydowskiego". Dziś bojownicy Gangu Sterna mają w Izraelu swoje ulice, place i pomniki. Zajmują zaszczytne miejsce w panteonie bohaterów narodowych.

– Mówią, że nasza działalność to był terroryzm – powiedział po latach Icchak Szamir. – Czy lepiej jest zrzucić bombę atomową na miasto, niż zabić kilku facetów? Nie sądzę. A jakoś nikt nie mówi, że prezydent Truman był terrorystą.

3

Bomba w hotelu King David

Drugą żydowską organizacją terrorystyczną był Irgun Cwai Leumi, czyli Narodowa Organizacja Wojskowa. Była to główna formacja nacjonalistycznego żydowskiego podziemia. O ile Lechi w czasach swej największej świetności liczyła kilkuset bojowników, o tyle w szeregach Irgunu służyły tysiące młodych Żydów.

Grupa powstała w 1931 roku, a jej członkowie rekrutowali się spośród sympatyków syjonizmu rewizjonistycznego, szowinistycznej ideologii, której ojcem był dziennikarz z Odessy Włodzimierz Żabotyński. Syjoniści rewizjoniści toczyli walkę o rząd dusz w żydowskim społeczeństwie z lewicowymi syjonistami Dawida Ben Guriona.

O ile lewicowa podziemna organizacja zbrojna Hagana była – jak na warunki Palestyny – dość umiarkowana, o tyle Irgun nie przebierał w środkach. Jego przeszkoleni przez polski wywiad bojownicy byli specjalistami w organizowaniu zamachów bombowych, aktów sabotażu i dywersji.

Początkowo głównym celem irgunowców byli Arabowie. Numerem popisowym grupy było detonowanie bomb na arabskich bazarach. W jednym z ataków, w Hajfie, ładunek wybuchowy został przytwierdzony do... osiołka. Nieszczęsne zwierzę zostało wprowadzone w tłum robiących zakupy Palestyńczyków. W zamachach Irgunu ginęli głównie przypadkowi arabscy cywile.

Sytuacja zmieniła się w 1943 roku, gdy do Palestyny przybyła armia Władysława Andersa. Polski generał dał ciche przyzwolenie na to, by jego żydowscy żołnierze zdezerterowali i dołączyli do organizacji podziemnych. Część została z wojska po prostu zwolniona. Jednym z tych żołnierzy był Menachem Begin, przywódca nacjonalistycznej organizacji Bejtar, przyszły premier Izraela i laureat Pokojowej Nagrody Nobla. Został on aresztowany w Wilnie przez NKWD i wywieziony na Syberię, gdzie wstąpił do polskiego wojska.

Cieszący się wielkim autorytetem Begin przejął dowodzenie Irgunem i tchnął nowego ducha w szeregi organizacji. W 1944 roku wypowiedziała ona wojnę na śmierć i życie Brytyjczykom. Chodziło o to, by złamać ducha „okupanta" i skłonić go do wycofania się z Palestyny.

Najgłośniejszym – dosłownie i w przenośni – zamachem dokonanym przez Irgun był atak na hotel King David w Jerozolimie. W jednym ze skrzydeł masywnego budynku znajdowały się biura władz mandatowych i kwatera główna brytyjskiej armii. Do ataku doszło 22 lipca 1946 roku. Przebrani za kelnerów, arabskich dostawców i boyów hotelowych terroryści około południa przyjechali do hotelu półciężarówkami.

Następnie przez boczne drzwi wnieśli do środka siedem dużych blaszanych baniek na mleko. W każdej z nich znajdowało się po pięćdziesiąt kilogramów materiałów wybuchowych i detonatory czasowe. Członkowie komanda Irgunu przeszli przez zaplecze ekskluzywnej hotelowej restauracji La Régence i zeszli do piwnicy. Tam odnaleźli filary, na których opierała się konstrukcja budynku. Przy każdym z nich pozostawili po jednej bombie.

Członkowie Irgunu twierdzili później, że na krótko przed eksplozją podjęli działania, które miały na celu zmniejszenie liczby cywilnych ofiar zamachu. Jednym z nich miało być odpalenie niewielkiego ładunku wybuchowego po drugiej stronie ulicy. Tak aby z okolicy hotelu uciekli przypadkowi przechodnie.

Ładunek rzeczywiście eksplodował, ale efekt był zupełnie inny. Goście hotelowi zbiegli się do okien, aby zobaczyć, co się dzieje. I stanęli dokładnie nad miejscem, w którym Irgun podłożył ładunki. Mało tego, podmuch tej „małej" eksplozji przewrócił przejeżdżający ulicą autobus. Zakrwawionych rannych wydobytych z pojazdu zaniesiono do... hotelowego holu.

Nie zrażeni tym członkowie Irgunu między 12.22 a 12.31 z pobliskiej budki telefonicznej wykonali serię telefonów ostrzegawczych – do recepcji hotelu, redakcji gazety „Palestine Post" i francuskiego konsulatu.

– Mówię w imieniu żydowskiego podziemia – powiedziała ponoć do słuchawki bojowniczka Irgunu. – Umieściliśmy bomby w hotelu King David. Musicie go natychmiast ewakuować!

Telefony ostrzegawcze zostały zignorowane. Lecz nawet gdyby ich nie zignorowano, nie było najmniejszych szans na ewakuację olbrzymiego hotelu w tak błyskawicznym tempie. O 12.37 Jerozolimą wstrząsnęła potężna eksplozja. W niebo wzbił się gigantyczny tuman szarego kurzu, który zawisł nad dachami Świętego Miasta. Gdy dym się rozwiał, zszokowani świadkowie wybuchu ujrzeli przerażający widok. Połowa masywnego sześciopiętrowego hotelu King David zamieniła się w stertę gruzów.

Brytyjscy saperzy natychmiast rozpoczęli akcję ratunkową. Trwała ona wiele dni, a z miejsca zamachu wywieziono 2 tysiące ciężarówek gruzu. Pod zwałami pokruszonych cegieł udało się odnaleźć kilka żywych osób. Większość odnalezionych była jednak zmiażdżona lub uduszona. W ataku zginęło 91 osób – 41 Arabów, 28 Brytyjczyków, 17 Żydów i 5 osób innych narodowości.

Był to jeden z największych ataków terrorystycznych XX wieku. Mimo powszechnego oburzenia, jakie wywołał, izraelscy nacjonaliści do dziś starają się usprawiedliwiać jego sprawców. W 2006 roku w Centrum Menachema Begina w Jerozolimie odbyły się uroczyste obchody sześćdziesiątej rocznicy ataku.

Wzięli w nich udział weterani Irgunu – fetowani jak bohaterowie – i przywódca partii Likud, obecny premier Izraela Binjamin Netanjahu. Mówcy, którzy zabrali głos podczas imprezy, próbowali przerzucić winę za tragedię na Brytyjczyków, którzy nie ewakuowali hotelu. Wywołało to ostry protest Londynu.

4

Afera sierżantów

Jeszcze większy wpływ na eskalację konfliktu między Brytyjczykami a Żydami miała „afera sierżantów".

Wszystko zaczęło się w starej twierdzy krzyżowców nad Morzem Śródziemnym – Akce. W tamtejszej cytadeli brytyjskie władze utworzyły ściśle strzeżone ciężkie więzienie dla schwytanych żydowskich bojowników. Tam też w kwietniu 1947 roku czterech członków Irgunu zawisło na szubienicy. Między innymi Dow Gruner, który w walce z Brytyjczykami został paskudnie postrzelony w twarz. Okaleczony mężczyzna został uratowany w szpitalu, wkrótce jednak zawisł na szubienicy.

Na wieść o egzekucji kierownictwo Irgunu postanowiło przeprowadzić niezwykle śmiałą operację: rozbić więzienie w Akce. Uderzenie zaplanowano na 4 maja 1947 roku. To, co się wydarzyło tego dnia, przypominało wysokobudżetowy hollywoodzki film akcji. Takiej demolki nawet w swych najlepszych latach nie powstydziłby się ani Sylvester Stallone, ani Arnold Schwarzenegger.

Najpierw pod więzienie podjechał konwój skradzionych brytyjskich jeepów i ciężarówek. W samochodach siedzieli bojownicy Irgunu przebrani w mundury brytyjskich wojsk inżynieryjnych. Pod pozorem naprawy instalacji elektrycznej założyli oni ładunki wybuchowe w murze więzienia, tuż przy łaźni tureckiej.

O 15.00, gdy więźniowie wychodzili z cel na popołudniowe ćwiczenia, bomba została odpalona. Potężny ładunek wyrwał sporą dziurę w grubych murach. Jednocześnie irgunowcy ostrzelali z moździerza pobliski brytyjski obóz wojskowy, aby powstrzymać stacjonujących w nim żołnierzy od przyjścia z pomocą załodze więzienia.

W środku tymczasem rozpoczęło się prawdziwe pandemonium. Żydowscy i arabscy więźniowie wybiegli z cel i rzucili się na podwórze. Zdezorientowani strażnicy zaczęli strzelać do tłumu, ale wówczas przez wyłom w murze wkroczyli irgunowcy. Ostrzelali strażników z broni maszynowej i obrzucili ich granatami.

W tym czasie więźniowie zaczęli wybiegać na zewnątrz. Aby zatrzymać strażników, wznieśli wielką barykadę, pod którą podłożyli ogień. Bojownicy Irgunu i uratowani przez nich żydowscy więźniowie wskoczyli do ciężarówek, ale silnik jednego z pojazdów nieoczekiwanie odmówił posłuszeństwa. Całe towarzystwo musiało więc zeskoczyć z paki i pchać ciężki pojazd. W końcu kierowcy udało się uruchomić kapryśny silnik, ale żydowscy uciekinierzy musieli się przebić przez wrogi tłum miotających kamienie Arabów.

Na tym ich kłopoty się nie skończyły. Znani z wrodzonej flegmy Brytyjczycy tym razem zareagowali błyskawicznie. Pierwszą uciekającą ciężarówkę ostrzelali na drodze. Pojazd z impetem uderzył w rosnące na poboczu kaktusy i przewrócił się na bok. Doszło do zaciętej strzelaniny, wszyscy Żydzi z feralnej ciężarówki albo zginęli, albo dostali się do niewoli.

Pozostałe ciężarówki pędziły drogą, a na ogonie siedziały im brytyjskie samochody wojskowe. Mężczyźni wychylali się z szoferek i ostrzeliwali się z rewolwerów niczym kowboje na Dzikim Zachodzie. Ostatecznie bojownicy Irgunu rzucili na szosę granat i powstrzymali pościg. Tego dnia z najściślej strzeżonego więzienia na Bliskim Wschodzie uciekło 28 członków Irgunu i Lechi oraz 214 Arabów.

Tego już dla Brytyjczyków było za wiele. Rozbicie Akki uraziło ich dumę. Było bolesnym ciosem zadanym prestiżowi władz mandatowych i całej powadze imperium brytyjskiego na Bliskim Wschodzie. Pięciu schwytanych irgunowców stanęło przed sądem wojskowym. Dwóch nieletnich dostało dożywocie, a trzech dorosłych – karę śmierci.

Aby zapobiec egzekucji swoich ludzi, Menachem Begin wydał rozkaz wzięcia zakładników. 11 lipca 1947 roku bojówkarze Irgunu uprowadzili dwóch agentów brytyjskiego wywiadu – sierżantów Clifforda Martina i Mervyna Paice'a. Mężczyźni zostali uwięzieni w podziemnej kryjówce w przemysłowej części Netanii, a Irgun ogłosił, że jeżeli Brytyjczycy wykonają wyrok na jego ludziach, sierżanci natychmiast zginą.

Władze mandatowe były jednak wierne zasadzie, że z terrorystami się nie negocjuje. „Zawsze byłem przekonany" – mówił wysoki komisarz Palestyny i Transjordanii generał Alan Cunningham – „że najlepszą metodą na uporanie się z terrorystami jest ich zabijanie". Brytyjskie służby prowadziły więc zakrojone na szeroką skalę poszukiwania swoich sierżantów – pomagała im w tym lewicowa Hagana – i spokojnie szykowały się do egzekucji trójki irgunowców.

Tymczasem ojciec jednego z uprowadzonych Brytyjczyków napisał do Menachema Begina list z prośbą, aby darował życie jego synowi.

– Niech pan apeluje o to do swojego rządu – odpowiedział na falach radiowych przywódca Irgunu. – Rządu, który jest spragniony ropy naftowej i krwi.

29 lipca 1947 roku trzech członków Irgunu schwytanych w Akce zostało powieszonych. Ich ciała wisiały przez dwadzieścia minut na szubienicy, po czym zostały odcięte.

Jeszcze tego samego dnia na terenie fabryki w Netanii zginęli brytyjscy sierżanci. Członkowie Irgunu naciągnęli im worki na głowy, skrępowali ręce i nogi, a następnie założyli stryczki na szyje. Gdy przygotowania zostały ukończone, oprawcy wykopali nieszczęśnikom stołki spod nóg.

Nazajutrz ciała sierżantów zostały przewiezione taksówką na odległą o kilka kilometrów od Netanii plantację eukaliptusów. Irgunowcy powiesili trupy na drzewach i przyczepili do nich karteczki z informacją, że to „brytyjscy szpiedzy" straceni za zbrodnie popełnione wobec narodu żydowskiego. Nim odeszli, zakopali pod nogami nieboszczyków minę przeciwpiechotną.

Ciała zostały szybko zauważone i na miejsce przyjechało wkrótce brytyjskie wojsko i dziennikarze. Fotoreporterzy uwiecznili na kliszach makabryczny widok. Wiszące cały dzień w upale zakapturzone ciała sierżantów poczerniały i zaczęły gnić. Całe były pokryte strugami zakrzepłej krwi.

Jeden z brytyjskich oficerów – kapitan Galatti – zaczął przecinać piłą sznur, na którym wisiało ciało Mervyna Paice'a. Gdy lina pękła, trup spadł prosto na minę. Eksplozja poważnie pokiereszowała twarz Galattiego, a ciało Paice'a dosłownie rozerwała na strzępy. Jego poszarpane fragmenty zbierano później w promieniu kilkudziesięciu metrów.

Makabryczny mord dokonany przez Irgun wywołał furię w szeregach brytyjskiego korpusu stacjonującego w Palestynie. Uzbrojeni w drewniane drągi żołnierze wylegli na ulice Tel Awiwu i zaczęli dokonywać regularnych pogromów. Wybijali szyby w żydowskich sklepach, atakowali kawiarnie i restaurację. Do jednej z nich wrzucili nawet granat. Żydowskich przechodniów obalali na ziemię i katowali na chodnikach. W kilku miejscach żołnierze i policjanci otworzyli ogień. Zginęło pięciu Żydów, a kilkunastu zostało rannych. Wobec żadnego z uczestników pogromu brytyjskie władze nie wyciągnęły poważniejszych konsekwencji.

Gdy przerażające zdjęcia martwych sierżantów zostały opublikowane w prasie w Wielkiej Brytanii, antyżydowskie zamieszki wybuchły również na ulicach Londynu, Liverpoolu, Glasgow, Birmingham i innych miast. Rozwścieczone tłumy wznosiły okrzyki „Śmierć mordercom z Irgunu!" i „Powiesić wszystkich Żydów!".

Wybijano cegłami szyby w żydowskich domach i sklepach. Z dymem poszła synagoga w Liverpoolu, zdewastowano siedziby wielu żydowskich instytucji. Na jednej z nich napisano wielkimi literami: „Hitler miał rację!". Zanim policji udało się uspokoić sytuację, minęło wiele dni. Liczni Żydzi zostali ciężko pobici, jeszcze więcej straciło dorobek życia.

W świetle tych dramatycznych wydarzeń trudno się zgodzić z Menachemem Beginem, który „aferę sierżantów" uznał za wielki sukces i duży krok na drodze do stworzenia państwa Izrael.

Nastawienie brytyjskich urzędników pracujących w Palestynie wobec Żydów dobrze oddają następujące słowa jednego z nich, Ivana Lloyda Phillipsa:

Nigdy nie miałem zrozumienia dla aspiracji syjonistycznych, ale teraz szybko staję się antysemitą w całym swoim podejściu do tego skomplikowanego problemu i oceniam sytuację z rosnącym (i bardzo prawdziwym) poczuciem osobistej antypatii.

Zamachowcy z Irgunu nie ograniczali zresztą swojej działalności tylko do Palestyny. Atakowali także za granicą. W październiku 1946 roku wysadzili w powietrze ambasadę Wielkiej Brytanii w Rzymie, a w 1952 roku próbowali zgładzić... Konrada Adenauera. Żydowscy ekstremiści wysłali przywódcy zachodnich Niemiec wybuchową paczkę.

Na szczęście dla kanclerza bomba jednak do niego nie dotarła. Wybuchła na posterunku w Monachium, zabijając policjanta. Jaki był cel tego zamachu? Otóż Menachem Begin chciał w ten sposób powstrzymać podpisanie izraelsko-niemieckiego porozumienia o wypłacie odszkodowań za Holokaust. Zdaniem przywódcy Irgunu przyjęcie pieniędzy od sprawców Zagłady uwłaczało honorowi narodu żydowskiego.

Co ciekawe, niemieckie władze utrzymały sprawę zamachu na Adenauera w najściślejszej tajemnicy – chodziło o to, by zapobiec nawrotowi nastrojów antysemickich w niemieckim społeczeństwie...

5

Masakra w Dajr Jasin

Już w latach czterdziestych umiarkowani Żydzi dostrzegali, że ataki Irgunu przynoszą więcej szkód niż pożytku. Członkowie grupy, planując kolejne akcje, zupełnie nie liczyli się z konsekwencjami, które często dotykały przypadkowych Żydów. Ich akcje tylko nakręcały spiralę przemocy.

Znakomitym przykładem może być tragedia z grudnia 1947 roku. Tego dnia bojownicy Irgunu obrzucili granatami tłum arabskich robotników oczekujących na wejście do pracy w brytyjskiej rafinerii naftowej w Hajfie. Ostre jak brzytwa odłamki zabiły sześciu ludzi, a czterdziestu poważnie poszarpały.

Bojownicy Irgunu uciekli, a pozostali na miejscu arabscy robotnicy wpadli w krwawy szał. Rzucili się na żydowskich pracowników rafinerii z metalowymi prętami i kluczami francuskimi w rękach. Doszło do bestialskiego pogromu – zatłuczono na śmierć czterdziestu Żydów, a pięćdziesięciu zostało rannych.

Gwałtownej przemocy kres położyło dopiero przybycie silnie uzbrojonych oddziałów brytyjskiej żandarmerii, które wyprowadziły z fabryki ocalałych Żydów. Dzień później Hagana dokonała uderzenia odwetowego. Jej bojownicy napadli nocą na arabską wioskę Balad asz-Szajch, z której wywodziła się większość robotników. Miejscowość poszła z dymem, a mieszkańcy zostali spacyfikowani.

Najbardziej krwawe wydarzenia miały jednak dopiero nastąpić.

Brytyjskie imperium kolonialne rozłaziło się w szwach i w 1948 roku Londyn ogłosił, że wycofuje swoje siły z Palestyny. Brytyjski mandat wygasał w maju i o przyszłości Ziemi Świętej miał zadecydować oręż. Czyli zbrojna konfrontacja między Żydami i Arabami.

Już 9 kwietnia 1948 roku oddział Irgunu – wspomagany przez bojowników bratniej Lechi – zaatakował arabską wioskę Dajr Jasin położoną na wzgórzu na zachód od Jerozolimy. Stało się tak, mimo że mieszkańcy wsi żyli w zgodzie ze swoimi żydowskimi sąsiadami. Podpisali nawet pakt o nieagresji z Haganą. Właśnie dlatego lewicowi syjoniści poprosili o „przysługę" swoich prawicowych kolegów. Im samym atakować Dajr Jasin nie wypadało.

Celem pacyfikacji miało być przejęcie kontroli nad strategicznym wzgórzem położonym nad główną drogą Palestyny oraz wywołanie paniki wśród Arabów zamieszkujących okolicę. Skłonienie ich do porzucenia domów i masowej ucieczki w nieznane. Dlatego właśnie bojówkarze Irgunu i Lechi postanowili, że tego dnia nie będą mieli dla nich litości.

Wydawało się to łatwym zadaniem, okazało się jednak bardzo trudne. Część mężczyzn z wioski na widok zbliżających się Żydów chwyciła bowiem za karabiny i stanęła w obronie swoich domów i rodzin. Ich opór zapewne dodatkowo zradykalizował młodych żydowskich nacjonalistów z Irgunu i Lechi.

Rozwścieczeni Żydzi, opanowawszy wieś, wrzucali do domów granaty i zasypywali pomieszczenia pełne cywilów seriami z broni maszynowej, a po walce rozstrzelali część pozostałych przy życiu.

Wyciągnęli nas jednego po drugim – opowiadał ocalały z rzezi Fahim Zajdan. – Zabili z karabinu jednego starca, a kiedy jedna z jego córek podniosła krzyk, ją także zastrzelili. Potem wywołali mojego brata Mohammada i zastrzelili go przy nas. Kiedy moja matka zawyła, pochylając się nad nim – z moją siostrzyczką Hudrą na rękach, przy piersi – ją też zastrzelili.

Sam Zajdan został ustawiony z innymi dziećmi pod murem. Żydzi otworzyli ogień i chłopczyk został ranny. Gdy napastnicy skończyli zabijać cywilów, splądrowali arabską wioskę i okradli trupy.

Rabowali i kradli wszystko – relacjonował oficer Hagany Meir Pa'il. – Kurczaki, radioodbiorniki, cukier, gotówkę, złoto. Każdy z nich wyszedł ze wsi umazany we krwi i dumny, ile to ludzi zabił. Do jednego z domów spędzili około 200 mieszkańców. Kobiet i małych dzieci. Dowodzący atakiem powiedział mi, że zamierza ich wszystkich zamordować.

Całe szczęście do tego nie doszło, bo za cywilami w ostatniej chwili wstawili się ich sąsiedzi – chasydzi z pobliskiej żydowskiej wioski. Choć izraelscy historycy gloryfikujący dokonania Irgunu starają się podważyć relację pułkownika Pa'ila, jego relacja pokrywa się z dokumentami i zeznaniami innych świadków.

Wszyscy, którzy byli w Dajr Jasin, tuż po zakończeniu ataku opowiadali zgodnie o zwałach zakrwawionych ciał zalegających ulice. A także o splądrowanych, zdemolowanych domach. Początkowo sądzono, że w pacyfikacji życie straciło 250 Arabów. Dzisiaj historycy przychylają się do opinii, że palestyńskich ofiar było ponad sto, z czego tylko kilkanaście padło w walce. Wśród zabitych było trzydzieści niemowląt.

Jednym z pierwszych, który przybył na miejsce masakry, był Jacques de Reynier, szef delegacji Międzynarodowego Czerwonego Krzyża w Palestynie. Zaraz po opuszczeniu samochodu zobaczył zwłoki kobiety w ósmym miesiącu ciąży z dziurą po kuli karabinowej w brzuchu. Jej ubranie było nadpalone od prochu, co świadczyło, że oprawca przystawił jej broń do ciała i nacisnął spust.

Banda nosiła mundury i hełmy – relacjonował de Reynier. – Wszyscy byli młodzi. Mężczyźni i kobiety, uzbrojeni po zęby. Rewolwery, pistolety maszynowe, granaty. Część miała w rękach zakrwawione kordelasy. Piękna młoda dziewczyna z oczami kryminalistki pokazała mi swój. Jeszcze kapała z niego krew. To była „ekipa czyszcząca".

Próbowałem wejść do jednego z domów. Kilkunastu żołnierzy zastąpiło mi drogę. Wymierzyli we mnie lufy pistoletów. Powiedziałem tym kryminalistom, co sądzę o ich działalności, objechałem ich od góry do dołu i przepchnąłem na bok.

W środku znajdowały się ciała. Były już zimne. „Czyszczenie" odbyło się tu za pomocą broni maszynowej i granatów. A potem zostało dokończone nożami. Nagle usłyszałem ciche kwilenie. Zacząłem szukać, zajrzałem pod ciała i zobaczyłem małą nóżkę. Była ciepła. Należała do dziewczynki, która została poraniona odłamkami granatu. Ale wciąż żyła.

A oto fragment raportu brytyjskiego generała Richarda Catlinga, który rozmawiał z ocalałymi z masakry mieszkankami wioski:

Nie ma żadnych wątpliwości, że atakujący Żydzi dopuścili się wielu zbrodniczych czynów natury seksualnej – pisał. – Wiele młodych uczennic zostało zgwałconych, a później zarżniętych. Starsze kobiety także były napastowane. Jedna dziewczynka została dosłownie rozerwana na pół. Rozsiekiwano i zarzynano noworodki. Widziałem pewną starą kobietę, która powiedziała, że ma 104 lata. Została ciężko raniona – bito ją po głowie karabinowymi kolbami. Napastnicy zrywali kobietom bransoletki z rąk i pierścionki z palców. Rozszarpywali im uszy, zrywając kolczyki.

Część pochwyconych Arabów bojówkarze Irgunu uprowadzili do Jerozolimy. Tam przepędzili ich główną arterią jednej z żydowskich dzielnic. Uliczna tłuszcza rzuciła się na Palestyńczyków. Pluła na nich, rzucała w nich kamieniami, okładała kijami. Po zakończeniu makabrycznego spektaklu uprowadzeni mieszkańcy Dajr Jasin zostali przez irgunowców zamordowani.

Jeszcze tego samego dnia Irgun zorganizował konferencję prasową dla amerykańskich dziennikarzy akredytowanych w Jerozolimie. Żurnaliści zostali uraczeni napojami chłodzącymi, ciasteczkami i wyjaśnieniem, dlaczego „żydowskie siły narodowe musiały" zniszczyć wrogie arabskie gniazdo, które rzekomo znajdowało się w Dajr Jasin.

Masakra wywołała oburzenie. Albert Einstein i dwudziestu siedmiu innych żydowskich intelektualistów potępiło ją w liście otwartym opublikowanym na łamach „New York Timesa". Jego sygnatariusze nazwali Irgun „terrorystyczną bandą". Innego zdania był oczywiście Menachem Begin.

To był wybitny akt podboju – ogłosił. – Żołnierze, zapisaliście się w historii Izraela. Walczcie tak dalej, aż do ostatecznego zwycięstwa. To, co zrobiliśmy w Dajr Jasin, będziemy robić wszędzie. Będziemy atakować i gromić wroga. Bóg wybrał nas do podboju.

Na miejscu Dajr Jasin wkrótce powstało żydowskie osiedle. A później izraelski szpital psychiatryczny. Teren jest obecnie otoczony wysokim murem i nie ma do niego dostępu. Domy pozostawione przez Palestyńczyków buldożery zrównały z ziemią. Izraelczycy zniszczyli również arabski cmentarz, w miejscu którego poprowadzono trasę szybkiego ruchu.

Część izraelskich „historyków", a raczej nacjonalistycznych propagandystów, robi dziś wszystko, by zdjąć odpowiedzialność za masakrę z żydowskich formacji zbrojnych. Twierdzą oni między innymi, że cywile zginęli od przypadkowych kul wystrzelonych podczas zaciętej walki prowadzonej przez Żydów i Arabów.

Na koniec warto dodać, że masakra w Dajr Jasin – jak to zwykle bywało wskutek akcji Irgunu – sprowokowała krwawy odwet. Cztery dni później, 13 kwietnia 1948 roku, rozwścieczeni Arabowie urządzili zasadzkę na żydowski konwój medyczny jadący z jerozolimskiego szpitala Hadasza.

Karetki, ciężarówki ze znakiem Czerwonej Gwiazdy Dawida i asystujące im transportery opancerzone Hagany zostały obrzucone koktajlami Mołotowa, a następnie ostrzelane z karabinów maszynowych.

– To za Dajr Jasin! – krzyczeli napastnicy, opróżniając w konwój kolejne magazynki.

W ataku zginęło siedemdziesięciu ośmiu Żydów – lekarzy, pielęgniarek, kierowców i przede wszystkim przewożonych w karetkach rannych. Większość zabitych skonała w męczarniach, płonąc w podpalonych przez Arabów pojazdach.

6

Żydowska wojna domowa

W maju 1948 roku Wielka Brytania wycofała się z Palestyny, a Żydzi ogłosili deklarację niepodległości Izraela. Wywołało to krwawy konflikt z Arabami, który przeszedł do historii jako I wojna izraelsko-arabska. Syjoniści rewizjoniści Menachema Begina walczyli w niej ramię w ramię z lewicowymi syjonistami premiera Dawida Ben Guriona.

Lecz Begin nie zrezygnował z marzenia o przejęciu władzy. Potrzebował jednak do tego wiele broni. Specjalni wysłannicy Irgunu udali się do Paryża, gdzie udało im się nakłonić tamtejszy rząd do pomocy. Francuzi przekazali żydowskim prawicowcom broń, która została potajemnie zapakowana na kupiony przez Irgun statek *Altalena*.

Na pokładzie znalazło się 900 bojowników, 5 tysięcy karabinów, 250 karabinów maszynowych, 5 milionów pocisków, 50 bazook i 10 lekkich transporterów opancerzonych. Ten pływający arsenał 20 czerwca 1948 roku dotarł do wybrzeży Izraela naprzeciwko syjonistycznej spółdzielni rolniczej Kefar Witkin.

Ben Gurion kategorycznie zabronił jednak, aby *Altalena* wyładowała broń. Chyba że Irgun zgodzi się przekazać ją wojskom rządowym. Menachem Begin, który przyjechał odebrać śmiercionośny ładunek, z oburzeniem odrzucił ultimatum. Doszło do konfrontacji. Oddział izraelskiej armii starł się z bojownikami towarzyszącymi Beginowi.

Altalena – z przywódcą Irgunu na pokładzie – popłynęła do Tel Awiwu. Na tamtejszej plaży zebrały się gęste tłumy zwolenników Irgunu. Zapachniało wojną domową i puczem. Ben Gurion sięgnął wówczas po radykalne środki. Kazał zaciągnąć na wybrzeże ciężkie działa i gdy *Altalena* pojawiła się na redzie, została powitana ich pociskami.

Jeden z nich trafił w statek, który stanął w płomieniach. Bojownicy Irgunu będący na pokładzie odpowiedzieli ogniem. Walki między irgunowcami a oddziałami wiernymi rządowi rozgorzały również na plażach i ulicach Tel Awiwu. Co ciekawe, część żołnierzy odmówiła strzelania do prawicowych bojowników. „Nie po to przyjechałem do Izraela, żeby zabijać Żydów" – powiedział jeden z izraelskich kanonierów.

Pożar, który trawił *Altalenę*, stał się tymczasem nie do opanowania. Ze statku w górę wznosił się czarny słup gęstego, gryzącego dymu. Gdy pojawiło się ryzyko, że płomienie dotrą do ładowni z amunicją i materiałami wybuchowymi, kapitan nakazał ewakuację. Irgunowcy skakali do wody i płynęli do brzegu. Stojący na plaży żołnierze otworzyli do nich jednak ogień.

Bitwa wkrótce wygasła – przewaga strony rządowej była miażdżąca. Lewicowe izraelskie władze dokonały szeroko zakrojonych aresztowań członków i sympatyków Irgunu. Kręgosłup izraelskiej nacjonalistycznej prawicy został przetrącony. W efekcie przez pierwsze trzydzieści lat istnienia Izraela władzę niepodzielnie sprawowała lewicowa partia Mapai, a syjoniści rewizjoniści byli uznawani za ekstremistów i faszystów.

Prawica zatriumfowała w wyborach dopiero w 1977 roku. Menachem Begin został wówczas premierem. Państwowa narracja została odwrócona o 180 stopni. Potępiani do tej pory irgunowcy z dnia na dzień stali się bohaterami narodowymi, a ich terrorystyczne akcje uznane zostały za szczytną walkę o niepodległość państwa żydowskiego.

Tak jest do dzisiaj. Rządzący Likud premiera Binjamina Netanjahu jest bowiem bezpośrednim kontynuatorem tradycji Irgunu. Działacze partii przy każdej okazji odwołują się do etosu tej podziemnej organizacji, gloryfikują jej akcje i bojowników. Co nie przeszkadza im potępiać w czambuł palestyńskich terrorystów.

Według polityków izraelskiej prawicy arabski terroryzm wymierzony w Żydów jest objawem azjatyckiego zdziczenia i barbarzyństwa charakterystycznego dla świata islamu. Żydowski terroryzm wymierzony w Arabów był zaś chwalebną walką o wolność ojczyzny. Stanowisko to trudno uznać za konsekwentne.

Tekst nigdy wcześniej nie publikowany

Indeks osób

A

Abakumow Wiktor 31–33
Abu Chdeir Mohammad 327
Abu Daud *patrz* Daud Auda Mohammad
Abu Dżihad 86–90
Adaś (właściciel restauracji) 159
Adelson Sheldon 393, 394
Adenauer Konrad 472
Adler Stanisław 157–159, 164, 167, 168, 293
Ajzman Dawid 421, 422
Al-Mabuh Mahmud 376–378
Amin Idi 138–141, 146, 147
Anders Władysław 58, 466
Andre Joseph 360
Antczak Jan 407
Arafat Jasir 86, 87
Arendt Hannah 270–272, 440
Aronson Stanisław 46
Attlee Clement 464
Awrahami Gideon 321

B

Babel Izaak 26
Baeck Leo 271
Balhause Werner 296
Barak Ehud 87
Bart Andrzej 261
Bartosik Igor 452
Bartoszewski Władysław 413
Baruchian Awiram 324
Baranek Henio 221
Baranek Tadzio 221
Baranek Wincenty 220
Baranek Łucja 220

Bar-Zohar Michael 85, 94
Bauman Janina 159
Begin Menachem 466, 468, 470–472, 476, 478, 479
Begley Frank 457
Bejt Curi Elijahu 462
Ben Amer Huda 136
Ben Dawid Josef Chaim 328
Ben Gurion Dawid 21, 108, 459, 465, 478, 479
Ben-Gal Awigdor „Janusz" (wcześniej Janusz Goldlust) 48, 58
Beria Ławrientij 35, 36
Berk Gerson 304
Berman Jakub 427
Bernadotte Folke 456–459, 461
Biebow Hans 240, 243, 258, 272
Bierut Bolesław 191
bin Laden Osama 400
Birenbaum Halina 176
Black Shelley 330
Blech Jakub 279
Bloch Dora 146, 147
Blum Felicja 343
Boaron Gita 127
Bodenheimer Michael 380
Bond James 92
Bór-Komorowski Tadeusz 42–44, 46
Borkowicz Jacek 232
Borsztajn Bencjon 270
Böse Wilfred 144
Bouczik Ahmed 370
Brandstätter Stefania (Maria Dworzak) 359–365, 367

Brandt Karl Georg 344, 410
Brent Jonathan 26, 37
Brodman Mojżesz 366
Brodski Uri 380
Brunner Alois 346
Brystygierowa Julia „Luna" 427
Bursztyn Lucjan 190
Bush George W. 77, 401

C

Castro Fidel 333
Catling Richard 476
Chakim Elijahu 462
Chalfan Tamim Dahi 378, 379
Chari Anatol 250, 252, 256
Chasan Shaul 444, 447, 449, 451
Chaskielewicz Stefan 172
Chason Nir 324, 325
Chęciński Michał Mosze 266
Childers Erskine 20
Chilowicz Wilhelm 199
Churchill Winston 462, 463
Cichy Marcin 46
Cohen Jeszua 457
Cohen Leon 443, 446
Cohler Larry 396
Cojean Annick 129, 137
Cukierman Icchak 46
Cunningham Alan 470
Cywiński Piotr M.A. 452
Czapliński Stanisław 164
Czecz Izabela 362
Czerniaków Adam 155, 170, 251, 268
Czerwiński Herman 166

D

Dajan Mosze 57, 94
Daniel (policjant) 160
Daud Auda Mohammad 371
David Saul 138, 147
Deif Mohammad 91
De-Nur Jechiel (Kacetnik 135633) 316
Diamant Maurycy 365
Dimitrow Georgi 33
Dobraczyński Jan 100

Dragon Abraham 449, 450
Dragon Szlama 442, 445
Dudka (gospodarz) 301
Dymna Agnes 411
Dżarabat Mohammad 378
Dzierżyński Feliks 423

E

Echrlich Józef 167
Eck Natan 119
Edelman Marek 199
Eden Anthony 464
Eichengreen Lucille 261
Eichmann Adolf 73, 74, 271, 313–317, 371
Einstein Albert 27, 476
Eintracht Aleksander 192
Eisenschmidt Eliezer 443, 448, 450, 451
Eiss Chaim 116, 117, 121
Ejtan Rafi 371, 372, 380
Elbingerowie 214, 215
Eli (kibic Bejtaru) 322, 323
Elicur Ori 327
Elper Samuel 167
Elster Aaron 212
Engelking Barbara 163, 207, 226, 227, 233, 234, 294, 301
Epstein Hedy (Hedwig z d. Wachenheimer) 59, 63, 68
Etinger Jakow 31, 32

F

Faber (enkawudzista) 427
Fajnglas Maks 190
Farran Rex 464
Farran Roy 463, 464
Feingold Róża 367
Fejgin Anatol 427
Fereński Jan 278, 279, 281
Finder Gabriel N. 188, 190
Finkelstein Norman 397
Fischer Ludwig 411
Fleishman Albin 165
Fogelman David 176
Fourchette Al 159
Frajda (służąca) 178

Frank Hans 211
Frankowski Karol 296
Friedman David F. 318
Fuksówna (sekretarka) 258
Fuller Arthur 462
Furman Abraham 225

G
Gabai Jaakow 446, 447
Galtti (kapitan) 471
Garczyńska Wanda 413
Gilon Karmi 91
Gilwiński Witold 389
Głowacki Zygmunt 297
Goldwasser Ehud 349
Goldwert Aaron 366
Goldwert Salomon 366
Góra Moszek 213
Gorki Maksym 33
Górski Jakub „Jurand" 427
Grabowski Jan 207, 228–234, 299, 301, 409
Greif Gideon 431, 441, 452
Greengold „Cwika" 304
Gross Jan Tomasz 42
Gross Leon 191
Grot-Rowecki Stefan 40–42
Gruner Dow 468
Grygorcewicz Mieczysław 427
Grynberg Michał 151, 177
Guevara Ernesto zw. Che 333, 336
Guinness Walter, lord Moyne 461, 462
Gutman Israel 222

H
Haddad Wadi 335, 337
Halberstadt Marek 260
Hanan (córka Abu Dżihada) 90
Hanka 250
Haran Danny 352, 353, 357
Haran Ejnat 352, 353, 357
Haran Jael 352
Haran Smadar 352, 354
Haska Agnieszka 340–342, 345, 347, 348
Heinemeyer Kurt 367

Hempel Adam 284–286, 292
Hendel Wilhelm 165
Hercberg Salomon 253, 254
Herostrates 166
Hertz Józef 166, 167
Heuvel William vanden 82, 83
Heydel Anna Maria 362, 363
Heydrich Reinhard 154
Hildebrand Ernest 278
Hillman Mosze 455, 456
Himmelblau Irena 210
Himmler Heinrich 244, 269, 346, 459
Hirszfeld Ludwik 210
Hitler Adolf 26, 29, 35, 40, 63, 100, 114, 139, 166, 246, 249, 263, 380, 384, 461, 471
Holländer Samuel 277
Horowitz Beniamin 201
Horthy Miklós 73–75
Hügli Rudolf 115–118
Huntington Samuel 52
Husajn (król Jordanii) 375

I
Incháustegui García 337
Indor Meir 356, 357

J
J.B.D. 172
Jaari Ehud 377, 378
Jablonka Hanna 312, 314, 315
Jagoda Gienrich 422
Jakubowicz 258
Jan Mawult (Stanisław Gombiński) 157
Janke Erhard 409
Janusz Aleksandra 302
Jarkiewicz Stanisław 304
Jarkowska-Natkaniec Alicja 191, 360, 365, 368
Jasin Ahmad 375
Jaszczyk Tadeusz 211
Jegorow Piotr 33
Jeżow Nikołaj 333, 422
Julek 261
Jusuf Mohammad 321

K

Kacir Aharon 332
Kacir Efraim 332
Kaddafi Muammar 127–137, 139, 338
Kaddafi Safia 135
Kalisz Michał 279
Kamieniew Lew (wcześniej Lew Rosenfeld) 419, 422
Kanał Izrael 179
Kapłański (policjant) 177
Karpai Sofia 34, 35
Karski Jan 40, 78, 283
Katarzyna II 418
Kaufman Moniek 272
Kennedy Joseph 336
Kennedy Robert 336
Kerner Majer 191
Kierski Teofil 291
Kirszenblat Ruta 190
Kiszczak Czesław 427
Kleinbaum Mosze 234
Klinghoffer Leon 354, 355
Kłos Franciszek 305–307
Klukowski Zygmunt 211, 215
Komorowski Bronisław „Korsarz" 388
Kon Feliks 423
Koplowicz Abramek 249
Korczak Janusz 174, 197
Körner Rudolf 361, 362
Korngold Simcha 344
Korolenko Władimir 419
Kossak-Szczucka Zofia 95–102
Kovács Gellért 69, 76
Kowalski Jan 339, 340
Kozielewski Marian 283, 289
Kranc 305
Krischer Celina 361
Krischer Herman 361
Krischer Paulina 361
Królik Władysław 302
Krüger Wilhelm 283
Książkowie 220
Kucharscy 220
Kühl Juliusz 114, 121
Kumoch Jakub 113, 123, 228
Kun Bela 421
Kuntar Samir 350, 351, 353–357
Kuraj Aleksander 221
Kurylak Ewa 29
Kurylak Karol 29
Kurz Naftali 278
Kurz Salomon 277

L

Landau Henryk 361
Landau Lejzor 361
Lederman Efraim 220
Lejkin Jakub 170, 171, 173, 179, 199
Lenin Władimir 419, 423
Leociak Jacek 235
Leś Włodzimierz 299
Leszczyński Bolesław 219
Levi Primo 437, 440
Levy Richard 83
Lew Berl 233
Lewin Izaak 419
Lewandowicz Wacław 299–301
Lewin Itamar 438
Liberman Jankiel 221
Libionka Dariusz 220, 229, 231, 232, 305, 409, 410, 412, 413
Liderman Leon 192
Linarcik Henryk 412, 414, 415
Litwinow Maksim 26
Lloyd Phillips Ivan 472
Lubawiczer Alter 234
Lubinger Ludwik 168
Lubiński Jehuda 248
Lubiński Lolek 255
Lundström Åge 456

Ł

Ładoś Aleksander 113–115, 118–123
Łozowski Solomon 31
Łuczyński Aleksander 424

M

Mackiewicz Józef 383, 387, 389
Majorow Gawrił 33
Maklef Mordechaj 20

Makower Henryk 171–174, 180, 199, 200, 269
Makowiec Stanisław 278
Malenkow Gieorgij 28
Malinowski Rodion 69
Mandelbaum Henryk 442, 444, 446, 449, 452
Marchlewski Julian 423
Margalit Reli 326
Martin Clifford 470
Marwitz Ralf von der 461
Maszal Chalid 373–376
Matusiak Lucjan 302
McKenzie Bruce 146
Mearsheimer John J. 394–402
Medoff Rafael 83
Mędykowski Witold 366
Meir Golda 28, 371
Meir-Glitzenstein Esther 103, 112
Mendlowa 206
Menkes Sara 386
Meschkup-Gricmacher Loba 193
Meszulam Uzi 111
Mężyńska Bronisława 219
Michalski Rafał 408
Michnik Adam 425
Michoels Solomon 27, 31
Mielowska Jadwiga 279
Mienżyński Wiesław 422
Mięsowicz Kazimierz 290
Mietkowski Mieczysław 427
Mikó Zaltán 72, 73, 75
Mikojan Anastas 36
Mikulski Jan 212
Mildiner Melvyn Adam 379
Miller 267
Miłosz Czesław 98, 382
Mismari Nouri 127
Mitrochin Wasilij 337
Mojżesz 55
Moll Otto 434, 448
Mołotow Wiaczesław 28, 36, 364
Morel Salomon 427
Morgenstern Serna 386, 387
Morris Benny 20
Moskowczanka Józefa 219
Mrożek Tadeusz 412
Müller Filip 442, 443, 449, 450
Mulowski 286
Mussolini Benito 164

N

Naumow Władimir 36, 37
Nażywin Iwan 419
Netanjahu Binjamin 103, 323, 328, 375, 467, 479
Netanjahu Jonatan 143, 144
Niechciał Eugeniusz 299, 300
Norvaiša Balys 389, 390
Nowakowie 220
Nowiński Władysław 297
Nyiszli Miklós 448, 451, 452
Nyśka 215

O

Okamoto Kōzō 330–332, 336, 338
Okudaira Tsuyoshi 330, 331
Opoczyński Perec 162
Orsós Ferenc 72
Lewin Izaak 419
Ostromęcki Jakub 304

P

Pa'il Meir 475
Paderewski Ignacy 423
Paice Mervyn 470, 471
Paisikovic Dov 445
Panz Karolina 215
Pappé Ilan 17, 25
Perechodnik Alusia 183, 185
Perechodnik Anna 183, 185
Perechodnik Calek 181–186
Peres Szimon 91
Perlasca Giorgio 101
Perle Jehoszua 161
Piłsudski Józef 40, 165, 423, 424
Pipes Daniel 396
Pitek Zofia 215
Pius XII 79
Piżyc Mirka 176, 178
Płotnicka Frumka 117

Podolska Aldona 170, 174, 177
Polit Monika 247, 248
Pollard Jonathan 399
Poznański Jakub 255, 258, 267
Przymusiński Franciszek 283, 285, 291, 295
Puder Tadeusz 405, 407–416
Puterman Samuel 151

R
Rabin Icchak 141, 323
Rachela 219
Rączy Elżbieta 279
Radek Karol (wcześniej Karol Sobelsohn) 419, 422
Rafałowicz Saul 305
Ram Wiktor 86
Regew Eldad 349
Regew Marek 355
Rembek Stanisław 305, 306
Reszczyński Aleksander 283, 287, 290
Reynier Jacques de 475
Ringelblum Emanuel 251, 296
Ringelblum Uri 296
Riumin Michaił 31–33, 35
Rokicki Konstanty 113, 116, 117, 120–122
Romer Tadeusz 118
Romkowski Roman 427
Roosevelt Franklin Delano 78, 83
Rosen Steve 395
Rotholc Szapsel 188–191, 197
Rottenbergerowie 359
Różański Józef 427
Rozenblat Leon 252
Rozensztajn Szmul 260
Różycki Stanisław 158, 163
Rubin (szewc) 302
Rubinstein Lipa 234
Rubowicz Aleksander 464
Rudnicki Henryk 173
Rumkowska Helena 255
Rumkowski Chaim Mordechaj 239
Rumkowski Józef 255
Rybiński Józef 44
Ryniewicz Stefan 120, 121
Rzepa (policjant) 287

S
Saadon Ilan 377
Sackar Josef 443, 444, 446, 449–452
Saddam Husajn 401
Sadok Chaim 107
Sakowicz Kazimierz 388
Sałabun Piotr 305
Salama Ali Hasan 90, 369, 373
Sapieha Adam 211
Sasportas Awi 377
Sausaitis Vincas 389
Sawicki Rudolf 345
Schauschütz Franz 388
Schindler Oskar 122
Schlang Fabian 305
Schultz (pułkownik) 137–138
Schuman Gitla 278
Schuman Minka 278
Schuman Salek 278
Schwarzenegger Arnold 468
Seidman Hillel 119
Selinger Jakub 367
Sendlerowa Irena 44
Serot André 456
Shigenobu Fusako 332, 335, 338
Šidlauskas Juozas „Diabeł" 389
Sierakowiak Dawid 253, 257, 260, 266
Sikorski Władysław 39–41
Silberberg Jaakow 443, 444, 447, 451
Silberschein Abraham 114, 116, 117, 121
Singer Otto 266
Sirhan Sirhan 336
Sitarek Adam 243, 254, 259, 264, 267
Skibińska Alina 216, 304
Skosowski Leon „Lonek" 341–343, 348
Sloboda Ros 331
Snyder Timothy 340
Sobczak Stanisław 221
Sokolnikow Grigorij (wcześniej Hirsz Brilliant) 419
Sołtysiak Marian „Barabasz" 44
Sołżenicyn Aleksandr 419–423
Soraja 130, 132, 135
Spektor Szmuel 229
Spielberg Steven 92, 372

Spira Symche 199
Stachowicz (policjant) 300
Stalin Józef 26–37, 40, 70, 71, 333, 384, 422, 428
Stallone Sylvester 468
Stanecki Franciszek 190
Starzyński Stefan 282, 283
Staszewski Władysław 189
Staż Ita 385
Steding (lekarz polowy Wehrmachtu) 411
Steinhoff Patricia 332, 333, 335, 336
Stern Abraham 460, 461
Sternberg Abraham 108
Sternbuch Gut 118
Stykowski Wacław „Hal" 46
Sudopłatow Pawieł 71
Sugihara Chiune 114
Sulajman Miszal 350
Süss Hela 300
Süss Salomea 300
Swierdłow Jakow 419
Syzdkowie 278
Szachar Elijahu 351
Szajn-Lewin Eugenia 178
Szamir Icchak 459, 464
Szapiro Charles 352
Szapiro Mosze 108
Szaron Ariel 64, 91
Szczerbakow Aleksandr 31
Szczucińska Dwojra 343
Szechter Ozjasz 425
Szertok Mosze 83
Szeryńska (żona Szeryńskiego) 180
Szeryńska Jasia (córka Szeryńskiego) 180
Szeryński Józef (wcześniej Szynkman) 155, 156, 164, 165, 168, 170, 174, 175, 179, 293
Szloser Icek 190
Szmaglewska Seweryna 448
Szmerling Mieczysław 166, 168, 173–175, 199
Szochur Stefania 177
Szpilman Władysław 162
Sztemer Icia 221
Szturman Dawid 418
Szwagrzyk Krzysztof 427

Ś
Światło Józef 427
Świtaj Aleksander 304

T
Tabib Eli 328
Tal Boaz 192, 196, 197
Tauber Henryk 447
Teichner Madzia 216
Thorne Dyanne 318
Tonini Carla 95, 102
Trocki Lew (wcześniej Lejba Bronstein) 419, 422–424
Truman Harry 464
Trump Donald 392, 393, 403
Trzeciak Stanisław 405–407, 409, 410, 412–415
Tuwim Julian 261, 409

U
Umm Dżihad 89, 90
Unfasung Icek 205
Unszlicht Józef 423
Uricki Moisiej 419

V
Venezia Shlomo 443, 445, 452
Vrba Rudolf 78

W
Wajda Andrzej 305
Wajnberger Regina 249
Wajnsztok Tema 215
Wallenberg Raoul 69–76
Walt Stephen M. 394–402
Waniewski Józef 386
Wasilienko Władimir 33
Waśniewska Irena 415, 416
Wasserstrum Kiwa 278
Wątorowski Wincenty 277, 278
Weindling Zofia 362
Weiss Martin 389
Weizmann Chaim 83
Wetzler Alfred 78
Widawski Jehuda 242, 261

Wiedermann Erich 139
Wiesel Elie 197
Wiesiołowski (komendant policji) 212
Willendorf Abram 184
Willma Adam 452
Wininger Salomon 366
Winogradow Władimir 33
Wolski Mieczysław 296, 297
Wraubek Józef 307
Wyman David S. 77, 84

Y
Yasuda Yasuyuki 330, 331

Z
Zajdan Fahim 474
Zajdan Hudra 474
Zajdan Mohammad 474
Zaks Bernard 423

Załek Wiktor 294
Ziemlaczka Rozalija 422
Zimmerman Joshua D. 38, 47
Zimmermann Maks 191
Zinowjew Grigorij 419, 422
Zosia (wcześniej Sara) 219
Zwierkowski Tadeusz 210

Ż
Żabińska Antonina 44
Żabiński Jan 44
Żabotyński Włodzimierz 465
Żbikowski Andrzej 188, 190, 191
Żdanow Andriej 31, 34
Żemczużyna Polina 28
Żurawin Adam 341, 342, 348
Żygiewicz Janina 386
Żywulska Krystyna 449